JN238873

すべての日本人に贈る
「話すため」の英文法

一億人の英文法問題集

大学入試対策編

監修
大西泰斗
ポール・マクベイ

著者
井上洋平

東進ブックス

1	動詞・基本文型	009
2	名詞	073
3	形容詞	111
4	副詞	133
5	比較	141
6	否定	161
7	助動詞	169
8	前置詞	191
9	wh修飾	253
10	-ing形	265
11	to不定詞	283
12	過去分詞形	305
13	節	319
14	疑問文	331
15	さまざまな配置転換	341
16	時表現	347
17	接続詞	391
18	センター試験(2013年度 本/追)	405

監修者より

みなさんこんにちは。監修者，大西泰斗です。

拙著『一億人の英文法』準拠の「大学入試対策編」である英文法問題集ということで，文法解説の点から著作のお手伝いをさせていただきました。

著者である井上洋平先生，同じく監修者として関わった Paul C. McVay 先生，そして私の3人で丁寧に問題を検討しながら強く感じたことは，「このレベルの問題で苦労するなら実用レベルの英語力とはとても言えない」ということです。十分英語に慣れているなら，どこかで一度は出会ったはずの語句，標準的な言い回しばかりです。逆に言えば，本書にある膨大な問題・解説を自分のものにすれば，実用英語に向けて大きく前進することができるでしょう。

センター英語（大学入試問題すべてがそうあらねばならないと思っていますが）に特別な知識はいりません。解法テクニックなるものも存在しません。ただただ英語ができればいい。本書が，センター試験だけでなく，その向こうにあるみなさんの将来につながれば，関わった人間の1人として望外の喜びです。

がんばって。

まえがき

本書『一億人の英文法問題集 大学入試対策編』は，センター試験の文法問題（空所補充型）を題材とした大学入試向けの英文法問題集です。4択という手軽な形式で，自分の知識に「穴」がないかを確認できるようになっています。本書で，英語の勉強を進めるうえで大きな「穴」，弱点がないかどうかを確認，補填することによって，今後の英語学習をスムーズに進めることができるでしょう。

ところで，なぜ「センター試験」なのか？

従来，教育現場で導入されてきた典型的な英文法問題集には以下のような欠点が存在していました。

マニアックな問題，多すぎ！

従来型の英文法問題集では，あらゆる項目を網羅することに重きを置いているのでしょうから，致し方ないことなのかもしれません。けれども，網羅するためとはいえ，無限に続く階段のような大量の問題や項目数によって，英語という「生きた言語」との間に距離をとってしまう人が大勢いることも否定できない事実だと思います。

だからこそ，センター試験の出番なのです。

センター試験では，マニアックな文法問題が出題されない

センター試験は，毎年約55万人もの受験者がいる全国統一の試験です。文部科学省のいわゆる「学習指導要領」に基づいた，最も標準的な試験と位置づけられています。すなわち，選抜のためだけの悪問・奇問を排除して作られている試験問題なのです。だからこそ，本書ではセンター試験の前身である共通一次試験までさかのぼって，問題の題材をセンター試験に求めました。実際に見ていくと，どれも標準的な問題ばかりです。

本書は必ずみなさんの英語学習に役に立つはず――私は，その信念で問題文を音読・暗唱する価値のある英文になるように磨きをかけました。解説も英語の根幹がつかめるように，より本質的な解説を心がけました。

本書が，「話すための英語」の足がかりになると同時に，みなさんの「夢」を叶える手助けになれば，これ以上の幸せはありません。

2013年 初秋
井上 洋平

本書の使い方

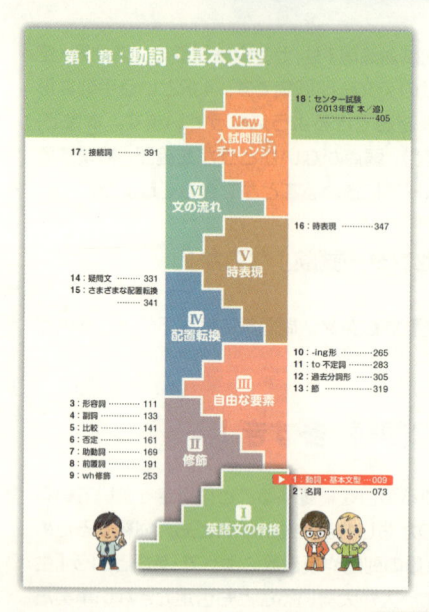

◀ 本書は全18章で構成されています。『一億人の英文法』のコンセプトに則り，『一億人〜』の最も学習効率の高い章立て（テーマの配列）を踏まえています。よって，まず1章から順番に学習を進めていき，本質理解に必要な基礎・基本から知識を積み上げていきます。各章には，このことをイメージした扉絵がついています。この扉絵は本書の目次でもあり，1つの章を終えるたびに，自分の「立ち位置」を確かめることができます。17章までやり切った学習の成果は，最後の18章（2013年度センター試験 本試験／追試験）にチャレンジすることで実感してください。

▶ 本書は左ページに問題，右ページに解答・解説・訳というレイアウトになっています。英文法の学習を手早く仕上げるために，効率を重視し，まずは1問ずつ問題に取り組み，その都度右ページの解説に目を通すという流れが基本になります。

❶ **見開きBOX解説**：問題演習の前におさえてほしいことを，コンパクトに解説しています。BOX上部にインデックスがついていますから，その章で学ぶべきポイントと流れ，順序を一目で確認することが可能です。自分の進度の把握にもつながります。意識して解説を読み込んでください。

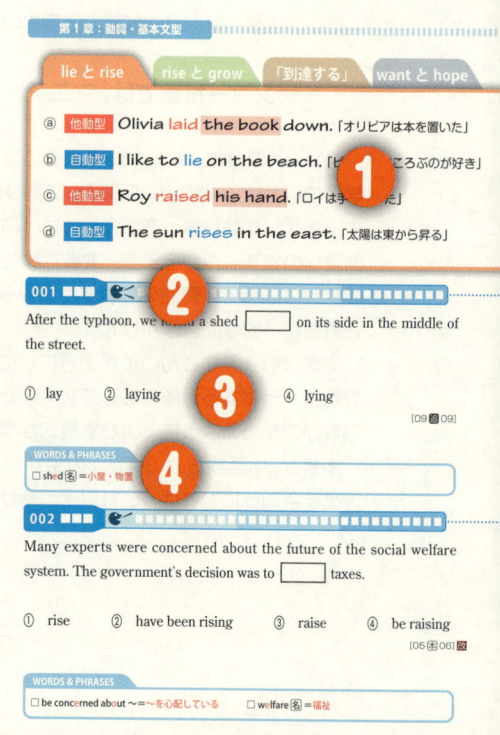

❷ **チェック欄・音読カウンター**：問題に取り組んだことを書き残すチェック欄が3つ並んでいます。音読カウンターには30個のチェック欄が設けてあります。詳細は、「音読のススメ」(P.006) を参照してください。

❸ **問題**：センター (共通一次) 試験で出題された問題です。右下に [年度／本試験・追試験・試行問題／問題番号] を示す表記があります。改マークは、改題を示しています。音読や暗唱の価値のある英文にするため、文法的または状況的に不自然な場合、英文の修正や追加を行っています。なお、右ページの解答・解説ページには、問題で扱ったテーマを見出し語として掲載しています。詳細は、巻末付録「見出し語」さくいんを参照してください。

❹ **WORDS & PHRASES**：意味を把握するために注意すべき語句について、適宜語句注を設けています。赤い部分はアクセント位置を示しています。意識して発音しましょう。

❺ **解答・各種データ**：解いたときの思考と判別のプロセスを残してあります。まず誤った選択肢としてパッと外せるものには ✗、その次に判別して外したものには ／、即決問題なら ◯ を記してます。1つの典型的な解答プロセスとして参考にしてください。各選択肢の下にあるパーセンテージは、著者が指導してきた生徒がどの選択肢を選んだか、サンプリング集計した選択率です (なお、無解答や四捨五入の処置により、各選択肢のパーセンテージの合計は必ずしも100%にはなりません)。

❻ **解説・訳**：解説は、消去法に終始せず、その問題からつかむべきポイントを英語の全体像が感じられるように工夫して書いています。何度も読み返してください。訳は、問題文が対話になっている場合、その状況を意識した口語体で自然な訳や文体にしてあります。

❼ **リンク**：『一億人〜』の参照ページを示しています。本書の解説を読み、もっと理解を深めたいときは積極的に『一億人〜』を活用してください。

❽ **イラスト**：理解を助けるイラストを適宜、掲載しています。『一億人〜』のコンセプトに則り、一部を除き、本書イラストの大部分を著者が作成、アレンジしました。

❾ **POINT! ／ ADVICE**：右ページ下にみなさんへのメッセージを記しました。"**POINT!**" はそのページ内で扱ったテーマに関する「まとめ」、"**ADVICE**" は次ページ以降の予告です。

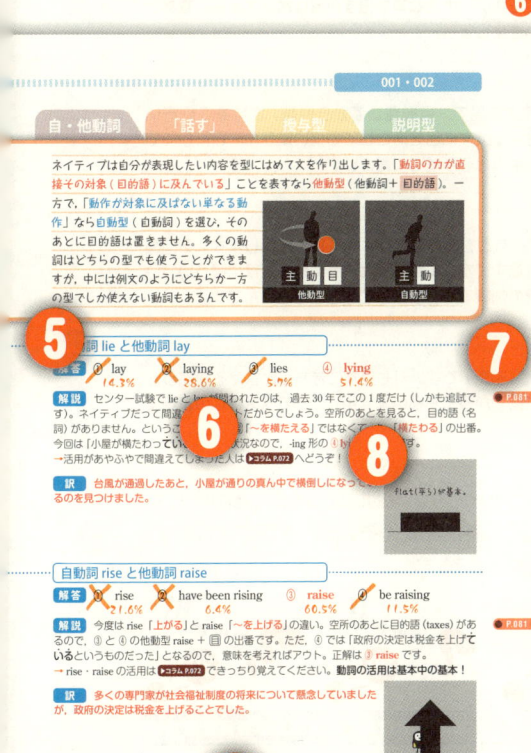

音読のススメ

本書を利用するうえで気をつけてもらいたいのは，解いて解説を読むだけで学習が終わらないようにすることです。英語は「ことば」です。実際に「話す」練習をしないことには，いつまでも「使える英語」を手にすることはできません。次に示すようなやり方で，メリハリのついた効果的な音読を行ってください。

まず，**音声のダウンロードを必ず行ってください**（▶巻末の奥付＝発行年月日記載のページを参照）。パソコンや携帯音楽プレーヤーなどに音声を入れて，音読学習を進めましょう。

❶ まずは音声を聴いてください。個々の単語の正しい発音はもちろん，イントネーション（抑揚）までしっかりと確認します。

❷ **Repeating**：音声のあとで2回音読を行ってください。よく聞いて，正しい発音を覚えましょう。

❸ **Overlapping**：音声に重ねて音読をしましょう。こちらも2回。細部にいたるまでしっかりマネしてください。**大きな声を出す必要はありません。音声と自分の声のズレを調整していきましょう。**

❹ **Read & Look up**：英文を見て，目を離してから音読。これを3回行いましょう。わからなければ途中で英文に目を落としても構いません。とにかくできる限り頭の中に英文を入れようと心がけてください。

❺ **Shadowing**：音声のすぐあとを追いかけるようにして発音します。2回繰り返しましょう。**できれば，途中で本文に目を落とさずに音声だけに喰らいついてください。**これは同時通訳の訓練でも行う効果的な音読方法なんです。

❻ **Recitation**：最後に本番（暗唱）です。何も見ずにきちんと言えるかどうか確認しましょう。日本語訳を見てからでも構いません。ここでダメ押しの音読1回。

ここまでの流れ（10回の音読）で1セットです。最初はきつく感じるかもしれませんが，取り組んでいるうちにどんどん英文を覚えるスピードが加速します。その成長を楽しみに，音読学習を進めましょう。

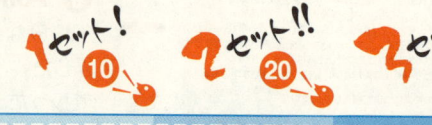

基本文型を確認

他動型：対象に力を及ぼす
- I read a newspaper. 私は新聞を読みました
- He kissed Mary. 彼はメアリーにキスしました
- I kicked the ball. 僕はボールを蹴ったよ

自動型：動作をあらわす
- She laughed. 彼女は笑った
- I jog in the park. 僕は公園でジョギングするよ
- I swim every day. 僕は毎日泳ぐ

説明型：主語を説明する
- He is cute. 彼はかわいい
- We are friends. 僕たちは友達
- Lucy is a dancer. ルーシーはダンサー

授与型：手渡しをあらわす
- I gave him my namecard. 僕は彼に名刺をあげた
- I handed Dad the balloons. 僕はパパに風船を渡した
- I bought her a stuffed bear. 私は彼女にクマのぬいぐるみを買ってあげた

「一億人の英文法」P.048 より

英語は**たった4つの基本文型**からできあがっています。それぞれの**型自体に独自の意味**が結び付いていて，ネイティブはその意味を手がかりに型を選んで文を作っているんです。意識してみてくださいね。

Make it happen!

第1章：動詞・基本文型

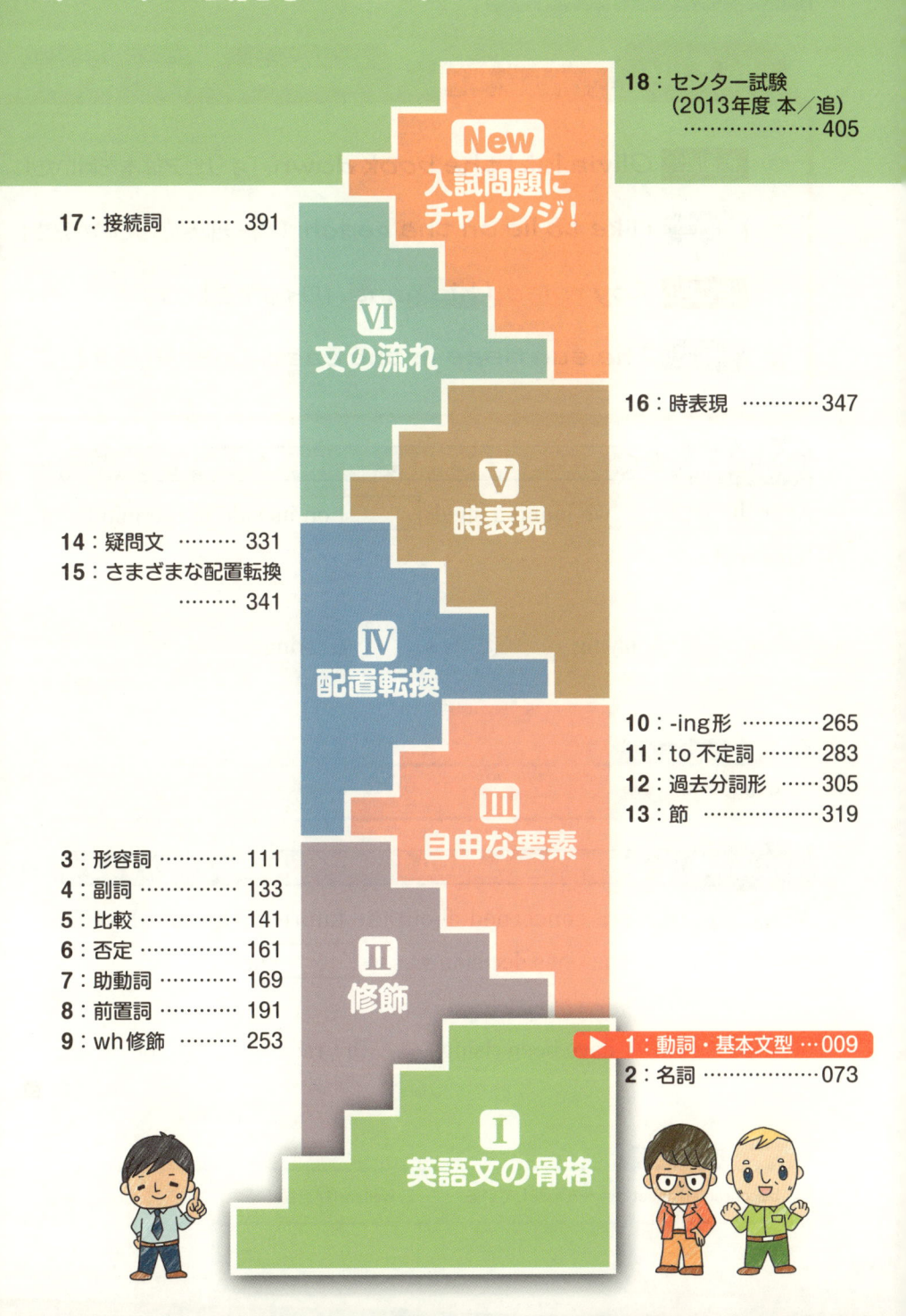

18：センター試験
（2013年度 本／追）
………… 405

New 入試問題にチャレンジ！

17：接続詞 ……… 391

VI 文の流れ

16：時表現 ……… 347

V 時表現

14：疑問文 ……… 331
15：さまざまな配置転換
 ……… 341

IV 配置転換

10：-ing形 ……… 265
11：to 不定詞 ……… 283
12：過去分詞形 ……… 305
13：節 ……………… 319

III 自由な要素

3：形容詞 ………… 111
4：副詞 …………… 133
5：比較 …………… 141
6：否定 …………… 161
7：助動詞 ………… 169
8：前置詞 ………… 191
9：wh修飾 ………… 253

II 修飾

▶ 1：動詞・基本文型 … 009
2：名詞 …………… 073

I 英語文の骨格

第1章：動詞・基本文型

lie と rise | rise と grow | 「到達する」 | want と hope

ⓐ **他動型** Olivia **laid** the book down.「オリビアは本を置いた」

ⓑ **自動型** I like to **lie** on the beach.「ビーチに寝ころぶのが好き」

ⓒ **他動型** Roy **raised** his hand.「ロイは手を上げた」

ⓓ **自動型** The sun **rises** in the east.「太陽は東から昇る」

001

After the typhoon, we found a shed ☐ on its side in the middle of the street.

① lay ② laying ③ lies ④ lying

[09 追 09]

WORDS & PHRASES
☐ shed 名 ＝ 小屋・物置

002

Many experts were concerned about the future of the social welfare system. The government's decision was to ☐ taxes.

① rise ② have been rising ③ raise ④ be raising

[05 本 06] 改

WORDS & PHRASES
☐ be concerned about 〜 ＝ 〜を心配している　☐ welfare 名 ＝ 福祉

001・002

| 自・他動詞 | 「話す」 | 授与型 | 説明型 |

ネイティブは自分が表現したい内容を型にはめて文を作り出します。「動詞の力が直接その対象（目的語）に及んでいる」ことを表すなら他動型（他動詞＋目的語）。一方で、「動作が対象に及ばない単なる動作」なら自動型（自動詞）を選び、そのあとに目的語は置きません。多くの動詞はどちらの型でも使うことができますが、中には例文のようにどちらか一方の型でしか使えない動詞もあるんです。

主 動 目　　他動型
主 動　　自動型

自動詞 lie と他動詞 lay

解答　① lay　② laying　③ lies　④ **lying**
　　　　　14.3%　　28.6%　　　5.7%　　　51.4%

解説　センター試験で lie と lay が問われたのは、過去30年でこの1度だけ（しかも追試です）。ネイティブだって間違えるポイントだからでしょう。空所のあとを見ると、目的語（名詞）がありません。ということは lay＋目「～を横たえる」ではなくて、lie「横たわる」の出番。今回は「小屋が横たわっている」という状況なので、-ing形の ④ lying が正解です。
→活用があやふやで間違えてしまった人は ▶コラム P.072 へどうぞ！

訳　台風が通過したあと、小屋が通りの真ん中で横倒しになっているのを見つけました。

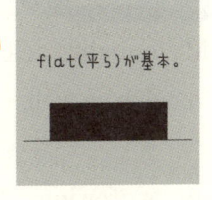

flat（平ら）が基本。

自動詞 rise と他動詞 raise

解答　① rise　② have been rising　③ **raise**　④ be raising
　　　　　21.6%　　6.4%　　　　　　　　60.5%　　　11.5%

解説　今度は rise「上がる」と raise「～を上げる」の違い。空所のあとに目的語（taxes）があるので、③ と ④ の他動型 raise＋目 の出番です。ただ、④ では「政府の決定は税金を上げているというものだった」となるので、意味を考えればアウト。正解は ③ raise です。
→ rise・raise の活用は ▶コラム P.072 できっちり覚えてください。動詞の活用は基本中の基本！

訳　多くの専門家が社会福祉制度の将来について懸念していましたが、政府の決定は税金を上げることでした。

POINT！　まずは動詞の活用を覚えていきましょう。あとは型（目的語の有無）を確認するだけですよ。

第1章：動詞・基本文型

rise と grow

- ⓐ 自動型 I grew up in Saitama.「私は埼玉で育ちました」
- ⓑ 他動型 How To Grow Roses「バラの育て方」
- ⓒ 他動型 Tommy's parents brought him up the right way.
  「トミーの両親は彼を正しく育てました」．
- ⓓ 他動型 You can raise your kids without raising your voice.
  「声を上げなくても子育てできますよ」

003

"Where in Australia ☐ ?"
"I'm from Sydney. It is a good place."

① did you grow up ② did you raise up
③ were you grown up ④ were you risen up

[90 本 11] 改

004

My cousin Jack ☐ in South America. That's why he speaks Spanish so well.

① is growing ② was grown up ③ grew ④ grew up

[80 追 23] 改

005

Although born in New York, Terry's son was ☐ in California.

① brought up ② developed ③ grown up ④ matured

[91 追 03] 改

003・004・005

自・他動詞　「話す」　授与型　説明型

「人が大人になる」という意味では grow up を使います。「（人）を育てる」なら他動詞の bring up や raise(rear) を使ってください。どれも「～を上げる」という動詞ですが，イラストを見れば納得ですね。ちなみに「（植物）を育てる」という場合，grow roses のようにあとに目的語を置くことが可能です。

RAISE
REAR
BRING UP

「（人）が育つ」は grow up

解答　① **did you grow up** 35.5%　② did you raise up 12.9%　③ were you grown up 33.9%　④ were you risen up 17.7%

解説　「（人）が育つ＝ grow up」を問う問題。正解は①。②の raise は他動詞オンリーなので，raise three children「3人の子どもを育てる」のように使います。③④は受動文「～される」の形。「育つ」「上がる」の「される」形って意味をなしませんね。

訳　「オーストラリアのどこで育ちましたか？」「シドニーです。良い所ですよ」

「（人）が育つ」は grow up

解答　① is growing 17.4%　② was grown up 34.8%　③ grew 4.3%　④ **grew up** 43.5%

解説　「（人）が育つ」は grow up なんだから④ grew up を選んでください。①③は up がないのでダメ。それに①は「育っている途中」。「育ったからスペイン語がうまいんだよ」が自然な流れですよね。②「育つ」の受動文は，やはり意味がおかしくなりますね。

訳　いとこのジャックは南米で育ちました。だから彼はとても上手にスペイン語を話すのです。

「（人）を育てる」は bring A up

解答　① **brought up** 47.0%　② developed 7.6%　③ grown up 40.9%　④ matured 4.5%

解説　主語が「テリーの息子」なので，「（人）が育てられた」ということでしょう。① brought up（「（人）を育てる」の受動文）が正解。②の「発達する」，④の「成熟する」では意味が合わないし，③「育つ」の受動文は，しつこいけど意味不明だからね。

訳　テリーの息子はニューヨークで生まれましたが，カリフォルニアで育ちました。

POINT!　「育つ（自動型）」と「育てる（他動型）」を使いこなせるように英文を何度も音読しようね。

013

第1章：動詞・基本文型

「到達する」

「昨日ロンドンに着きました」

ⓐ 他動型　I **reached** London yesterday.
ⓑ 自動型　I **arrived in** London yesterday.
ⓒ 自動型　I **got to** London yesterday.

006

In order to _____ the village, hikers need to be prepared for a narrow and rocky path.

① arrive　② get　③ reach　④ return

[08 追 01]

WORDS & PHRASES
□ rocky 形 = 岩の多い　　□ path 名 = 小道

007

"Where's Mike?"
"He's just _____ for the station. You can catch him if you run."

① arrived　② gone　③ left　④ set

[96 追 02]

自・他動詞 / 「話す」 / 授与型 / 説明型

動詞が作る形には，動詞の意味・質感が大きく関わっています。reach が他動詞なのは，「何かに手を届かせる」という動詞だから。動詞の力が直接及ぶことを示す他動型になります。一方で，arrive は「到着する」という単なる動作。だからこそ「どこでその動作を行ったのか」を示す，in London や at the airport などのフレーズが続きます。get は「得る→動く」と意味が広がっている動詞。「動く」場合は単なる動作。「どこへ動いたのか」を示す「to 場所」が必要になるわけです。

さまざまな「到着する」

解答　① arrive ✗　② get ✗　③ **reach** ○　④ return ✗
　　　　　 16.9%　　　15.5%　　　60.6%　　　7.0%

解説　「着く・到着する」の言い回しがわかっているかどうかの問題。「単なる動作」を示す ①②④ には前置詞が必要です。① は arrive at (in) ～，②④ は get to / return to ～といった前置詞です。他動型で意味が通るのは ③ reach だけ。

● P.083

訳　その村に行くには，ハイカーは狭く岩の多い小道をたどる用意をしておく必要があります。

さまざまな「出発する」

解答　① arrived ✗　② gone ✗　③ **left** ○　④ set ✗
　　　　　 19.7%　　　16.9%　　　59.2%　　　4.2%

解説　正しい形を知っていれば即決問題。空所のあとにある for に注目してくださいね。① は arrive **at** (**in**)，② は go **to** といった前置詞が必要です。④ は I **set out** for London this morning.「今朝ロンドンに向けて出発した」と使うからダメですね。よって，正解は ③ **left**「出発した」。英単語を訳語だけで判断することがどれほど危険なことかわかりますね。

訳　「マイクはどこ？」「駅へ向かったところ。走れば追いつけるよ」

POINT!　「自動型(＝単なる動作)」か「他動型(＝力が及ぶ)」か，動詞の意味を深く考えよう。

第1章：動詞・基本文型

lie と rise / **rise と grow** / **「到達する」** / **want と hope**

want・hope の語感とあとに作る形

ⓐ I **want** Mary to marry me. 「メアリーに私と結婚してもらいたい」
ⓑ × I want [that] Mary will marry me.
ⓒ I **hope** [that] Mary will marry me. 「メアリーが私と結婚することを望む」
ⓓ × I hope Mary to marry me.

008

The weather for the next 3 days will be sunny and warm. I hope ☐ a pleasant weekend.

① you to have　　② you will have
③ your having　　④ you having

[05 追 01] 改

009

We knew Greg could speak both English and Japanese fluently. We hoped ☐ and help us at once. Fortunately, he said yes when we asked him.

① he would come　　② him to come
③ him come　　④ he came

[85 本 12] 改

010

Bill was not sure if he would win the game, but he crossed his fingers and ☐ for the best.

① expected　　② feared　　③ hoped　　④ thought

[98 本 13]

WORDS & PHRASES

□ if [接] ＝～かどうか　　□ cross one's fingers ＝幸運を祈る

008・009・010

| 自・他動詞 | 「話す」 | 授与型 | 説明型 |

want は**強い欲望**を感じる動詞。強い欲望は常に**具体的事物**に向かいます。ⓐ want の気持ちが Mary に向かい，to 以下の方向に動かしたいと言っています。一方，hope は**ほんわか状況を想起**する動詞。文を伴った ⓒ の形が得意。I hope to meet you. や Hope for the best. といった形も可能ですが，ⓓ は NG。hope の力が人に向かっているから奇妙に映るのです。

hope +（that）節「〜を望む」

解答
① ✗ you to have 21.3%
② you will have 62.9%
③ ✗ your having 2.9%
④ ✗ you having 12.9%

解説 hope は，あとに文を伴うのが基本でしたね。ここで文を作っているのは ② だけ。① を選んだ人は want のとる形と混同しています。

訳 明日から3日間天気は良いし，暖かいよ。楽しい週末になるといいね。

hope +（that）節「〜を望む」

解答
① he would come 50.0%
② ✗ him to come 18.8%
③ ✗ him come 6.2%
④ he came 25.0%

解説 hope + that 節の形に慣れたみなさんなら，答えは ① か ④ ですね。ここで ④ が正解だとすると，hoped he came（過去）and helped（過去）という形のはず。① なら would が come and help にかかって，help が原形でも OK です。

訳 グレッグは英語と日本語を流暢に話すことができるとわかっていたので，彼がすぐにでも手伝いにきてくれたらと願っていた。運良く，彼に聞いたら返事はイエスでした。

hope for 名詞「〜を望む」

解答
① ✗ expected 14.5%
② ✗ feared 20.3%
③ hoped 55.1%
④ ✗ thought 10.1%

解説 for と結び付くのは ③ hoped です。for「向かって（→求めて）」は hope の「望む」と最高のコンビネーションなんです。

訳 ビルは自分が試合に勝てるかどうかわかりませんでしたが，指を重ねて成功を願いました。

POINT! hope と want の意味の違いが文の形を決めています。wish は仮定法でやろうね。

第1章：動詞・基本文型

lie と rise | **rise と grow** | **「到達する」** | **want と hope**

ⓐ 他動型 **Bolt is running a café.** 「ボルトはカフェを経営している」

ⓑ 自動型 **Bolt runs fast.** 「ボルトは走るのが速い」

ⓒ 他動型 **I saw the monkey.** 「猿を見た」

ⓓ 自動型 **I looked at the monkey.** 「猿を見た」

011

My co-worker is cutting his nails with his nail clippers. I can't ☐ that noise. It's driving me crazy.

① keep　② put up　③ stand　④ stay away

[93 本 06] 改

WORDS & PHRASES
☐ co-worker 名＝同僚　　☐ nail clippers 名＝爪切り
☐ drive 動＝人を〜（主に悪い状態）にする

012

John has been ☐ the ID card he lost yesterday.

① discovering　② finding out
③ looking for　④ searching

[97 本 10]

011・012

自・他動詞 | **「話す」** | **授与型** | **説明型**

英語では型が文の意味を決定します。例えば，run は「走る」という動詞。他動型ⓐ なら「カフェを走らせる→経営する」となるし，自動型ⓑ では「走る」と単なる動作になりますね。かと思えば，自動詞・他動詞のどちらか決まっている動詞もあります。例えば，同じ「見る」でも see は他動型で，look は自動型。この差は単語がもともともっているニュアンスの違いが原因。see は「見える」。視覚が対象物に及んでいることを示すから他動詞。look は「目を向ける」。単に目を向ける動作だから自動詞なんですよ。

can't stand ～「～を我慢できない」

解答　① keep　② put up　③ **stand**　④ stay away
　　　　　3.1%　　18.8%　　　70.3%　　　7.8%

解説　④は stay away **from** ～で「～から離れている」だし，②は put up **with** ～で「～を我慢する」という意味になります。どちらも前置詞が足りませんね。① keep は「保つ」だから意味をなしません。正解は③。stand は「立ち上がる」では？　と思った人。他動（力が及ぶ）型なら，「～を支えて立っている→我慢する」になるというわけ。can't stand ～「～を我慢できない」は日常語ですよ。

訳　同僚が爪切りで爪を切ってるんだ。あの音には我慢できない。気がおかしくなりそうだ。

look for ～「～を探す」

解答　① discovering　② finding out　③ **looking for**　④ searching
　　　　　4.2%　　　　　12.5%　　　　　76.4%　　　　　6.9%

解説　④の search は，何かを探し求めるという意味では search **for** information「情報を（求めて）検索する」のように for が必要なのに問題文にはありません。一方で，常に自動詞で用いる look「目を向ける」には for がそろっています。正解は③。look for ～は「求めて目を向ける→探す」でしたね。①②はどちらも「発見する」。「ずっと発見している最中」では意味が謎ですよね。

訳　ジョンは昨日なくした身分証明書をずっと探しています。

POINT!　動詞を正しく（使われる形まで含めて）学ぶには，動詞の意味への深い理解が必要です。

第1章：動詞・基本文型

013

Extracurricular activities are important for students. Everyone is expected to ☐ a club when they enter this university.

① join　② join for　③ join to　④ join on

[81 追 09] 改

014

The Olympic Games were a huge success because so many countries ☐ . Competitions like this are good for international peace and understanding.

① participated　② played in
③ represented　④ took part in

[90 本 10] 改

015

David neither exercises nor ☐ part in any games because he has a bad knee.

① makes　② takes　③ puts　④ gets

[81 本 06] 改

WORDS & PHRASES
☐ neither A nor B ＝ A も B もない

---

in の効果

ⓐ I **believed** him.「彼の言うことを信じた」
ⓑ I **believed in** him.「彼を信じた」
ⓒ I **entered** the room.「部屋に入った」
ⓓ I don't want to **enter into** that topic.
　「その話題には入りたくない」

013・014・015

join ～「～に加わる」

解答 ① **join** 65.2%　② join for 4.4%　③ join to 26.0%　④ join on 4.4%

解説 join は become one「1つになる」ということ。join a club はクラブの中にグリグリ入って1つになるということですから，他動詞として使います。目的語に力を及ぼせる行為ですからね。正解は即決で①。え？ join in って見たことがある？ それはのちほど「in の効果」で解説しましょう。

訳 課外活動は学生にとって重要です。この大学では入学するとすべての学生がクラブに参加することが望まれています。

participate in ～「～に参加する」

解答 ① **participated** 22.6%　② played in 4.8%　③ represented 9.7%　④ took part in 62.9%

解説 これが難しいなら，相当丸暗記勉強に陥っているかもしれません。participate in で丸ごと「参加する」と覚えたら，①は「in がなくてダメ」だと思える。でもね，in は「どこに参加するのか」を加えるときだけ必要なのです。正解は①。②④は in が必要ないし，③の represent「～を代表する」は目的語が必要な動詞です。

訳 オリンピックは非常に多くの国が参加したので，大成功を収めました。このような競争は国際的な平和と理解にとって良いものです。

take part in ～「～に参加する」

解答 ① makes 4.4%　② **takes** 69.6%　③ puts 8.7%　④ gets 17.3%

解説 take part in「～に参加する」が見えれば即決で②。このフレーズは「take（とる）＋ part（部分）＋ in（～において）」から「参加する」へ。同様のフレーズ participate in の方は「part（部分）＋ cipate（とる）＋ in（～において）」って全く同じですね！

訳 ディビッドは運動も試合にも参加しません。膝が悪いからです。

---

join は原則，他動型。でも Join in the group discussion afterward. という表現も存在します。これは，in を用いることで議論への「積極的な関わり」を示しているのです。believe と believe in の関係と同じ。ⓐは彼の発言という表面的な信じ方であるのに対して，ⓑは彼の人となりを信じたと一段深い意味をもっています。enter も，ⓓでは into を加えることで「話題に入り込む」という強調の意味合いを与えています。

POINT! 「なんで？」という気持ちを大切に取り組むと英語がきっと面白くなりますよ。

第1章：動詞・基本文型

016

"What did Jim say?"

"He asked me ☐ him, and I accepted."

① marrying   ② marrying with
③ to marry   ④ to marry to

[96 困 05] 改

017

Grandfather explained ☐ a kite. After we finished, we flew it in the field.

① me to make   ② how to make
③ to make   ④ for making

[06 追 02] 改

WORDS & PHRASES
☐ kite 名 ＝凧   ☐ fly 動 ＝〜を飛ばす

018

I had a great dream that I met Paul McCartney last night. He explained ☐ .

① how to play the guitar to me   ② to play the guitar to me
③ me how to play the guitar   ④ how for me to play the guitar

[81 追 22] 改

016・017・018

marry「〜と結婚する」は他動詞

解答 ① marrying ② marrying with ③ **to marry** ④ to marry to
　　　　15.5%　　　　4.3%　　　　　　73.2%　　　　7.0%

解説 marry は他動詞。日本語で考えると with が必要だと思いがちですが，marry は「相手を**ゲット**しちゃった」って感じ。合わせて，**be (get) married to** 〜「〜と結婚している（する）」というフレーズもおさえておきましょう。married は結婚している**状態**を表しています。そのあとに，誰に対してなのかを示す to がついているだけです。③ が正解であるのがわかります。① を選んでしまった人は，**ask 人 to 不定詞**「人に〜するよう頼む」の形を覚えておきましょう。

訳　「ジムはなんて言ったの？」「私に僕と結婚してくれって言ったの。そして私，それを受けたの」

explain 〜「〜を説明する」

解答 ① me to make ② **how to make** ③ to make ④ for making
　　　　38.2%　　　　51.9%　　　　　　4.9%　　　　5.0%

解説 explain のイメージは「簡単にする」。なので，**explain＋説明対象**の形が基本です。よって正解は ②**how to make**「〜の作り方」ですね。① がダメなのは「私を簡単にする」では意味不明だからですよ。③ は「凧を作ること」となり説明はできないし，④ は「作るために説明した」では，理屈としてとても謎ですね。

訳　おじいさんは凧の作り方を説明してくれました。終わった後で，私たちは野原で凧を空に揚げました。

explain 〜（to 人）「（人に）〜を説明する」

解答 ① **how to play the guitar to me** ② to play the guitar to me
　　　　36.1%　　　　　　　　　　　　　　　10.0%
　　　③ me how to play the guitar ④ how for me to play the guitar
　　　　50.2%　　　　　　　　　　　　3.7%

解説 explain のとる形と「簡単にする」というイメージがわかっていれば問題ありません。正解は ① ですね。ここで新たにおさえたいのは，**誰かに説明するなら to 人を添える**ってこと。how to play the guitar「ギターの弾き方」を簡単にしてくれたんですね。

訳　昨日の夜，ポールマッカートニーと会う，すごい夢を見ました。彼は私にギターの弾き方を説明してくれました。

POINT! 自動型・他動型のイメージを重ねながら，しっかり音読してくださいね。

第1章：動詞・基本文型

019

Many students were upset the test would be so soon. The teacher apologized ☐ not announcing the test earlier.

① for　　② in　　③ of　　④ to

[91 追 08] 改

020

Walter always kept a dictionary on the desk so that he could ☐ it at any time.

① consult　　② draw　　③ refer　　④ look

[80 本 22] 改

021

It's only a small house, but it ☐ my needs perfectly.

① agrees　　② meets　　③ replies　　④ responds

[92 本 04] 改

apologize to 人 for 原因「人に〜で謝る」

解答 ① **for** 51.5%　② in 4.5%　③ of 3.1%　④ to 40.9%

解説 apologize「謝る」がとる形を問う問題。「apologize to 人 for 原因」がわかっていればOK。apologize him ではなく apologize to him となるのは，この動詞が「ごめん」と謝る**単なる動作**だから。その動作が向かう方向を示す to が必要です。また，for は Thank you for being here.「出席してくれてありがとう」など原因を表すポピュラーな前置詞なんですよ。④と間違えた人は「to 人」だということに気をつけてください。

訳 多くの生徒がテストがあまりにもすぐなことに動揺しました。その教師はテストのことについてもっと早めに知らせなかったことで謝りました。

consult a dictionary「辞書で調べる」

解答 ① **consult** 43.5%　② draw 13.0%　③ refer 17.4%　④ look 26.1%

解説 it が「辞書」であることがわかれば，即決で①consult「(専門家)に意見を求める」が選べます。それだけよく目にするコンビネーション。今回は，辞書が「コトバの専門家」って考えてね。ほかの選択肢にも学ぶべきポイントがあります。③は refer to a dictionary「辞書を参照する」，④は look up a word in a dictionary「ある語を辞書で引く」という形で使います。「辞書を引く」だから②draw「引く」なんて決して選んじゃいけませんよ。辞書を引っぱっても単語の意味はわかりません。

訳 ウォルターはいつでも調べられるように，いつも辞書を机の上に置いていました。

meet 〜「〜を満たす」

解答 ① agrees 16.7%　② **meets** 31.8%　③ replies 30.3%　④ responds 21.2%

解説 どれだけ英語に触れてきたかが問われている問題です。英語にしっかり触れてきた人なら，needs と見た瞬間，②の meet だとわかります。とっても仲の良いコンビネーションだから。meet は「会う」，ここから「合致する(満たす)」とも使う単語なんですよ。make ends meet なら「借金しないでやっていく」，つまり支出と収入を合致させるってこと。①の agree は意味的には悪くはありませんが，agree「同意する」は**自動詞**。もともとは「うん！と言う」という**単なる行為を表す動詞**ですから，「〜と同意(一致)する」と言うときには with が必要です。③の reply「返答する」，④の respond「反応・応答する」では意味不明です。

訳 狭い家だけど，私の要求にはぴったり合っています。

POINT! それぞれの動詞のイメージをしっかりとつかめば，あとに続く形が自然と結び付きますね。

第1章：動詞・基本文型

lie と rise | **rise と grow** | **「到達する」** | **want と hope**

- SPEAK — 音声を出す
- talk — コミュニケーションする
- say — 言葉に焦点
- tell — メッセージに焦点
- discuss — アタックを仕掛ける

022

There are a lot of expressions used by English people when [　　] about the weather.

① discussing ② saying ③ talking ④ telling

[88 試 04]

023

After all the preparations, everything was nearly settled. Only one member [　　] against the proposed plans for the trip.

① agreed ② spoke ③ supported ④ told

[90 追 07] 改

自・他動詞 / 「話す」 / 授与型 / 説明型

「話す」系には数多くの動詞が集まっています。基本動詞だけでも tell, speak, say, talk があり，範囲を広げれば discuss などもそのグループに入ります。これらの単語には，実は相当クッキリとした個性があるんです。中でも動詞の作る形で誤用が多いのは discuss「議論する」です。日本語だけで考えると discuss about the plan と言ってしまいそうになりますが，この単語のイメージは「アタックする」。トピックにみんなで攻撃を仕掛けるニュアンスです。discuss the plan と他動詞として使うんですよ。

talk about ~「~について話す」

解答 ① discussing 5.3% ② saying 0.0% ③ **talking** 94.7% ④ telling 0.0%

解説 「話す」系の単語を区別する問題。① の discuss「~を議論する」は**他動詞**でしたね。② の say は「言葉を言う」。say something / hello「何か/こんにちはと言う」とやはり**他動詞**で使います。tell は「メッセージを渡す」。tell the news「ニュースを伝える」のように用いるので，①②④ のいずれも about が余計です。というわけで ③ talk「おしゃべりをする」が正解。talk about ~「~についておしゃべりをする」は日常でも頻出のコンビネーションです！

訳 天候を話題にするときにイギリス人が使う表現は数多く存在します。

自動詞 speak「話す」

解答 ① agreed 21.0% ② **spoke** 21.0% ③ supported 32.3% ④ told 25.7%

解説 前置詞 against「~に対して：反対」のイメージがわかっていれば楽勝ですよ。① の agree「同意する」では against とうまく意味を結びません。③ の support「~を支持する」，④ tell「~を言う」では，どちらも目的語がありませんから，何を支持する（言う）のかわかりませんね。したがって ② **spoke** が正解。speak は speak English といった使い方だけでなく「意見を述べる・話しかける」という意味にも使えます。「音声を口から出す」がイメージですからね。こうした使い方も得意なんですよ。

訳 すべての準備のあと，もう少しですべてが決まるところでした。1人のメンバーだけが旅行について提案された計画に反対したのです。

POINT! 同じような意味の単語でも，それぞれの個性をしっかりつかまえようね。

第1章：動詞・基本文型

024

The catalog [ ] that this year's model is slightly cheaper than last year's.

① says ② speaks ③ talks ④ tells

[08 本 03]

WORDS & PHRASES
□ catalog 名 ＝カタログ・一覧　□ slightly 副 ＝わずかに

025

I was talked [ ] buying a big car by my sister.

① about ② away from ③ out of ④ to

[10 本 04]

026

"Do you know that Jean has got a new job?"
"No, she [ ] us nothing about it."

① said ② spoke ③ talked ④ told

[96 本 02]

say「～と書いてある」

解答 ① **says** 86.3%　② speaks 1.6%　③ talks 2.0%　④ tells 10.1%

解説 say の一風変わった使い方に出会ったことがありますか，という問題。say は「言葉を言う」，人以外が主語にくれば「～と書いてある・示している」などとも使えます。My watch **says** it's just eleven.「僕の時計では **11 時です**」— こんな使い方に慣れてくださいね。② speak は「音声を出す」だからダメ。③ talk は「おしゃべり」でしたね。④ tell は「メッセージを伝える」。意味的には悪くない。でもこんなこと言わない。要は英語経験を試す問題だったということです。

訳 そのカタログによると，今年の型は昨年のよりも少し安いそうです。

talk A out of B「A を説得して B するのをやめさせる」

解答 ① about 64.1%　② away from 3.8%　③ **out of** 18.5%　④ to 13.6%

解説 talk は talk about / to (with)「～について／～と話す」だけでなく，このフレーズを覚えてください。talk 目 の形になっていますね。そ，talk の力が相手にグッとかかって相手を，目 の外 (out of) に置くということ。「やめさせる」ってことですね。逆は into「～の中」になります。

例：I **talked her into** giving up smoking.
「説得してタバコをやめさせた」。

訳 私は姉に説得されて大きな車を買うのをやめました。

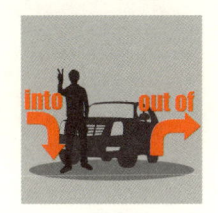

授与型 tell

解答 ① said 7.0%　② spoke 2.8%　③ talked 7.0%　④ **told** 83.2%

解説 問題文を見てみましょう。動＋us＋nothing と，目的語を2つとった授与型をしています。この形は常に「あげる」と授与を表します。この形をとれるのは ④ **told** のみです。tell は「メッセージを伝える」。ほら，「誰かに何かを伝えてあげる」，授与型にぴったりの動詞だということがわかりますね。

訳 「ジーンが新しい仕事についたって知ってる？」「いいえ，私たちにはそんなこと何も言わなかったもの」

POINT! 日本語で考えると間違えてしまう。実は，そこが異文化理解の入り口なんだよ。

第1章：動詞・基本文型

lie と rise / **rise と grow** / **「到達する」** / **want と hope**

ⓐ I **bought** my son an iPhone. 「iPhoneを息子に買ってあげた」
ⓑ I'll **make** you a teddy bear. 「君にテディベアを作ってあげるよ」
ⓒ It **took** me 5 hours to do my homework.
「宿題をするのに5時間かかった」
ⓓ The concert ticket **cost** me $200.
「コンサートのチケットに200ドルかかった」

027

"Haven't you finished that report yet?"
"_____ me a few more minutes and I'll finish it."

① Give　　② Share　　③ Take　　④ Wait

[00本07]改

028

We must keep in mind that smoking _____ us more harm than good.

① damages　② does　③ gets　④ makes

[96本12]

WORDS & PHRASES
□ keep ~ in mind =～を心にとめておく

027・028

| 自・他動詞 | 「話す」 | 授与型 | 説明型 |

give「あげる」に代表される，目的語を2つとる形，それが授与型です。「give が『あげる』だからこういう意味になるんだな」と考えないでくださいね。選ぶ動詞がどうあれ，**この型を使えば「あげる」という意味になる**のです。「ん？ⓒⓓはあげるになってないじゃん」と思われるかもしれませんが，これは「マイナスの授与」。「私から5時間をとる，私から200ドル奪う」という意味関係になっていますね。動詞によってはこうしたマイナスの意味になることもあるということだけのことですよ。

主 + 動 + 目 + 目
授与型

授与型 give

解答 ① **Give** ② Share ③ Take ④ Wait
63.8%   1.9%   20.3%   14.0%

解説 それぞれの動詞の基本的な使い方がわかっているかどうかの問題。② share は，I shared the cake **with** my sis.「ケーキは妹と分けた」と with が必要になりますし，④ wait なら，I waited **for** her.「彼女を待った」と for が必要となり使えません。空所のあとに目的語（名詞）が2つ並んでいると考えれば授与型で ① give が使えます。ちなみに ③ take も授与型で使うことができますが，「取る・(時間が) かかる」の意。ここでは意味が合いませんね。

訳 「例の報告書，まだ仕上がってないの？」「もう2，3分ください。そうしたら済ませてしまいますから」

授与型 do

解答 ① damages ② **does** ③ gets ④ makes
16.9%   31.0%   12.7%   39.4%

解説 more harm than good は「良いことより多くの害」。授与型（動 + us + harm）として，② **does** が正解になります。do more harm than good「有害無益だ」はよく使われる言い回しです。他にも do を使った授与型のポピュラーな表現として，Will you **do** me a favor?「ちょっとお願いがあるんだけど」があります。a favor は「親切な行為」。覚えてしまいましょう。

訳 私たちは，喫煙は毒にこそなれ薬にはならないということを肝に銘じておかなければなりません。

POINT! 目的語を2つ置けば「あげる」という意味に。文の形に意味があるってことだね。

第1章：動詞・基本文型

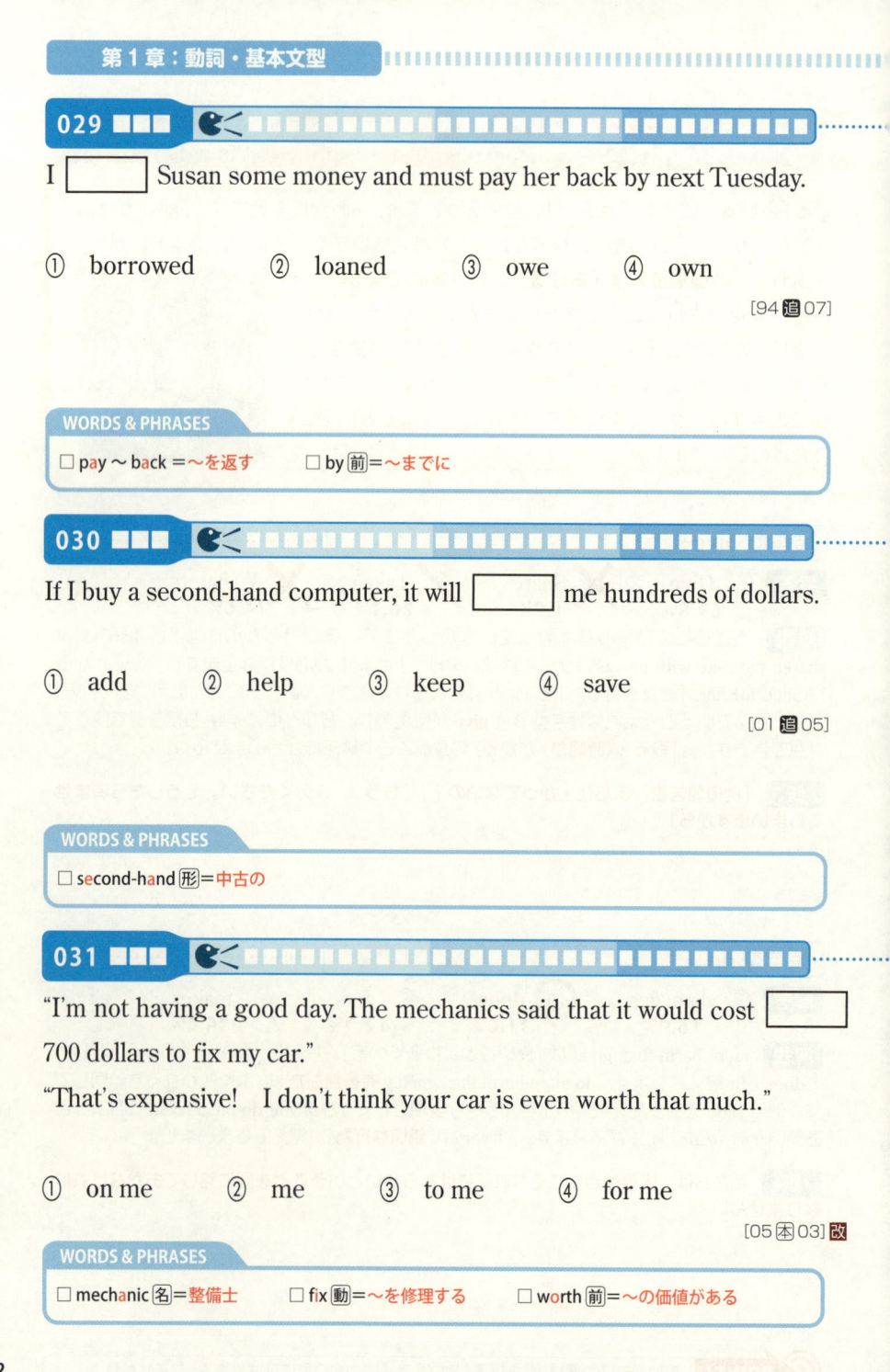

029

I [　　] Susan some money and must pay her back by next Tuesday.

① borrowed　　② loaned　　③ owe　　④ own

[94 追 07]

WORDS & PHRASES

□ pay ～ back ＝～を返す　　□ by 前 ＝～までに

030

If I buy a second-hand computer, it will [　　] me hundreds of dollars.

① add　　② help　　③ keep　　④ save

[01 追 05]

WORDS & PHRASES

□ second-hand 形 ＝中古の

031

"I'm not having a good day. The mechanics said that it would cost [　　] 700 dollars to fix my car."

"That's expensive!　I don't think your car is even worth that much."

① on me　　② me　　③ to me　　④ for me

[05 本 03] 改

WORDS & PHRASES

□ mechanic 名 ＝整備士　　□ fix 動 ＝～を修理する　　□ worth 前 ＝～の価値がある

授与型 owe

解答 ① borrowed ② loaned ③ **owe** ④ own
　　　　27.2%　　　25.8%　　　45.5%　　　1.5%

解説 "Give me an **IOU** for the $500, OK?" なんて使われる場合の IOU とは借用書のこと。I owe you. の略ですね。③ owe 「借りている・負っている」の使い方がわかれば，授与型の問題文を見たときに「スーザンにお金を借りている」が思い浮かびます。ちなみに loan は「貸す」だから後続の「返さなきゃ」という文脈では意味が逆です (He loaned me $100.「彼は 100 ドル貸してくれた」)。① の borrow は「借りる」。borrow a book from a library「図書館から本を借りる」などと使い，「取ってくる」ということ。授与型では NG。④ own「所有する」は owe と綴りが似てるだけです。

訳 私はスーザンにいくらかお金を借りていて，今度の火曜日までに返さなくてはなりません。

授与型 save

解答 ① add ② help ③ keep ④ **save**
　　　　10.3%　10.3%　10.3%　69.1%

解説 問題文からすぐ授与型が思い浮かびましたね。① add「加える」，③ keep「保つ」は意味がダメ。② help「助ける」は help me **with** my homework「宿題で私を助けてくれる」といった使い方をしますが，形の問題というよりも，そもそも意味が謎。というわけで ④ **save** が正解。save は「救う・[お金などを] 使わないで取っておく」。なぜ「救う」が「取っておく」につながるのかといえば，放っておくと失われてしまう状態から「救う」から。**Save** me some icecream.「僕にアイスクリームを取っておいてよ」など，気軽に使ってくださいね。

訳 中古のコンピュータを買えば，何百ドルも節約できます。

授与型 cost

解答 ① on me ② **me** ③ to me ④ for me
　　　　6.4%　　68.6%　　13.9%　　11.1%

解説 「マイナスの授与型」cost が出てきました。正解は ②。cost は「お金」に関して使うことが多い単語。「コスト」ですからね。cost me $700 は「700 ドルかかる (私から $700 奪う)」ということ。「時間」なら take が第一候補。take me 2 hours なら「2 時間かかる (私から 2 時間奪う)」。日本人が苦手な言い回しの１つでもあるので何度も音読するんだよ。いいね？

訳 「今日はついてないな。整備士が，私の車を修理するのに 700 ドルかかるって言ったんだ」「高いよ！　君の車にそんな価値があるとは思えないよ」

POINT! マイナスの授与 take と cost が正しく使えるように音読を繰り返そう。

第1章：動詞・基本文型

lie と rise / **rise と grow** / **「到達する」** / **want と hope**

Ken was
- ⓐ **a police officer.** 「警察官だった」
- ⓑ **in the garage.** 「ガレージにいた」
- ⓒ **dancing.** 「踊っていた」
- ⓓ **attacked by the dog.** 「犬に襲われた」
- ⓔ **to die in poverty.** 「貧困の中で死ぬのだった」

032

After the car hit the boy, he _____ unconscious for two days.

① remained ② remembered
③ removed   ④ rescued

[07 本 06]

WORDS & PHRASES

□ unconscious 形 = 意識を失った

033

Something has _____ with the machine; it makes a strange noise.

① mistaken   ② been destroyed
③ broken up   ④ gone wrong

[79 追 18]

032・033

| 自・他動詞 | 「話す」 | 授与型 | **説明型** |

説明型は「**主語の説明**」を行います。be 動詞が典型例。ただ，be 動詞に積極的な意味はありません。単なるつなぎです。「主語に説明語句を並べて」作る感覚です。ここでおさえたいのは「説明語句」には意味が許す限り，あらゆる要素（ⓐ〜ⓔ）を使うことができるということ。意味が成り立てば何でも大丈夫なんですよ。あと be 動詞以外にも**感覚**（look など）や**変化**（become など）を表す動詞が使われることもあるので，少しずつ表現のバリエーションを増やしていきましょうね。

主 + 動 + 説明語句
説明型

説明型 remain「〜のままである」

解答 ① **remained** 63.5%　② remembered 5.5%　③ removed 21.1%　④ rescued 9.9%

解説 さあ，英語文の重要な型，説明型です。空所の後ろが unconscious「意識を失って」と，形容詞であることに注意しましょう。すると使える動詞は ① の remain「〜のままだ（←とどまる）」だけになります。だって，②の remember「**覚えている**」，③の remove「**取り除く**」，④の rescue「**救助する**」は，その意味から remember her「彼女を覚えている」，remove the stain「シミを取り除く」，rescue the boy「少年を救助する」などと（使うとすれば）名詞と共に使うからですよ。まあ，どの動詞も意味が謎になるので使えません。

● P.075

訳 車にはねられたあと，その少年は 2 日間意識がありませんでした。

説明型 go「〜になる」

解答 ① mistaken 8.7%　② been destroyed 47.8%　③ broken up 17.4%　④ **gone wrong** 26.1%

解説 ナチュラルな物言いができているかを確かめる問題。go が説明型で使われることがわかれば，④**go wrong** をすぐに選べるでしょう。go は「ある地点を去って進んでいく」という単語。ある状態から別の状態に「進む」ことから，「変化」を表すことができます。go bad「悪くなる」，go mad「怒る」，go sour「[恋愛などが]ダメになる（腐ると酸っぱくなるという意から）」，go bankrupt「**破産する**」など，悪い方向の変化が支配的です。ちなみに come は come true「実現する」など良い方向が中心ですね。

● P.111

訳 この機械はどこか故障しているよ。変な音がします。

POINT! be 動詞以外の説明型は，それぞれの動詞がもつイメージを重ねて理解すれば OK です。

第1章：動詞・基本文型

目的語説明文 | 知覚[1] | 知覚[2] | 使役[1]

ⓐ **Call me Ken.**「ケンとよんでください」
ⓑ **I consider Tom sincere.**「トムを誠実だと思う」
ⓒ **I'd like my steak rare.**「ステーキはレアでお願いします」

034

Look! There's a dog in the hall. Someone must have left the door _____.

① be opened　② open　③ opening　④ to open

[90本01]

035

You will find the word "psychology" _____ under "P" in your dictionary.

① have listed　② list　③ listed　④ listing

[95本13]

WORDS & PHRASES
□ psychology 名＝心理学

036

I was just going to mention something you might have _____ interesting.

① been　② found　③ seen　④ wanted

[92追12]

WORDS & PHRASES
□ mention 動＝〜について言及する

使役[2] 動+目+to do

目的語説明文（他動詞＋目＋説明語）の型。ⓐ の基本は「僕をよぶ」。me を何とよぶのか，それを「Ken だ」と補っています。ⓑ「彼を考える」が基本で，him をどう考えるのかを「誠実だ」と補う。ⓒ は「ステーキが欲しい」。そのステーキをどんな状態に焼いてほしいのか「レアで」。「**目的語に説明語句を補う**」という簡単な感覚で作れますよ。

---

leave+目+説明語句「目を〜にしておく」

解答 ① be opened ② **open** ③ opening ④ to open
　　　　14.5%　　　30.6%　　　30.6%　　　24.2%

解説 目的語説明文の形に慣れてくださいね。leave の基本イメージは「残して去る」。残されたモノに焦点を置けば，leave the door で「ドアを残す」ということ。どんな状態にしておいたのかは，目的語 (the door) のあとに説明を置けばよいのです。「ドアが開いている」という状態を表すのは形容詞の ② **open** だけですね。

訳 ほら！ 玄関に犬がいるよ。誰かがドアを開けっ放しにしておいたにちがいないよ。

---

find+目+説明語句「目が〜だとわかる」

解答 ① have listed ② list ③ **listed** ④ listing
　　　　12.5%　　　16.7%　　　44.4%　　　26.4%

解説 目的語説明文の形を使いこなす次のステップは，説明語句の位置にさまざまな要素が配置できる「**説明語句の自由**」をつかむこと。ここに置くのは動詞でも形容詞でも名詞でもいいんです。この問題では目的語と説明語句の関係を考えれば，単語は「リストに載せられる」なので，受動（〜される）を表す過去分詞形の ③ **listed** が正解だとわかりますね。

訳 "psychology" という単語は，辞書の P の項目に載っているでしょう。

---

find+目+説明語句「目が〜だと思う」

解答 ① been ② **found** ③ seen ④ wanted
　　　　50.9%　　33.3%　　14.0%　　1.8%

解説 正解は ②。この find は「思う」。「何かきっかけがあって，あ〜！ って思う」感じ。で，something をどう思うのかを補った，find something interesting という形が見えれば勝負あり。① は you are interesting「あなたが面白い」ってことだから，今回の文では意味が通りません。

訳 あなたが興味をおもちだったかもしれないことをちょうど言おうとしていたんです。

POINT! 他動型の英文のあとに説明語句が続いているだけ。早くこの形に慣れましょうね。

第1章：動詞・基本文型

知覚 [1]

ⓐ I **saw** Mary **cross the street.** 【動詞原形】
「メアリが通りを渡るのを見たよ」

ⓑ I **saw** Mary **crossing the street.** 【動詞 -ing 形】
「メアリが通りを渡っているのを見たよ」

ⓒ I **saw** your name **printed in the newspaper.** 【過去分詞形】
「新聞に君の名前が載ってるのを見たよ」

037

My mother began baking early this morning. She was happy to see her guest _____ her cakes eagerly.

① eaten   ② eats   ③ to eat   ④ eating

[87本07] 改

WORDS & PHRASES
□ eagerly 副 ＝ 熱心に

038

"Did you manage to get their concert tickets?"
"Yes! I've seen them _____ live before, and it should be great!"

① have played   ② play   ③ played   ④ to play

[11追10] 改

WORDS & PHRASES
□ manage to do ＝ ～をなんとか成し遂げる

039

My mother encouraged me in my painting but never lived to see any of my works _____ in public.

① exhibiting
② exhibited
③ have exhibited
④ exhibit

[82本16]

使役[2]　動+目+to do

037・038・039

目的語説明文は，目的語の説明に実にさまざまな要素が配置できます。ⓐは原形。単に「道を渡るのを見た」。ⓑの -ing 形は躍動感を表す形。「渡っている瞬間を見た」。ⓒの過去分詞形を使えば受動。目にしたのが「名前がプリントされてる」状況。どの形も知覚を表す動詞と相性が良い形なんですよ。

---

see＋目＋-ing形「目が～しているのが見える」

解答　① eaten　② eats　③ to eat　④ **eating**
　　　　　16.9%　　10.3%　　10.7%　　62.1%

解説　see＋目のあとには，動詞原形・-ing 形・過去分詞形を配置することができます。この配置の型に合うのは①か④。目的語は her guest なので，お客さんが eaten「食べられる」ではおかしい。正解は④。お母さんは，お客さんが食べている最中を見て喜んでいたんです。

訳　母は今朝早く（ケーキを）焼き始めました。母はお客さんが自分のケーキを熱心に食べているのを見て嬉しく思っていました。

---

see＋目＋動詞原形「目が～するのが見える」

解答　① have played　② **play**　③ played　④ to play
　　　　　20.0%　　　　　35.7%　　　18.6%　　　25.7%

解説　see のあとに続く型から，答えは②か③ですね。them「演奏者たち」は演奏する側なんだから，答えは動詞原形の②play「演奏する」。them を前文の tickets と考えると答えがなくなっちゃうから気をつけてね。あと①は，see の前に起こっていることになるので，かなり謎な状況になっちゃいますよ。

訳　「彼らのコンサートのチケットをどうにか入手できた？」「うん！　以前に生演奏を見たことあるけど，きっとすごいよ！」

---

see＋目＋過去分詞形「目が～されるのが見える」

解答　① exhibiting　② **exhibited**　③ have exhibited　④ exhibit
　　　　　21.4%　　　　　42.9%　　　　　14.3%　　　　　　21.4%

解説　やっと過去分詞の出番がやってきました。目的語が works「作品」なんだから，答えは②exhibited「展示される」に決まってますね。目的語と説明語句との関係を必ず確認してください。

訳　母は，私が絵を描くことを励ましてくれたが，私の作品が一般に公開されるのを見る前に亡くなった。

POINT!　目的語説明文は see, hear, feel といった「知覚」を表す動詞と相性が良いんだね。

第1章：動詞・基本文型

知覚［2］

ⓐ I **saw** Mary crying.「泣いているのを見た」
ⓑ I **saw** that Mary was crying.「泣いてるとわかった」
ⓒ I **heard** you play at the party.「パーティーで演奏するのが聞こえた」
ⓓ I **heard** that you played at the party.
「パーティーで演奏したって聞いたよ」

040

Justin's graduation ceremony ran for nearly 3 hours. He was almost asleep when he heard his name _____ .

① called　② call　③ calling　④ to be called

[80本19]改

WORDS & PHRASES
□ asleep 形＝眠って

041

Kate speaks English very fast. I've never heard English _____ so quickly.

① speak　② speaking　③ spoken　④ to speak

[92本14]

042

A man matching the police description was arrested today. He was seen _____ a television from the hotel.

① stealing　② steal　③ stolen　④ stole

[05追06]改

040・041・042

使役[2]　動+目+to do

知覚動詞が目的語説明文の形を作ると，生(なま)の状況に触れることを示します。ⓐなら実際に目撃，ⓒでは生で演奏が聞こえたってこと。that 節が続くとレポート文「〜ということを…」。ⓑは see が understand に近い感触で「わかった」，ⓓなら「聞き知った」という know に近い意味合いになるのです。

©High Wind Production

---

hear +目+過去分詞形「目が〜されるのが聞こえる」

解答　① **called**　② call　③ calling　④ to be called
　　　　　87.0%　　　0.0%　　　0.0%　　　13.0%

解説　hear「聞こえる」も知覚を表す動詞。先程の see と同じパターンを考えてください。目的語 (his name) と call「よぶ」の関係を考えたら，適切なのは ① の called「よばれる」しかありません。

訳　ジャスティンの卒業式は 3 時間近く続きました。彼は自分の名前がよばれるのが聞こえたとき，もう少しで眠ってしまうところでした。

---

hear +目+過去分詞形「目が〜されるのが聞こえる」

解答　① speak　② speaking　③ **spoken**　④ to speak
　　　　　16.7%　　21.2%　　　45.5%　　　16.7%

解説　問題文を見たら，もうすぐに反応できますね。「英語が話される」という状況なんだから，English の説明としてふさわしいのは過去分詞の ③ **spoken**。目的語と説明語句の関係を考えればいいんです。

訳　ケイトの英語はとても早く話します。私は英語があんなに早口で話されるのを聞いたことがありません。

---

see +目+ -ing 形「目が〜しているのが見える」

解答　① **stealing**　② steal　③ stolen　④ stole
　　　　　44.2%　　　28.4%　　　25.2%　　　2.2%

解説　受動文 (was seen) になっているので少しわかりづらかったかもしれませんね。正解は ①。ベースにあるのは，see a man **stealing** a television という目的語説明文の形なんです。

訳　警察の人相書きに符合する男が今日逮捕されました。彼はホテルからテレビを盗んでいるところを見つかりました。

POINT!　知覚動詞が目的語説明文の形を作ると，場面に生に接していることを示しているんですよ。

第1章：動詞・基本文型

目的語説明文 / 知覚[1] / 知覚[2] / 使役[1]

ⓐ **The story made me sad.** 「その物語を読んで悲しくなった」

ⓑ **I made Lucy clean up her room.**
「ルーシーに部屋を掃除させたよ」

ⓒ **Let me use your car.** 「あなたの車を使わせてください」

043

Jessica was so delighted when she called me. Although her parents had said "no" for a long time, they finally ☐ her go to Europe alone.

① allowed ② got ③ let ④ made

[93本05]改

WORDS & PHRASES
□ delighted 形 ＝ 喜んで

044

You should not let your personal emotions ☐ in the way of making that important decision.

① stand ② standing ③ to be stood ④ to stand

[12本08]

使役[2]　動+目+to do

make は「(力を加えて)作る」という動詞。ⓐ なら the story が私にグッと力を加える感じがします。そして me sad「私が悲しい」という状況が作り出されます。これと全く同じ感触・作り方で ⓑ はできあがっています。Lucy に力を加えて，「ルーシーが部屋を片付ける」という状況を作りあげるというわけです。要するに make は「力ずく」感が高い文を作ります。一方の let は「許す」。ⓒ は，私が use your car する状況を許すということです。make と let があとにとる形，それぞれの語感を身につけていきましょう。

let + 目 + 動詞原形「目が〜するのを許す」

解答　① allowed　② got　③ **let**　④ made
　　　　　25.0%　　　3.1%　　56.3%　　15.6%

解説　意味と形を求める良問ですね。まず，空所のあとに her go (目+動詞原形) が続いているので，① の allow「許可する」や ② の get「させる」は NG。もし使うなら，どちらも allow (get) +目+ to 不定詞という形になるからね。次に「親は渋々認めた」って文脈だから ④ の make「強制」は合いませんね。娘の意志を尊重し，「許可」を与える ③ **let** が正解です。

訳　私に電話をくれたとき，ジェシカは大喜びでした。彼女の両親は長いあいだ反対していましたが，ついに単身彼女がヨーロッパへ行くのを許しました。

let + 目 + 動詞原形「目が〜するのを許す」

解答　① **stand**　② standing　③ to be stood　④ to stand
　　　　　65.0%　　　17.1%　　　　7.7%　　　　　10.2%

解説　let のテンプレートがわかっていれば即決。let +目+動詞原形の形になるのは ① **stand** だけですね。あと，今回出てきた面白いフレーズもおさえておきましょうか。stand in the way「邪魔になる」は，進行方向 (way) の中にいるってこと。イラストを見てごらん。ほら，邪魔だよね？

訳　あなたの個人的感情が，その重要な決定をする妨げにならないようにすべきです。

POINT!　「させる」といっても make, let, have, get (to) にはニュアンスに違いがあることをおさえましょう。

045

I bought a German phrase book, but it's useless. I can't ☐ myself understood in German.

① cause ② make ③ give ④ try

[79 追 15] 改

046

There was so much noise in the classroom that Hisako could not make herself ☐ .

① hear ② heard ③ hearing ④ to be hearing

[12 追 03]

047

After the boy entered the old building, the door closed behind him. He screamed for help but couldn't ☐ .

① hear him ② make him heard
③ make himself hear ④ make himself heard

[87 追 06] 改

WORDS & PHRASES
☐ scream 動 = 悲鳴を上げる

045・046・047

make oneself understood「理解してもらう」

解答 ① cause　② **make**　③ give　④ try
　　　 8.7%　　 73.9%　　　8.7%　　 8.7%

解説　make oneself understood「理解してもらう」というフレーズを覚えていますかということを問う問題。understand と目的語（myself）との関係が「〜される」だから過去分詞形がきたというわけ。make は「**力をぎゅっと加えて作り出す**」ことを表す動詞なんです。「**がんばって理解してもらえるよう努力する**」といった意味合いから ② の **make** が正解です。

● P.089
● P.090

訳　私はドイツ語の慣用表現集を購入しましたが、役に立っていません。私はドイツ語で話を理解してもらうことができないからです。

make oneself heard「声を届かせる」

解答 ① hear　② **heard**　③ hearing　④ to be hearing
　　　 6.7%　　 77.8%　　　 13.3%　　　 2.2%

解説　この問題では、「彼女が聞かれる」という関係から過去分詞形の ② make herself **heard** を迷わず選んでくださいね。もちろん make が使われているのですから、「**彼女が一生懸命努力をして声を出している**」ことを感じてくださいね。前問と同じく、即決で選べるようにしたいフレーズです。

訳　教室がとてもうるさかったので、ヒサコは自分の声を届かせることができませんでした。

make oneself heard「声を届かせる」

解答 ① hear him　　　　② make him heard
　　　　 3.4%　　　　　　　　24.2%
　　　 ③ make himself hear　④ **make himself heard**
　　　　 10.7%　　　　　　　　 61.7%

解説　もう即決で ④ を選べますね。もちろん「彼が聞かれる」ってことで過去分詞形の heard があとに続きます。make の質感を確認するのにぴったりの状況ですね。閉じ込められちゃったわけですから、**彼の必死な努力**を make から感じ取ってくださいね。

訳　少年が古い建物に入ると、彼の背後でドアが閉まりました。彼は助けを求めて叫びましたが、声は届きませんでした。

POINT!　今回扱った2つの表現は、よく用いられるフレーズとして覚えておきましょうね。

第1章：動詞・基本文型

目的語説明文 / 知覚[1] / 知覚[2] / 使役[1]

ⓐ I'll **have** my maid **clean** up your room.「メイドに君の部屋を掃除させるよ」
ⓑ I **had** my passport **stolen** from my hotel room.
　「ホテルの部屋でパスポートを盗まれた」
ⓒ I'll **get** my mother **to** pick me up.「お母さんに迎えにきてもらうよ」
ⓓ I'll **get** the job **done** in time.「時間内に仕事を終わらせます」

048

"I like this photograph. Your children look really cute."
"Thanks. I had _____ at a studio."

① done it　　② it does　　③ it done　　④ it to do

[98本01]

WORDS & PHRASES
☐ photograph 名 ＝写真

049

"Your hair is really getting long, isn't it?"
"I haven't _____ for a long time."

① been cut it　　② had cut it　　③ had it cut　　④ it cut

[88本15]改

050

If the pain in your throat becomes worse, have it _____ at once.

① check　　② checking　　③ to check　　④ checked

[06本04]

WORDS & PHRASES
☐ throat 名 ＝喉

使役[2] 　動+目+to do

have は活動（動き）を想起させない動詞。ⓐ は「メイドが掃除する」状況を，ⓑ は「パスポートが盗まれる」状況を単に have した。一方，get では「動き」が強く意識されます。ⓒ では頼み込んで to 以下の方向に動かす。ⓓ も「作業して仕事が終わっている」状況を get する。違いを感じてみましょう。

---

have ＋ 目 ＋説明語句「目を〜してもらう」

解答　① done it　② it does　③ **it done**　④ it to do
　　　　　31.4%　　5.7%　　　57.2%　　　5.7%

解説　it は photograph のこと。あとは「写真」と「する」という行為の意味関係から，「写真を撮られる」が適切な状況だとわかれば過去分詞形の ③ が選べます。プロにお金を払って撮ってもらうなら，頼み込む必要がないから have なんです。

訳　「この写真いいね。君の子どもたちが本当にかわいらしいよ」「ありがとう。スタジオで撮ってもらったの」

---

have ＋ 目 ＋説明語句「目を〜してもらう」

解答　① been cut it　② had cut it　③ **had it cut**　④ it cut
　　　　　24.4%　　　　4.3%　　　　　62.8%　　　　　8.5%

解説　前問と同じく it が「髪」のことだとわかれば，過去分詞の cut「切られる」を含んだ ③ が正解だとわかりますね。美容師に切ってもらうなら，やはり頼み込む必要はありません。だから have が使われています。

訳　「髪が本当に伸びたね？」「長いあいだ切っていないから」

---

have ＋ 目 ＋説明語句「目を〜してもらう」

解答　① check　② checking　③ to check　④ **checked**
　　　　　14.1%　　3.9%　　　　7.5%　　　　74.5%

解説　この it が受けているのは「喉」。喉は check されるのだから，過去分詞形の ④ の **checked** が正解です。

訳　喉の痛みがひどくなったら，すぐに診てもらいなさい。

POINT!　何の苦労も動作もなく，単にある状況を have したってことを示しているんですよ。

第1章:動詞・基本文型

051

I want to ☐ . It seems to be out of order.

① have fixed this cassette recorder ② have this cassette recorder fix
③ have this cassette recorder fixed ④ have this cassette recorder fixing

[87本08]改

052

I'm having my house ☐ at the moment, so could you come over next Friday instead?

① be painted   ② paint   ③ painted   ④ to paint

[91本14]

053

"Have you sent the manager's letter?"
"No, not yet. I must have it ☐ first."

① be signed   ② his signature   ③ sign   ④ signed

[94追01]

054

"It's almost dinner time. I'm hungry."
"As soon as we ☐ the wall painted, we can go home."

① do   ② finish   ③ get   ④ make

[89本05]改

051・052・053・054

have + 目 + 説明語句「目を〜してもらう」

解答
① have fixed this cassette recorder 19.0% ✗
② have this cassette recorder fix 17.2% ✗
③ **have this cassette recorder fixed** 58.6%
④ have this cassette recorder fixing 5.2% ✗

解説 目的語が少し長いのですが，考えることは今までと同じ。カセットレコーダーは「修理される」のだから，過去分詞形の③が正解です。

訳 私はこのカセットレコーダーを修理してもらいたいんです。故障しているようなので。

have + 目 + 説明語句「目を〜してもらう」

解答
① be painted 10.8% ✗
② paint 10.8% ✗
③ **painted** 61.5%
④ to paint 16.9% ✗

解説 「家が塗られる」と受動の関係なので，過去分詞形の③ painted が正解です。

訳 今，家を塗装してもらっているので，代わりに今度の金曜にきていただけますか？

have + 目 + 説明語句「目を〜してもらう」

解答
① be signed 13.6% ✗
② his signature 6.1% ✗
③ sign 21.2% ✗
④ **signed** 59.1%

解説 it が手紙のことだとわかれば，「手紙が署名される」と受動の関係が見えますね。正解は過去分詞形の④ signed です。

訳 「もう支配人の手紙を送りましたか？」「いいえ，まだです。まず署名してもらわなければなりません」

get + 目 + 説明語句「目を〜にする」

解答
① do 8.2%
② finish 26.2%
③ **get** 11.5%
④ make 54.1%

解説 get the job done「終わらせる」といったフレーズに出会ったことがありますか？ という問題。get は「動き」を感じさせる単語。get +目+説明語句は，何らかの動きを加えて，ある状況を get するってこと。今回は作業をして wall が painted な状況を ③ get ってことだよ。

訳 「もうじき夕飯の時間だよ。お腹すいたな」「壁のペンキを塗り終えたらすぐに家に帰れるよ」

POINT! 「動き」を感じさせない have と「動き」を感じさせる get。うまく使い分けてくださいね。

第1章：動詞・基本文型

055

"Why are you shopping for a bicycle? Didn't you buy one just last month?"

"Yes, but unfortunately ☐ last week."

① I was stolen it   ② it was robbed

③ it was stolen   ④ someone was robbed

[99本03]

056

Akiko had her bag ☐ and lost all her money.

① steal   ② stole   ③ stealing   ④ stolen

[04本04]

057

Mrs. Anderson has had a terrible week. The poor old woman ☐ again.

① got robbed her bag   ② had her bag stolen

③ let her bag to be robbed ④ was stolen her bag

[90追10]改

058

You have ten apples. You eat two. How many do you have ☐ ?

① kept   ② left   ③ remained   ④ stayed

[91追01]改

055・056・057・058

steal「盗む」と rob「奪う」

解答
① I was stolen it　　16.7%
② it was robbed　　16.7%
③ **it was stolen**　　60.5%
④ someone was robbed　　6.1%

解説 steal 物 (from 人) で「物を (人から) 盗む」。rob は, rob 人 (of 物) で「人から (物を) 強奪する」。受動文では, 物 is stolen., 人 is robbed. になるので ③ が正解。④ は意味不明です。

訳「どうして自転車買うの？　ちょうど先月買ったばかりじゃない？」「そうだけど, 運悪く先週盗まれたんだ」

have + 目 + 説明語句「目が～される」

解答
① steal　11.4%
② stole　13.6%
③ stealing　1.5%
④ **stolen**　73.5%

解説 さっそく steal「盗む」が出てきました。bag は盗まれるという受動の関係なので, 過去分詞形の ④ stolen を選んでくださいね。盗まれたって状況を単に have したと言っているのです。動きを感じさせない have がぴったりな状況であることもおさえておきましょう。

訳 アキコはカバンを盗まれて, お金を全部失ってしまいました。

have + 目 + 説明語句「目が～される」

解答
① got robbed her bag　14.5%
② **had her bag stolen**　51.6%
③ let her bag to be robbed　4.8%
④ was stolen her bag　29.0%

解説 rob に目が行くようでは, 英語への慣れが足りません。真っ先に ② を選んでくださいね。I had my purse stolen.「財布を盗まれた」といった型をしっかりおさえてくださいね。

訳 アンダーソンさんにとってひどい 1 週間でした。その気の毒なおばあさんはまたバッグを盗まれたのです。

have + 目 + left「目が残されている」

解答
① kept　52.3%
② **left**　18.5%
③ remained　20.0%
④ stayed　9.2%

解説 ここまでに出てきた have はすべて同じ。**ある状況を have してますよ**と言っているだけです。正解は ② left です。leave「残す」の過去分詞形だね。I have eight apples left. の「8個」の部分を尋ねている疑問文なんです。

●P.090

訳 10 個のリンゴがあります。2 個を食べます。何個残っているでしょうか？

POINT! have のもつ「静」のイメージからどの表現も作り出されているんですよ。

第1章：動詞・基本文型

目的語説明文 | 知覚[1] | 知覚[2] | 使役[1]

ⓐ My parents always tell me to study harder!
「両親は僕にいつももっと一生懸命勉強やれって言うんだよ」

ⓑ My parents won't allow me to stay out after midnight.
「僕の両親は真夜中以降の外出を許さない」

ⓒ I don't expect you to finish this today, but please hurry.
「今日で終わらないと思うけど急いでね」

059

My parents never allowed me _____ alone in the sea. They always insisted I swim with at least one other person for safety.

① swim　② swimming　③ to swim　④ to swimming

[92本13]改

060

A good teacher allows students _____ some things for themselves.

① discover　② discovered　③ to discover　④ discovering

[06本08]

使役[2] 動+目+to do

目的語説明文の最後は，動詞＋目的語＋ to 不定詞の形。これは典型的に，**相手に働きかける動詞とともに使われます**。to のイメージは「指し示す ➡」。ⓐなら私に tell「指示する」という働きかけをして，to 以下の行動へ向かわせるという意識。ⓑ の allow「許す」も，to 以下の行為に向かうことを許す。ⓒ のように働きかける動詞以外にも使われることがありますが，**向かうという意識は同じ**ですよ。

---

allow ＋ 目 ＋ to 不定詞「目が〜するのを許す」

解答 ① swim　② swimming　③ **to swim**　④ to swimming
　　　　1.5%　　　27.3%　　　　69.7%　　　　1.5%

解説 allow のあとに続く形を尋ねる問題。型にあてはめるだけですね。正解は ③ **to swim** です。許可されることによって，to 以下の事態に向かうことを allow「許す」。同じ「許す」でも，let と違い to を必要とすることに注意してください。

訳 両親は私が 1 人で海で泳ぐことを決して許さなかった。安全のために少なくとも誰か 1 人と一緒に泳ぎに行くよういつも言っていました。

---

allow ＋ 目 ＋ to 不定詞「目が〜するのを許す」

解答 ① discover　② discovered　③ **to discover**　④ discovering
　　　　7.8%　　　　4.8%　　　　　81.2%　　　　　　6.2%

解説 allow と，目＋ to 不定詞は頻出コンビネーションです。正解は ③ **to discover** です。「許可する」という意味の permit がありますが，**お役所的なおカタい響き**が特徴です。
　例：We weren't **permitted** to take photos inside. 「屋内での撮影は許可されませんでした」

訳 すぐれた教師は生徒が自分で物事を発見するようにするものです。

POINT! ここまでに見てきた目的語説明文のさまざまな型を意識して，即決で選べるようにしよう！

第1章：動詞・基本文型

061

A college education will [＿＿＿] you to get a broader view of the world.

① enable　② let　③ make　④ take

[96本13]

062

Andy upset his girlfriend with what he said. His mother [＿＿＿] to be more careful in his choice of words.

① advised him　② said him
③ suggested him　④ warned to him

[90本09]改

063

I don't know why Rob told me [＿＿＿] on the corner. The bus stop was in the middle of the block.

① having to wait　② to be waited
③ to have waited　④ to wait

[99追10]改

064

John's mother wanted to go shopping, so she asked him [＿＿＿] his little brother while she was out.

① if he looked after　② he would look after
③ looking after　④ to look after

[02本04]

061・062・063・064

enable + 目 + to 不定詞「目が〜するのを可能にする」

解答 ① **enable** 47.9%　② let 8.5%　③ make 15.5%　④ take 28.2%

解説 あとにとる形から ① が正解。enable は，**人が to 以下の方向に向かうことを可能にする**という意味合いだからこそ，この形をとるんです。④ は I'll take you to the airport.「空港に連れて行くよ」といった形と混同しないように気をつけましょう。

訳 大学教育を受ければ，より広い世界観を得ることができます。

advise + 目 + to 不定詞「目に〜するよう助言する」

解答 ① **advised him** 58.1%　② said him 11.3%　③ suggested him 11.3%　④ warned to him 19.4%

解説 to が出てきたから「彼が to 以下の方向に進むように助言した」という ① advise がピタっときます。④ warn「**警告する**」は，warned him なら正解でした。

訳 アンディは彼の発言で恋人を怒らせてしまいました。母親は彼にもっと言葉の選び方に注意するようアドバイスしました。

tell + 目 + to 不定詞「目に〜するよう指示する」

解答 ① having to wait 6.9%　② to be waited 18.1%　③ to have waited 41.7%　④ **to wait** 33.3%

解説 tell + 目 + to 不定詞は「to 以下に向かうように指示する」という意味です。② の「私が待たれる」ではおかしいですよね。③ の完了形では指示する以前の話になってしまうので意味をなしません。正解は ④ です。

訳 なぜロブが私に角で待つように言ったのかわかりません。バスの停留所は街区の真ん中あたりにあったんですよ。

ask + 目 + to 不定詞「目に〜するよう頼む」

解答 ① if he looked after 19.5%　② he would look after 3.5%　③ looking after 4.2%　④ **to look after** 72.8%

解説 ask だって同じ形を作ることができます。「ask することによって to 以下に向かわせる」。正解はもちろん ④。しっかりとこの形に慣れてください。ちなみに ① は if he would…「面倒を見るかどうか」など助動詞が必要なのでダメですね。

訳 ジョンの母は買い物に行きたかったので，留守中弟の面倒をみるよう頼みました。

POINT! アスク・ウォント・テル 人 トゥ。昔よく唱え（させられ）た呪文です（笑）。

055

第1章：動詞・基本文型

065

I was not so impressed when I visited John. I liked his new house, but I hadn't expected it ☐ so small.

① be　　② of being　　③ to be　　④ to being

[95本11]改

066

I was angry with the teachers when I heard of my son's accident. They led ☐ that there was no danger.

① my believing　　② me believing
③ me believe　　④ me to believe

[85追12]改

067

Temperatures dropped overnight, and the wind was very strong. My friends were warned ☐ the mountain in such bad weather.

① in climbing　　② not to climb
③ of no climbing　　④ to climb

[98追09]改

068

The weather isn't very good now, but ☐ to be better tomorrow.

① it expects　　② it's expecting
③ it's expected　　④ it'll expect

[02追03]

065・066・067・068

expect + 目 + to 不定詞「目が〜だと予期する」

解答 ① be　② of being　③ **to be**　④ to being
　　　　4.2%　　9.7%　　　65.3%　　　20.8%

解説 expect も「to 以下の方向に進むことを予期する」という形をとるので ③ が正解です。

訳 ジョンの所を訪ねたとき，あまり感動はしませんでした。彼の新居は気に入ったけど，あんなに小さいとは思ってもいなかったんです。

lead + 目 + to 不定詞「目が〜するよう仕向ける」

解答 ① my believing　② me believing　③ me believe　④ **me to believe**
　　　　18.8%　　　　　12.5%　　　　　　50.0%　　　　18.8%

解説 lead も目的語に働きかけて，to 以下の行動に向かわせることが表現できます。正解はもちろん ④。led を let の過去形と思った人がいましたが，let の過去形は let のままですね。

訳 私は息子の事故について耳にしたとき，教師に腹を立てました。彼らは，危険など全くないと私を信じさせたからです。

warn + 目 + to 不定詞「目に〜するよう警告する」

解答 ① in climbing　② **not to climb**　③ of no climbing　④ to climb
　　　　12.2%　　　　41.9%　　　　　　14.9%　　　　　　31.1%

解説 考え方は今までと同じですよ。warn + 目 + to 不定詞が受動文になっているだけ。悪天候の中で警告された内容なので，「**登山しない**」という否定が必要です。答えは ② ですね。

訳 気温が夜通し下がり，風も強かった。友人たちは，そんな悪天候の中登山しないように警告されました。

expect + 目 + to 不定詞「目が〜だと予期する」

解答 ① it expects　② it's expecting　③ **it's expected**　④ it'll expect
　　　　19.1%　　　　19.1%　　　　　　29.4%　　　　　　32.4%

解説 expect it to be better tomorrow がベースにある今までのと同じ形です。その受動文となる ③ が正解。この it は天候に用いる状況を受ける it です。

● P.210

訳 天気は今はあまりよくないが，明日にはよくなるでしょう。

POINT! 受動文が絡むと正答率が下がります。じっくり考えれば大丈夫だからね。

第1章：動詞・基本文型

「貸し借り」 / 動詞＋前置詞 / help

ⓐ I **borrowed** a book from the library.「図書館で本を借りた」
ⓑ **Lend** me your car.「車を貸して」
ⓒ Who do you **rent** the land **from**?「誰から土地を借りていますか？」
ⓓ He **rents** rooms **to** students.「部屋を学生に貸している」

069

If you're looking for a place to eat downtown, you may want to _____ this restaurant guide.

① borrow ② issue ③ lend ④ return

[09 追 06]

WORDS & PHRASES
□ downtown 副 ＝中心街に・繁華街（へ）

070

Does Kenji still have that book he _____ from the library?

① asked ② borrowed ③ lent ④ rented

[91 本 01]

071

If you stay at a big hotel, you can _____ their swimming pool.

① bathe ② borrow ③ play ④ use

[88 試 01]

「借りる」を表すのが，borrow（無料）と rent（有料）。「貸す」は lend（無料），rent（有料）を使います。rent の「貸し・借り」をどうやって見分けるか？ 前置詞や文の形でわかります。ⓒ の from なら「借りる」，ⓓ の to なら「貸す」。授与型ならもちろん「貸す」ですよね。

borrow A from B「A を B から（無料で）借りる」

解答　① **borrow** 60.0%　　② issue 17.1%　　③ lend 14.3%　　④ return 8.6%

解説　貸し借りの基本語がわかっているかどうかの問題。正解は ① borrow「借りる」。borrow の逆は ③ lend「貸す」，自分が探しているのに貸してどうする。④ return「返す」ももちろんアウト。② の issue「発行する」では意味不明です。

訳　繁華街で食事をする場所を探していらっしゃるのなら，このレストランガイドが役に立つかもしれません。

borrow A from B「A を B から（無料で）借りる」

解答　① asked 3.1%　　② **borrowed** 78.5%　　③ lent 4.6%　　④ rented 13.8%

解説　空所のあとにある前置詞に注目してくださいね。from the library「図書館から」とあるので，「無料で借りる」ことを表す ② borrow が正解。③ lend は「貸す」では逆だし，④ rent では「有料で借りる」ことになるので今回の状況には合いません。

訳　ケンジは図書館から借りた本をまだもっていますか？

use「（動かせない物）を借りて使う」

解答　① bathe 0.0%　　② borrow 5.3%　　③ play 15.8%　　④ **use** 78.9%

解説　日本人がひっかかりそうな良問です。「トイレを借りていいですか？」と言えますからね。でも，英語では Can I use the restroom? と表現します。borrow は「借りた物をどこかに持って行って使う」ということです。bath「風呂」，restroom「トイレ」，telephone「固定電話」や pool「プール」など，**設置された物については use を選びましょう**。①③ は play (bathe) in the sea「海で遊ぶ（海水浴をする）」のように in が必要です。

訳　大きなホテルに宿泊すると，プールが使用できます。

POINT!　「貸し借り」を表す動詞のなわばりをそれぞれおさえてあげよう。単語の個性を大切に。

第1章：動詞・基本文型

072

I [　　] my coat to a friend of my brother's, and I never saw it again.

① borrowed　② lent　③ let　④ rent

[88 追 04]

073

If you [　　] a place to somebody, you let them use it as long as they regularly pay you a certain amount of money.

① borrow　② give　③ lend　④ rent

[99 本 14]

WORDS & PHRASES
- as long as 接 ＝〜する限り
- certain 形 ＝ある〜
- regularly 副 ＝定期的に
- amount 名 ＝量

074

We [　　] an apartment when we lived in New York, but it was very expensive.

① borrowed　② hired　③ rented　④ searched

[88 本 02]

072・073・074

lend B to A「B を A に貸す」

解答 ① borrowed ② **lent** ③ let ④ rent
31.1%　　　55.7%　　1.6%　　11.5%

解説 どう考えても ②lent「貸した」が正解。「自分のコートを友達に」だから ④rent なんてことはないだろうし。ちなみに ③let は主にイギリス英語で「貸す」。家・部屋を貸すことです。

訳 私はコートを兄の友人に貸して、それを 2 度と見ることはありませんでした。

rent は「有料の貸し借り」

解答 ① borrow ② give ③ lend ④ **rent**
16.7%　　　18.2%　　22.7%　　42.4%

解説 文意を考えれば迷うことなく ④rent が正解。rent はお金が強く意識された「貸し・借り」。日本語でも「レンタルビデオ (DVD rental)」「レンタカー (car rental)」はお金を払いますよね。じゃあ、今回の rent は「貸し借り」のどっちでしょう？「貸す」の方ですよ。**to** somebody があるからね。

訳 もし誰かにある場所を貸したら、ある一定の額のお金を定期的に支払うという条件でその場所を使わせることになります。

rent は「有料の貸し借り」

解答 ① borrowed ② hired ③ **rented** ④ searched
7.5%　　　　3.3%　　　77.0%　　　12.2%

解説 「アパートを借りる」。賃貸しだから当然 ③rented。② で hire が出てきたのでちょっと解説しましょう。hire には「**一時的に**」が強く感じられます。hire a car, room, video, a lawyer「車・部屋・ビデオを借りる・弁護士を雇う」。ほら、一時的でしょう？ ちょこっと借りたり、訴訟を抱えたときにちょこっと雇うって感じ。hire は企業が人を雇うときにも使う単語ですが、そこにも一時性が感じられています。企業は人をいつでもクビにできますからね (実際には、そうはなかなかできないけれど)。search は「探す」。search an apartment は「家捜しする」って警察じゃないんだから。search for 〜「〜を求めて探す」なら OK ですね。

訳 ニューヨークに住んでいたとき、私たちはアパートを借りていましたが、とても賃料が高かったです。

次のページからは、動詞の後ろに続く形に注目しよう。　**ADVICE**

第1章：動詞・基本文型

「貸し借り」　動詞＋前置詞　help

075

We had barely any camping gear, but Paul helped us out. He ⬚ us with everything we needed.

① gave　② asked　③ provided　④ showed

[80追15]改

WORDS & PHRASES
□ barely 副＝ほとんど〜ない　□ gear 名＝道具・用具一式

076

Parents should provide their children ⬚ decent food and clothing.

① by　② for　③ to　④ with

[91追07]

WORDS & PHRASES
□ decent 形＝まともな

075・076

文の形をマスターしたみなさんには，一歩進んで動詞についての基本的な語彙力があるのか，さらには「動詞のクセ」を理解しているかを問う問題を差し上げましょう。英文を作るだけなら，文の骨格を理解していれば可能です。ですが，「自然な」文を作るためには，適切な動詞とそれに後続する特有の形に習熟する必要があるからです。まずは，動詞と前置詞のコンビから。参考に主な前置詞のイメージを紹介しておきましたから，第8章「前置詞」の予習として取り組んでみてくださいね。

provide A with B「A に B を供給する」

解答 ① gave ② asked ③ **provided** ④ showed
8.7%　　4.4%　　69.6%　　17.4%

解説 with と一緒に使える動詞を選ぶ問題です。答えは ③ **provided**。provide us「私たちに供給する［与える］」に，「何をもってして供給するのか」を加えるのが with 以降というわけ。provide はただ「与える」という単純な動詞ではありません。「必要とされているものを与える」というニュアンス。everything we needed「私たちが必要としているすべて」に provide がぴったりな選択なんです。

訳 私たちはほとんどキャンプ用品をもっていなかったけど，ポールが助けてくれました。彼は私たちが必要とする物を何でも与えてくれたのです。

provide と supply

解答 ① by ② for ③ to ④ **with**
1.0%　　19.3%　　8.7%　　71.0%

解説 provide と言えば ④ **with** でしたね。supply「供給する」もよく使うのでセットでおさえておきましょう。例えば，This dam **supplies** us **with** water and electricity.「このダムは私たちに水と電力を供給しています」のように，supply の感触は「安定して長期にわたって」。supplement「栄養補助食品」がその特徴をつかむのに利用できます。包装に「30日分」とか書いてあるからね。

訳 親は子どもにきちんとした食べ物と衣服を与えるべきです。

POINT! with のもつ「つながり」という基本イメージを意識して音読してくださいね。

第1章：動詞・基本文型

077

The girl who saved a child from drowning has been ☐ with an award for courage.

① given ② offered ③ presented ④ promised

[92 追 09] 改

WORDS & PHRASES
- drown 動 = 溺れ死ぬ
- award 名 = 賞
- courage 名 = 勇気

078

Please help ☐ .

① me this heavy baggage
② my heavy baggage
③ me carrying this heavy baggage
④ me with this heavy baggage

[86 本 10]

WORDS & PHRASES
- baggage 名 = 手荷物

「貸し借り」　動詞＋前置詞　**help**

ⓐ **Help** me **with** my homework. 「宿題手伝って」

ⓑ Could you **help** me (to) carry this bag?
「このバッグを運ぶのを手伝ってもらえますか？」

ⓒ Coffee **helps** (to) start the day.
「コーヒーは1日を始めるのに役立つ」

present A with B「AにBを贈呈する」

解答 ① given ② offered ③ **presented** ④ promised
　　　　22.8%　　15.8%　　45.6%　　15.8%

解説 「あげる」系の動詞が集まってますね。正解は③。present「贈る」は，present him with an award という形をとります。フォーマルな感触があるので，消しゴムをあげる程度では使いませんよ。今回のような受賞式がぴったりの単語です。ちなみに，give (offer, promise) は They gave him an award. と授与型で使いますよね。受動文にすると He was given an award. となるから，with が不要です。

訳 溺れそうになっている子どもを救った少女は勇気を称える賞をもらいました。

help A with B「AのBを手伝う」

解答 ① me this heavy baggage　　② my heavy baggage
　　　　0.0%　　　　　　　　　　　　0.0%
　　　③ me carrying this heavy baggage　④ **me with this heavy baggage**
　　　　40.0%　　　　　　　　　　　　　60.0%

解説 helpの使い方を問う問題。正解はwithを含んだ④。まずは Please help me と作ってください。「何をもってして手伝うのか」を説明するのが with。③は help me (to) carry…なら正解ですよ。

訳 この重い荷物を運ぶのを手伝ってください。

実は help を正しく使いこなせる人はなかなかいません。主な help の使い方をきちんと整理しておきましょう。ⓐのポイントは「つながり」を示す with 。「宿題手伝って」なら，まず help me 。「何をもってして手伝うのか」が with でつながります。ⓑでは to 不定詞が続いていますが，最近では to は省かれることがほとんど。そしてⓒの形もおさえておければ help を使い切ることができます。「役立つ」といった使い方も help は得意なんですよ。

POINT! 動詞 A with B の形は，provide, supply, present, そして help までおさえておきましょう。

第1章：動詞・基本文型

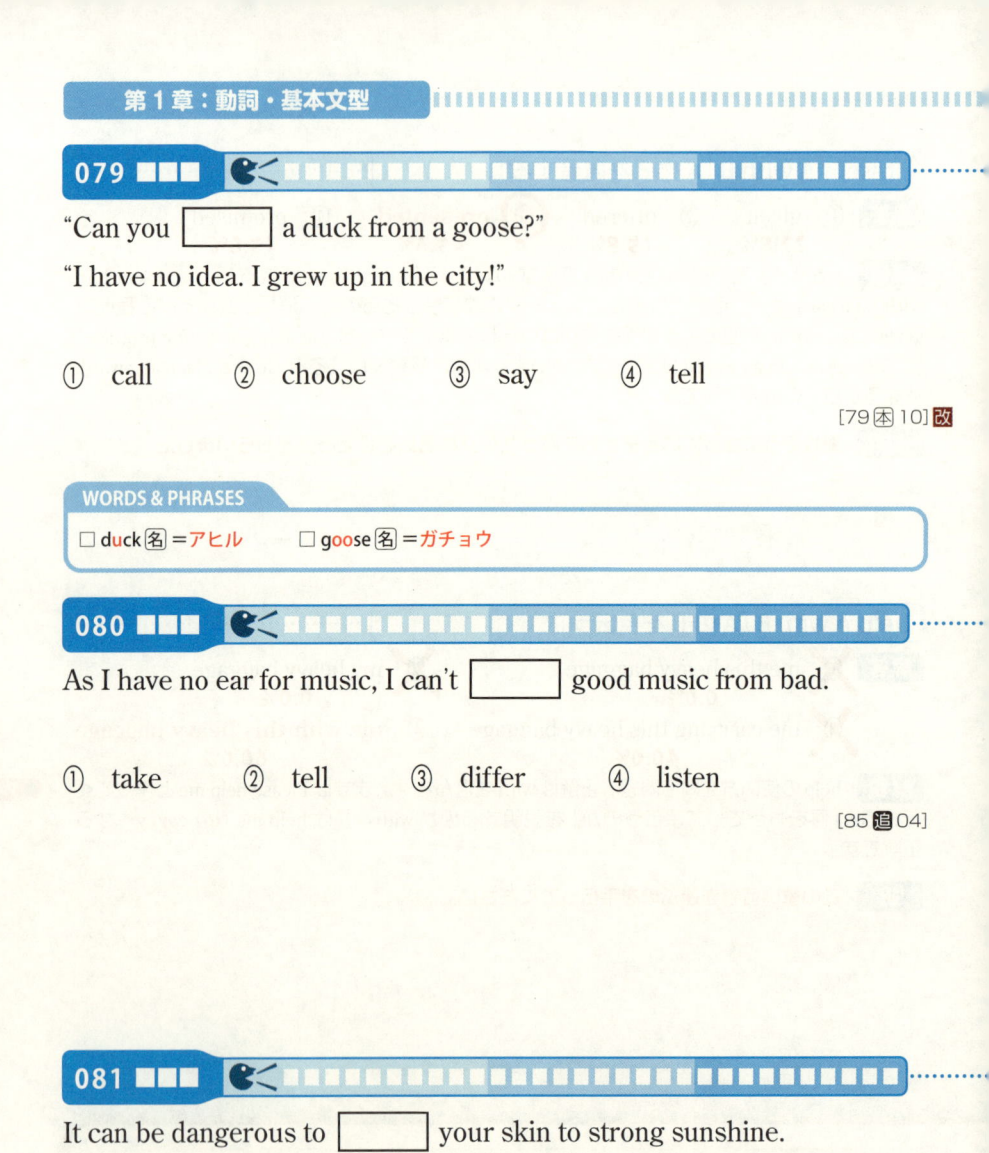

079

"Can you [ ] a duck from a goose?"
"I have no idea. I grew up in the city!"

① call　　② choose　　③ say　　④ tell

[79本10]改

WORDS & PHRASES
□ duck 名 ＝アヒル　　□ goose 名 ＝ガチョウ

080

As I have no ear for music, I can't [ ] good music from bad.

① take　　② tell　　③ differ　　④ listen

[85追04]

081

It can be dangerous to [ ] your skin to strong sunshine.

① impress　　② compose　　③ express　　④ expose

[05追07]

066

tell A from B「A と B を区別する」

解答 ① call ② choose ③ say ④ **tell**
   23.8%   42.9%   9.5%   23.8%

解説 tell の進んだ使い方。tell には「言う」から「わかる」への意味の広がりがあります。「言うことができる」は「わかっている」につながるから。そこに from が使われ，tell A from B「A を B と [から] 区別する」っていうフレーズに。from が表すのは「起点から離れる」動き。その距離感が「区別」につながるんですよ。

▶ P.392

訳 「あなたは，アヒルとガチョウを見分けることができますか？」「さっぱりわかりません。都会育ちなものでね！」

tell A from B「A と B を区別する」

解答 ① take ② **tell** ③ differ ④ listen
   37.5%   25.0%   31.3%   6.2%

解説 もちろん正解は ② tell。③ は，My opinion **differs from** yours.「私の意見はあなたのもの (意見) とは異なります」って形で使い，主語が目的語と違うことを示すからダメなんですよ。あと，問題文中の ear は「聞き分ける力」を意味しています。「耳」だからこんな意味をもつのも自然ですね。

訳 私は音楽がわからないので，良い音楽と悪い音楽の区別ができません。

expose A to B「A を B にさらす」

解答 ① impress ② compose ③ express ④ **expose**
   14.3%   14.3%   4.3%   67.1%

解説 日焼け止めの小瓶に書いてありそうな注意書きの英文ですね。答えは ④ expose「さらす」。「指し示す」to と相性バッチリなコンビを作ります。選択肢に似たような綴りの単語が並んでいますが，単語の成り立ちを意識すると覚えやすいですよ。im「中に」+ press「押す」で impress「印象づける」。「外に」+ press「押す」で express「表現する」。com「一緒に」+ pose「置く」から compose「組み立てる」。「外に」+ pose「置く」で expose「さらす」。

訳 肌を強い日差しにさらすのは危険であるおそれがあります。

POINT! どれもよく目にする動詞と前置詞のコンビネーションです。即決で判断できるよう音読を忘れずに！

第1章：動詞・基本文型

082

"Do you like that song?"
"Yes, I do. It always _____ me of my happy school days."

① recalls ② recollects ③ remembers ④ reminds

[95本03]

083

Tom _____ me of a boy I used to know. They both have so much energy and can't sit still for more than 5 minutes.

① recalls ② reminds ③ remembers ④ remarks

[86追03]改

084

Spending too much time surfing the Internet can _____ many students of sleep.

① deceive ② deprive ③ despise ④ discourage

[12追05]

WORDS & PHRASES
□ spend A -ing ＝～するのにAを費やす

085

We lost the game 178 - 54. The coach accused us _____ our best.

① for not doing   ② not to do
③ of not doing   ④ that we do not do

[89本13]改

082・083・084・085

remind A of B「A に B を思い出させる」

解答 ① recalls ② recollects ③ remembers ④ **reminds**
　　　　1.4%　　　　6.9%　　　　　8.3%　　　　83.3%

解説 正解は ④ reminds「思い出させる」。remind me「私に思い出させる」と作ったあとで，何を思い出すのかを of で補う表現。① ② は「思い出す」。③ は「思い出す・覚えている」と共用です。I can't remember his name. のように，思い出す対象があとにくるんです。

訳　「あの歌好き？」「ああ，好きだよ。これを聴くといつも楽しかった学校時代を思い出すんだ」

remind A of B「A に B を思い出させる」

解答 ① recalls ② **reminds** ③ remembers ④ remarks
　　　　0.0%　　　72.2%　　　　22.2%　　　　5.6%

解説 「人に思い出させる」のは ② しかありません。of にも注目！　あと，④ の remark は「コメントを述べる」という意味です。知らなかった人は覚えておいてくださいね。

訳　トムを見ると昔知り合いだった男の子を思い出すよ。2人とも元気いっぱいで，5分以上じっと座っていられないんだ。

deprive A of B「A から B を奪う」

解答 ① deceive ② **deprive** ③ despise ④ discourage
　　　　20.0%　　　53.3%　　　　17.8%　　　8.9%

解説 似たような単語をちゃんと区別できてますかの問題。deceive「だます」，deprive「奪う」，despise「軽蔑する」，discourage「ガッカリさせる」がわかれば，意味をなすのは ② deprive だけだとわかります。何に関して奪うのかを補足説明するのが of 以下なんです。

訳　ネットサーフィンにあまりにも多くの時間を費やすことは，多くの学生から睡眠を奪う可能性があります。

accuse A of B「A を B で非難する」

解答 ① for not doing ② not to do ③ **of not doing** ④ that we do not do
　　　　23.3%　　　　　26.7%　　　　40.0%　　　　　　10.0%

解説 accuse「非難する」と言えば，何か原因があって非難しています。それを補うのが of なので，正解は ③ になります。

訳　私たちは 178 対 54 で試合に負けました。コーチはベストを尽くしていないことで私たちを非難しました。

POINT! of が補足説明してくれているって考えてみてくださいね。難しいことは何もありません。

第1章：動詞・基本文型

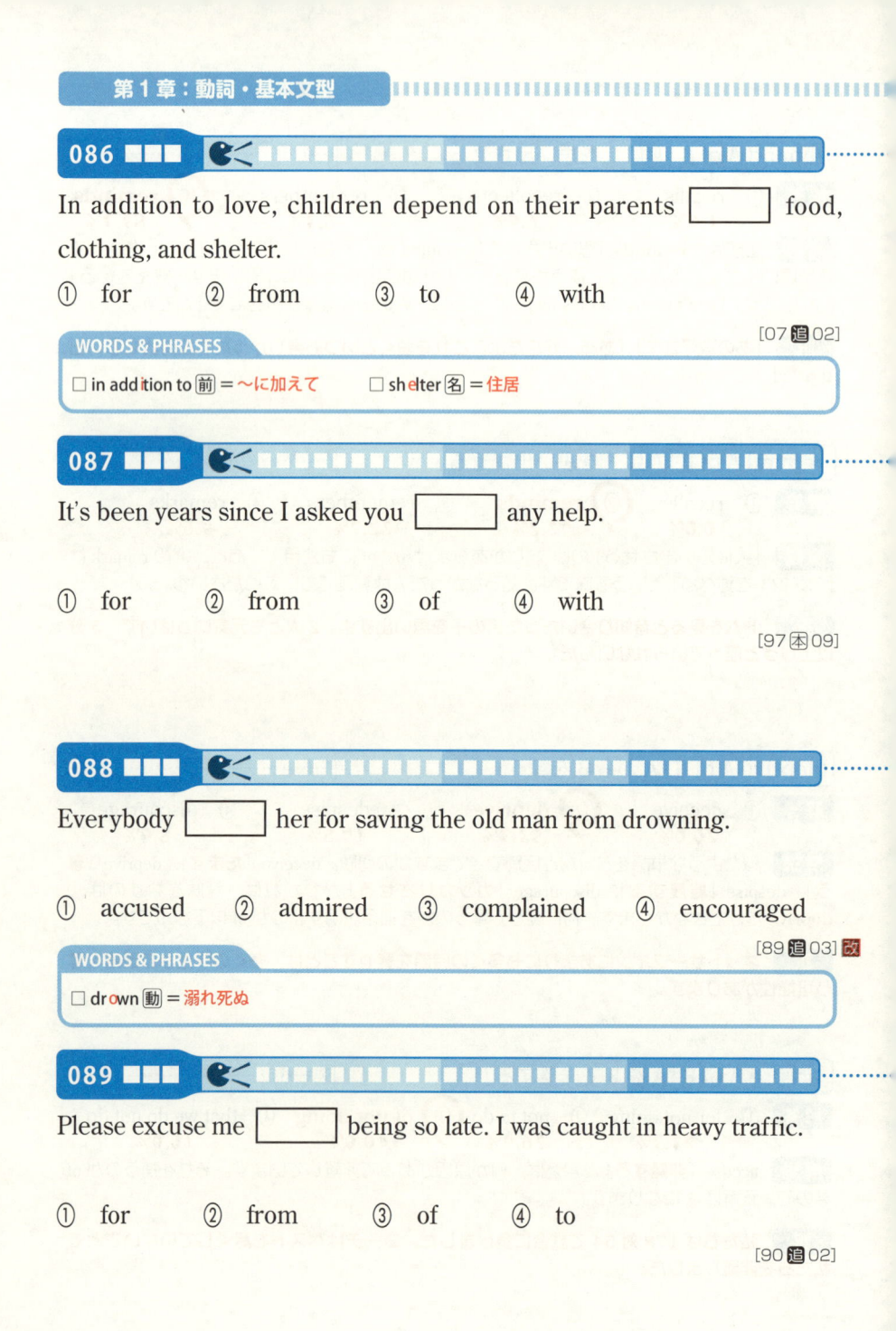

086

In addition to love, children depend on their parents [　　] food, clothing, and shelter.

① for　　② from　　③ to　　④ with

WORDS & PHRASES
□ in addition to 前 ＝ 〜に加えて　　□ shelter 名 ＝ 住居

[07 追 02]

087

It's been years since I asked you [　　] any help.

① for　　② from　　③ of　　④ with

[97 本 09]

088

Everybody [　　] her for saving the old man from drowning.

① accused　　② admired　　③ complained　　④ encouraged

WORDS & PHRASES
□ drown 動 ＝ 溺れ死ぬ

[89 追 03 改]

089

Please excuse me [　　] being so late. I was caught in heavy traffic.

① for　　② from　　③ of　　④ to

[90 追 02]

depend on A for B「A に B を求めて依存する」

解答 ① **for** 27.1%　② from 14.3%　③ to 20.0%　④ with 38.6%

解説 depend on ~「~に頼る」はわかりますね。でもこうした文を作るとき「何に関して」頼っているのかを言う必要は多々あります。その知識がありますか、という問題。正解は ① for になります。これは「範囲」の for。depend on their parents「両親に頼っている」と言ったあと、「何に関して depend しているのか」を for で示しているのです。

● P.390

訳 愛情に加えて、子どもは親に衣食住を頼っている。

ask A for B「A に B を求める」

解答 ① **for** 47.2%　② from 2.8%　③ of 38.9%　④ with 11.1%

解説 ask のイメージは「請う（お願いする）」。ここから代表的な2つの訳語「尋ねる・頼む」が生まれます。「尋ねる」は**答えを請う**こと。「頼む」は**助けを請う**ことですからね。さて、この問題は help を「**頼む**」文脈。もちろん前置詞は ① for となります。for の「求めて」が「頼む」とぴったりマッチします。ちなみにこの years、待たされた「**いらだち**」を表すために大げさに言ってるんです。

訳 君に助けを求めてからもう何年にもなるんだけど。

admire A for B「A を B で賞賛する」

解答 ① accused 9.8%　② **admired** 47.5%　③ complained 32.8%　④ encouraged 9.8%

解説 前置詞 for とつながるのは ② admired。ここまで見てきた for と同じで、賞賛している理由を for が指し示しているんです。① は accuse A of B、③ complain は自動型、④ なら encourage ＋目＋ to 不定詞という形が基本です。

訳 その老人が溺れるのを助けたことで誰もが彼女を賞賛しました。

excuse A for B「A を B について許す」

解答 ① **for** 80.0%　② from 4.5%　③ of 2.9%　④ to 12.6%

解説 excuse me「ごめんなさい」と言ってからその理由を加えるのが ① for。apologize for、thank …for と同じく、なぜそんなことを言うのかを for が指し示しているんです。

訳 こんなに遅くなってすみません。渋滞に巻き込まれてしまって。

POINT! 前置詞のイメージを何度も確認しながら、理解して覚えていきましょう。

lie / lay と rise / raise の活用を確認

動詞	用法・意味	原形	過去形	過去分詞形	-ing 形
lie	自 横たわる	lie	lay	lain	lying
lay	他 〜を横たえる	lay	laid	laid	laying
lie	自 嘘をつく	lie	lied	lied	lying

動詞	用法・意味	原形	過去形	過去分詞形	-ing 形
rise	自 上がる	rise	rose	risen	rising
raise	他 〜を上げる	raise	raised	raised	raising
arise	自 生じる	arise	arose	arisen	arising

それぞれの表には, lie「嘘をつく」, arise「生じる」もおまけで追加してあります。「嘘をつく」という意味の lie は規則活用, arise は rise と同じ変化をします。すぐに覚えられますね。どれも混同してしまいがちなので, まとめてきっちり覚えてみてください。

Make it happen!

第2章：名詞

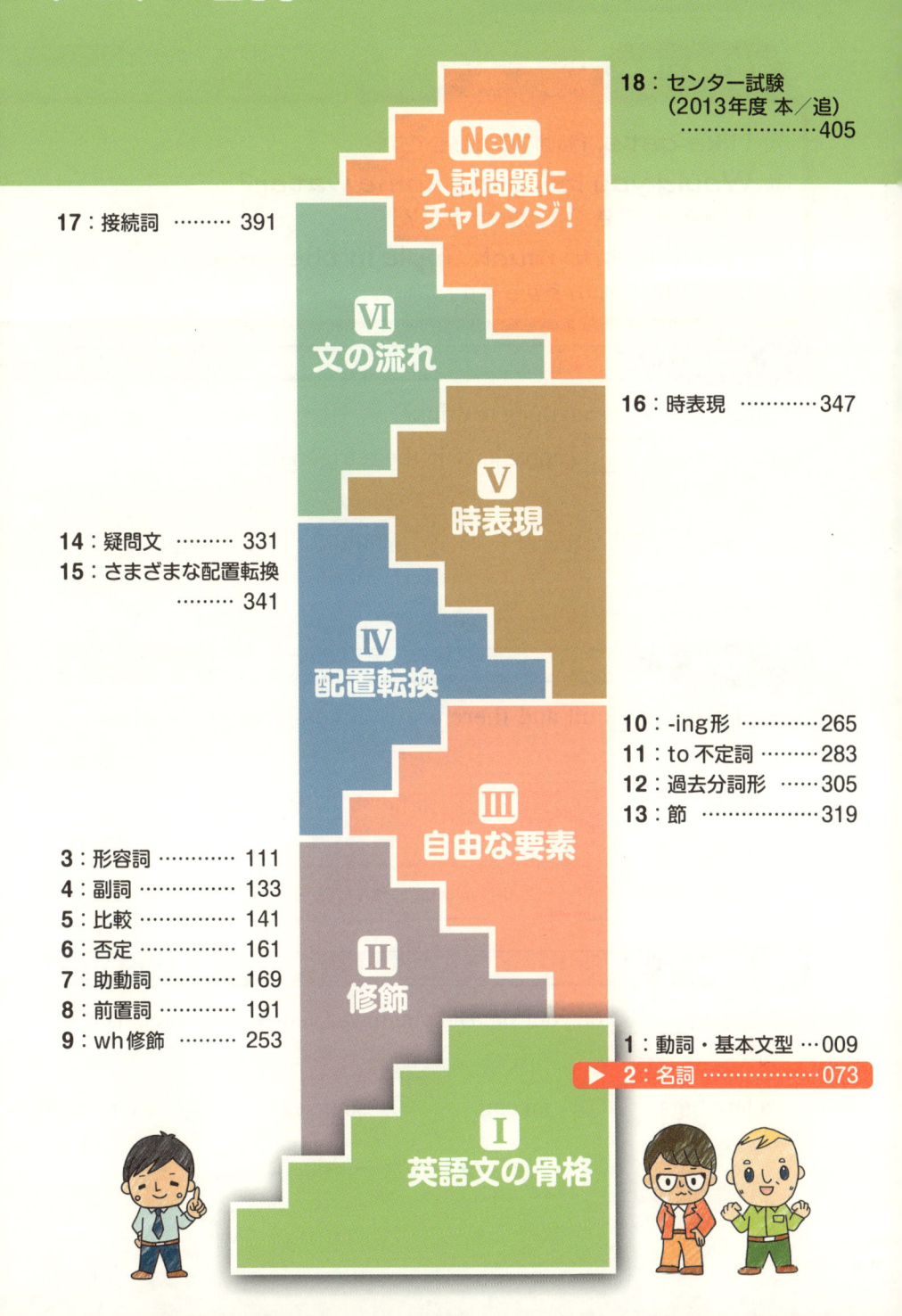

- **18**：センター試験（2013年度 本／追） ………… 405
- **New 入試問題にチャレンジ！**
- **17**：接続詞 ……… 391
- **Ⅵ 文の流れ**
- **16**：時表現 ………… 347
- **Ⅴ 時表現**
- **14**：疑問文 ……… 331
- **15**：さまざまな配置転換 ………… 341
- **Ⅳ 配置転換**
- **10**：-ing形 ………… 265
- **11**：to 不定詞 ……… 283
- **12**：過去分詞形 ……… 305
- **13**：節 ……………… 319
- **Ⅲ 自由な要素**
- **3**：形容詞 ………… 111
- **4**：副詞 ……………… 133
- **5**：比較 ……………… 141
- **6**：否定 ……………… 161
- **7**：助動詞 ………… 169
- **8**：前置詞 ………… 191
- **9**：wh修飾 ………… 253
- **Ⅱ 修飾**
- **1**：動詞・基本文型 … 009
- ▶ **2**：名詞 ……………… 073
- **Ⅰ 英語文の骨格**

第2章：名詞

可算か不可算か

ⓐ I like cats.「私はネコが好きです」
ⓑ Would you bring me some water?
「お水を持ってきていただけますか？」
ⓒ There is too much apple in the salad.
「サラダにリンゴが多すぎです」

090

"I'm thirsty. Is there anything to drink?"
"Well, there is ☐ apple juice in the refrigerator."

① a few   ② a few of   ③ a little   ④ a little of

[99 追 06]

091

Japan has ☐ oil and therefore is almost entirely dependent on imports.

① a little   ② few   ③ little   ④ small

[88 本 06]

WORDS & PHRASES
□ entirely 副 ＝完全に・全く   □ dependent 形 ＝依存している

092

You've got ☐ on your tie. Did you have fried eggs for breakfast?

① a few eggs   ② an egg   ③ some egg   ④ some eggs

[09 本 05]

090・091・092

数えられるかどうかの判断は，**具体的で決まった形があれば可算，なければ不可算**。ⓐのネコには形があるから可算。ⓑの水は決まった形がないので不可算。ではⓒのリンゴはどうでしょう。カットされたり，すりおろされたり，おなじみのあの形がなくなったら不可算なんです。**可算・不可算の判断は臨機応変に！**

too much apple

可算・不可算の判断：juice

解答 ① a few 25.0% ② a few of 2.8% ③ **a little** 48.6% ④ a little of 23.6%

解説 juice は液体だから**決まった形がなく不可算**。同じ「少し」でも，few は「数」，little は「量」に用いるので，正解は ③ **a little** です。

訳 「喉が渇いたな，何か飲むものはある？」「ええと，冷蔵庫にリンゴジュースが少しあるわ」

● P.192

apple juice

可算・不可算の判断：oil

解答 ① a little 26.2% ② few 13.1% ③ **little** 60.7% ④ small 0.0%

解説 oil も液体だから**決まった形がなく不可算**。「ほとんど輸入に頼っている」から，石油は少ししかないことがわかります。同じ「少し」でも a little は**肯定的**，little は**否定的**なので，③ **little** が正解です。

訳 日本にはほとんど石油がないので，ほぼ完全に輸入に依存しています。

● P.193

oil

可算・不可算の判断：egg

解答 ① a few eggs 16.7% ② an egg 18.3% ③ **some egg** 37.3% ④ some eggs 27.7%

解説 タマゴは決まった形があるので可算名詞……とは限りません。だって可算だと，かなり謎な状況ですよ。イラストを見てください。こんな状況，想像しにくいよね？　だから不可算扱いの ③ **some egg** が正解。**可算・不可算の判断は臨機応変に！**

訳 ネクタイに卵がついているよ。朝食に目玉焼き食べた？

● P.142

可算 an egg ／ 不可算 egg

POINT! 可算・不可算に注目して，ネイティブのモノの眺め方を手に入れましょう。

第2章：名詞

093

I've just finished cleaning my room and found it [___] hard work.

① a very ② one very ③ the very ④ very

[96 追 14]

094

"Would you like another [___]?" "No, thank you. I'm on a diet."

① loaf of cake ② pair of cake ③ piece of cake ④ cakes

[81 追 04] 改

WORDS & PHRASES

□ on a diet ＝ダイエット中で

095

My grandmother's house is nice, but there [___] furniture in it.

① are a few ② is a lot ③ is too much ④ are too many

[04 追 05] 改

可算・不可算の判断：work

解答
① a very　26.8%（×）
② one very　1.4%（×）
③ the very　46.5%（×）
④ **very**　25.4%

解説 job なら「(具体的な) 仕事・作業」のことだから，two jobs のように数えられます。一方で，work は「**仕事（全般）**」を表し，**決まった形がないので不可算**。①a や ②one では数えちゃってますね。③ の the では特定の仕事をこの文脈で考えるのはおかしいので ④very hard work が正解。あと work は，仕事の結晶として生まれる「作品」という意味では可算になることもおさえておきましょう。「シェークスピア全集」なら the Complete **Works** of Shakespeare ですね。

● P.143

訳 私は部屋の掃除を終えたところで，それが大変な仕事だとわかりました。

可算・不可算の判断：cake

解答
① loaf of cake　0.0%（×）
② pair of cake　4.4%（×）
③ **piece of cake**　73.9%
④ cakes　21.7%（×）

解説 ケーキは，ショートケーキ（カットケーキ）もあれば，ホールケーキなんていうのもありますが，まずは a piece of で数えるのが基本です。よって，③ が正解。① は a loaf of がパン専門なのでダメ。② は pair なので組になっていないといけません。④ は another に複数形の cakes を続けることはできません。

● P.140

訳 「ケーキもう 1 ついかがですか？」「いいえ，結構です。ダイエット中なんです」

可算・不可算の判断：furniture

解答
① are a few　14.9%（×）
② is a lot　13.5%（×）
③ **is too much**　55.4%
④ are too many　16.2%（×）

解説 furniture「家具」には，イスもテーブルも含まれるので，決まった形はありません。よって不可算。① ④ は可算名詞に用いるし，② は a lot of なら可算・不可算の両方に用いることができます。正解は ③ です。

訳 祖母の家は楽しいところです。でも家具が多すぎます。

POINT! ネイティブの「モノ」の見方を手に入れよう。楽しくなればマスターできます。

第2章：名詞

096

It's a ⬜ your wife couldn't come. I really wanted to meet her.

① harm   ② shame   ③ sorrow   ④ trouble

[00本11]

097

Jack and Jill kept talking during my lesson. I told them to stop, but they didn't pay ⬜.

① an attention   ② any attention
③ attentions   ④ some attention

[96本09]改

098

We shook ⬜ and parted at the end of our journey.

① arm   ② arms   ③ hands   ④ hand

[79追04]

WORDS & PHRASES

□ part 動 ＝別れる

残念な shame

解答 ① harm 10.1% ② **shame** 35.9% ③ sorrow 37.7% ④ trouble 16.3%

解説 これはよく使う決まり文句みたいなもの。「~は残念だ」は，It is **a** shame [pity] that +文 . という形で用います。pity や shame は「**(具体的な)残念なできごと**」を表しているので可算名詞。**a** をつけ忘れないでくださいね。あとの選択肢は，①「**害(損害)**」，④「**トラブル**」で意味が合いません。③ は To one's sorrow「悲しいことに」という言い方はありますが，それと勘違いしないでください。そもそも，あまりよく使う言い回しではないんです。

訳 奥様がおいでになれなかったのは残念です。本当にお目にかかりたかったのに。

pay attention to ~「~に注意を払う」

解答 ① an attention 9.9% ② **any attention** 49.3% ③ attentions 26.8% ④ some attention 14.1%

解説 attention「注意」には**決まった形がないから不可算名詞**。① は an，③ は複数形なので，数えられているからアウト。あとは文意を考えれば，「全然注意を払わなかった」という内容になるべきなので，正解は②。not ~ any「全然~ない」は，非常に相性の良いコンビです。

訳 ジャックとジルは私の授業中に話し続けていました。彼らに話をやめるよう言いましたが，全然注意を払いませんでした。

shake hands「握手をする」

解答 ① arm 18.7% ② arms 7.4% ③ **hands** 65.2% ④ hand 8.7%

解説 別れ際にする行為と言えば握手です。握手に必要な手は私の手，相手の手と2つになるので，正解は③ **hands**。ちなみに「手を振る」という動作は，wave one's hand と表現します。arm は「**(肩から手首までの)腕**」を表します。「握手」という表現には関係ありませんね。

訳 私たちは，旅の終わりに握手をして別れました。

POINT! 決まった形があるかどうかを常に考えて，可算・不可算の判断をしよう。

第2章：名詞

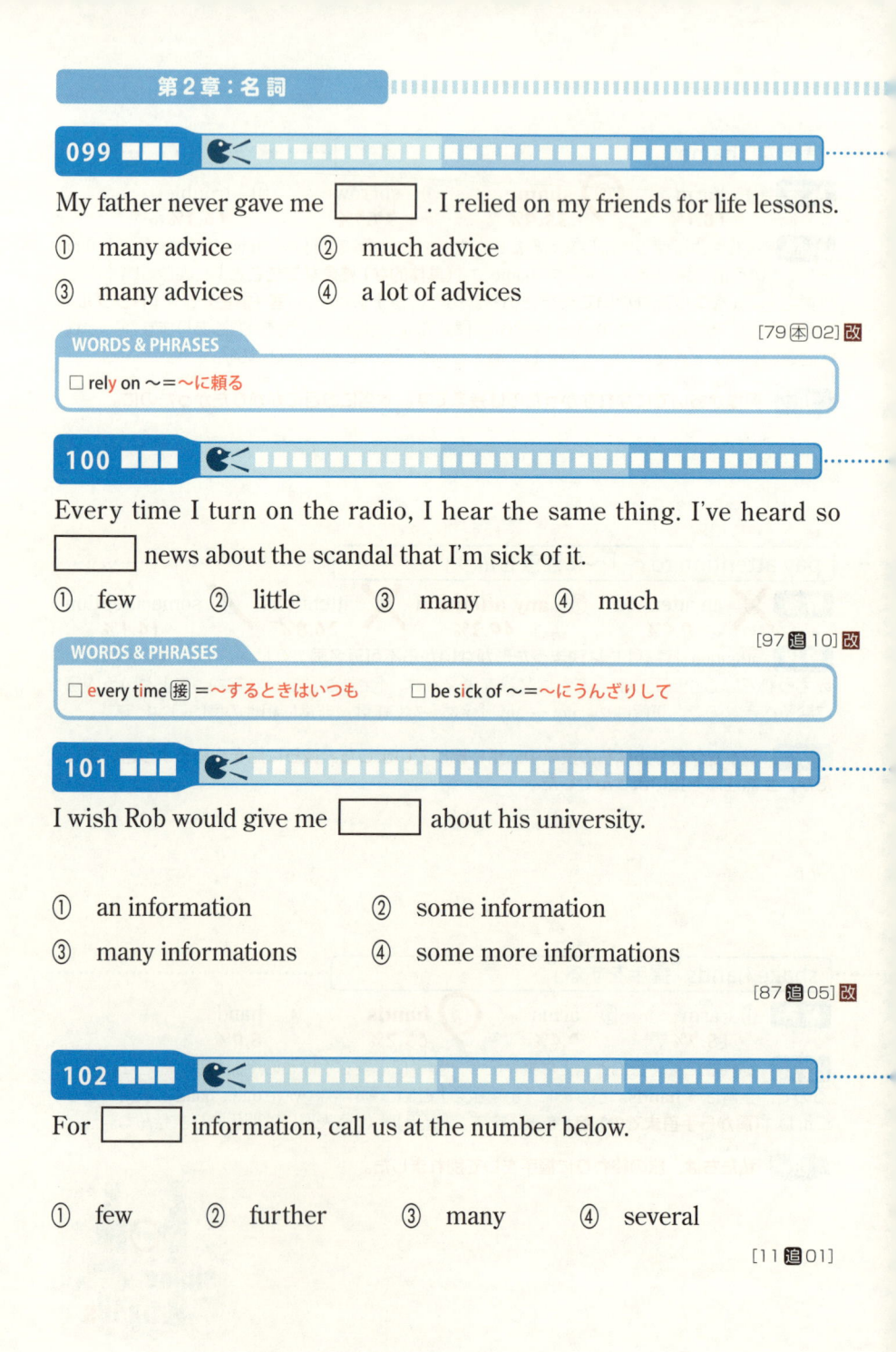

099

My father never gave me _____ . I relied on my friends for life lessons.

① many advice   ② much advice
③ many advices   ④ a lot of advices

[79 本02] 改

WORDS & PHRASES
□ rely on ～ = ～に頼る

100

Every time I turn on the radio, I hear the same thing. I've heard so _____ news about the scandal that I'm sick of it.

① few   ② little   ③ many   ④ much

[97 追10] 改

WORDS & PHRASES
□ every time 接 = ～するときはいつも   □ be sick of ～ = ～にうんざりして

101

I wish Rob would give me _____ about his university.

① an information   ② some information
③ many informations   ④ some more informations

[87 追05] 改

102

For _____ information, call us at the number below.

① few   ② further   ③ many   ④ several

[11 追01]

099・100・101・102

不可算名詞 advice

解答 ① many advice　② **much advice**
　　　　　19.1%　　　　　47.6%
　　　　③ many advices　④ a lot of advices
　　　　　14.3%　　　　　19.1%

解説 「忠告」には**くっきりとした決まった形がないので不可算**。正解は ② **much advice** になります。ちなみに，④の **a lot of は可算・不可算両方に使える**ってことは知ってますよね？

訳 父は，私にあまり忠告をしてくれませんでした。生きていくうえで必要なことは友人をあてにしていました。

不可算名詞 news

解答 ① few　② little　③ many　④ **much**
　　　　　4.4%　　13.2%　　20.6%　　61.8%

解説 news「ニュース」には**決まった形がないので不可算**。文末の it に着目すればわかりますよね。①③は可算専門だから使えません。あとは be sick of ～「～でむかむかする」のは「ニュースをたくさん聞きすぎた」とすれば筋が通るので，④の **much** が正解になります。

訳 ラジオをつけるたびに，同じ内容を耳にします。不祥事についてのニュースは聞きすぎてもううんざりです。

不可算名詞 information

解答 ① an information　② **some information**
　　　　　0.0%　　　　　79.3%
　　　　③ many informations　④ some more informations
　　　　　13.8%　　　　　　　6.9%

解説 information「情報」も**決まった形がないので不可算**。② が正解ですね。some は「いくつかの」ではなく，**数も量も定かではないモノがボンヤリと意識される表現**。**可算・不可算の両方に使うことができます**。

訳 ロブが彼の大学についての情報をくれたらいいのに。

不可算名詞 information

解答 ① few　② **further**　③ many　④ several
　　　　21.1%　　22.5%　　　16.9%　　39.4%

解説 information は不可算でしたね。①③④はいずれも可算名詞に用いるので，②**further**「さらに詳しい」が正解。ちなみに，advice も news も information も，「1つの」と数えるときには **a piece of** advice [news, information] にしますよ。

訳 さらなる詳細につきましては，下記の番号にお電話ください。

次からは語彙の問題。使えるように学びましょうね。

第2章：名詞

103

A theater in London normally has a bar where the ⬜ can enjoy drinks during the intervals.

① passengers　② passers　③ lookers-on　④ audience

104

The soccer game was shown on a big screen in front of ⬜ audience.

① a large　② a lot of　③ many　④ much

105

The people who watch a sporting event without taking part are called ⬜.

① clients　② customers　③ guests　④ spectators

106

The Star Supermarket was very successful this year because it was so popular among its ⬜.

① guests　② customers　③ audience　④ visitors

103・104・105・106

客：audience「聴衆」

解答 ① passengers ② passers ③ lookers-on ④ **audience**
　　　　30.4%　　　　34.8%　　　　13.0%　　　　21.7%

解説 ここからは語彙の問題です。①は「**乗客**」、②は「**通行人**」、③は「（**火事などに集まってくる）見物人**」といずれも文意には合いません。正解は④。audience が単数形だからって外してはいけませんよ。そもそも、audience「**聴衆**」は複数の人からなる**集団**を表しているからね。

● P.153
● P.155

訳 ロンドンの劇場には通常、観客が幕間にお酒を楽しめるバーがあります。

客：audience「聴衆」

解答 ① **a large** ② a lot of ③ many ④ much
　　　　42.2%　　　28.5%　　　4.7%　　24.6%

解説 audience「聴衆」の人数の多少は、グループのサイズで表すので、**large** や **small** を使います。正解はもちろん①です。

● P.154

訳 そのサッカーの試合は、大観衆の前に設置された大型のスクリーンに映し出されました。

客：spectator「観客」

解答 ① clients ② customers ③ guests ④ **spectators**
　　　　5.6%　　　8.5%　　　　18.3%　　　67.6%

解説 すべて「客」を表す単語ですが、意味から考えて④が正解です。spectators「観客」の中には spect「見る」という部品が入っていますね。ちなみに、①は「**（専門家への）依頼人**」、②は「**（商売上の）顧客**」、③は「**招待客**」という意味です。

訳 スポーツ競技に自分では参加せず、観戦する人たちは「観客」とよばれます。

客：customer「顧客」

解答 ① guests ② **customers** ③ audience ④ visitors
　　　　11.1%　　　66.7%　　　　0.0%　　　　22.2%

解説 今回の舞台はスーパーマーケット。正解は② customers しかありません。「かすたまーさーびすせんたー」って聞いたことある？「お客さま対応窓口」ですね。この言葉と結び付けたらよいと思います。④ visitor は「**訪問客**」。③の audience は複数形になっていませんね。

訳 スター・スーパーマーケットは、今年大成功を収めました。客にとても人気があったからです。

POINT! 単語たちの声にしっかりと耳を傾けること。見た目が違えば意味は違うのです。

第2章：名詞

107
Someone being served in a shop is called ☐ .

① an employee　② a customer　③ an assistant　④ a guest

[02 追 06]

108
If the sun is too hot, perhaps you would like to sit in the ☐ .

① darkness　② shade　③ shadow　④ sunlight

[93 追 04]

109
A boy picked up a butterfly between his ☐ and forefinger.

① nail　② arm　③ thumb　④ wrist

[85 本 02] 改

110
☐ is the scientific study of forces such as heat, light, and sound, and the way they affect objects.

① Politics　② Chemistry　③ Physics　④ Geography

[03 本 05]

107・108・109・110

客：customer「顧客」

解答 ① an employee　② **a customer**　③ an assistant　④ a guest
　　　　19.1%　　　　　52.9%　　　　　11.8%　　　　　16.2%

解説 serve は「サービスをする」ということです。店でサービスを受けるのですから，正解は ② customer「（商売上の）顧客」。③ は「店員」，④ は「招待客」，また ① は「従業員」になります。ちなみに，employer は「雇い主」を表します。

訳 店でサービスを受けている人は「客」とよばれます。

かげ：shade／shadow

解答 ① darkness　② **shade**　③ shadow　④ sunlight
　　　　3.5%　　　　63.2%　　　　26.3%　　　　7.0%

解説 まず外したいのは ④「日光」。内容から考えて真逆ですね。① は光のない世界，つまり「暗闇」。そんなとこまで行かなくて平気です。残るのは「かげ」を表す ② shade と ③ shadow。shade は「**直接光の当たってないところ→日陰**」を表します。shadow は「**光が遮られてできた形→影**」となります。今回の内容に合うのは ② shade。細かい違いですが，**単語たちのなわばりは大切に。**

訳 日の光が強すぎると，あなたは日陰に座りたいと思うでしょう。

体のパーツ：thumb「親指」

解答 ① nail　② arm　③ **thumb**　④ wrist
　　　　37.5%　　18.8%　　43.8%　　　0.0%

解説 パッと ③ を選んでほしい問題です。① は「爪」，② は「腕」，③ は「親指」，④ は「手首」といった日常的な表現です。知っていましたか？　受験用の単語集だけで単語を学んでいると，今回のような日常生活用語が身についていかないもの。「シャープペン」，それと「シャープペンの芯」って英語で言えますか？　「蛍光ペン」は？　すべてパッと浮かばなかった人は，**まず身の回りにあるモノをすべて英語で言えるか確認しておきましょう。**

訳 少年は親指と人差し指でチョウをつまみ上げました。

学問名：physics「物理学」

解答 ① Politics　② Chemistry　③ **Physics**　④ Geography
　　　　2.6%　　　　26.5%　　　　67.5%　　　　3.4%

解説 これもメッセージが込められていますよね。大学に進もうとする学生に対して，学問名は知っておいてね，ということです。① は「政治学」，② は「化学」，③ は「物理学」，④ は「地理学」。正解はもちろん ③ です。② を選んでしまった人は英英辞典で調べておこうね。文系・理系を問わず，一般教養として知っておいてください。

訳 物理学は，熱・光・音といった力，及びそれらの物体への作用の仕方を科学的に研究する分野です。

POINT! まずは，身近なコトバを英語で言えるようにしよう。辞書はいつも携帯するんだよ。

第2章：名詞

111

The [　　　] of living has risen greatly in the past ten years.

① amount　② sum　③ money　④ cost

[79 追 02] 改

112

You can choose either the train or the bus. If you want to save some time, the train would be better. The [　　　] is a little bit higher, though.

① cash　② fare　③ fine　④ interest

[09 本 09]

113

There is an extra [　　　] for sending packages by express mail.

① price　② charge　③ pay　④ cost

[85 本 01] 改

WORDS & PHRASES
□ express 名 = 速達

114

I want to make a phone call but only have a five-dollar bill. I need some [　　　].

① change　② small cash　③ little money　④ return

[02 本 01]

111・112・113・114

お金：cost「コスト」

解答 ① amount　② sum　③ money　④ **cost**
　　　　30.4%　　　26.1%　　　0.0%　　　43.5%

解説 さすがに③を選ぶ人はいませんでした。もちろん「お金」ではあるのですが、今回は「生活費」なのです。**何かを購入したり、活動にかかる費用**のことを④ cost と言います。「コスト削減」とか「コストパフォーマンス」って聞いたことありますよね？　ちなみに①は「**総計・量**」、②は「**合計**」、③は「**お金**」という意味です。

訳 生活費はここ十年で大きく上昇しました。

お金：fare「運賃」

解答 ① cash　② **fare**　③ fine　④ interest
　　　　5.2%　　90.2%　　　2.5%　　　2.1%

解説 乗り物が話題に出ていますね。日本語で言う「運賃」にあたる単語が② fare になります。①は「**現金**」、③は「**罰金**」、④は「**利子**」という意味です。しっかり覚えてくださいね。

訳 電車でもバスでも行けますよ。時間を節約したいなら電車の方がいいでしょう。ただ、料金はちょっと高くなりますが。

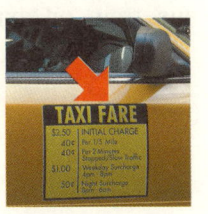

お金：charge「（サービスに対する）手数料」

解答 ① price　② **charge**　③ pay　④ cost
　　　　25.0%　　62.5%　　　6.3%　　　6.3%

解説 速達には追加でかかるものがあるという話でしたね。**extra で加えられる料金**のことを② charge と言います。①は「**価格**」、③は「**賃金**」という意味です。少しずつでよいので、表現できる幅を広げていきましょう。

訳 速達郵便で小包を送るには追加料金がかかります。

お金：change「小銭・おつり」

解答 ① **change**　② small cash　③ little money　④ return
　　　　54.2%　　　　10.7%　　　　　3.1%　　　　　32.0%

解説 問題文中の bill がわかりましたか？　「**紙幣**」という意味です。そうすると電話をかけるのに必要なのは① change「**小銭**」ですね。② cash では「**現金（紙幣・小銭）**」なので合いません。④は「**利益**」という意味。投資関連でよく使われる単語です。「ハイリスク・ハイリターン」っていう表現で耳にするよね。え？　電話かけるのに change が必要だって知らない？　そんな人は逓信総合博物館「ていぱーく」にでも行きましょう。

訳 電話をかけたいけど5ドル紙幣しか持っていません。小銭が必要です。

「お金」シリーズまだ続きます。それだけ大切な単語たちだということなんだよ。　**ADVICE**

第2章：名詞

115
After you pay a bill, you are given a _____ to show that you have paid.

① change　　② discount　　③ material　　④ receipt

[07 本 01]

116
A _____ is the money that you pay for a journey made, for example, by bus, train, or taxi.

① charge　　② cost　　③ fare　　④ fee

[01 本 06]

117
The word "_____" means money to be paid by people or businesses to a government for public purposes.

① income　　② salary　　③ tax　　④ wage

[95 本 15]

118
The word "_____" means a sum of money that is paid as a percentage of a larger sum of money which has been borrowed or invested.

① debt　　② fare　　③ fine　　④ interest

[94 追 17] 改

お金周辺：receipt「領収書」

解答 ① change　② discount　③ material　④ **receipt**
　　　　　10.6%　　　7.5%　　　　3.6%　　　　78.3%

解説 ここでの bill は「請求書」を表します。お金を払って渡されるのは ④ receipt「領収書」です。② は「割引」、③ は「物質・資料」という意味です。

訳 勘定の支払いをすると、払ったことを示す領収書がもらえます。

お金：fare「運賃」

解答 ① charge　② cost　③ **fare**　④ fee
　　　　　19.0%　　　3.7%　　61.6%　　15.7%

解説 同じく「お金」周辺の語彙の使い分けに関する問題です。が、しかし気づいてほしいのは英文の趣が少し異なるところ。これは、**英英辞典を日頃から引いてほしい**という作成者の願いを込めた単語の「定義問題」なのです。もちろん答えは乗り物の運賃なので ③ fare です。ちなみに ④ fee は「謝礼・報酬」を表します。知らなくて選んでしまった人が多いようです。

訳 「運賃」とは、例えばバスや電車、タクシーでの移動に支払うお金のことです。

お金：tax「税金」

解答 ① income　② salary　③ **tax**　④ wage
　　　　　8.3%　　　15.3%　　66.7%　　9.7%

解説 再び定義問題。文の途中まではどれも正解に見えますが、to a government for public purposes から ③ tax「税金」が正解になります。① は「収入」、② は「給料」、④ は「賃金」という意味です。少し語彙のレベルが高めでしたね。

訳 「税金」とは、公共の目的のために人や会社から政府に支払われるお金のことです。

お金：interest「利子」

解答 ① debt　② fare　③ fine　④ **interest**
　　　　　56.1%　　6.1%　　13.6%　　24.2%

解説 これは正答率が低かったですね。④ interest が「利子」を表すことを知らなかったから適当に選択肢を選んでしまったようです。ちなみに ① が人気な理由がわかりますか？ borrowed だけで考えて ① debt「借金」を選んでしまう人が多いのです。英文は最後までよく読まないとね。invested までおさえれば ④ interest が正解だとわかります。

訳 「利子」とは、借りたり投資したりしたお金のある一定のパーセンテージで支払われるお金のことです。

POINT! 単語の使い分けに悩んだらまずは英英辞典を引くこと。思わぬ発見がありますよ。

第2章：名詞

otherの使い方

ⓐ **Show me the other.** ◀もとから2つしかなく,ほかが1つに決まる
ⓑ **Can you show me another?**
 ◀ほかにもいろいろあって「決まらない」1つ
ⓒ **Can you show me the others?**
 ◀**the** +複数形で,特定のグループ全体
ⓓ **Can you show me others?** ◀限定なく「ほかの」

119

Susie has got yellow socks, but I've got _____.

① blue ones   ② blue them   ③ ones blue   ④ them blue

[07 追 11] 改

120

There are two reasons for our decision, and you know one of them. Now I'll tell you _____.

① another   ② other   ③ the other   ④ the others

[92 本 10]

121

I've already had one bad experience buying goods by mail order, and I don't want _____.

① another   ② any longer   ③ at all   ④ other

[91 本 10] 改

WORDS & PHRASES

□ goods 名 = 品物・商品

ケータイショップで新型機種を見せてもらっている場面を例にotherの使い分けを確認しよう。

one：前に出てきた可算名詞の代用

解答 ① **blue ones** 68.6%　② blue them 17.1%　③ ones blue 4.3%　④ them blue 10.0%

解説 ②④のthemが受けるのは「スージーが買った黄色い靴下」。人が買った靴下を買うことなんてできないのでダメ。それに対してoneは単なる前に出てきた可算名詞の代用。「青いのを買った」って繰り返しを避けてるだけ。形容詞の配置は、「黄色じゃなくって青」と靴下の種類を限定してるんだから①**blue ones**という語順が正解です。

訳 スージーは黄色の靴下を買いましたが，私は青いのを買いました。

otherの使い方

解答 ① another 15.2%　② other 9.1%　③ **the other** 72.7%　④ the others 3.0%

解説 「ほか」を表す表現をうまく使えますかという問題。今回はtwoに注目してください。2つしかない理由に対して，1つ目の理由をoneとすでに言及しています。2つ目にあたる「ほか」の理由はもう1つしかありません。よって正解は③**the other**。少し練習すればスムーズに使えるようになりますよ。

訳 我々の決定には2つの理由があります。あなた方はそのうち1つについてはご存じです。今からもう一つについてお話ししましょう。

anotherの使い方

解答 ① **another** 48.8%　② any longer 35.2%　③ at all 5.9%　④ other 10.1%

解説 意味だけで考えると②not ~ any longer「もはや~ない」，③not ~ at all「全然~ない」を選んでしまいます。だけどね，wantは他動型で使う動詞。あとに目的語が必要なので正解は①**another**。④は代名詞として使う場合，可算名詞なのでanother, others, the other(s) といった形をとる必要があります。

訳 通信販売で1回ひどい経験をしたので，もうしたくありません。

POINT! otherの使い分けは，1つに決まるかどうか，単数か複数かを判断すればいいんですよ。

第2章：名詞

122

There are two people who I think are cut out for the job. As you know, one of them is Barbara. Can you guess ⬚ ?

① another　② others　③ the other　④ the others

[09 追 08]

WORDS & PHRASES

□ be cut out for 〜＝（生まれつき）〜に向いている

123

"Kathy and her sister are so alike."
"Yes, I can't tell one from ⬚ ."

① another　② other　③ others　④ the other

[98 追 04]

WORDS & PHRASES

□ alike 形 ＝似ている

124

For a moment, neither of the friends spoke. Indeed, everything had been said, and each understood ⬚ perfectly.

① other　② another　③ either　④ the other

[85 追 10] 改

WORDS & PHRASES

□ indeed 副 ＝実際は

122・123・124

other の使い方

解答 ① another ② others ③ **the other** ④ the others
　　　　24.3%　　　4.3%　　　61.4%　　　　10.0%

解説 選択肢を見た瞬間に other の使い方が問われていることがわかりますね。two に注目。1人目が one，2人目はほかにいないので ③ **the other** が正解です。あと，問題文の前半に少し複雑な wh 修飾がありますね。There are two people who I think ■ are…. と think のレポート内容の主語が■になっています。

● P.433

訳　その仕事にうってつけだと思う人間が2人います。1人は，君も知っているようにバーバラです。では，あとの1人は誰だと思いますか？

other の使い方

解答 ① another ② other ③ others ④ **the other**
　　　　18.9%　　　8.1%　　　8.1%　　　64.9%

解説 今回はどこに注目すべきかわかりますか？　数字は出てきてはいませんが，Kathy と her sister だから足して「2」です。あとはいつものように one の次は1つに決まる ④ **the other** の出番ですね。1つに決まるかどうかを考えればいいんです。tell A from B は第1章で学習済みです。もちろん覚えてますね？

訳　「キャシーと彼女のお姉さんはそっくりですね」「ええ，私には区別がつかないの」

other の使い方

解答 ① other ② another ③ either ④ **the other**
　　　　25.0%　　　0.0%　　　25.0%　　　50.0%

解説 今回注目すべきは……，neither です。この単語は「2」をイメージさせる単語。**neither** of them なら「2」，「3以上」なら **none** を用いるのです。今回は全部で2人なので，1つに決まる ④ **the other** が正解です。

訳　しばらくのあいだ，友達は2人とも黙っていました。実際すべてが言い尽くされ，それぞれが互いのことを完全に理解していたのです。

POINT!　other を使うときには，1つに決まるかどうかを常に意識してくださいね。

第2章：名詞

125

Can you tell the difference between rice grown in Japan and _____ ?

① American one   ② American rice
③ one of America   ④ rice of America

[94本12]

126

Some wise man has said life consists of one disappointment after _____ .

① another   ② any other   ③ other   ④ others

[88試08]

WORDS & PHRASES
□ disappointment 名 ＝失望

127

How long have you and Keiko known _____ ?

① each other   ② together   ③ another   ④ other one

[06追01]

128

We have _____ to walk before sunset.

① another miles ten   ② another ten miles
③ ten another miles   ④ ten miles another

[95本09]

125・126・127・128

one：前に出てきた可算名詞の代用

解答 ① American one ~~15.5%~~　② **American rice** 25.4%
③ one of America ~~14.1%~~　④ rice of America ~~45.1%~~

解説 one は前に出てきた可算名詞の代用ですね。rice は sugar と同じように決まった形のない不可算名詞。**数えられないものを one で受けることはできないので** ①③ は不可。「アメリカのお米」を表す適切な表現は ② です。

● P.218
● P.135
● P.023

訳 日本のお米とアメリカのお米の違いがわかりますか？

one after another「次から次へと」

解答 ① **another** 31.6%　② any other 10.5%　③ other 31.6%　④ others 26.3%

解説 one after another「**次から次へと**」という表現を聞いている問題です。one のあとに another が選ばれる理由を考えてみてくださいね。人生においてがっかりすることって2つだけってことはないですよね。次から次へとやってくるはず。正解は ①**another** です。

訳 人生というものは失望の連続で成り立っているとある賢者が言っている。

each other「お互い」

解答 ① **each other** 94.0%　② together 1.5%　③ another 1.5%　④ other one 3.0%

解説 ② は「一緒に」何を知っているのかわかりません。③ ④ は「君とケイコがほかの人を知ってますか？」では意味不明ですね。よって ①**each other**「お互い」が正解。We call **each other** by our first name.「互いに名前でよび合う」のように，2人でも3人でもインタラクティブな動きさえ感じたら使ってください。

訳 あなたとケイコは知り合ってどれくらいになりますか？

追加を表す another

解答 ① another miles ten 1.4%　② **another ten miles** 73.6%
③ ten another miles 19.4%　④ ten miles another 5.6%

解説 another には**同じ種類のものを追加する**という使い方があります。another 2 dollars「あと2ドル」，another 5 days「あと5日」など普段よく使いますよ。正解は ②。ten miles をまとめて1つととらえているので，複数形の名詞の前でも an**other** を配置できるんです。

● P.156

訳 日暮れまでにあと10マイル歩かなくてはいけません。

POINT! other の使い分けに少しずつ慣れていきましょうね。

第2章：名詞

129

This glove is too big and the other is too small. [　　] fits me, so they can't be mine.

① Both　② Neither　③ Either　④ It

[85本08]

130

"I heard Daiki's sisters are twins. Have you met them?"
"No, I haven't met [　　] of them yet."

① each　② either　③ every　④ neither

[12本07]

131

Mr. Roberts did not choose any of the three jackets because he found [　　] satisfactory.

① both of them　② either of them
③ neither of them　④ none of them

[99本11]

WORDS & PHRASES

□ satisfactory 形 ＝ 満足のいく

neither「どちらも〜ない」

解答 ① Both　② **Neither**　③ Either　④ It
　　　　0.0%　　68.8%　　　12.5%　　18.7%

解説 both, either, neither は「2」が意識される表現です。this glove のあとに the other が続いていることから，全部で手袋は「2」だとわかります。両方ともサイズが大きすぎたり小さすぎたりしてるんだから，サイズが合っていないと否定の内容になります。正解は ② しかありません。「3 以上」なら none を使うこともおさえておきましょう。

訳 この手袋は大きすぎるし，もう片方は小さすぎます。どちらもサイズが合わないので，私のではありません。

not + either「どちらも〜ない」

解答 ① each　② **either**　③ every　④ neither
　　　　16.7%　　56.1%　　2.4%　　25.3%

解説 twins「双子」から「2」という数字が読み取ることができれば，② か ④ に自然と目が行きますね。「会ったことがあるか」という問いに No と答えているので，会っていないという内容になるはず。正解は ② の not + either「どちらも〜ない」が正解です。④ neither なら，I have met **neither** of them. って言えばいいですね。

訳 「ダイキの姉妹は双子だと聞きました。2 人に会ったことがありますか？」「いいえ，まだどちらにも会ったことはありません」

none「どれも〜ない」

解答 ① both of them　　② either of them
　　　　9.1%　　　　　　　15.2%
　　　③ neither of them　④ **none of them**
　　　　21.2%　　　　　　　54.5%

解説 three jackets から，「3」という数字を意識してくださいね。both, either, neither は「2」を意味するので，正解として ④ しか残りません。「2」なら **neither**，「3 以上」なら **none** です。注意して 2 か 3 以上の判断をしてください。

訳 ロバーツは，3 着の上着のどれも選びませんでした。満足のいくものは 1 つもなかったからです。

POINT! 否定を表す表現として，neither や none まで使えるようになれば上級者ですよ。

第2章：名詞

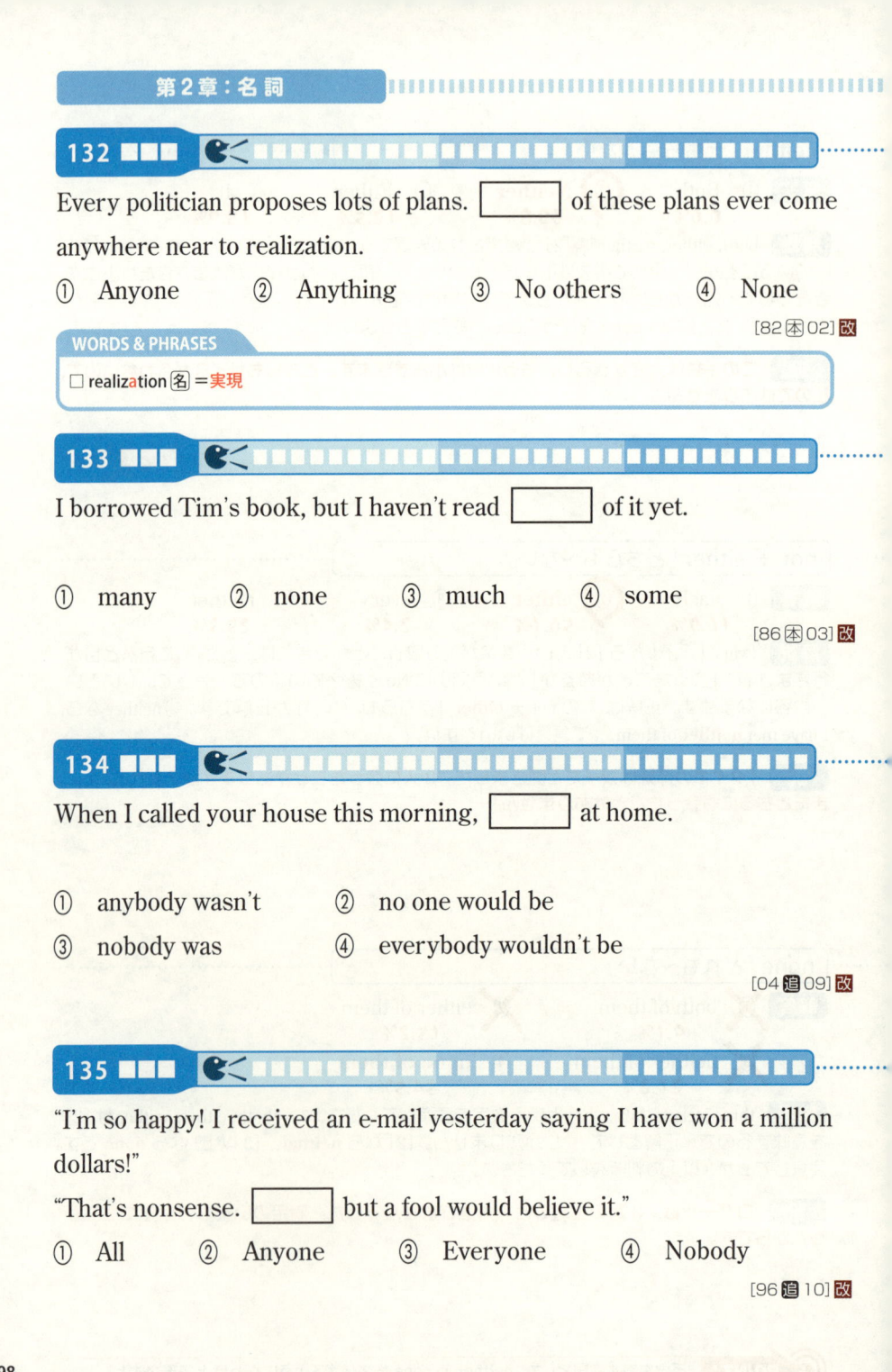

132

Every politician proposes lots of plans. [　　] of these plans ever come anywhere near to realization.

① Anyone　② Anything　③ No others　④ None

[82本02]改

WORDS & PHRASES
□ realization 名 ＝実現

133

I borrowed Tim's book, but I haven't read [　　] of it yet.

① many　② none　③ much　④ some

[86本03]改

134

When I called your house this morning, [　　] at home.

① anybody wasn't
② no one would be
③ nobody was
④ everybody wouldn't be

[04追09]改

135

"I'm so happy! I received an e-mail yesterday saying I have won a million dollars!"

"That's nonsense. [　　] but a fool would believe it."

① All　② Anyone　③ Everyone　④ Nobody

[96追10]改

none「どれも〜ない」

解答 ① Anyone 18.3% ② Anything 10.2% ③ No others 28.6% ④ **None** 42.9%

解説 文意を考えると，「実現の近くにどこにもこない」と否定の内容になることがわかります。ただ③では何の他のものかわからないのでアウト。正解は④です。また否定が入ることで，everやanyとうまくつながることも確認しておいてください。

訳 どの政治家も多くの計画を提案しますが，どの計画も決して実現することはありません。

not 〜 much「あまり〜ない」

解答 ① many 6.7% ② none 26.7% ③ **much** 60.0% ④ some 6.7%

解説 many of のあとは複数名詞をよび込みます。it は単数なので①はダメ。④は「ボンヤリだけどある」ということ。「読んでない」という内容とぶつかります。②none「どれもない」は，haven't とすでに否定しているので必要ありません。よって正解は③。本の内容は数えられないでしょ？ だから分量を表す much が最適なんです。

訳 私はティムの本を借りたが，まだあまり読んでいません。

nobody「誰も〜ない」

解答 ① anybody wasn't 27.7% ② no one would be 11.5% ③ **nobody was** 58.1% ④ everybody wouldn't be 2.8%

解説 まず① **any…not の語順は不可**だということ。not は常に後続の内容を否定するから，not…any「どれも〜ない」の語順で使う必要があります。あとは特定の過去の時点を when 節が示しているので，「電話をかけたらいなかったよ」とそのときの事実を述べた③が正解です。

訳 今朝，あなたの家に電話をかけたとき，家には誰もいませんでした。

nobody「誰も〜ない」

解答 ① All 29.6% ② Anyone 15.5% ③ Everyone 14.1% ④ **Nobody** 40.8%

解説 「ばかげてる」という発言から，「誰も信じないよ」という否定的な内容になるとわかりますね。選択肢の中で否定を表す表現は④だけ。すぐに正解にたどり着けますね。あと今回の but「〜を除いて」は前置詞なんです。それほど頻繁には使いませんが，知っておいてくださいね。

訳 「わぁ，嬉しい！ 100万ドルを獲得したというメールを昨日受け取ったの！」「それはばかげている。ばか者以外の誰もそれを信じないよ」

POINT！ any…not の語順は決して作り出さないようにしよう。

第2章：名詞

136

This rose does not smell so sweet as ☐ I bought the other day.

① the one ② it ③ such ④ which

[85 本 09]

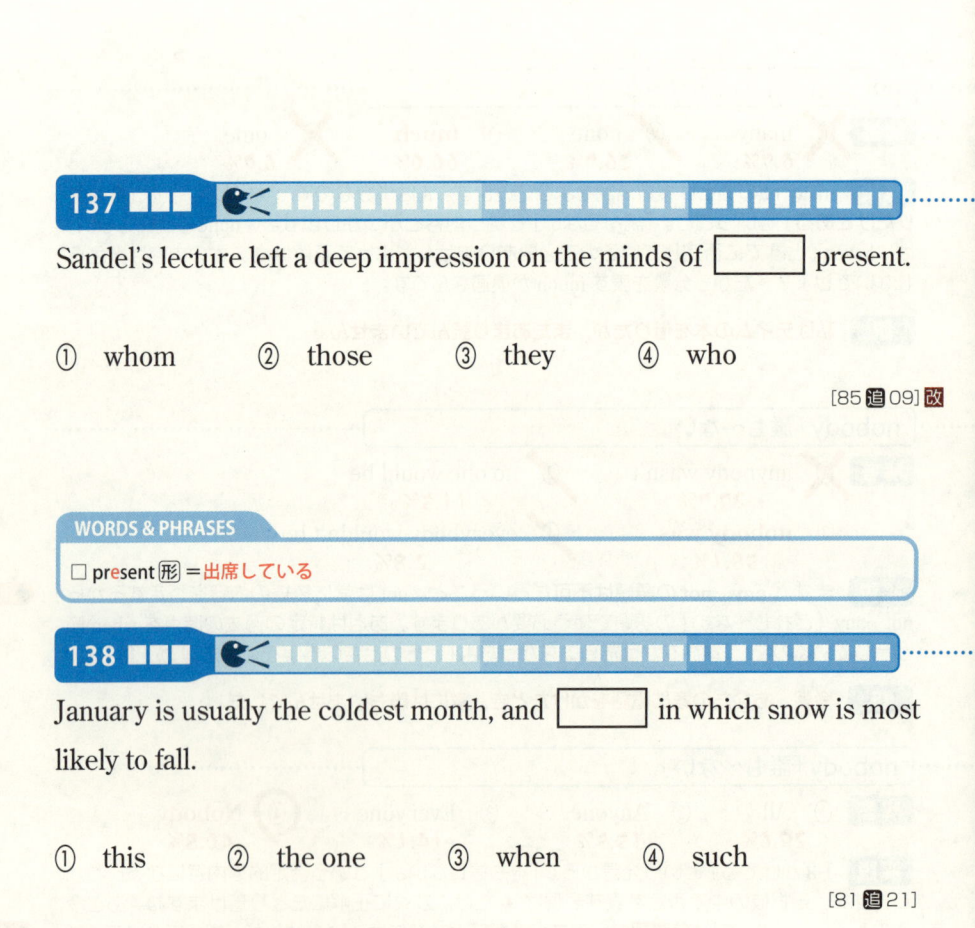

137

Sandel's lecture left a deep impression on the minds of ☐ present.

① whom ② those ③ they ④ who

[85 追 09] 改

WORDS & PHRASES
□ present 形 ＝出席している

138

January is usually the coldest month, and ☐ in which snow is most likely to fall.

① this ② the one ③ when ④ such

[81 追 21]

one：前に出てきた可算名詞の代用

解答 ① **the one** 66.8%　② it 5.6%　③ such 10.8%　④ which 16.8%

解説 まず so-as から，「このバラ」と「先日買ったバラ」を比較していることがわかります。日本語でも「こないだ買ったやつ」と**前に出てきた名詞を代用**したりしますよね。それが英語では **one** になります。正解は ① ですね。前の内容を受ける ② の「それ」や ③ の「そのようなもの」では意味を結びません。④ は wh 修飾のターゲットがないのでダメなんです。

訳 このバラは私が先日買ったものほど良い香りがしません。

those present「出席者」

解答 ① whom 31.3%　② **those** 37.5%　③ they 6.2%　④ who 25.0%

解説 よく見かけるフレーズ。即決で ② を選んでください。これは，that や those で指してから，あとで説明を加える使い方。those **present**「出席者」や those **responsible**「責任者」，さらには those **who are interested**「興味がある人々」のように wh 修飾だって可能です。④ は those who were present なら OK。ちなみに that は，The population of Japan is larger than **that** of Britain.「日本の人口はイギリスの人口より多い」といった比較を表す文でよく目にしますね。

訳 サンデルの講義は出席している人の心に深い印象を残しました。

one：前に出てきた可算名詞の代用

解答 ① this 26.1%　② **the one** 39.1%　③ when 17.4%　④ such 17.4%

解説 one は単なる**可算名詞の代用**なので，a **new** one「新しいやつ」のように説明を加えることが可能です。今回の one は month の代用。the one **in which** snow is most likely to fall と前置詞を組み合わせた wh 修飾があとに続いていますね。「一番雪が降る」という内容から１つに決まるので the が付いているんです。

訳 １月は通常最も寒く，雪が降る可能性が一番高い月です。

POINT! 「足りない」感じがする one, that, those は直接説明を加えることができます。

第2章：名詞

139

I think I did well on the English listening test. I understood ☐ on the tape.

① even anything　② almost everything
③ only nothing　④ probably something

[04本09]

140

"What present shall I take to the party?"
"☐ will do."

① All things　② Some things　③ Anything　④ Everything

[86追15]

141

After a long walk in the fields, I wanted to drink ☐ .

① cold something　② some to cold things
③ something cold　④ something to make cold

[81本21]改

142

In those days, artists wanted, more than ☐ else, to express personal emotions.

① something　② anything　③ whichever　④ someone

[80追11]改

everything「すべて」

解答
① even anything　　　② **almost everything**
　　10.5%　　　　　　　　75.0%
③ only nothing　　　　④ probably something
　　9.2%　　　　　　　　　5.3%

解説　「試験がよくできた」という内容から ③④ はアウト。① の any「どれでもいい」では意味をなしません。正解は ② **almost everything** です。

訳　私は英語の聞き取り試験の出来は良かった思います。テープの英語はほとんどすべて理解できました。

anything「どれでも」

解答
① All things　② Some things　③ **Anything**　④ Everything
　11.1%　　　　　33.3%　　　　　27.8%　　　　　27.8%

解説　「何を選べばいいのか」という選択を聞いているから「何を選んでも」という any が的確なんですよ。正解はもちろん ③ **Anything**。手品師がよく使う Choose **any** card. 「どのカードでもいいよ」という感触と同じです。

● P.181

訳　「どんなプレゼントをパーティーにもっていきましょうか？」「どんなものでも結構ですよ」

something「何か」

解答
① cold something　　　② some to cold things
　　4.7%　　　　　　　　　6.0%
③ **something cold**　　④ something to make cold
　　83.2%　　　　　　　　6.0%

解説　「～ thing ＋形容詞」の形に慣れてください。「何か (something) 飲みたい」と言ってから，「冷たいのね」と説明を加えます。即決で ③。Give me something **cold to drink**. 「何か冷たい飲み物をください」といった定番の文でも**説明はあと**ですね。

訳　野原を長いあいだ歩いたあと，私は何か冷たいものが欲しくなりました。

anything「どれでも」

解答
① something　② **anything**　③ whichever　④ someone
　21.7%　　　　　60.9%　　　　　4.4%　　　　　13.0%

解説　アメリカの飛行家 Lindbergh の名言，I love the sky and flying more than **anything** else on earth.「ほかの何よりも空と飛ぶことを愛している」といった表現からも感じ取れるように，どれとくらべてもいいんだよという気持ちが「実質一番」につながっている表現です。正解は ② です。③ は節を作るのでダメですよ。

訳　当時，芸術家はほかの何よりも個人の感情を表現したいと思っていました。

POINT!　リンドバーグの名言は the sky と earth が対になったうまい表現ですね。

第2章：名詞

143

Would you blame [　　] if you were in my situation?

① you ② I ③ yourself ④ myself

[06 追 09]

144

"The idea that knowledge is only something to be gained at school is nonsense, don't you think?"

"Yes, especially in a world as complicated and rapidly changing as [　　]."

① its ② ours ③ them ④ these

[00 追 10] 改

145

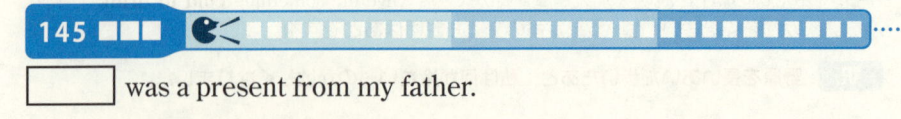

[　　] was a present from my father.

① My old camera of this ② My old this camera
③ This my old camera ④ This old camera of mine

[98 本 14]

-self の使い方

解答 ① you　② I　③ **yourself**　④ myself
　　　　3.0%　　3.0%　　80.6%　　13.4%

解説 空欄に入るのは目的語。目的語として ② は主格なのでダメ。主語が you なので ① は -self が必要で，④ を入れるなら主語が I である必要があります。よって正解は ③ yourself です。**-self (-selves) を使うのは，動作がその主体に返ってくるとき。** I love **myself**. なら「自分大好き！」ってことです。myself, yourself, himself, herself, itself, ourselves, yourselves, themselves。念のため全部挙げてみましたが，きちんと使えるようにしておくこと！

訳 もし君が僕の状況にいたら，自分を責めますか？

所有代名詞「～のもの」

解答 ① its　② **ours**　③ them　④ these
　　　　13.8%　25.4%　37.7%　23.1%

解説 難しそうに見えますがよく見ると as-as の比較の英文。何を受けて them，何を指して these なのかわからないので ③ ④ はアウト。前に複数形の名詞なんてないからね。① ② は**所有代名詞**「～のもの」。① なら its world，② なら our world のことだと考えられますが，意味が通るのは ② です。「私たちの世界とくらべて同じように……な世界では」と考えられるからね。its では何を受けているのか見当たらないからダメなんですよ。

訳 「知識というのは単に学校で得るものにすぎないという考え方はナンセンスだと思いませんか？」「そうですね，特に現代のように複雑でめまぐるしく変化する世の中ではね」

所有代名詞「～のもの」

解答 ① My old camera of this　② My old this camera
　　　　4.3%　　　　　　　　　　5.7%
　　　③ This my old camera　④ **This old camera of mine**
　　　　31.4%　　　　　　　　　58.6%

解説 a friend of mine「友達の1人」といった使い方を思い出すことができれば ④ を選ぶことができます。英語に触れる時間を増やしていくことで，即決できるようになりますよ。

訳 私のこの古いカメラは父からのプレゼントでした。

POINT!　-self や所有代名詞。まずは変化形，そして使い方をしっかりおさえてくださいね。

第2章：名詞

146

_____ of the three girls participated in the international exchange program.

① Every ② Any ③ Both ④ Each

[05追03]

147

_____ the great nations of Europe hold first place in some special branch of art or of thought: Italy in painting, Germany in music and philosophy, England in poetry and science.

① Almost of ② Most of ③ The almost of ④ The most of

[88本13]

148

In Japan, _____ people go on to senior high school after finishing junior high school.

① almost ② almost of ③ most ④ most of

[07追10]改

149

"Is English spoken in Japan?"
"Well, _____ Japanese people don't use English in everyday life."

① almost ② any ③ most ④ none

[97本03]

106

146・147・148・149

単独で使える限定詞

解答 ① Every　② Any　③ Both　④ **Each**
　　　　14.3%　　22.9%　　11.4%　　51.4%

解説 まず，①every は some や each などと異なり**単独では使えない**し，③の both は「**2つのうち両方**」だから数が合いません。②の any は「**選択の余地**」があるときに使う単語ですが，こうした過去のできごとではその余地がありませんね。正解は ④each「それぞれ」でした。

P.198

訳 その3人の女の子のそれぞれが国際交流プログラムに参加しました。

単独で使える限定詞

解答 ① Almost of　② **Most of**　③ The almost of　④ The most of
　　　　24.6%　　　　59.0%　　　　8.2%　　　　　　　8.2%

解説 almost は My battery is **almost** dead.「バッテリーが**ほとんど**ない」のように**副詞**として使うので，①③の形はありません。次に most を「大部分」という意味で用いるときは，漠然としているから **the が不要**。正解は ② です。

訳 ヨーロッパのほとんどの大国では，芸術や思想の特定の分野で一流の地位を占めています。例えば，イタリアは絵画，ドイツは音楽や哲学，英国は詩や科学です。

most の使い方

解答 ① almost　② almost of　③ **most**　④ most of
　　　　8.6%　　　24.3%　　　　37.1%　　　30.0%

解説 ①②はもう論外ですね。④は **X of 特定のグループ**「特定のグループの中の X」という表現だから，**the や所有格**を使ってそのグループ全体を限定しておく必要があります。そこで ③**most** people「たいていの人々」が正解です。

P.200

訳 日本では，たいていの人は中学校を卒業したあと高校に進学します。

most の使い方

解答 ① almost　② any　③ **most**　④ none
　　　　19.4%　　8.3%　　68.1%　　4.2%

解説 ④none「何も～ない」は代名詞。Japanese people を修飾したりはしません。② は入れてみるとわかりますが，any…not の語順になるので不可。正解は ③**most** Japanese people「たいていの日本人」になります。

P.321

訳 「日本で英語は話されていますか？」「そうですね，たいていの日本人は日常生活で英語を使ったりはしません」

POINT! most, almost の使い方は誤用が集中するところ。フレーズを繰り返し読んでマスターしよう。

107

第2章：名詞

150

It is no [ ] that a man of his ability is so successful.

① right ② wonder ③ thought ④ matter

[80 本 11]

151

It wasn't Mary that Tony went to the museum with. He [ ].

① didn't go anywhere   ② didn't go with anyone else
③ went only with Mary ④ went with Sue

[93 追 15] 改

152

[ ] in 1912 that the *Titanic* sank during her first voyage.

① It being ② It was ③ When it is ④ When it was

[95 追 13]

WORDS & PHRASES

□ sink 動 ＝沈む　　□ voyage 名 ＝航海

150・151・152

it ＋節

解答 ① right　② **wonder**　③ thought　④ matter
　　　　4.4%　　73.9%　　　4.4%　　　17.3%

解説 a man of his ability「能力のある人」が成功するのは，当然（＝驚きではない）ですよね。よって正解は②。ここでこの文の意識の流れを説明しておきましょう。まず心に浮かんだ内容を it にして語る。**It** is no wonder「驚きじゃない」。何が驚きじゃないのか，その内容を to 不定詞や節で後追い説明してるだけ。**It**'s difficult to speak English.「難しい。英語を話すのって」というのと同じ意識なんです。

● P.212

訳 彼のような有能な人が成功を収めるのは不思議ではありません。

強調構文

解答 ① didn't go anywhere　　② didn't go with anyone else
　　　　10.5%　　　　　　　　　　28.1%
　　　③ went only with Mary　　④ **went with Sue**
　　　　8.8%　　　　　　　　　　52.6%

解説 これは**強調構文**。「違うんだよ」という反論したい気持ちがこの文のベースにあります。「メアリーじゃないんだって，彼が一緒に行ったのは」という順に英文を並べるんです。that のあとの英文には穴（今回は with ■）があいていることにも注目してくださいね。それでは設問ですが，じゃあ誰と行ったのかという内容になっているのは ④ しかありません。この文を作るときの気持ちをおさえてください。

● P.214

訳 トニーが一緒に博物館へ行ったのはメアリーではありませんでした。彼はスーと一緒に行きました。

強調構文

解答 ① It being　② **It was**　③ When it is　④ When it was
　　　　11.6%　　　63.8%　　　13.0%　　　　11.6%

解説 これも強調構文。即決で文の形に合う ② を選んでください。まず It was in 1912「1912年だったんだ」と言い切ってから，「タイタニック号が沈没したのは」と後ろに説明を続けます。この語順に慣れるまでは，**もとの英文から強調したい要素（in 1912）が前にひっぱり出されてるんだ**と考えてみてください。

訳 タイタニック号が最初の航海の最中に沈没したのは 1912 年のことでした。

POINT!　it ＋ that を頭から作れるように，意識の動かし方をよく復習しよう。

第3章：形容詞

18：センター試験
（2013年度 本／追）
……………405

New 入試問題にチャレンジ！

17：接続詞 ……… 391

Ⅵ 文の流れ

16：時表現 ………… 347

Ⅴ 時表現

14：疑問文 ……… 331
15：さまざまな配置転換
……… 341

Ⅳ 配置転換

10：-ing形 ………… 265
11：to 不定詞 ……… 283
12：過去分詞形 …… 305
13：節 ……………… 319

Ⅲ 自由な要素

3：形容詞 ………… 111 ◀
4：副詞 …………… 133
5：比較 …………… 141
6：否定 …………… 161
7：助動詞 ………… 169
8：前置詞 ………… 191
9：wh修飾 ………… 253

Ⅱ 修飾

1：動詞・基本文型 … 009
2：名詞 …………… 073

Ⅰ 英語文の骨格

第3章：形容詞

形容詞の配置 | 似た単語の使い分け | 能力と可能性 | -ing 形 vs 過去分詞形

ⓐ **Look at the cute girl over there.**
「向こうのかわいい女の子を見てごらん」
ⓑ **Cindy is beautiful and kind.**「シンディはキレイで優しい」
ⓒ **Look at that beautiful big red bird.**
「あのきれいで大きな赤い鳥を見て」

153

Please have ☐ at this document before you begin your work. There is a lot of important information you might miss.

① a close look　② a close looking
③ looked closely　④ looking closely

[07 本 11] 改

154

The Browns live in a ☐ house. It's the last house on your right.

① big, white, two-story　② two-story, white, big
③ white, big, two-story　④ white, two-story, big

[94 本 13] 改

WORDS & PHRASES
☐ the Browns ＝ ブラウン一家 (▶ P.165)　☐ two-story 形 ＝ 2 階建ての

155

"Tom has a very ☐ mind."
"Yes, he's always thinking of new things to do."

① absent　② active　③ alive　④ angry

[98 本 05]

153・154・155

単語の相性

名詞を修飾する要素を**形容詞**とよびます。名詞の前後に配置してくださいね。ⓐ は「**前から限定**」。どんな女の子か，種類を限定する働きをします。ⓑ は「**後ろから説明**」。言い足りないと思えば，後ろに説明を続けます。ⓒ のように，前から限定するとき形容詞を重ねる場合，**主観的な要素より名詞に本質的に関わる客観的な要素が名詞の近くに配置**されます。

名詞を修飾するのが形容詞

解答
① **a close look** 68.5%
② a close looking 20.1%
③ looked closely 9.2%
④ looking closely 2.2%

解説 「見てごらん」を Have [Take] a look. などと表現します。名詞 (look) を修飾するなら，もちろん**形容詞** (close「綿密な」) **の出番**です。① が正解です。

訳 仕事を始める前に，この書類をよく見てください。見逃してしまうおそれのある重要な情報がたくさんあります。

重ねて修飾

解答
① **big, white, two-story** 35.2%
② two-story, white, big 5.6%
③ white, big, two-story 18.3%
④ white, two-story, big 40.8%

解説 形容詞を重ねる順は，「**主観から客観的な性質へ**」です。big は主観的，white と，客観的な two-story では two-story の方がより家の本質的な性質を表す重要な要素なので，名詞の最も近くに配置された ① が正解です。

▶ P.234

訳 ブラウンさん一家は白い大きな2階建ての家に住んでいます。右側の奥の家です。

active「活発な・頭の回転の速い」

解答
① absent 5.7%
② **active** 85.7%
③ alive 8.6%
④ angry 0.0%

解説 意味から考えれば，この場合は ② active「活発な」しか空欄には入りません。① は「**欠席して，ぼんやりした**」，③ は「**生きて，生き生きした**」，④ は「**怒って**」。もし，absent を使うなら，He is really absent-minded.「彼は本当にうっかりしている」というのが正しい使い方になりますね。

訳 「トムは本当に頭の回転が速いね」「うん，いつも何か新しいことを考えているんだよ」

POINT! 形容詞の「配置」に気を配るようにしよう。

第3章：形容詞

156

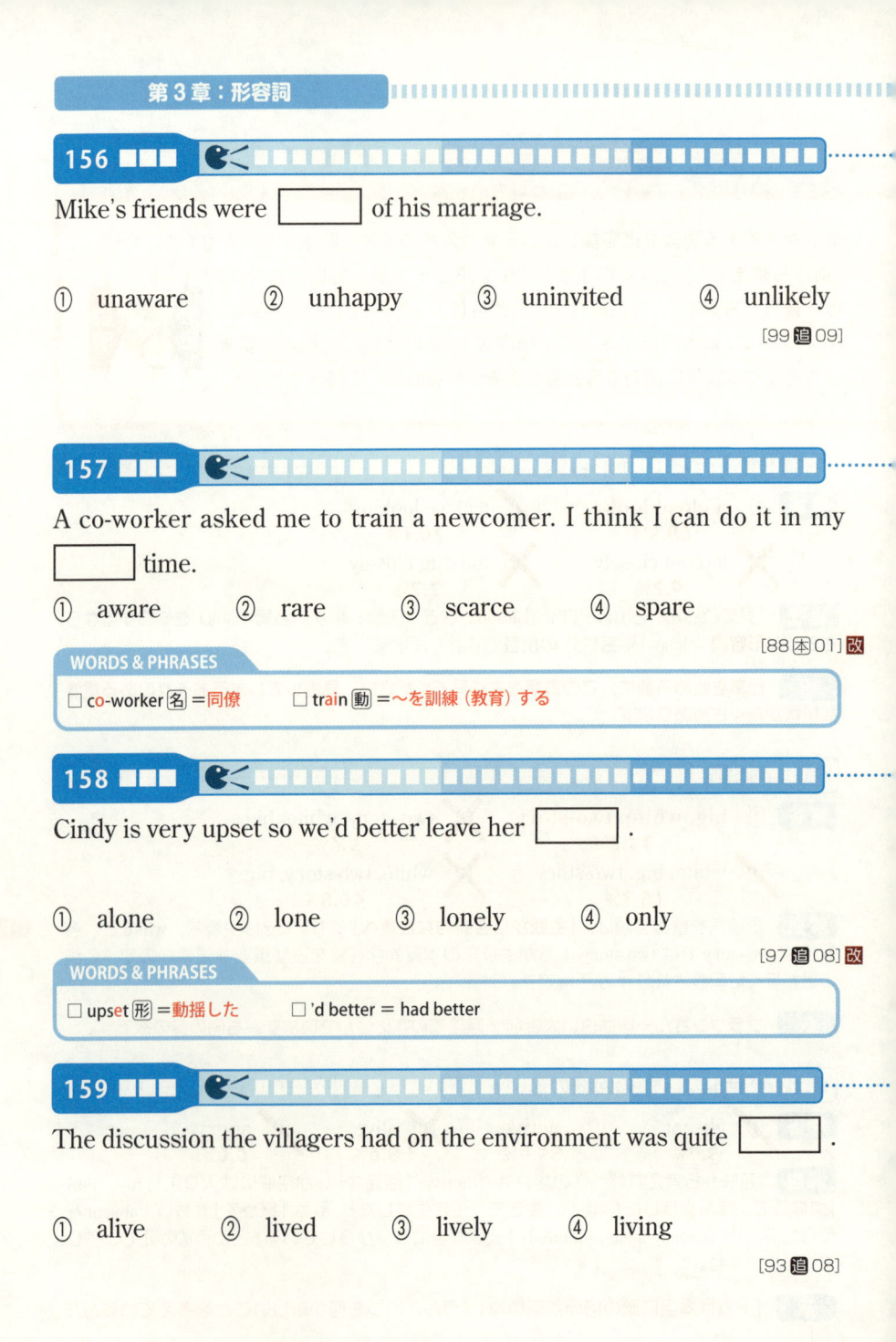

Mike's friends were [　　] of his marriage.

① unaware　② unhappy　③ uninvited　④ unlikely

[99 追 09]

157

A co-worker asked me to train a newcomer. I think I can do it in my [　　] time.

① aware　② rare　③ scarce　④ spare

[88 本 01] 改

WORDS & PHRASES
□ co-worker 名 = 同僚　　□ train 動 = ～を訓練（教育）する

158

Cindy is very upset so we'd better leave her [　　].

① alone　② lone　③ lonely　④ only

[97 追 08] 改

WORDS & PHRASES
□ upset 形 = 動揺した　　□ 'd better = had better

159

The discussion the villagers had on the environment was quite [　　].

① alive　② lived　③ lively　④ living

[93 追 08]

156 · 157 · 158 · 159

後ろから専門：(un) aware of ～

解答 ① **unaware** ② unhappy ③ uninvited ④ unlikely
45.0%　　　　20.6%　　　　24.7%　　　　9.7%

解説 あとに of を伴うのは ① unaware のみという**即決問題**。be aware of ～「～に気がついている」を知っていれば，否定を表す un- が頭に付いていても難なく選べるはず。aware は「**後ろから説明**」**専門**の形容詞としておさえておこう。ちなみに ② は「**不幸な**」，③ は「**歓迎されない**」，④ は「**ありそうもない**」という意味です。

●P.240

訳 友人たちは，マイクの結婚を知りませんでした。

spare time「空き時間」

解答 ① aware ② rare ③ scarce ④ **spare**
4.9%　　　8.2%　　　13.1%　　　73.8%

解説 正解は ④「**予備の・暇な**」。spare tire って，普通のタイヤセット以外に**エクストラ**でついてるやつだよね。そこから，spare time だと「**エクストラ**な時間」のこと。「暇な時」っていうのはここから生まれているんです。ちなみに ② は「**珍しい**」，③ は「**乏しい**」，また ① aware は「**後ろから専門**」で，意味も通じません。

訳 同僚に新人の研修を頼まれました。空き時間でできると思います。

「1つ」関連の単語の使い方

解答 ① **alone** ② lone ③ lonely ④ only
75.0%　　　8.8%　　　7.4%　　　8.8%

解説 leave ～ alone「～を1人にしておく」という言い回しを知らなければ英文に接する量が足りてないということ。即決で ① alone。これは「ひとりの状態で」という意味だから「**後ろから専門**」です。② lone は「1つだけの」という意味ですが，あまり使いません。③ lonely は「**孤独でさびしい**」という意味です。

訳 シンディはとてもうろたえているから，ひとりにしておいた方がよいでしょう。

live 関連の単語の使い方

解答 ① alive ② lived ③ **lively** ④ living
22.1%　　　6.3%　　　25.3%　　　46.3%

解説 live 関連の正しい使い方を問う問題。② lived は「どのくらい生きていたか」を表す単語だから，**a short-lived** Cabinet「**短命の内閣**」みたいに short や long を伴います。① alive「**生きている**」，④ living「**存命の**」なので，正解は ③ lively「**活発な**」しかありません。

訳 環境に関する村人たちの議論はかなり白熱したものでした。

POINT! 形が似ている単語も，綴りを書きながら意味もしっかりおさえてくださいね。

第3章：形容詞

形容詞の配置 / 似た単語の使い分け / 能力と可能性 / -ing形 vs 過去分詞形

さまざまな「かしこい」

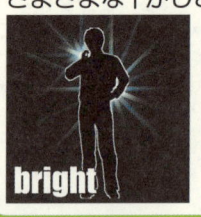

bright　brilliant　clever　wise

160

Susie and her sister are so [　　　] that they could almost be twins.

① alike　② double　③ near　④ same

[00 追 03]

161

"Is your CD player anything like your sister's?"
"Yes, they're exactly [　　　]."

① alike　② like　③ likely　④ same

[94 追 03]

162

My two golden retrievers are the same size and have the same behavior. They are so [　　　] that it is difficult to tell which is which.

① alike　② likely　③ nearly　④ same

[79 追 08] 改

単語の相性

英語の勉強に「話す」ことをゴールとした場合，似た意味の単語を使い分けることが必要になります。例えば，同じ「かしこい」でも，bright はもともともっている知性がにじみ出ている感じ。brilliant はダイヤモンドのようにトップレベルの知性。clever は頭の回転が良いということ。wise は人生経験によって磨き抜かれた知性。このように単語ごとに質感が異なり，使われ方に差が出てくることがあるんです。

「似ている」関連の単語の使い方

解答 ① **alike** 72.3%　② double 9.2%　③ near 1.5%　④ same 16.9%

解説 「似ている」関連の単語の使い分けを問う問題です。① alike「よく似ている」が正解。② double の基本は「二重」。ものすごく特殊な表現で He's my double!「そっくり！」っていう言い方がありますが，ここでは違います。③ near は「(距離や時間が) 近い」。④ same は，2人の人間が「同じ」にはなれないからもちろん不正解です。

訳 スージーと妹はとてもよく似ているので，双子と言ってもよいくらいです。

「似ている」関連の単語の使い方

解答 ① **alike** 56.1%　② like 10.6%　③ likely 13.6%　④ same 19.7%

解説 同じ like が使われていても意味や使い方が違います。正解は「後ろから専門」の ① alike「よく似ている」。② like は「～のような」と前置詞のように使ったり，childlike「子どもらしい」，like-minded「似たような考え方をする」などと複合的に用いる単語なんです。③ likely「起こりそうな」は，He is likely to win.「彼は勝ちそう」のように使いましょう。

訳 「君のCDプレーヤーは，妹さんのと同じようなものなの？」「うん，とてもよく似てるよ」

「似ている」関連の単語の使い方

解答 ① **alike** 57.5%　② likely 26.5%　③ nearly 6.2%　④ same 9.8%

解説 またもや正解は「後ろから専門」の ① alike「よく似ている」。何の問題もなく正解を選べましたよね？ ② は「起こりそうな」，③ は「ほとんど」では意味をなしません。nearly は，nearly everyone「ほぼ全員」とか nearly always「ほとんどいつも」といった使い方をします。④ same は，「2匹の犬がとても同じ」って謎な状況だからアウトなんですね。

訳 ウチの2匹のゴールデンレトリバーは同じ大きさで仕草も同じです。とても似ているのでどっちがどっちか見分けるのは難しいです。

POINT! 意味が近い単語は，まずは「使い方」の違いからおさえていこう。

第3章：形容詞

形容詞の配置 / 似た単語の使い分け / **能力と可能性** / -ing形 vs 過去分詞形

ⓐ I'm **able to** speak 4 languages. 「4ヵ国語話せるよ」
ⓑ I'm perfectly **capable of** looking after myself!
　「自分の面倒は自分で見られるよ」
ⓒ **Is it possible for** you **to** work until 10 o'clock?
　「10時まで働くことは可能ですか？」
ⓓ **It is probable that** it will rain tomorrow. 「明日は雨が降りそうです」
ⓔ **It is likely that** Liz will come to the party tonight.
　「リズは今夜パーティーに来そうだ」

163

Bill's ambition to become president is ☐ to be realized.

① capable　② likely　③ possible　④ probable

[96 追 09]

164

The tennis match ☐ held tomorrow.

① is probable to be　② will be probably to be
③ will be probable to be　④ will probably be

[86 追 12]

WORDS & PHRASES

☐ hold 動 ＝～を開催する

単語の相性

163・164

誤用が集中する「能力・可能性」を表す形容詞を整理しておきましょう。「**能力**」を表すのが ⓐ able と ⓑ capable。able は to 不定詞，capable はあとに of を伴うのが典型的な使い方。一方で，ⓒ ⓓ ⓔ は「**可能性**」を表す形容詞。ⓒ は It is possible のあとに for 人 to 不定詞や that 節が続きますが，ⓓ の probable は that 節のみ。ⓔ likely は例文の形の他に，Bob is likely to forget.「ボブは忘れそうだ」という言い方もできます。それぞれのとる形にも気を配りながら暗唱していきましょう。

「能力」と「可能」を表す単語の使い分け

解答
① capable 5.6% ✗
② **likely** 46.3%
③ possible 26.8% ✗
④ probable 21.3% ✗

解説 「可能」を表す単語の違いを考えておきましょう。① は be capable of ~，③ は **It is possible + (for ~) to 不定詞**や **that 節**で用いるので不可。④ は **It is probable that 節**「たぶん～だろう」という形で用いるので外します。残った ② likely が正解。間違える学習者が多いので，形を意識しながら音読を繰り返しましょう。

訳 ビルの大統領になるという野望は実現しそうです。

「能力」と「可能」を表す単語の使い分け

解答
① is probable to be 28.9% ✗
② will be probably to be 15.0%
③ will be probable to be 28.9% ✗
④ **will probably be** 27.2%

解説 前問の likely は，be likely [sure] to 不定詞といった使い方をしますが，probable はこの形では使えないってことをまず覚えてください。正しくは，**It is probable that 節**という形で用いるので，①②③ がアウト。正解は ④ になります。probably は「たぶん」と覚えている人が多いと思いますが，「十中八九」と訳せるくらい確信がある単語なんです。

訳 そのテニスの試合はおそらく明日行われるでしょう。

POINT! まずは「能力」と「可能性」をきちんと区別するところから始めましょう。

第3章：形容詞

165

"[   ] to come to the office an hour earlier than usual tomorrow?"
"No problem at all."

① Are you possible
② Is it able for you
③ Is it capable for you
④ Is it possible for you

[88 試 10] 改

166

The chimpanzee is an intelligent creature, [   ] of solving simple problems.

① able　② enable　③ capable　④ possible

[82 追 10]

WORDS & PHRASES
□ creature 名 ＝ 生き物

167

According to the newspaper, even a teenager is [   ] of sailing a yacht around the world alone.

① accessible　② capable　③ controllable　④ manageable

[12 追 09]

165・166・167

「能力」と「可能」を表す単語の使い分け

解答 ① Are you possible ~~×~~ 26.8%　② Is it able for you ~~×~~ 15.8%
③ Is it capable for you ~~×~~ 10.6%　④ **Is it possible for you** 46.8%

解説 「可能」を表す形容詞の使い方を尋ねる問題。① の **possible は人を主語にできないの**で不可。② **able は人に対してのみ用いる**ので不可。③ は be capable of の形で使います。よって ④ が正解です。possible は，**It is possible ＋ (for ~) to 不定詞**や **that 節**で用います。

訳 「明日はいつもより１時間早く会社にこられますか？」「大丈夫ですよ」

「能力」と「可能」を表す単語の使い分け

解答 ① able 0.0%　② enable 9.5%　③ **capable** 73.8%　④ possible 16.7%

解説 空所のあとに注目。of とくっつくのは ③ capable だけですね。able は，He is **able to** speak 5 languages., enable は This money **enabled** him to buy a new car. といった形をおさえましょう。④ は **It is possible ＋ (for ~) to 不定詞**や **that 節**。それぞれ「使い方」に違いがあるので，形で判断しましょう。

訳 チンパンジーは知能の高い生き物で，簡単な問題なら解くことができます。

「能力」と「可能」を表す単語の使い分け

解答 ① accessible 2.2%　② **capable** 77.8%　③ controllable 6.7%　④ manageable 13.3%

解説 もはや，①③④ の選択肢が目に入らなくなっていますよね。of とつながる ② capable が正解です。① は「**接近できる**」，③ は「**コントロールできる**」，④ は「**扱いやすい**」という意味です。一見難しそうな単語に見える選択肢ばかりですが，単なるダミーですね。

訳 新聞によると，10 代の若者でも単独で世界中をヨットで航行することが可能です。

POINT! 「能力」と「可能性」，それはどんな形で使うのかまで，きっちり覚えてくださいね。

第3章：形容詞

168

"Could you call me back if ☐ not convenient for you to talk now?"
"Sure. I'll call you back when I get home from work."

① we are   ② it is   ③ you are   ④ I am

[06 本 06] 改

169

"We could meet downtown. ☐?"
"That's fine. Shall we say 3 p.m.?"

① Are you convenient   ② Is it convenient of you
③ Will that be convenient for you ④ Will you be convenient

[94 追 11] 改

170

Matthew Smith was given an award for having the highest marks in his class. The news of his success made his parents ☐.

① pleasing   ② comfortable   ③ delightful   ④ happy

[85 追 02] 改

168・169・170

人を主語にできない convenient

解答 ① we are ② **it is** ③ you are ④ I am
   1.0%   72.3%   24.2%   2.5%

解説 convenient は**人を主語にできない形容詞**。② が正解ですね。なぜできないのかって，そりゃ「○○君って便利だよね」って日本語で言っても問題があるでしょ？ 英語特有の問題ではありません。「便利」という言葉は人の属性を表しません。「スマホが便利」とか「コンビニが近くて便利」っていうのが使いどころ。It is convenient **for**… to 不定詞の形でよく使います。

訳 「もし今話すのが不都合なら，あとでかけ直してもらえますか？」「いいですよ。仕事から帰ったら，かけ直しますね」

人を主語にできない convenient

解答 ① Are you convenient ② Is it convenient of you
      3.0%   45.5%
   ③ **Will that be convenient for you** ④ Will you be convenient
      47.0%   4.5%

解説 まず人を主語にした ①④ は外せますね。② は of が問題なんですよ。of が使われるのは，It is kind **of** you to help me.「**手伝ってくれるなんて親切ですね**」のように誰が kind なのかを説明する時。つまり，You are kind. の意味関係になるので，② は You are convenient. と言えない以上ダメなんです。正解は ③ です。

訳 「よかったら都心で会いたいのだけど，都合はいい？」「大丈夫だよ。午後3時にしようか？」

人しか主語にできない happy

解答 ① pleasing ② comfortable ③ delightful ④ **happy**
   6.2%   0.0%   0.0%   93.8%

解説 彼の両親に対して説明を加える部分です。①「結果が pleasing だ」とか ③「人生が delightful だ」というように**感情の原因**に用いる形なのでどちらもアウトです。② は「**快適な**」ですが，意味が今回の状況に合いませんね。そこで正解は ④ となります。I'm **happy** when you are **happy**.「あなたが幸せだと私も幸せ」のように **happy は人しか主語にできない**こともおさえておきましょう。

訳 マシュー・スミスはクラスで最高点をとり，賞をもらいました。彼が成功したという知らせを聞いて両親は喜びました。

POINT! 「話す」をゴールにすると，形容詞の使い方をマスターすることは必須ですよ。

第3章：形容詞

形容詞の配置 / 似た単語の使い分け / 能力と可能性 / -ing形 vs 過去分詞形

ⓐ **That game** was **exciting**. 「ワクワクする試合だった」
ⓑ **We** were **excited** watching that game.
　「試合見ながらワクワクしたよ」
ⓒ **I find it interesting** to learn English.
　「英語を学ぶのは楽しいと思う」

171

No topic is _____ if you are not interested. It is better to study something that you want to study.

① interest　② interested　③ interesting　④ interestingly

[98本06]改

172

Although my trip to Hokkaido was very _____ , I enjoyed it. We skied for 4 straight days.

① excited　② exciting　③ tired　④ tiring

[00追07]改

173

I feel _____ and sleepy in Mr. Brown's lessons since he always uses the same material.

① bored　② boring　③ interested　④ interesting

[93本03]改

WORDS & PHRASES
□ material 名 ＝資料・素材

単語の相性

間違いやすいのは，-ing 形と過去分詞形の区別（主に感情表現）。-ing 形は**感情をよび起こす原因**に，過去分詞形は**感情をよび起こされた人**に対して使います。ⓐ game には exciting「ワクワクさせるような」，ⓑ We には excited「ワクワクさせられた」，ⓒ it には interesting「興味をひく」を使います。

-ing 形 vs 過去分詞形

解答
① interest 12.1% ✗
② interested 17.9% ✗
③ **interesting** 70.0% ◯
④ interestingly 0.0% ✗

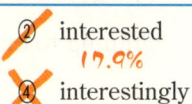

解説 topic に対する説明部分なので，感情をよび起こす側に用いる -ing 形 ③ が正解。一方，感情をよび起こされた側に用いるのは過去分詞形。you には interested が使われています。

訳 興味がなければ，どんな話題も面白くはありません。学びたいものを勉強する方がよいのです。

-ing 形 vs 過去分詞形

解答
① excited 15.4% ✗
② exciting 21.5% ✗
③ tired 21.5% ✗
④ **tiring** 41.6% ◯

解説 主語は trip なので，答えは -ing 形の ② か ④ ですね。あとは意味から考えましょう。今回は although「～だけど」が2文をつなげているから，空所は enjoyed と逆の内容になるはず。②「ワクワクさせるような」ではプラスイメージになってしまうので，正解は ④ **tiring**「疲れさせるような」です。

訳 北海道旅行はとても疲れましたが，楽しかったです。私たちは4日連続スキーをしました。

-ing 形 vs 過去分詞形

解答
① **bored** 64.1% ◯
② boring 28.3% ✗
③ interested 3.1% ✗
④ interesting 4.5% ✗

解説 since 以下の理由から，私は否定的な「感情の受け手」であることがわかりますね。だったら正解は ① **bored** しかありません。ちなみに，人が主語でも Ted is **boring**. なら「テッドはつまんないやつ」と「人」が感情を与える側になることもあります。状況をよく考えながら，使い分けてください。

訳 ブラウン先生はいつも同じ教材を使うので，授業中退屈で眠くなります。

POINT! 「人」だから過去分詞ではありません。感情の受け手にまわっていれば過去分詞なのです。

第3章：形容詞

174

It [_____] for Mary to learn that her bike had been stolen.

① has shocked　② shocked
③ was shocked　④ was shocking

[07本07]

175

I found this book [_____] from beginning to end.

① amused　② enjoying　③ interesting　④ interested

[79追09]

176

The management want to offer you a full-time position. They are [_____] with your work.

① pleasant　② pleased　③ pleasing　④ pleasure

[89追07]改

177

I was worried the snowstorm might delay Robert's flight. I am [_____] to hear the news of his safe arrival.

① delighted　② delight　③ delighting　④ delightful

[05追08]改

174・175・176・177

-ing 形 vs 過去分詞形

解答 ① has shocked　② shocked
　　　　4.3%　　　　　　6.7%
　　　③ was shocked　**④ was shocking**
　　　　31.5%　　　　　　57.5%

解説 it は「自転車が盗まれたのを知る」ということ。**感情をよび起こす原因**なのだから、正解は ④ **was shocking** です。

訳 自転車が盗まれたと知って、メアリーはショックを受けました。

-ing 形 vs 過去分詞形

解答 ① amused　② enjoying　③ **interesting**　④ interested
　　　　26.1%　　　4.7%　　　　60.5%　　　　　8.7%

解説 空所に入るのは this book の説明。「本」は**感情をよび起こす側なんだから**、② か ③ です。Enjoy your stay. のように、enjoy は「～を楽しむ」という意味で、感情をよび起こさせる単語ではないんですね。よって正解は ③ です。なお、① は「面白がっている」、④ は「興味がある」という意味で、どちらも「人」の感情について用いる単語です。

訳 私はこの本が最初から最後まで面白いと思いました。

-ing 形 vs 過去分詞形

解答 ① pleasant　② **pleased**　③ pleasing　④ pleasure
　　　　4.9%　　　70.5%　　　　16.4%　　　　8.2%

解説 They がさすのが「経営陣」だとわかれば、感情をよび起こされた人。もちろん過去分詞形の ② が正解。①③ はどちらも原因に対して用います。This song is **pleasing** to my ear. 「この歌は耳に心地よい」といった使い方をします。④ は「喜び」。My pleasure. 「どういたしまして」は覚えておきたい会話表現です。

訳 経営陣はあなたに常勤職を提供しようと考えています。あなたの仕事に満足しているからです。

-ing 形 vs 過去分詞形

解答 ① **delighted**　② delight　③ delighting　④ delightful
　　　　60.0%　　　　10.0%　　　18.6%　　　　11.4%

解説 文末の「彼の無事の到着を聞いて」から私は感情の受け手だとわかります。正解は過去分詞形の ① **delighted** です。

訳 私はロバートのフライトが吹雪によって遅れてしまうかもしれないと心配していました。彼が無事に着いたという知らせを聞いてとても嬉しいです。

POINT! 感情を表す -ing 形と過去分詞形の使い分けは日頃から意識して慣れておくこと!

第3章：形容詞

形容詞の配置 | 似た単語の使い分け | 能力と可能性 | -ing形 vs 過去分詞形

ⓐ I'm a **big** fan of yours.「大ファンなんです」
ⓑ Japan has a **large** population.「日本は人口が多い」
ⓒ I like my coffee **strong**(**weak**).
「コーヒーは濃い（薄い）のが好き」

178

In spite of the ☐ traffic, Inaba managed to get to the airport in time.

① heavy　② light　③ little　④ much

[91 本 06] 改

179

I arrived here early today because the traffic was ☐ than usual.

① busier　② heavier　③ lighter　④ weaker

[09 本 07]

単語の相性

形容詞と名詞の相性に気を配ってみましょう。例えば，同じ「大きい」でも big は感情の乗った，心の動きが現れる単語で，large は客観的な「大」。ⓐ「大ファン」には big，ⓑ「人口の大きさ」には large が選ばれます。コーヒーの「濃さ」には strong と weak。味の「力強さ」ととらえましょう。

traffic との相性

解答 ① **heavy** 73.8%　② light 9.2%　③ ✗ little 9.2%　④ ✗ much 7.8%

解説 traffic「交通量・交通の流れ」に用いる単語は ① か ②。意味を考えれば「渋滞だったけど何とか間に合った」ってことだから，正解は ① **heavy** です。交通量の「多さ」は light や heavy で表すんです。

訳 交通量が多かったにもかかわらず，稲葉さんは何とか時間内に空港に着きました。

traffic との相性

解答 ① ✗ busier 14.4%　② heavier 27.4%　③ **lighter** 58.2%　④ ✗ weaker 0.0%

解説 引き続き traffic。② か ③ が候補ですが，文意を考えれば「交通量が少なかったから早く着いた」となる ③ **lighter** が正解。① を選んだ人が多いのは，The street is busy.「交通量（人通り）が多い」という言い方と混同してしまったからでしょう。道路が busy「せわしない」ように見えているところから生まれた表現です。

訳 いつもより道が空いていたので，今日は早めにここに着きました。

POINT! 気になるコンビネーションを見つけたら，貪欲に自分のものにしてくださいね。

第3章：形容詞

180

Something's wrong with the car! We must have a _____ tire.

① broken   ② dead   ③ flat   ④ weak

[01 本 04]

181

Nowadays, not many students want to be teachers, probably because they find teachers' salaries very _____ .

① cheap   ② expensive   ③ inexpensive   ④ low

[94 本 10] 改

182

The temperature today rose as _____ as 30 ℃.

① hot   ② much   ③ high   ④ tall

[85 追 03]

「パンクしたタイヤ」

解答 ① broken ② dead ③ **flat** ④ weak
　　　　12.7%　　5.4%　　65.3%　　16.6%

解説 「タイヤがパンク」という表現を知ってますか？　という問題。昔のタイヤってパンクすると空気が抜けて下の部分が flat「平ら」になってしまうところから生まれた表現。正解はもちろん③。②に関連して，a **dead** battery「寿命の切れた電池」という組み合わせも覚えておきたいですね。

訳　車が何かおかしいです！　タイヤがパンクしているにちがいありません。

金額の高低

解答 ① cheap ② expensive ③ inexpensive ④ **low**
　　　　11.3%　　19.7%　　　　0.0%　　　　　69.0%

解説 誤用が集中するのが，金額を表す表現。price や cost など「金銭」を表す単語には high や low を用いるので，正解は④になります。①②③は，This watch is cheap [expensive / inexpensive]. のように**具体的な物に対して**使ってください。③ inexpensive は「**高くない**」ということ。肯定的なニュアンスをもっている単語なんです。

訳　近頃，先生になりたいと思う学生は多くありません。それはおそらく先生の給料がとても安いと思っているからでしょう。

温度の高低

解答 ① hot ② much ③ **high** ④ tall
　　　　31.2%　12.5%　56.3%　　0.0%

解説 temperature の高低には，**high** や **low** を用います。正解はもちろん③。hot は，**hot** weather「暑い天気」，**hot** water「お湯」のように数字が強く意識されない物に対して使ってください。

訳　今日の気温は 30℃まで上がりました。

POINT! 「自分ならどの形容詞を使うか」を意識しながら，たくさん英語に触れてください。

第4章：副詞

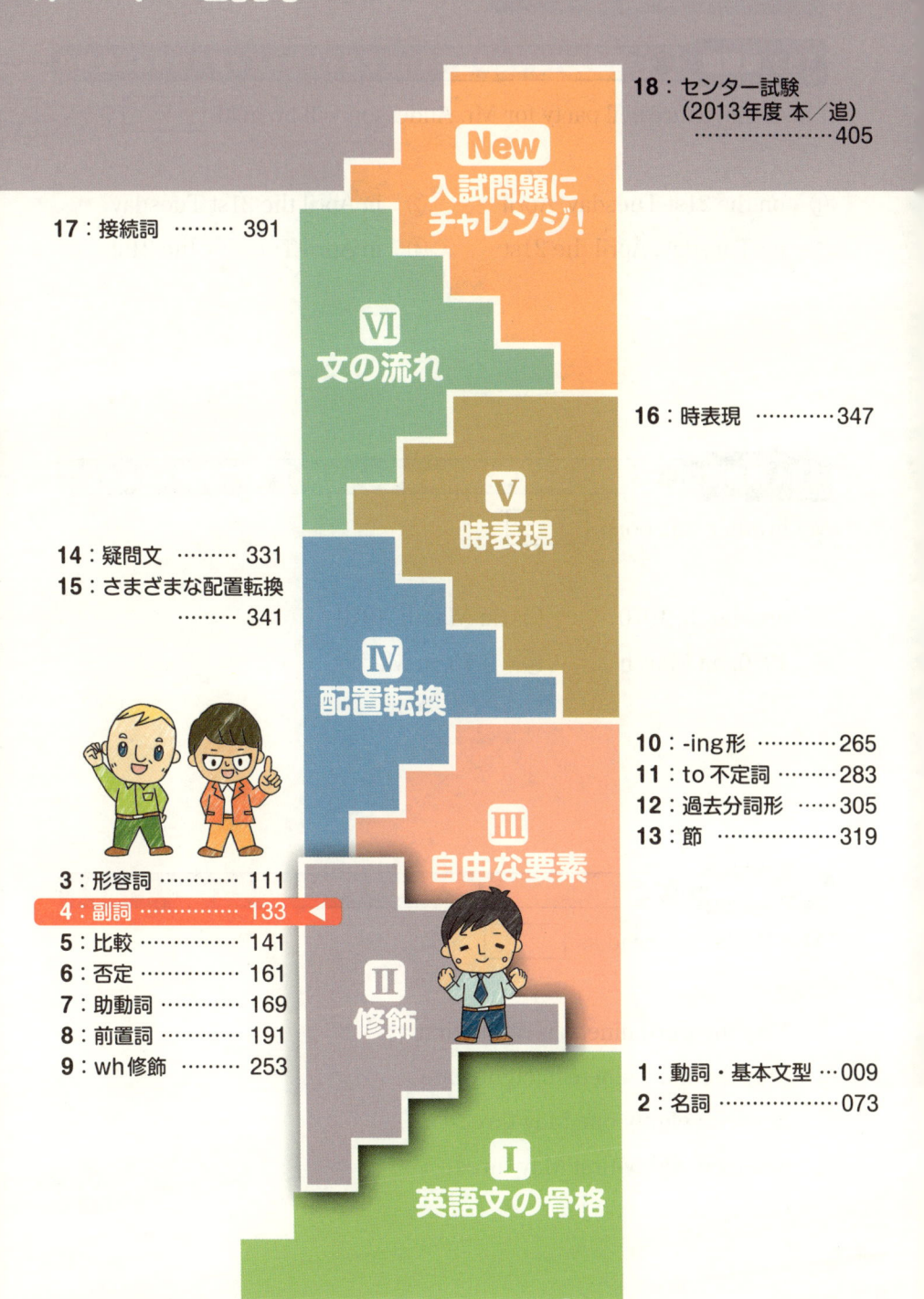

18：センター試験
（2013年度 本／追）
……………405

New 入試問題にチャレンジ！

17：接続詞 ……… 391

Ⅵ 文の流れ

16：時表現 ………… 347

Ⅴ 時表現

14：疑問文 ……… 331
15：さまざまな配置転換
……… 341

Ⅳ 配置転換

10：-ing形 ………… 265
11：to 不定詞 ……… 283
12：過去分詞形 …… 305
13：節 ……………… 319

3：形容詞 ………… 111
4：副詞 …………… 133 ◀
5：比較 …………… 141
6：否定 …………… 161
7：助動詞 ………… 169
8：前置詞 ………… 191
9：wh修飾 ……… 253

Ⅲ 自由な要素

Ⅱ 修飾

1：動詞・基本文型 … 009
2：名詞 …………… 073

Ⅰ 英語文の骨格

第4章：副詞

183

I hear that a farewell party for Mr. Anderson will be held ☐ .

① on the 21st Tuesday, April
② in April the 21st Tuesday
③ on Tuesday, April the 21st
④ in April Tuesday the 21st

[86 本 08]

184

My brother was born ☐ .

① on March, 1970
② in March, 1970
③ 1970, on March
④ 1970, in March

[80 本 02]

185

"May 3, 1981" is read as ☐ .

① May the third nineteen eighty-first
② May the third nineteen eighty-one
③ nineteen eighty-one May three
④ nineteen eighty-first May three

[86 追 10]

183・184・185

日付の書き方

解答
① on the 21st Tuesday, April 13.3%
② in April the 21st Tuesday 20.0%
③ **on Tuesday, April the 21st** 66.7%
④ in April Tuesday the 21st 0.0%

解説 日付の表記は「曜日→日付」の順番。正解は③です。①は「21番目の火曜日」になってしまうから選ばないように！

● P.254

訳 アンダーソンさんの送別会が4月21日の火曜日に行われると聞いています。

日付の書き方

解答
① on March, 1970 21.7%
② **in March, 1970** 69.6%
③ 1970, on March 4.4%
④ 1970, in March 4.4%

解説 まず「月」には in。on は日付でしょ。英語は住所も日付も「狭い→広い」の順番。月日を書いたあとに年がくるってこと。②が正解ですよ。

訳 私の兄は1970年の3月に生まれました。

副詞の重ね方
at 6 tomorrow
狭　広
at the hotel in Tokyo
狭　広

日付の読み方

解答
① May the third nineteen eighty-first 11.1%
② **May the third nineteen eighty-one** 50.0%
③ nineteen eighty-one May three 22.2%
④ nineteen eighty-first May three 16.7%

解説 即決で②が正解。日にちは「**序数**」で，西暦は原則として「**2**」ケタずつ読み上げます（序数は使いません）。ちなみに2001年は？ 原則通りに読むと **twenty one**。あれ？「21」に聞こえますね。そこで **two thousand (and) one** と読みます。大原則は「**誤解が生じないように読む**」なのです。

● P.669

訳 "1981年5月3日"は，**May the third nineteen eighty-one** と読みます。

POINT! 月日の読み方といっても，ポイントは副詞の重ね方。「狭い→広い」の順ですよ。

第4章：副詞

186

We got up at four in the morning. We had to make a very [   ] start.

① early　　② late　　③ slow　　④ soon

[79本08]

187

Do you know how [   ] in the evening the show will begin?

① early　　② fast　　③ quickly　　④ rapidly

[93本01]

188

"That earthquake in Mexico happened a long time ago, didn't it?"
"No, it was [   ] last year."

① as early as　　② as recently as
③ early as　　　④ recently as

[94本04]

186・187・188

early「早く・早い時期に」

解答 ① **early** 52.4%　② late 4.8%　③ slow 19.0%　④ soon 23.8%

解説 副詞の中には形容詞でも形が変わらないものがいくつかあります。① early と ② late はその例。でも，ここでは名詞 (start) の前に置かれてるから，形容詞の問題ですよね。①②③ は形容詞としても副詞としても使えますが，④ soon「すぐに」だけは副詞しかないのでアウト。「朝4時に起きる」と ②③ は意味が合わないので，正解は ① です。「早起きする人」は，**an early riser**。「早起きする」なら，**get up early**。どちらも使えるようにしておきましょう。

訳 私たちは朝4時に起きました。私たちは早朝に出発する必要がありました。

early「早く・早い時期に」

解答 ① **early** 51.6%　② fast 31.3%　③ quickly 14.1%　④ rapidly 3.1%

解説 今回のポイントは，日本語の「早く」と「速く」の違いと同じこと。②③④ は**動作の速さ**。細かく見ると，fast はただの速さ。quickly は「ささっ」て感じ。rapidly はノーマルな速度よりも速く，「比較」が頭の中にあります。Bad rumors tend to spread **rapidly**.「悪い噂はすぐに広がるものだ」のように短期間での状況が主な使いどころ。しかし，今回の英文は「ショーがいつ始まるのか」という話だから，**時期の早さ**を表す ① early が正解。良い問題でした。

訳 夕方のいつ頃にそのショーが始まるか知っていますか？

as recently as ～「ほんの・つい～に」

解答 ① as early as 20.0%　② **as recently as** 45.7%　③ early as 15.6%　④ recently as 18.7%

解説 文意を考えれば，long time ago じゃなくて「**最近なんだよ**」という意味を加えるために，わざわざ ② as recently as がつくんですよ。**時期の早さ**を表す early なら，The Egyptians used baths **as early as** 2000 B.C.「エジプト人は**早くも**紀元前2000年に浴場を使っていた」のように「**そんなにも昔からなんだよ**」ということを強調するために使います。

訳 「メキシコでのあの地震はかなり以前に発生したのですよね？」「いいえ，つい去年のことですよ」

POINT! 同じような意味でも，ゴールを「使える」にするだけで単語たちの違いが気になりますね。ね？

第4章：副詞

189

It's been [　　] a long time since I started to teach at this school.

① much　　② pretty　　③ quite　　④ so

[95本07]改

190

"It's strange that Jane hasn't come yet."
"Yes, she hasn't missed a single meeting so [　　]."

① far　　② long　　③ many　　④ much

[97本06]

191

You shouldn't have bothered, Mrs. Owens; you're [　　] to me.

① much too kind　　② too much kind
③ very much kind　　④ very too kind

[91追17]

WORDS & PHRASES

□ bother 動 ＝わざわざ〜する

さまざまな強意表現

解答 ① much 15.3% ② pretty 18.1% ③ **quite** 45.8% ④ so 20.8%

解説 強意の単語にはいろいろありますが、使い方はそれぞれ異なります。①の much なら、much money, much time など不可算の名詞があとにくるはず。② pretty「かなり」は pretty bad, so「とっても」は so long のように形容詞や副詞を修飾しますね。quite だけ、**quite** a long time, **quite** a big explosion「かなり大きな爆発」のように名詞の大きなカタマリを修飾できます。珍しい単語なんです。正解はもちろん ③ **quite**「かなり」です。

訳 私がこの学校で教え始めてからとても長い年月が経ちました。

so far「今までのところ」

解答 ① **far** 37.5% ② long 33.3% ③ many 6.9% ④ much 22.2%

解説 意味をなすのは ① so far「(これからはわからないけど) **今[まで]のところ**」だけ。So far so good.「**これまでのところいいよ (順調)**」といったフレーズで見かけたことがあるかもしれませんね。ちなみに、② は「じゃーねー」と友達と別れるときに使ったりもします。あと、not a single は「**1つも〜ない**」と**否定を強調**する表現です。覚えておいてくださいね。

訳 「ジェーンがまだきていないのはおかしいな」「そうだね、彼女が会議に出席しそこなったことは今まで1回もなかったのにね」

much は「量」の強調

解答 ① **much too kind** 30.3% ② too much kind 36.4% ③ very much kind 25.8% ④ very too kind 7.6%

解説 much は「**量**」を表すので、②③の much kind はおかしい。kind は「物」ではないからね。too kind「ものすごく親切」を much で強めた ① が正解。too が表すのは「**行き過ぎ**」。どれだけ行き過ぎなのかという**差分**を、「量」を表す much が強調しています。He is **much** taller than me. と同じ。④ **very は単なる強調表現**。どれだけ離れているかという距離感を含まないので今回は使えません。

訳 わざわざそんなに気を遣ってもらわなくてもよかったのに、オーエンさん。ご親切本当にありがとうございます。

POINT! 強意を表す表現のもつ質感、そして使い方の違いをしっかりおさえましょう。

第5章：比較

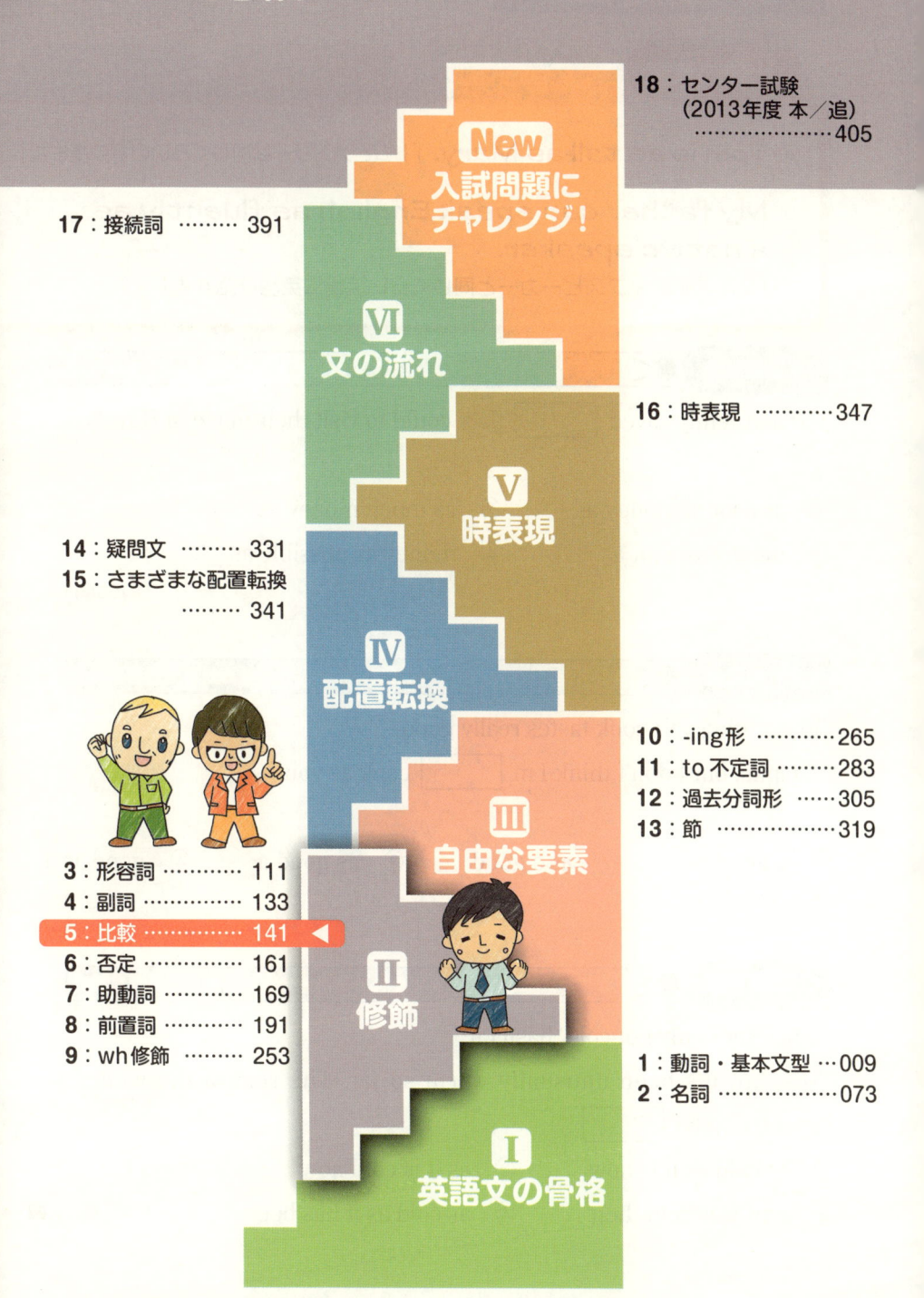

18：センター試験
（2013年度 本／追）
………… 405

New 入試問題にチャレンジ！

VI 文の流れ

17：接続詞 ……… 391

16：時表現 ………… 347

V 時表現

14：疑問文 ……… 331
15：さまざまな配置転換
……… 341

IV 配置転換

10：-ing形 ………… 265
11：to 不定詞 ……… 283
12：過去分詞形 …… 305
13：節 …………… 319

III 自由な要素

3：形容詞 ………… 111
4：副詞 ………… 133
5：比較 …………… 141 ◀
6：否定 ………… 161
7：助動詞 ……… 169
8：前置詞 ……… 191
9：wh修飾 ……… 253

II 修飾

1：動詞・基本文型 … 009
2：名詞 …………… 073

I 英語文の骨格

第5章：比較

比較の意識 / 前から限定

ⓐ **Tom is *as* tall *as* Mary.** 「トムとメアリーは同じくらいの背の高さだ」

ⓑ **My father can speak English *as* fluently *as* a native speaker.**
「父はネイティブスピーカーと同じくらい流暢に英語を話すよ」

192

Jeff and Jenny saved _____ they could to visit their uncle in Hawaii.

① as a lot of money as   ② as much money as
③ money as a lot as   ④ money as possible as

[90 困 14]

193

"Everything you cook tastes really good."
"Thanks, but I don't think I'm _____ cook as you."

① a good as   ② as a good   ③ as good a   ④ good as a

[97 困 02]

194

"It has suddenly got cold, hasn't it?"
"Yes, but it's been unusually warm so far. The rest of the winter is expected to be _____ ."

① as cold as it is now   ② as it is cold now
③ as it was cold then   ④ as cold as it has been

[87 追 13] 改

192・193・194

最初の as は「同じくらい」。まずは Tom is as tall までひと息に作ります。そして as Mary「メアリーとくらべてね」とあとで補う。この呼吸で比較の文が作ることができればネイティブレベルですよ。

Tom is as tall as Mary.
トムは同じくらい背が高いんだよ
メアリーとね

as-as の基本

解答
① ~~as a lot of money as~~ 8.1%
② **as much money as** 43.9%
③ ~~money as a lot as~~ 7.7%
④ ~~money as possible as~~ 40.3%

解説 正解は②。as much money「同じくらいの（量の）お金」。まずはここまで，ひと息に作り出します。そのあとで as they could「できるのとくらべてね」と続けてあげる。まずは**この意識の動かし方を徹底しましょう**。④は as ～ as possible「できる限り～」との混同です。

訳 ジェフとジェニーは，ハワイにいるおじさんを訪ねるためにできる限り貯金しました。

「焦点」を目立たせる配慮

解答
① ~~a good as~~ 5.6%
② ~~as a good~~ 41.7%
③ **as good a** 45.8%
④ ~~good as a~~ 6.9%

解説 大切なのは，何が言いたいことなのかということ。今回なら「私はあなたと同じくらい good か」ってことが要点です。であれば，as good「同じくらい良い」と言ってから，補助的に a cook を置く。この語順を違和感なく繰り出せるようになるまで，しっかり声に出してくださいね。

● P.288

訳「あなたの料理は何もかも本当においしいね」「ありがとう。でもあなたほど料理上手じゃないと思うわ」

比較対象は自由

解答
① **as cold as it is now** 43.1%
② ~~as it is cold now~~ 10.3%
③ ~~as it was cold then~~ 8.6%
④ ~~as cold as it has been~~ 37.9%

解説 比較の英文として適切な形は①か④。「これまでは暖かかった」のだから，これからは①「今と同じくらい寒い」が正解です。

訳「突然寒くなったね？」「うん，これまでが異常に暖かすぎたんだよ。今年の冬の残りは今と同じくらいの寒さになるだろうね」

POINT! 比較のポイントは，頭から順に英文を作れるかどうかなんだよ。

第5章：比較

比較の意識 / 前から限定

ⓐ Meg isn't as old as me. 「メグは私ほど年をとっていない」
ⓑ Nick is almost as tall as his Dad now.
「ニックはもう父親と同じくらいの背の高さだ」
ⓒ I earn half as much money as my father. 「私の収入は父の半分だ」

195

Don't you think it's unfair? Although she doesn't know her job, she earns ☐ I do.

① as nearly much as　② more nearly than
③ nearly as much as　④ nearly more than

[89 追 10] 改

196

The population of Italy is about ☐ that of Japan.

① half as large as　② half less than
③ as half as　④ half larger than

[86 本 09]

197

Our school ground is twice ☐ this soccer field.

① as large as　② as the size of
③ larger than　④ more the size of

[08 追 07]

as-as の前にはさまざまな限定語句を置くことができます。「ほとんど」なら almost や nearly,「ちょうど」なら just といった語句を前に置いてください。not だって限定語句ですよ。not + as ~ as…で,「…ほど~ではない」。回数表現を使って,「~倍」を表すこともできます。twice「2倍」, three times「3倍」などの語句を前に置けばいいんですよ。

限定語句は前から：nearly as-as

解答
① as nearly much as　18.0%
② more nearly than　18.0%
③ **nearly as much as**　44.3%
④ nearly more than　19.7%

解説 nearly「ほとんど」の配置の問題。as much as を「ほとんど」に限定するので ③ の語順が正解です。「**限定語句は前から**」ですよ。

訳 不公平だと思わない？　彼女は自分の仕事がわかっていないのに, 収入は私とほぼ同じなんです。

限定語句は前から：half as-as

解答
① **half as large as**　58.8%
② half less than　5.9%
③ as half as　5.9%
④ half larger than　29.4%

解説 倍数表現の基本は「**倍数＋as-as**」です。half「1/2」や twice「2倍」, three times「3倍」も限定語句なので, as-as の前に置くんですよ。

訳 イタリアの人口は日本の約半分です。

限定語句は前から：twice as-as

解答
① **as large as**　62.0%
② as the size of　5.7%
③ larger than　25.3%
④ more the size of　7.0%

解説 もちろん正解は ①。③ の比較級を選んだ受験生が多いのですが,「2倍より大きい」なんておかしいよね。倍数表現の基本は「**倍数＋as-as**」ですよ！

訳 私たちの学校のグラウンドはこのサッカー場の2倍の大きさです。

POINT! 限定語句は前から。そもそも as-as の最初の as（副詞）も限定語句なんだね。

第5章：比較

198

Hiroko has seen as many foreign movies _____ in her class.

① as anybody   ② as nobody
③ so anybody   ④ than anybody

[92 追 16]

199

It is not so _____ what a man wears as the way he wears it that marks the gentleman.

① often   ② much   ③ many   ④ long

[82 追 02]

WORDS & PHRASES
□ mark 動 ＝〜を特徴づける

200

The man who stops learning is as _____ as dead.

① much   ② good   ③ soon   ④ far

[82 追 03]

as-as any「どの〜にも劣らず」

解答 ① **as anybody** 38.6%　② as nobody 40.4%　③ so anybody 8.8%　④ than anybody 12.3%

解説 as many「同じくらいの数」と始まっているので、2つ目のasが必要になります。③④がまず外せますね。次に②nobodyですが、比較する相手がいないのは困ります。よって正解は① **as anybody**。anyの「誰とくらべてもいいんだよ」というイメージから、「1番」を連想させる強い表現です。うまく使いこなしてくださいね。

訳 ヒロコはクラスの誰にも劣らず多くの外国映画を見てきています。

not so much A as B「A よりはむしろ B」

解答 ① often 14.3%　② **much** 73.8%　③ many 0.0%　④ long 11.9%

解説 正解は②。not so much A as Bは、前からそのままとらえれば「それほどAじゃないよ、Bほどはね」という意味の表現。結局、「あとにきているBが大事だ」と言っているのです。

訳 紳士であることを特徴づけるのは、身につけているものというより着こなし方です。

as good as 〜「ほとんど〜・〜同然」

解答 ① much 7.1%　② **good** 23.8%　③ soon 61.9%　④ far 7.1%

解説 **as good as** 形容詞は「〜も同然」という慣用表現。正解はもちろん②。少し説明しておくと、goodには善悪の意味ではなく、「OK」という意味合いで使うことがあります。例えば、ゴルフのパットでわざわざ打たなくてもよい距離であれば、That's **good**.「OKですよ」。「出かける前に用意できた」で、I'm good (to go).など、good = OKはかなりポピュラーな使い方なんですよ。今回の表現なら、「deadと言ってしまってもOKだ」ってこと。ちなみに、③は「〜するとすぐに」、④は「〜する限り」と接続詞としてよく用いる表現なので、一緒に覚えておきましょう。

訳 学ぶことをやめた人間は死んだも同然です。

次は比較級。原級と同じように頭から順に処理できるようにしよう。　**ADVICE**

第5章：比較

201

The results of Experiment A are more reliable than _____ of Experiment B.

① ones　② that　③ these　④ those

[97 追 13]

WORDS & PHRASES
☐ reliable 形 ＝信頼できる

202

Scholars agree that the variety of wildlife is nowadays less than _____ used to be.

① those　② it　③ they　④ ones

[82 本 05]

WORDS & PHRASES
☐ scholar 名 ＝学者　☐ wildlife 名 ＝野生生物

203

Solving the problem was more difficult than _____ .

① we had thought　② our thinking
③ our thoughts　④ we did

[06 本 03]

201・202・203

比較の対象をそろえる those

解答 ① ones 15.0% ② that 15.0% ③ these 5.6% ④ **those** 64.4%

解説 繰り返しを避けるために用いるのは **that** や **those**。今回は**複数**を指すので ④ **those** が正解です。this や these が使われないのは，**文の内容を少し離れて言っている**という心理によるもの。みなさんも A の結果は B のそれより reliable とは言っても「これ」とは言わないでしょう。① ones は results という単語の単なる代用。もし使うなら，実験 A と同じく the ones of Experiment B とすべきですね。

訳 実験 A の結果は実験 B の結果よりも信頼性が高い。

比較の対象をそろえる it

解答 ① those 10.0% ② **it** 70.5% ③ they 14.1% ④ ones 5.4%

解説 than に続く空欄のあとに used to be があるので，**the variety of wildlife** used to be と現在と過去を対比していることが予想できます。そこで the variety の代用として，① ③ ④ は複数なので不可。唯一の単数 ② が正解だとわかります。**比較しているものの数を合わせることが大切**です。

● P.366

訳 学者たちは，野生生物の多様性が以前よりも今日では減少しているということには同意しています。

比較級を使い切る

解答 ① **we had thought** 52.3% ② our thinking 15.3% ③ our thoughts 17.8% ④ we did 14.6%

解説 問題を解くことが，②「私たちの考えること」や ③「私たちの思考」よりも難しいと言うのは，比較対象としておかしいでしょ？ 「**私たちがそれまでに考えていたこと**」よりも難しかったってしなければいけないよね。④ は did で受けることができる単語がそもそもないのでアウト。正解は ① **we had thought** です。比較級を使い切るには，than のあとに続ける比較対象のバリエーションを手に入れましょう。

● P.303

訳 その問題を解くことは，私たちが思ったよりも難しかった。

POINT! これからは比較対象を見つけたら，すぐに自分の表現のストックに入れましょう。

第5章：比較

204

Heavy industry is moving in the direction of more automated machines and _____ manpower.

① bigger ② few ③ less ④ many

[93本08]

WORDS & PHRASES
- heavy industry 名 ＝ 重工業
- manpower 名 ＝ 労働力
- automated 形 ＝ 自動化された

205

There were _____ children attending school in our village in 1975 than in 1965.

① a few ② lesser ③ few ④ fewer

[80本09]改

206

Poor Nancy! I bought the identical dress for $20 _____.

① few ② fewer ③ less ④ little

[94追09]

WORDS & PHRASES
- identical 形 ＝ 同一の

less「(量が) より少ない」

解答 ① bigger　② few　③ **less**　④ many
　　　　　23.4%　　18.8%　　42.2%　　15.6%

解説　manpower「労働力」は数えられるモノではないので,「数」を念頭に置く②④がアウト。そもそも more と対になることに気づけば, ③**less** が正解だとわかります。**Less is more.**「より少ないことはより豊かなこと」というフレーズを耳にしたことがありませんか？ little-**less**-least と不規則変化するなんてことも一緒におさえておきましょう。

訳　重工業では, 機械のオートメーション化が進み, 人手がさらに少なくて済む方向に動いています。

fewer「(数が) より少ない」

解答 ① a few　② lesser　③ few　④ **fewer**
　　　　　43.5%　　8.7%　　30.4%　　17.4%

解説　than があって, children と数えられる名詞があるので, ④**fewer** しかありません。few は little と違って few-**fewer**-fewest と**規則変化**しますよ。②lesser は, 量やサイズ, 重要性がより小さいことを表す普通の形容詞。than と共存しないんです。**lesser** panda「レッサーパンダ」で耳にします。

訳　私たちの村では, 1965年よりも 1975年の方が学校に通っている子どもは少なかったです。

万能表現 less than

解答 ① few　② fewer　③ **less**　④ little
　　　　　4.6%　　23.1%　　53.8%　　18.5%

解説　まずは less than ~「~より少ない [<]」という**万能表現**を覚えてください。それに, ここではお金が問題になっていますよね。もしコインを頭の中に想像して, 1 コイン少ないとか, 2 コイン少ないと考えたら fewer のケースもありますが, もちろんそんな風に考えたりはしませんよね。お金を「量」として考えるはずです。だから③**less** しかありえないんです。

訳　かわいそうなナンシー！　私は全く同じ服を (彼女より) 20 ドル安く買ったわ。

more と less の使い分けを考えさせる良問が続きます。文意をよ〜く考えるんだよ！　**ADVICE**

第5章：比較

207

You are [ ] to gain weight in summer than in winter because you tend to lose your appetite when it is hot.

① less likely
② less unlikely
③ very likely
④ very unlikely

[93本12]

WORDS & PHRASES
□ appetite 名＝食欲

208

Tom is [ ] a hard-working student than a mathematical genius; he always gets high scores in math without studying very hard.

① less ② more ③ not ④ rather

[94本16]

WORDS & PHRASES
□ hard-working 形＝勤勉な　□ mathematical 形＝数学の

209

"Is Satoko still writing her research paper?"
"Well, I think she's [ ] finished it."

① now and then
② one after another
③ more or less
④ one by one

[02本06]

207・208・209

less「(量・程度が) より少ない」

解答 ① **less likely** 45.9%　② less unlikely 20.3%　③ very likely 19.7%　④ very unlikely 14.1%

解説 文意を問うだけの問題です。than があるので ③ ④ は問題外ですね。あとは「暑いときに食欲が減る」ということは「冬よりも夏の方が体重が増えにくい」ということがわかりますね。よって，正解は「程度が少ない」ことを表す ① **less likely** が正解です。

訳 暑いと食欲がなくなりがちなので，冬よりも夏の方が体重が増える可能性は少ないです。

less A than B「A よりむしろ B」

解答 ① **less** 14.1%　② more 5.6%　③ not 52.1%　④ rather 28.2%

解説 than があるので比較級ではない ③ not はアウト。「勉強してないのに数学ができる」という内容から「数学の天才だ」という内容にすべきですね。すると ① **less** A than B「A よりもむしろ B」しか残りません。**表現の的確さくらべ**をしているんです。② more A than B，④ rather A than B ではどちらも「**B よりむしろ A**」となり，「勤勉な学生だ」という内容になるからアウト。そもそも rather than は**好みや選択を表すフレーズ**なんですよ。例: **Rather than** eating at home tonight, let's go out for pizza.「今夜は家で食事というより，外でピザを食べようよ」。

訳 トムは勤勉な学生というよりもむしろ数学の天才です。彼はあまり賢明に勉強せずにいつも数学で高得点をとります。

more or less「多かれ少なかれ・だいたい」

解答 ① now and then 26.8%　② one after another 15.0%　③ **more or less** 40.7%　④ one by one 17.5%

解説 正解は即決で ③ **more or less**「多かれ少なかれ (だいたい)」。「**程度の多少はあるかもしれないけど基本的には**終わってるよ」って感じをつかめればいいね。それが見出しの「**だいたい**」って訳語につながっています。なお，① は「**時々**」，② は「**次から次へ**」，④ は「**1 つずつ**」という意味です。

● P.306
● P.309
● P.388

訳 「サトコはまだ研究報告を書いているの？」「そうね，ほとんど終わってると思うよ」

POINT! 対になって存在する more と less。less をマスターすればかなりの上級者だよ。がんばって。

第5章：比較

210

"What did the Mayor think of the project to build an amusement park?"
"He liked it a lot. In fact, the more he heard about it, ⬜ he got."

① enthusiastic
② more enthusiastic
③ the more enthusiastic
④ the most enthusiastic

[99 追 07] 改

211

"I love your garden. It's so neat."
"Well, the smaller the garden, ⬜ to look after it."

① it is easier
② it is easily
③ the easier it is
④ the easily it is

[95 追 03]

212

Do you know that Japan once produced more silk than ⬜ country?

① different
② other
③ another
④ any other

[81 本 13]

213

As a statesperson, Churchill was more successful than ⬜ I ever knew.

① everyone
② each one
③ anyone
④ no one

[86 追 08] 改

WORDS & PHRASES
☐ statesperson 名＝政治家　　☐ successful 形＝成功した

210・211・212・213

the 比較級〜, the 比較級… 「〜であればあるほど…」

解答
① enthusiastic　　　　② more enthusiastic
　　4.2%　　　　　　　　　　8.3%
③ **the more enthusiastic**　④ the most enthusiastic
　　72.2%　　　　　　　　　　15.3%

解説 the 比較級〜, the 比較級… 「〜であればあるほど…」という比例関係を表す形を求めた問題。正解は③ the more enthusiastic です。

● P.305

訳　「遊園地を建設するという事業計画を市長はどう思ったかね？」「大変気に入ってますよ。実際、計画のことを聞けば聞くほど乗り気になってましたから」

the 比較級〜, the 比較級… 「〜であればあるほど…」

解答
① it is easier　　　　② it is easily
　　5.8%　　　　　　　　　50.7%
③ **the easier it is**　④ the easily it is
　　42.0%　　　　　　　　　1.5%

解説 the 比較級〜, the 比較級…. の形に気づけば、即決で③が正解。the smaller とバランスを取るために、it is easier …の easier が前に出されている語順にも注意しておきましょう。

訳　「お宅のお庭が大好きです。とてもきれいですね」「庭は小さければ小さいほど手入れが楽ですよ」

比較級＋ any（other）〜「（ほかの）いかなる〜よりも」

解答
① different　② other　③ another　④ **any other**
　　0.0%　　　　20.4%　　　　0.0%　　　　79.6%

● P.306

解説「実質的に一番」を表す表現で④が正解。「ほかのどの国よりも」ってことは「一番」ってことだよね。日常的にもよく使う表現。最上級一辺倒じゃなくて、I love you **more than any other**. 「ほかの誰よりも好き」とか言ってみたりしてくださいね、って書いていることが恥ずかしい……。

訳　かつて日本はほかのどの国よりも多く絹の生産をしていたことを知っていますか？

比較級＋ any（other）〜「（ほかの）いかなる〜よりも」

解答
① everyone　② each one　③ **anyone**　④ no one
　　22.2%　　　　11.1%　　　　38.9%　　　　27.8%

● P.306

解説 これも「実質的に一番」になる表現。とにかく **any** が大切で、「誰とでもくらべてもらったっていいんだよ」というニュアンスがこの文には必要なのです。即決で③が正解。**More than anything else**, I love English. のように前にくることもあります。これなら恥ずかしくない！

訳　政治家として、チャーチルは私がこれまで知っているどんな人よりも成功しました。

POINT! 基本表現さえおさえておけば、センターも日常会話も十分に対応できます！

第5章：比較

214
Ted doesn't believe he will do well on the exam. He knows little of mathematics; _____ of chemistry.

① as well as　② still less　③ no less than　④ still more

[81本09]改

WORDS & PHRASES
□ mathematics 名＝数学　□ chemistry 名＝化学

215
Amy fell asleep during class and didn't hear what chapters she had to study for tomorrow's quiz. However, she knew _____ than to ask such a stupid question.

① sooner　② some more　③ better　④ further

[80追12]改

216
"My car was stolen last night on the north side of the town."
"You ought to _____ than to go to such a dangerous place."

① have better　② know better
③ make better　④ turn better

[97本08]改

217
This country is so _____ that it takes no more than a day to drive around it.

① large　② narrow　③ small　④ wide

[97本11]

214・215・216・217

否定文＋ still less ～「まして～ではない」

解答 ① as well as ② **still less** ③ no less than ④ still more
　　　　43.5%　　　　21.7%　　　　26.1%　　　　8.7%

解説 否定的内容のあと (little「ほとんど～ない」) で，追加して「～なんかもっとそうじゃないんだよ」って否定する対象を追加するときに，still / even / much less ～といった表現を使います。正解は②。less の前にあるのはいずれも差を強める語句なんです。

● P.301

訳 テッドは試験がうまくいかないだろうと思っています。彼は数学がほとんどわかっていません。ましてや化学なんてわかっているわけもありません。

know better than to 不定詞「～するほど愚かではない」

解答 ① sooner ② some more ③ **better** ④ further
　　　　17.4%　　26.1%　　　　47.8%　　　8.7%

解説 know better than to 不定詞を知っていれば，即決で③が正解。ある行為をするようなレベルよりも分別があるよというフレーズです。I trusted Mark. I should have **known better**.「マークを信じたけど，もっと分別があるべきだったのにな」みたいに than ～はマストではありません。

● P.309

訳 エイミーは授業中に寝ていて，明日の小テストのために何章を勉強しなければいけないのか聞こえませんでした。しかし，そんな愚かな質問をしないだけの分別がありました。

know better than to 不定詞「～するほど愚かではない」

解答 ① have better ② **know better**
　　　　22.2%　　　　51.4%
　　　③ make better ④ turn better
　　　　5.6%　　　　　20.8%

解説 即決で②が正解。この表現の使いどころの１つに，should や ought to との組み合わせがあります。親が子どもに注意したりするときに使ったりするんですよ。You **should know better** than that!「そんなことしちゃダメでしょ！」という状況，経験ありますよね？

訳 「昨晩，町の北側で車を盗まれたんだ」「そんな危険なところへ行っちゃダメだよ」

no more than ～「～にすぎない」

解答 ① large ② narrow ③ **small** ④ wide
　　　　20.8%　　19.4%　　44.4%　　15.3%

解説 no more than は only のように使われるっていうことを知っていれば，「たった１日で回れる」とつながるのは②③だけですね。あとは to drive around it と合うのは ③small。to drive across it なら②でもよかったんだけどね。

● P.308

訳 この国はとても狭いので，１日もあれば車でひとまわりできます。

POINT! 比較級を用いた表現を，使用する場面とセットでおさえていきましょうね。

第5章：比較

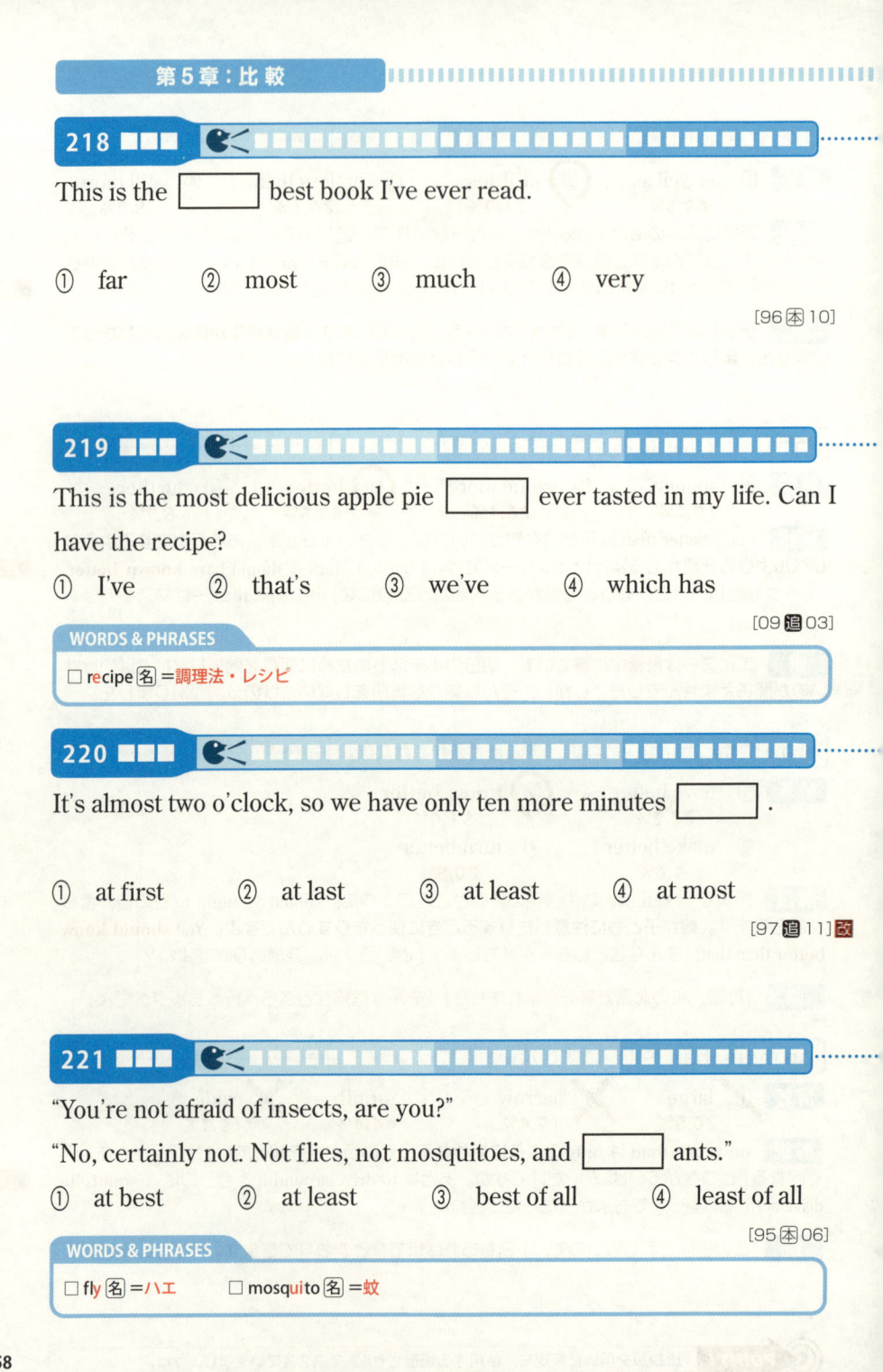

218
This is the [____] best book I've ever read.

① far   ② most   ③ much   ④ very

[96 本 10]

219
This is the most delicious apple pie [____] ever tasted in my life. Can I have the recipe?

① I've   ② that's   ③ we've   ④ which has

[09 追 03]

WORDS & PHRASES
□ recipe 名 ＝調理法・レシピ

220
It's almost two o'clock, so we have only ten more minutes [____].

① at first   ② at last   ③ at least   ④ at most

[97 追 11] 改

221
"You're not afraid of insects, are you?"

"No, certainly not. Not flies, not mosquitoes, and [____] ants."

① at best   ② at least   ③ best of all   ④ least of all

[95 本 06]

WORDS & PHRASES
□ fly 名 ＝ハエ   □ mosquito 名 ＝蚊

218・219・220・221

限定語句は前から：the very best

解答 ① far 16.9%　② most 25.4%　③ much 21.1%　④ **very 36.6**

解説 ① far と ③ much は比較級と共に用いるものだからダメ。**by far the best** なら OK だけどね。② では最上級がバッティングしてしまいます。そこで最上級をさらに強める表現である ④ **the very best** を覚えておきましょう。the very 最上級は**ものすごく強い強調**なんです。

訳 これは私がこれまで読んだ中でまさしく最良の本です。

最上級＋ ever

解答 ① **I've 58.6%**　② that's 12.9%　③ we've 4.2%　④ which has 24.3%

解説 She is **the most beautiful** woman that I've **ever** seen. のように，最上級と ever の組み合わせで，「**史上最高**」を表すことができるんですよ。ちなみに ③ を選んだ人はケアレスミス。空所のあとに in **my** life とあるから I've なんですよ。

● P.313

訳 私が今まで食べた中で一番おいしいアップルパイね。作り方を教えてくれない？

---

at most「せいぜい」

解答 ① at first 8.8%　② at last 9.1%　③ at least 37.1%　④ **at most 45.0%**

解説 いずれも at と最上級の組み合わせ。only に注目すると「10 分しかない」となっているので，意味から考えて ④ at most「せいぜい多くても」が正解です。ほかの選択肢は ① が「**最初のうちは**」，② が「**とうとう**」，③ が「**少なくとも**」という意味でした。

● P.384

訳 もう少しで 2 時だから，せいぜいあと 10 分ほどしかありません。

---

least of all「最も〜ない」

解答 ① at best 15.3%　② at least 34.4%　③ best of all 13.9%　④ **least of all 36.4%**

解説 文意からベストな最上級のフレーズを選ぶ問題。「虫のこと怖くないの？」に対して No と答えているので「怖くはない」んですね。そして「ハエだって，蚊だって怖くない」という流れです。つまり，「一番怖くないのはアリなんだよ」を表すのは ④ **least of all** だけ。① は「**せいぜい**」，② は「**少なくとも**」という意味です。どちらもおさえてほしいフレーズですね。

訳 「昆虫なんて怖くないでしょ？」「もちろんさ。ハエや蚊は怖くないし，アリなんてへっちゃらだよ」

POINT! 最上級は頻出フレーズさえおさえれば完璧です。よく復習してくださいね。

第6章：否定

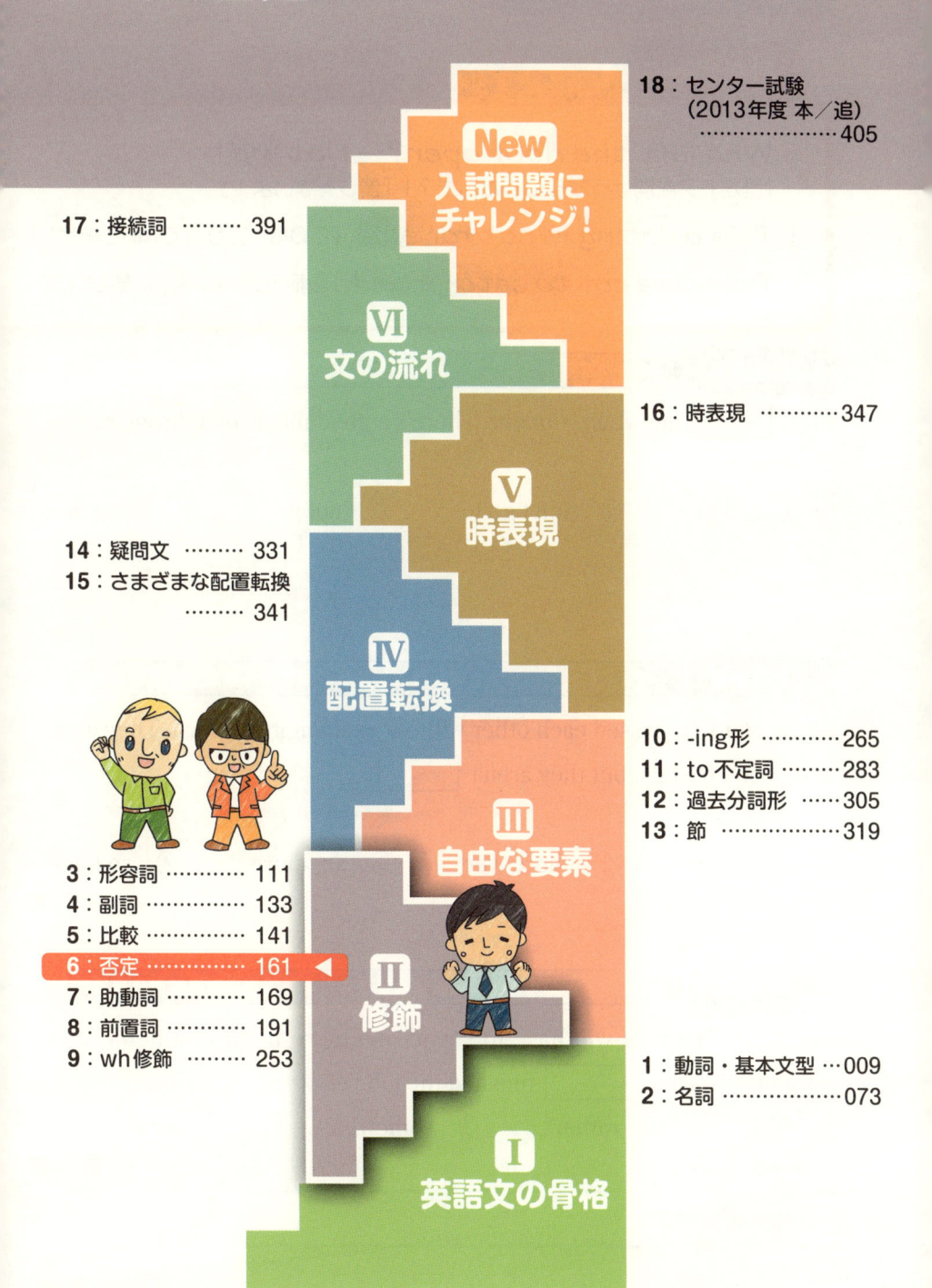

18：センター試験
（2013年度 本／追）
……………… 405

New 入試問題にチャレンジ！

Ⅵ 文の流れ

17：接続詞 ……… 391

16：時表現 ………… 347

Ⅴ 時表現

14：疑問文 ……… 331
15：さまざまな配置転換
    ……… 341

Ⅳ 配置転換

10：-ing形 ………… 265
11：to 不定詞 ……… 283
12：過去分詞形 …… 305
13：節 ……………… 319

Ⅲ 自由な要素

3：形容詞 ………… 111
4：副詞 …………… 133
5：比較 …………… 141
6：否定 …………… 161 ◀
7：助動詞 ………… 169
8：前置詞 ………… 191
9：wh修飾 ………… 253

Ⅱ 修飾

1：動詞・基本文型 … 009
2：名詞 …………… 073

Ⅰ 英語文の骨格

第6章：否定

notは前から

ⓐ **Who left the door open? — Not me!**
「誰がドアを開けっ放しにしたんだ？」「僕じゃないよ！」

ⓑ **This painting is not for sale.** 「この絵は売り物ではありません」

ⓒ **Take care not to catch a cold.** 「風邪をひかないように気をつけて」

222

Let's _____ anywhere tonight. There's a good movie on television.

① not go to　　② don't go to　　③ not go　　④ not to go

[07 追 05]

223

Aaron and Ken passed each other without exchanging a word. They used to be good friends, but they aren't _____ .

① no longer　　② moreover　　③ anymore　　④ so long

[06 追 03] 改

224

Harry and his wife will have to spend one more night in a hotel. The carpenters haven't _____ finished the job yet.

① fairly　　② rather　　③ somewhat　　④ quite

[04 追 02] 改

WORDS & PHRASES
□ carpenter 名 ＝ 大工

いずれの例文にも共通する not のクセに気づきますか？ それは「**常に後続を否定する**」ということ。not は限定ルールの一例で、前に置かれるからですね。not は文を否定するだけではありません。どんな語句でも，not を**前**に置けば自由に否定できるんですよ。

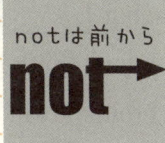

not は前から否定

not は前から否定

解答　① not go to　　② don't go to　　③ **not go**　　④ not to go
　　　　　　25.7%　　　　　15.7%　　　　　28.6%　　　　　30.0%

解説　Let's ～の否定の形を覚えましょうという問題。**not は否定したい語句の直前に置く**だけなので，正解は③。①を選んだ人は anywhere, somewhere などは副詞として使うので，前置詞が不要だって覚えておいてくださいね。あと，not + **any**where「**全く～ない**」のコンビネーションにも注目です。

訳　今夜はどこにも行かないようにしましょう。テレビでいい映画をやります。

not + anymore「もはや～ではない」

解答　① no longer　　② moreover　　③ **anymore**　　④ so long
　　　　　　19.4%　　　　　25.4%　　　　　22.4%　　　　　32.8%

解説　used to は**現在との対比**を表し，あとに but がくることがよくあります。「**以前は～だったけど今は…**」という流れ。「今はよい友達ではない」とわかれば，not + ③ anymore「もはや～ではない」が正解ですね。省略を補うと，…aren't (**good friends**) anymore. なんですよ。①は any longer なら正解でした。

訳　アーロンとケンは一言も発することなくすれ違いました。彼らは昔は仲の良い友達でしたが，今はもうそうではありません。

部分否定：not + quite

解答　① fairly　　② rather　　③ somewhat　　④ **quite**
　　　　　　28.4%　　　9.5%　　　　18.9%　　　　　43.2%

解説　④ quite が正解。ここでの quite は「**完全に**」という意味合いで，それを not で否定することによって「**部分否定（完全には～ではない）**」という意味を構成します。一方で，①②③はどれも「いくぶんレベルより上」くらいの強さなので，not と組み合わされても「完全には～ない」といった意味にはならないんです。

訳　ハリーと奥さんはホテルでもう一晩過ごす必要があるでしょう。大工が仕事を完全には終えていなかったからです。

POINT!　not は後続を否定。「前から限定」の働きをもった修飾語だから，あとを否定するんだよ。

第6章：否定

225

"It's very cold today."
"Yes, but ☐ so cold tomorrow."

① I don't think it
② I think not
③ I think it will be not
④ I don't think it will be

[85 追 16]

226

"I really hoped you would introduce me to Robert tonight. Do you think he's coming?"
"I'm afraid ☐ . He just called and said he had to work late."

① either
② it
③ neither
④ not

[98 追 01] 改

227

"Frank drives much too fast. Someday he'll have a terrible accident."
"Oh, ☐ ."

① I don't hope so
② I hope not
③ I'm not afraid so
④ I'm afraid not

[02 本 07]

228

"Could you join us for dinner tonight?"
"If you don't mind, ☐ . I've got a toothache."

① I'd like not
② I'd like to
③ I'd rather do
④ I'd rather not

[97 追 01]

225・226・227・228

否定の前倒し

解答 ① I don't think it 30.3% ② I think not 24.2% ③ I think it will be not 25.8% ④ **I don't think it will be** 19.7%

解説 「思う」系の動詞を使った英文では，not は前倒しされます。英語では「しないと思う」より，「するとは思わない」と表現するのが普通。②③は not の位置がおかしいですね。①は it に続く動詞がありません。よって正解は ④ です。

● P.324

訳 「今日はとても寒いね」「そうだね，でも明日はそんなに寒くならないと思うよ」

文の代わりに not

解答 ① either 10.8% ② it 20.3% ③ neither 17.6% ④ **not** 51.4%

解説 「私は彼が来られないと思いますよ」という文を作る重複を避けるために I'm afraid he isn't (coming). の代わりに，④ I'm afraid not. と not だけを残すんです。

● P.327

訳 「今晩私をロバートに紹介してほしかったんだけど，彼は来ると思う？」「残念ながら来ないんじゃないかな。ちょうど電話があって残業しないといけないんだって」

文の代わりに not

解答 ① I don't hope so 32.0% ② **I hope not** 42.9% ③ I'm not afraid so 8.2% ④ I'm afraid not 16.9%

解説 否定の前倒しは think のような意味が軽い動詞に起きます。hope や be afraid など特別な質感をもつ動詞には起きません。事故を起こさないことを望む ② が正解。

● P.324

訳 「フランクはスピードの出しすぎだね。いつかひどい事故をするよ」「ああ，そんなことがなければいいね」

文の代わりに not

解答 ① I'd like not 30.3% ② I'd like to 36.4% ③ I'd rather do 13.0% ④ **I'd rather not** 20.3%

解説 今回言いたいことは「歯痛で行きたくない」ということ。断りの言葉として，I'd rather not join you.「むしろ参加したくない」を短くして，④ **I'd rather not**. と言うのが正解。あと would like は want の丁寧な形ですが，否定する場合は wouldn't like と言うので ① はダメなんです。

訳 「今夜食事をご一緒しませんか？」「よろしければ，やめておきたいんです。歯が痛くて」

POINT! 英文の状況から，答え方が肯定か否定かをつかめることがまずは大切！

第6章：否定

229

"Thank you very much indeed for your useful recommendation."
"☐ ."

① Not at all
② Don't think so
③ Nothing of it
④ Don't say so

[81 追 23]

WORDS & PHRASES

☐ indeed 副＝本当に   ☐ recommendation 名＝推薦・助言

230

"Do you think you'll be able to catch the eight o'clock train tomorrow?"
"Yes. If ☐ , I'll take the ten o'clock train."

① I can   ② I do   ③ none   ④ not

[94 追 04 改]

231

My brother loves baseball. He's an enthusiastic, ☐ not a gifted, player.

① as   ② if   ③ or   ④ so

[11 本 10]

WORDS & PHRASES

☐ enthusiastic 形＝熱心な   ☐ gifted 形＝才能のある

229・230・231

Not at all.「どういたしまして」

解答 ① **Not at all** 75.2%　② Don't think so 17.8%
③ Nothing of it 7.0%　④ Don't say so 0.0%

解説「ありがとう」「どういたしまして」は会話の基本。即決で正解は①。Not at all. は「全然気にしなくていいですよ」っていうこと。また，Don't mention it.「そんなこと（お礼）言わなくていいですよ」と混同して②や④と答えないようにしてくださいね。③も Think nothing of it.「考えなくていいですよ」というフレーズの知識を試しているんです。

●P.327

訳「有益な助言，本当にありがとうございます」「どういたしまして」

文の代わりに not : if not

解答 ① I can 27.3%　② I do 12.1%　③ none 13.6%　④ **not** 47.0%

解説 明日，8時の電車に乗りたいのだから，文脈を考えれば「もしそれに乗れなければ」っていう意味でしょ。そしたら答えはもちろん④ not。none も否定的な単語ですが，「誰も（何も）〜ない」でしたよね。if のあとに置いても意味がわかりません。

訳「明日の8時の列車に間に合うと思いますか？」「ええ。もしダメなら，10時の列車にします」

文の代わりに not : if not 〜

解答 ① as 23.8%　② **if** 32.5%　③ or 39.5%　④ so 4.2%

解説 英文を読んでいるとよく見かける表現にもかかわらず正答率がとても低かった問題。A, if not B「たとえ B でないとしても A」という表現で②が正解。この if は even if に代表されるような「譲歩」の意味なんです。

●P.623

　例：**Even if** you are a minority of one, the truth is the truth.「たとえ少数派でも真実は真実」「インド独立の父」マハトマ・ガンディーの名言です。

訳 弟は野球が大好きです。たとえ才能はないにしても，熱心な選手ですよ。

POINT! ネイティブにとって，決して省略することのできない重要な単語が not なのです。

第7章：助動詞

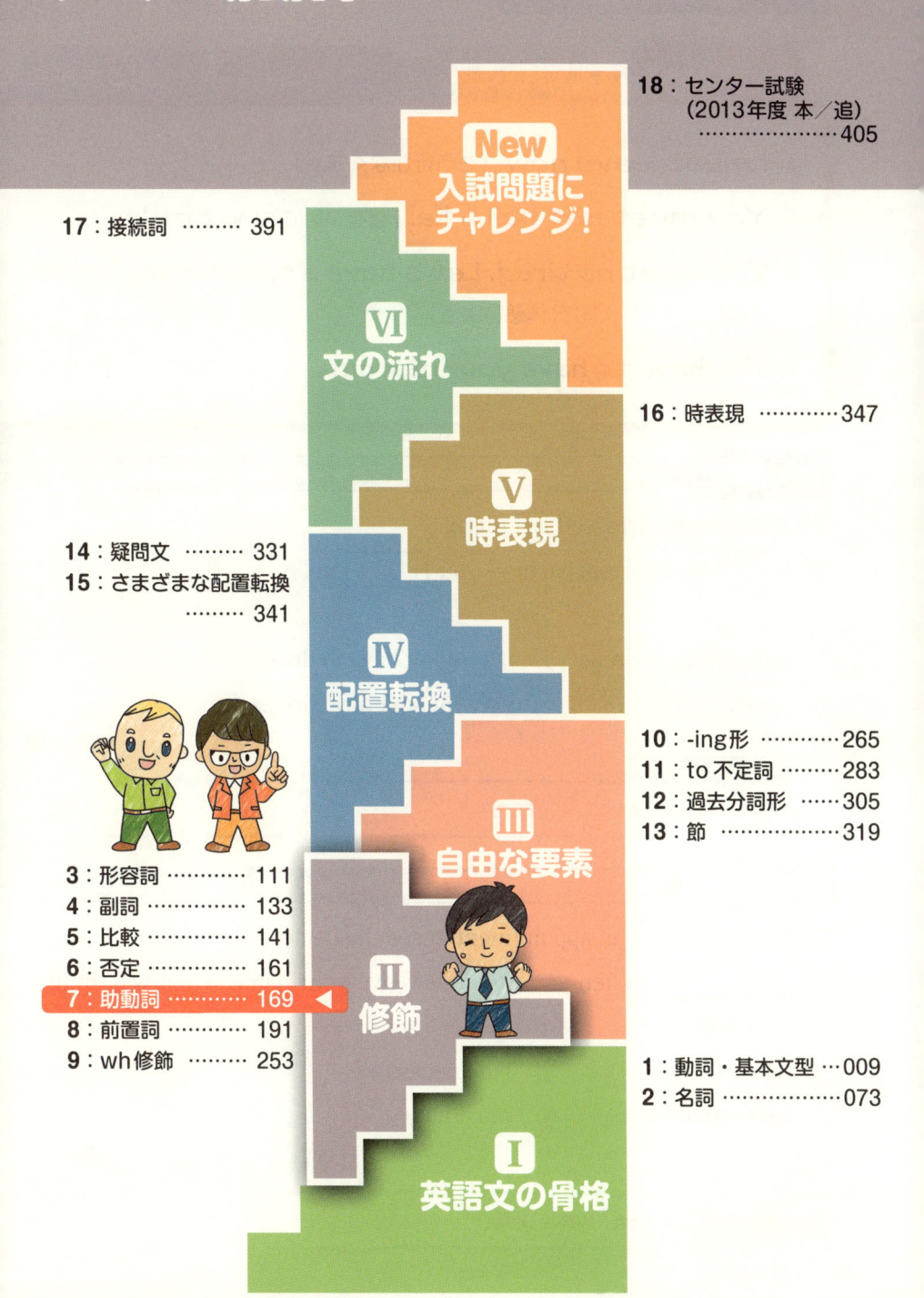

18：センター試験
　　（2013年度 本／追）
　　……………………405

New 入試問題にチャレンジ！

Ⅵ 文の流れ

17：接続詞 ……… 391

16：時表現 ………… 347

Ⅴ 時表現

14：疑問文 ……… 331
15：さまざまな配置転換
　　　……… 341

Ⅳ 配置転換

10：-ing形 ………… 265
11：to 不定詞 ……… 283
12：過去分詞形 …… 305
13：節 …………… 319

Ⅲ 自由な要素

3：形容詞 ………… 111
4：副詞 …………… 133
5：比較 …………… 141
6：否定 …………… 161
7：助動詞 ………… 169 ◀
8：前置詞 ………… 191
9：wh修飾 ……… 253

Ⅱ 修飾

1：動詞・基本文型 …009
2：名詞 …………… 073

Ⅰ 英語文の骨格

第7章：助動詞

must と have to | 助動詞＋完了形 | can と could | would と used to

ⓐ I **must** leave now. 「もう行かなくちゃ」

ⓑ You **must not** tell a lie. 「嘘をついてはいけません」

ⓒ You **must** be tired. Let's have a ten-minute break.
「疲れただろう。10分休憩しよう」

ⓓ You **have to** have your hair cut. 「髪を切らなくちゃいけません」

232

"I felt a little embarrassed last night!"

"It was only an informal party — you ☐ up."

① didn't have to dress　② don't have to dress
③ mustn't dress　④ mustn't have dressed

[89 追 08] 改

WORDS & PHRASES
☐ embarrassed 形 ＝ 恥ずかしい思いをした

233

"Do I have to make an appointment to see the doctor?"

"No, it ☐ . When you go in, just give your name. Then wait until you're called."

① doesn't have to　② isn't necessary
③ isn't wanted　④ must not

[99 追 03]

WORDS & PHRASES
☐ appointment 名 ＝ （面会・診察の）約束

話し手の心理を表す表現である助動詞を勉強していきましょう。must のイメージは**高い圧力**。ⓐ では「帰らなきゃ」という**圧力**を感じていて，ⓑ では「ダメ」という**圧力**を相手に加えています。ⓒ では間違えようのない結論へと押し出す**圧力**。一方，似た意味をもつ have to は，**(客観的な) 必要性・必然性**を感じる部分が違いになります。

must と have to

解答
① **didn't have to dress** 57.5%
② don't have to dress 16.2%
③ mustn't dress 18.3%
④ mustn't have dressed 8.0%

解説 上記の must と have to の繊細なニュアンスの差は，否定文にするとよりいっそう際立ちます。must not は「〜してはいけない [**禁止**]」。not have to は「**必要がない**」。例：You **don't have to** pay anything.「お金を払う必要はありません」。今回の文意を考えると，「正装する**必要はなかった**」という内容なので，have to の**否定**で**過去形**の ① が正解です。

訳「昨晩はちょっと恥ずかしかったよ！」「ほんの気楽なパーティーだったから，正装する必要はなかったね」

must と have to

解答
① doesn't have to 37.5%
② **isn't necessary** 48.6%
③ isn't wanted 1.2%
④ must not 12.7%

解説 Do I have to 〜 ? の答えとなる文なので，have to を含んだ ① を選んでしまいがち。でも空所の前にある主語が it なのでアウト。No, you don't have to. なら正解ですね。④ は**禁止**を表すので文意に合いません。よって正解は ②。not have to は「**必要がない**」，must not は**禁止**。しつこいけど大きく意味が異なるので気をつけてくださいね。

訳「先生に診ていただくのには予約をする必要がありますか？」「いいえ，その必要はありません。入られたらお名前をおっしゃってください。それからよばれるまでお待ちください」

POINT! must と have to は，否定文でのちがいをまずはおさえてくださいね。

第7章：助動詞

must と have to | **助動詞＋完了形** | **can と could** | **would と used to**

ⓐ **Rick must have forgotten his promise.**
「リックは彼の約束を忘れたに違いない」

ⓑ **I may have misheard.** 「私は聞き間違ったかもしれない」

ⓒ **Bob can't have told a lie.** 「ボブが嘘をついたはずがない」

ⓓ **You should have come yesterday.**
「昨日来るべきだったのに（来なかった）」

234

I _____ you last night, but I was too busy.

① had to telephone　　② must have telephoned
③ should have telephoned　　④ should telephone

[89本08]

235

"What's that song you're listening to?"
"You don't know? It's 'Yesterday' by the Beatles. You _____ it before!"

① hadn't heard　　② might hear
③ must've heard　　④ shouldn't hear

[00本01]

助動詞＋完了形（have ＋ 過去分詞）という形をおさえましょう。いずれも**以前の事柄**について述べた表現です。ⓐⓑⓒは以前起こったことについて想像しています。例えば，must は単に「ちがいない」。must ＋ 完了形は「**したにちがいない**」という**以前のことへの確信**を表しています。なお，ⓓは**後悔**を表す典型的な表現。should ＋ 完了形「**～すべきだったのに（しなかった）**」は本当によく使いますよ。それぞれの形と意味をきちんと対応させておいてくださいね。

should ＋完了形「～すべきだったのに」

解答
① had to telephone　　　② must have telephoned
　　31.1%　　　　　　　　　　8.0%
③ **should have telephoned**　④ should telephone
　　54.3%　　　　　　　　　　6.6%

解説　気をつけてほしいのは had to は「実際にはした」ということを表すところ。①は「実際にはしなくてはいけなくて電話した」という意味になるので，後半の「忙しかった」とつながらなくなりますね。よって，正解は③。**should+ 完了形**なら「**～すべきだったのに（しなかった）**」だからね。ちなみに②は「～したにちがいない」という意味です。

訳　昨晩あなたに電話すべきだったけど，あまりに忙しくて。

must ＋完了形「～したにちがいない」

解答
① hadn't heard　　　　② might hear
　　17.4%　　　　　　　　　27.5%
③ **must've heard**　　④ shouldn't hear
　　46.4%　　　　　　　　　8.7%

解説　before「以前に」があるので過去の話だとわかりますね。② might は may の過去形ですが，「これからひょっとして聴くかもしれない」という意味で，**過去のことを表す形ではありません**。④の should も同じ理由で外します。①がダメなのは，これは**ある過去の時点よりも前が意識される表現**で，ある過去が示されていない今回の文では使えません。よって③ must ＋完了形「～したにちがいない」が正解です。

訳　「聴いてるその歌は何？」「知らないの？　ビートルズの『イエスタデイ』だよ，前に聴いたことがあるはずだよ！」

POINT!　助動詞は訳語じゃなくって，"気持ち"を理解しよう。

第7章：助動詞

236

Richard studied so hard _____ well on the test.

① that he had not done
② that he should not have done
③ that he must have done
④ that he had to be done

[86本11]

237

"Mrs. Jones, I'm sorry I had to miss your piano lesson last week."
"It's a pity you _____ come, but I know how busy you've been recently."

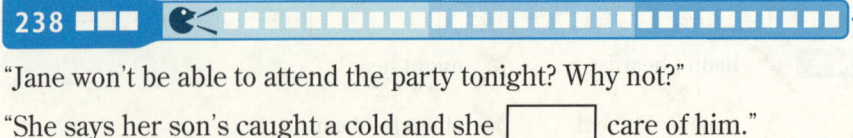

① could ② couldn't ③ didn't have to ④ had to

[01追03]

238

"Jane won't be able to attend the party tonight? Why not?"
"She says her son's caught a cold and she _____ care of him."

① must be taking
② must have taken
③ will be taking
④ will have been taking

[99追01]

must ＋完了形「〜したにちがいない」

解答 ① that he had not done 13.3%
② that he should not have done 26.7%
③ **that he must have done** 33.3%
④ that he had to be done 26.7%

解説 so 〜 that 節「とても〜なので…」から，猛勉強したから好成績という流れが自然ですね。さっきまでの must ＋完了形「〜したにちがいない」の形が頭に入っていればすぐに ③ が選べます。 ● P.270

訳 リチャードは非常に熱心に勉強していたので，テストではうまくいったにちがいありません。

couldn't「〜できなかった」

解答 ① could 2.4%
② **couldn't** 66.3%
③ didn't have to 10.8%
④ had to 20.6%

解説 It's a pity (that) 〜 .「〜は残念だ」とあるので，文意を考えれば「来ることができなかった」となる ② couldn't を素直に選べばよいですね。③ didn't have to come は「くる必要がなかった」という意味ですから，この文意に合わないので選んではいけません。

訳「ジョーンズ先生，先週はピアノのレッスンを休まなくてはならなくてすみません」「こられなかったのは残念ですが，最近あなたがどれほど忙しかったかはわかっていますよ」

will be -ing 形「〜しているだろう」

解答 ① must be taking 57.2%
② must have taken 13.3%
③ **will be taking** 21.2%
④ will have been taking 8.3%

解説 まず tonight「今夜」から，**これからの話**だとわかります。① を選んだ人が多いのですが，must be taking は「**(今) 〜しているにちがいない**」と**現在起こっていること**を示すのでアウトなんですよ。そこで「将来〜しているところだろう」と未来のできごとを見通して語る ③ **will be taking** が正解。④ の「ある時点までに〜しているだろう」は，この状況に合いません。

訳「ジェーンが今夜のパーティーにこられないって？ どうして？」「息子さんが風邪をひいて，その世話をするそうよ」

POINT! must は「今ヒシヒシと感じられる圧力」（▶ P.338）。未来の「〜にちがいない」には使えない！

第7章：助動詞

239

"I don't see Tom. I wonder why he's late."
"Well, he _____ his train, or maybe he overslept."

① might have missed   ② might miss
③ should have missed ④ should miss

[99 本 02]

240

"I'm sorry I didn't call you back last night."
"It's not very important. You might _____ forget about it."

① as much   ② as possibly   ③ as quickly   ④ as well

[97 本 12] 改

241

Dorothy isn't in the office; she _____ coffee in the cafeteria.

① can be having   ② can have
③ might be having ④ might have

[89 追 04]

might ＋完了形「ひょっとして～したかもしれない」

解答 ① **might have missed** 57.6%　② might miss 31.8%
③ should have missed 6.1%　④ should miss 4.5%

解説 過去のことを表している文脈なので，①の might ＋完了形の「ひょっとして～したかもしれない」が正解だとわかりますね。②の might は過去のことを表す形ではないので使えません。③の「乗り遅れるべきだったのに」では意味不明です。

訳 「トムの姿が見えないね。どうして遅れているのかな」「さあね，列車に乗り遅れたのかもしれないし，そうでなければたぶん寝坊だろう」

might as well ～「～してもいいな」

解答 ① as much 6.9%　② as possibly 22.2%　③ as quickly 25.0%　④ **as well** 45.8%

解説 may [might] as well の形を知っていれば即決で，④が選べます。「ほかにいい案もないから仕方なく」といった消極的な表現です。

● P.342

訳 「昨日の夜は電話をかけ直さなくてごめんなさい」「たいしたことじゃないよ。忘れても大丈夫だよ」

might「（ひょっとしたら）～かもしれない」

解答 ① can be having 23.1%　② can have 8.2%
③ **might be having** 47.5%　④ might have 21.1%

解説 今現在起こっている状況を「～かもしれない」と推測していることがわかりますよね。can には「～しうる」という**一般的な可能性**を示す使い方がありますが，この場合は使えません。④では「これからひょっとして～するかもしれない」という未来の出来事を表してしまうからアウト。正解は③ **might be having**。なかなか手強い問題でした。

● P.348

訳 ドロシーがオフィスにいないな，カフェテリアでコーヒーを飲んでいるのかもしれないね。

POINT! 助動詞は訳語だけじゃなく，ニュアンスまで理解しよう。

第7章：助動詞

must と have to | 助動詞＋完了形 | can と could | would と used to

ⓐ **You can do it!**「君ならできる！」

ⓑ **My girlfriend can be so selfish at times.**
「彼女は時々すごくわがままになることがある」

ⓒ **I could answer this question.**「この問題を解くことができた」

ⓓ **I was able to answer this question.**
「この問題を解くことができた」

242

Don't go too far out from the shore in that small boat. ☐

① It cannot be in danger.   ② It could be dangerous.
③ You wouldn't be dangerous.   ④ You'd be out of danger.

[92 本 17]

243

After six hours' climbing, we finally ☐ the top of the mountain.

① could be reached   ② could have reached
③ succeeded in reaching   ④ succeeded to reach

[93 本 17]

can が表すのは，**潜在的な能力や可能性**を表す助動詞。ⓐ は君の中にある秘められた力，ⓑ は彼女の内部に潜在する性質について表現可能です。問題となるのは「できた」を表す場合。**be able to は単なる「できる」**。過去形にすればもちろん「**（実際に）できた**」。can は**潜在力**なので，could では「やろうと思えばできた」という意味合いになります。使うときには，この意味合いのちがいに注意してくださいね。

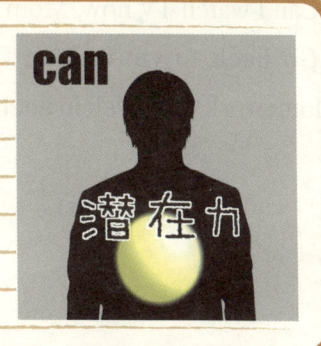

could「〜かもしれない」

解答
① It cannot be in danger. 15.2%
② **It could be dangerous.** 48.5%
③ You wouldn't be dangerous. 19.7%
④ You'd be out of danger. 16.7%

解説 文脈から「危ないよ」と言っていることが予想できます。①③④ では「危険じゃない」となるのでダメ。正解は ② です。この could は **can「〜しうる」**の控えめな表現として使われていて，「危ないことになる可能性があるかもしれない」くらいのニュアンスなんですよ。

訳 そんな小さな船では，あまり沖合へ行ってはいけません。危ないですよ。

succeed in -ing 形「〜することができる」

解答
① could be reached 15.6%
② could have reached 20.3%
③ **succeeded in reaching** 53.1%
④ succeeded to reach 10.9%

解説 ①② ですが，can を使いたければ could reach とすればいいですよね。ただ，**実際にできたことをきちんと表したいなら were able to reach** の方が正確に伝わるんです。そこで正解は ③。**succeed in -ing**「〜において成功する」でも**実際にできたことをきちんと表現できます**。

訳 登り始めて6時間後に，私たちはついに山頂に到達しました。

POINT! 「実際に〜することができた」を表すのは，was [were] able to が基本です。

第7章：助動詞

244

"Can I watch TV now, Mom?"
"Go back to your room this minute. You ☐ have done your homework very well in such a short time."

① can　　② can't　　③ shall　　④ shouldn't

[88本16]改

245

The English of this composition is too good. This student can't ☐ it herself.

① have to write　　② have written
③ had written　　　④ be written

[79本18]改

246

"I saw Mr. Yamada at Shinjuku Station this morning."
"You ☐ have. He's still on vacation in Hawaii."

① couldn't　　② didn't　　③ might　　④ should

[96本03]

can't ＋完了形「～したはずがない」

解答 ① can ② **can't** ③ shall ④ shouldn't
31.1%　31.1%　11.5%　26.2%

解説 「そんな短い時間じゃ終わったはずがない」と言っているはずなので，**② can't ＋完了形「～したはずがない」** が正解になります。助動詞＋完了形のバリエーションの1つとして覚えておいてくださいね。

訳 「ママ，テレビ見ていい？」「今すぐ自分の部屋に戻りなさい。そんなに短い時間で宿題をちゃんとやったはずがないでしょ」

can't ＋完了形「～したはずがない」

解答 ① have to write ② **have written** ③ had written ④ be written
14.3%　47.6%　14.3%　23.8%

解説 can't ＋完了形「～したはずがない」の形がわかっていれば ② が選べますよね。感情が強く乗った否定になっていますが，can のもつ潜在力というイメージからのものです。**どう目を凝らしても，その生徒が書いた可能性が見えてこない**わけですね。

訳 この英作文はうますぎます。この生徒は自分で書いたはずがありません。

couldn't ＋完了形「～したはずがない」

解答 ① **couldn't** ② didn't ③ might ④ should
69.0%　18.3%　7.0%　5.6%

解説 can't ＋完了形「～したはずがない」の控えめな "**マイルドバージョン**"，① が正解。省略を補えば，You couldn't have (**seen him**)．「彼を見かけたはずがない」ということ。could と過去形になっているのは，**相手の感情を配慮して**「**控えめ**」に否定したかったからです。

訳 「今朝，新宿で山田さんを見かけたよ」「そんなはずはないよ。彼ならまだ休暇でハワイにいるよ」

POINT! can の基本イメージは潜在力。このイメージがすべての用例を生み出しています。

第7章：助動詞

247
Most young people would rather spend money than ⬚ it in the bank.

① having put　② put　③ to put　④ putting

[03 追 09]

248
I ⬚ go to the seaside this summer. I've had enough of the mountains.

① rather　② would rather　③ prefer　④ would prefer

[06 本 07]

249
I remember that whenever my parents went out in the evening, I ⬚ the job of looking after my younger sister.

① must have got　② ought to get　③ have got　④ would get

[03 追 03]

---

must と have to | **助動詞＋完了形** | **can と could** | **would と used to**

ⓐ **My father would often take us fishing.**
「父は僕たちをよく釣りに連れて行ってくれたものでした」

ⓑ **I used to play soccer when I was a kid.**
「子どもの頃，サッカーをよくしたものだったよ」

ⓒ **There used to be a soccer stadium right here.**
「ちょうどここにサッカー競技場があったんだよね」

would rather「むしろ〜したい」

解答 ① having put　② **put**　③ to put　④ putting
　　　　　5.4%　　　54.1%　　13.5%　　27.0%

解説 than のあとにくる動詞の形を問う問題。would rather A (than B) は比較表現。くらべる相手は同じ形が基本なので，A が動詞原形なら，B も動詞原形です。よって ② が正解です。would rather の基本を問う良問ですね。

● P.300

訳 たいていの若者は，お金を銀行に預けるよりも使いたがります。

would rather「むしろ〜したい」

解答 ① rather　② **would rather**　③ prefer　④ would prefer
　　　　3.2%　　　68.7%　　　　　12.1%　　　16.0%

解説 先ほども出てきた ② **would rather**「むしろ〜したい」が正解。「山に行くんじゃなくてむしろ海に行きたい」という表現でしたね。否定するときは I'd rather **not** discuss it.「その話はしたくないな」。③ の prefer は，I prefer playing soccer **to** watching it.「サッカーは見るより実際にする方が好き」といった形で使います。

訳 今年の夏は海辺へ行く方がいいな。山はもう飽きたよ。

過去の習慣を表す would

解答 ① must have got　② ought to get　③ have got　④ **would get**
　　　　15.7%　　　　　22.4%　　　　　　17.6%　　　　44.3%

解説 whenever から**習慣的な行為**だったことが読み取れます。正解は ④。would often で覚えていた人が，これ以外の選択肢を選んでしまったようです。Boys **will** be boys.「少年はそうしたものだ」のような法則や習慣を表す will が過去形となり，**過去の習慣**を表します。

● P.366

訳 両親が夜外出したときはいつも，私は妹の世話をする仕事を与えられたのを覚えています。

過去の習慣や状態を表す表現として used to があります。基本イメージは「コントラスト」。**現在との対比**が強く意識されます。would にも過去の習慣を表す用法がありますが，ずいぶん印象が異なります。ⓐ では，お父さんの**意志**が感じられます。「**好き好んで・自ら進んで**」といったニュアンスを感じ取ってください。

POINT!　would (often) だって，習慣を表す will が過去形になっただけなんですよ。

第7章：助動詞

250

"Can't you get the video to work? I bet you didn't read the instructions."
"You're wrong. I [　　] read them! I just don't understand what the problem is."

① did　　② didn't　　③ had　　④ hadn't

251

Your big job interview is this week. You had better [　　] your hair cut.

① had　　② have　　③ to get　　④ to have

252

"Shall we go this way for a change?"
"Yes, [　　]."

① go for one　　② if you like　　③ we do　　④ you should

WORDS & PHRASES
□ for a change ＝ 気分転換に（▶ P.391）

253

It is necessary that all new members [　　] inform themselves of the rules of the club as soon as possible.

① would　　② might　　③ should　　④ could

do「実際に〜」

解答 ① **did** 29.4% ② didn't 16.2% ③ had 38.2% ④ hadn't 16.2%

解説 文意より，今の時点で「読んだよ」と反論しているのだから，ある時点よりも前のことを示す ③ は使えません。② ④ では否定なのでもちろんアウト。よって正解は ①。I read them. でも全然構わないのですが，**相手への反論として語気を強めるために did を前に置いて強調してるんですよ**。ちなみに bet は「きっと〜だと思う」という動詞です。

● P.359

訳 「ビデオを動かせないの？ きっと説明書を読まなかったんでしょう」「違うよ。ちゃんと読んだよ！ ただ何がおかしいのかわからないだけだって」

had better「〜した方がいい」

解答 ① had 3.8% ② **have** 68.3% ③ to get 13.8% ④ to have 14.1%

解説 had better「〜した方がいい」のあとは動詞原形なので ② が正解。**非常に緊迫感のある強い表現**ですね。You had better **not** forget your girlfriend's birthday!「彼女の誕生日は忘れない方がいいよ」とかね。

● P.365

訳 あなたの大事な就職面接は今週だね。髪を切ってもらった方がいいよ。

Shall we 〜?「〜しませんか？」

解答 ① go for one 11.4% ② **if you like** 32.9% ③ we do 44.3% ④ you should 11.4%

解説 日常的によく使う Shall we 〜? には Yes, let's. と答えることが多いですが，選択肢にはありません。②「お好みならば」なら OK ですね。Shall we 〜? は，Let's 〜とくらべると**格段に温かさを感じる日常的な表現**。疑問文で相手の意向を尊重しているんです。

● P.351

訳 「気分を変えてこっちの道行かない？」「いいよ，君がそうしたいならね」

should「〜すべきだ」

解答 ① would 8.7% ② might 0.0% ③ **should** 78.3% ④ could 13.0%

解説 necessary があるから，助言に用いる ③ should と組み合わせるのがふつうです。この should はなくても問題はないのですが，その場合，それほど強く「すべき」というニュアンスが出てこないだけですよ。第 16 章「時表現」で，またお話ししましょう。

● P.545

訳 すべての新しいメンバーができるだけ早く，クラブの規則を知ることが必要です。

POINT! 助動詞を用いた表現の使いどころをおさえていきましょうね。

第7章：助動詞

254

"I'm really disappointed to have missed the art exhibition."
"The paintings were wonderful. You _____ to have seen it."

① ought   ② should   ③ have   ④ had

[85 本 04] 改

255

My sister _____ here by now, for she took the early train.

① must arrive   ② can arrive
③ may arrive   ④ ought to have arrived

[81 本 23]

256

"No one was prepared for Professor Hill's questions."
"I guess we _____ the lesson last night."

① could read   ② ought to read
③ read   ④ should have read

[94 本 01]

ought to「〜すべき」

解答 ① **ought** 78.8% ② should 8.6% ③ have 6.3% ④ had 6.3%

解説 should と同じ意味をもつ ① **ought** to が正解です。**ought to / should 完了形**で「〜すべきだったのに（しなかった）」。ought to の方が頻度が低いくらいで，別にこれといった違いはありません。あまり気にしすぎないように。

訳 「美術展を見逃して本当にがっかりしてるんだ」「絵画が素晴らしかったよ。見るべきだったのにね」

ought to ＋完了形「〜したはずだ」

解答 ① must arrive 26.1% ② can arrive 13.0% ③ may arrive 30.4% ④ **ought to have arrived** 30.4%

解説 by now「今頃には（もうすでに）」から，過去を振り返っている文脈のはず。選択肢のうち，過去のことを表すのは ④ だけですね。気をつけたいのは should / ought to have done には **2 つの解釈が可能**だということ。(1)「〜すべきだったのに」(2)「〜したはずだ」。今回は珍しく (2) の用例でした。ちなみに for は今回のようなカジュアルな文章では少しフォーマルな表現でした。昔々，1981 年の出題だからね……。普通は because でいいんです。

訳 僕の姉はもうここに着いてもいいはずです。というのも早い時間の列車に乗ったのだから。

should ＋完了形「〜すべきだったのに」

解答 ① could read 11.3% ② ought to read 14.1% ③ read 11.3% ④ **should have read** 63.4%

解説 文末の last night から過去の話だとわかります。③「読んだ」では意味が合わないので，④「〜すべきだったのに（しなかった）」が正解です。

訳 「誰もヒル教授の質問に対する準備をしていなかったんだ」「昨日の夜，その課を読んでおくべきだったと思うよ」

POINT! should ＋完了形の基本は「〜すべきだったのに（しなかった）」です。

第7章：助動詞

257

"Why is this letter still here?"
"Oh, no! _____ posted it yesterday afternoon, but I completely forgot."

① I must've   ② I should've   ③ I've   ④ I'd

[02 追 05] 改

258

"That dog bit me when I tried to pet him!"
"You should _____ to me when I warned you."

① be listened   ② be listening   ③ have listened   ④ listen

[07 追 06] 改

259

"Where is the report I asked for?"
"That should _____ care of by Jack last week."

① be taken   ② be taking   ③ have been taken   ④ take

[09 追 05]

260

The boys should not _____ the ice cream, but they did.

① ate   ② be eaten   ③ be eating   ④ have eaten

[91 本 13]

257・258・259・260

should ＋完了形「〜すべきだったのに」

解答 ① I must've　27.9%　② **I should've**　52.9%　③ I've　5.9%　④ I'd　13.2%

解説 should ＋完了形を理解するのに最適な英文です。yesterday afternoon から過去の話だとわかります。①「〜したにちがいない」では意味が通らなくなってしまいます。正解は ②。「すべきだった」と but「しかし（忘れていた）」の流れが絶妙です。

訳　「この手紙がどうしてまだここにあるの？」「あっ，しまった！ 昨日の午後に投函しなくちゃいけなかったのに，すっかり忘れてた」

should ＋完了形「〜すべきだったのに」

解答 ① be listened　14.3%　② be listening　8.6%　③ **have listened**　70.0%　④ listen　7.1%

解説 後半の when I warned you から過去の話だとわかります。よって正解は ③。楽勝ですね。

訳　「なでようとしたらあの犬にかまれた！」「私が警告したときに言うことを聞いておくべきだったのに」

should ＋完了形「〜すべきだったのに」

解答 ① be taken　30.0%　② be taking　4.3%　③ **have been taken**　57.1%　④ take　8.6%

解説 last week から過去の話だとわかれば，「済ませておくべきだったのに」となる ③ が正解です。

訳　「頼んでおいた報告書はどこにありますか？」「それはジャックが先週済ませておくべきだったのですが……」

should not ＋完了形「〜すべきではなかったのに」

解答 ① ate　6.2%　② be eaten　24.6%　③ be eating　18.5%　④ **have eaten**　50.8%

解説 but のあとに注目すれば，「食べるべきじゃなかったのに食べちゃった」という状況だとわかりますね。よって正解は ④ です。ought to なら，… ought **not** to have eaten に。**not の位置に要注意！**

訳　少年たちはアイスクリームを食べるべきではなかったのに，食べてしまいました。

POINT!　「〜すべきじゃなかったのに」は should not ＋完了形で表します。

第8章：前置詞

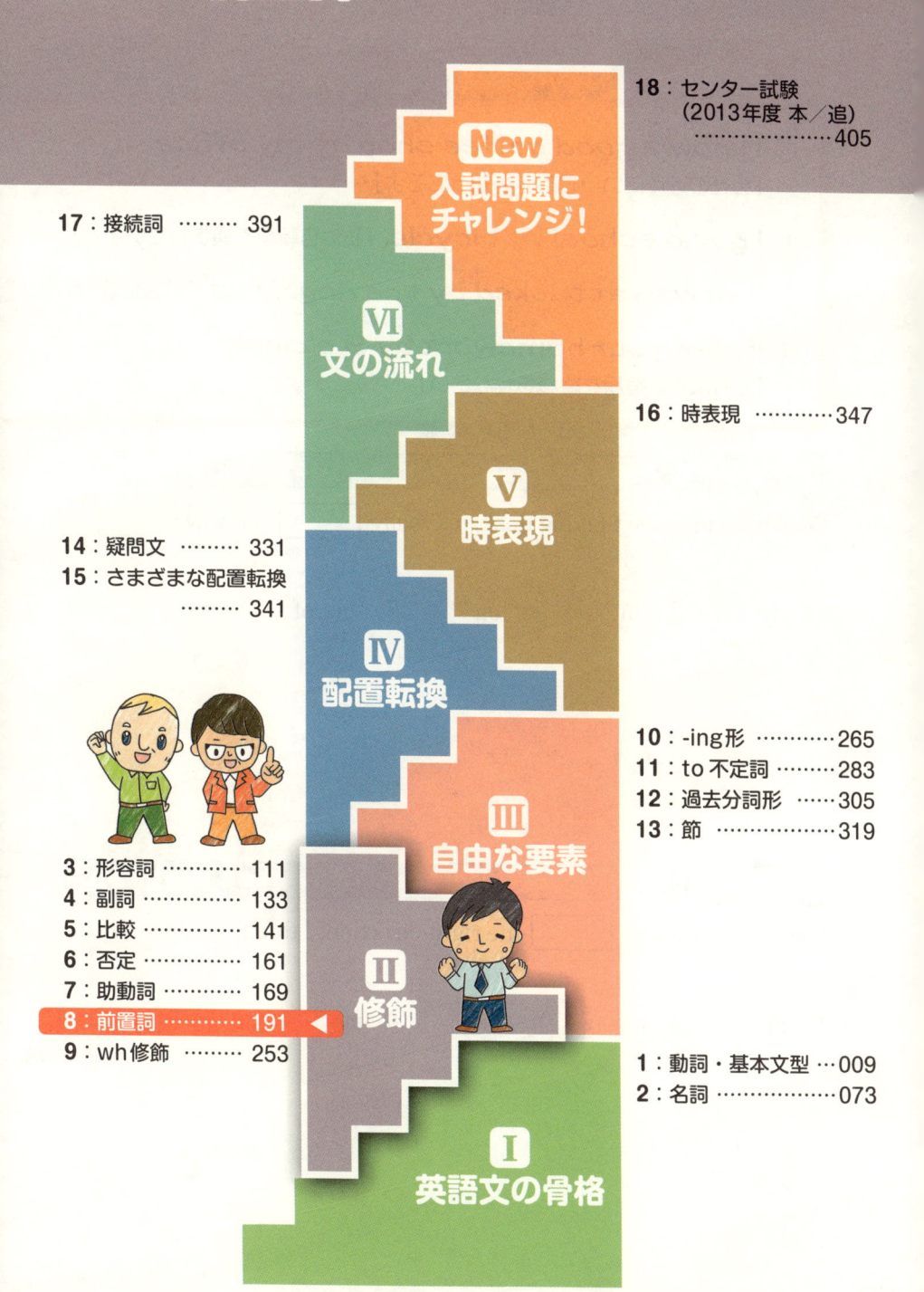

18：センター試験
（2013年度 本／追）
………… 405

New 入試問題にチャレンジ！

Ⅵ 文の流れ

17：接続詞 ……… 391

16：時表現 ……… 347

Ⅴ 時表現

14：疑問文 ……… 331
15：さまざまな配置転換
 ……… 341

Ⅳ 配置転換

10：-ing形 ……… 265
11：to 不定詞 ……… 283
12：過去分詞形 …… 305
13：節 ……………… 319

Ⅲ 自由な要素

3：形容詞 ……… 111
4：副詞 ………… 133
5：比較 ………… 141
6：否定 ………… 161
7：助動詞 ……… 169
8：前置詞 ……… 191 ◀
9：wh 修飾 …… 253

Ⅱ 修飾

1：動詞・基本文型 … 009
2：名詞 …………… 073

Ⅰ 英語文の骨格

第8章：前置詞

前置詞 by / 付帯状況の with / 句動詞

ⓐ I know a good coffee shop **by** my office.
「会社の近くにいい喫茶店を知ってるよ」

ⓑ I go to school **by** bicycle.「私は自転車で通学しています」

ⓒ Ken was attacked **by** the dog.「ケンはその犬に襲われた」

ⓓ Finish your homework **by** 9 o'clock.
「9時までに宿題を終わらせなさい」

261

We'll have to move that big desk; it's really ____ the way.

① by　② in　③ on　④ out of

[91 本 08]

262

This car isn't going ____ the right direction, I think.

① in　② to　③ on　④ at

[86 追 07] 改

前置詞は，**位置関係**を表す単語。単純なイメージしかもたない単語だからこそ，豊かな表現力があります。でも，基本イメージの広げ方のコツさえつかめば大丈夫。例えば by の基本イメージは「そば」。ⓐ は位置関係が「そば」。ⓑ「手段・方法」は**手近にある**ように感じるし，ⓒ 受動態の by は事件現場の「**そば**」にいるのが行為者と感じられるからですね。ⓓ の「〜までに」も**期限の間近**だと考えればOKですね。

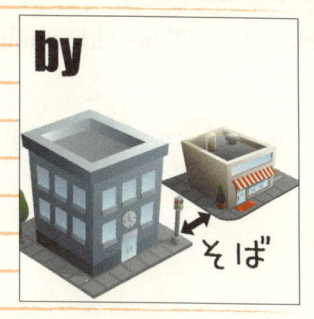

in the way「邪魔になって」

解答 ①̶ by　② in　③̶ on　④̶ out of
　　　　7.7%　　30.8%　20.0%　　41.5%

解説　「机を動かさなきゃ」という状況から正解は ②「邪魔になって」。ここでは机が自分の進行方向に「入って」いて，道をふさいでいるイメージです。なお，① は話の筋 (way) のそば (by) に話題をズラすので「ところで」。③ は「途中で」，④ は進行方向の外 (out) を表すので「邪魔にならない所に」。Get out of the way!「どけ！」のように使います。

訳　その大きな机を動かさなければなりません。本当に邪魔なんです。

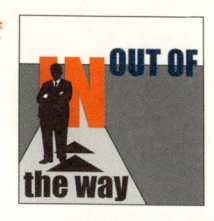

「方向・方角」には in

解答 ① in　② to　③ on　④ at
　　　　27.8%　61.1%　11.1%　0.0%

解説　direction「方向」の前に置かれる前置詞は ① **in** です。ネイティブは，**方向・方角を path「道筋」のような空間としてとらえている**ので「入っている」を表す in を用いるんです。「東西南北」といった方角にも，もちろん in を使ってください。

訳　この車は正しい方向に進んでいないと思います。

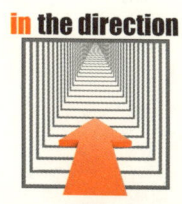

前置詞は，位置関係を表す小さな単語ですが，豊かな表現力をもっているんですよ。

第8章：前置詞

263

Hi! It's me. I'm sorry I'm late. I'm running _____ the direction of the ticket gate. I'll be with you in a minute.

① in ② of ③ to ④ within

[09本03]

264

That girl _____ white is a nurse. She will tell you which doctor you need to see.

① in ② of ③ on ④ with

[79追26]改

265

Kate looks very charming, dressed _____ red. She ought to wear that dress more often.

① for ② in ③ on ④ with

[85追07]改

in the direction of ~「~の方向に」

解答 ① **in** ② of ③ to ④ within
　　　34.8%　　3.7%　　54.1%　　7.4%

解説 正解は即決で①。覚えてますか？ 方向・方角のとらえ方は「点」ではなく「空間」です。月並みですが，The sun rises **in the east** and sets **in the west**.「太陽は東から昇って西に沈む」といった英文で覚えていきましょう。

訳 もしもし，僕だよ。遅れてごめん。今切符売り場の方へ走っているところなんだ。すぐそっちに着くよ。

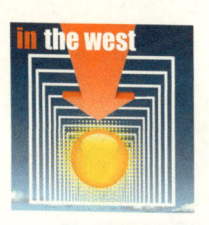

in white「白い服を着た」

解答 ① **in** ② of ③ on ④ with
　　　64.5%　　11.4%　　8.7%　　15.4%

解説 即決で① in が正解です。in「入っている」のイメージで理解できますね。「白の中に入っている」から「白い服を着た」となります。『MEN IN BLACK』という映画が有名になったので，今となっては簡単な問題でした。「黒服の男たち」という意味ですね。

訳 あの白い服を着ている女性は看護師です。どの先生に診てもらう必要があるのか教えてくれますよ。

in red「赤い服を着た」

解答 ① for ② **in** ③ on ④ with
　　　6.2%　　71.3%　　15.0%　　7.5%

解説 正解は② in。なお，全身がおおわれてなくても，**体の一部がおおわれていればOK**なんです。Paul **was dressed in** a leather jacket.「ポールはレザーのジャケットを着ていた」とか，**in** jeans and a T-shirt なら「ジーンズにTシャツ着用」などのように幅広く使えるんですよ。

訳 赤い服を着ると，ケイトは大変魅力的に見えます。彼女はあのドレスをもっと着るべきです。

POINT! 前置詞は簡単な位置関係から，無数の日本語に対応する意味が生まれます。

第8章：前置詞

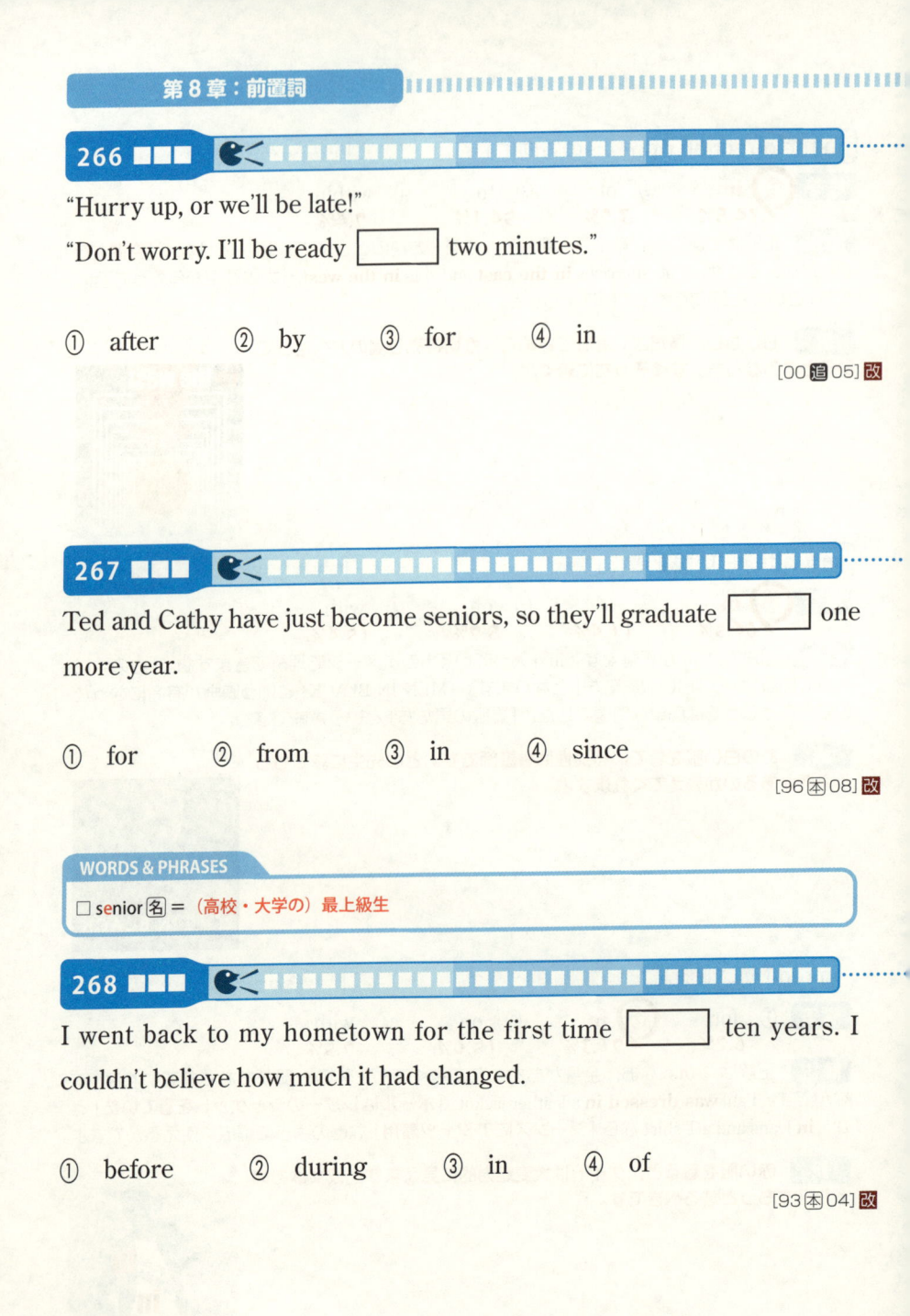

266

"Hurry up, or we'll be late!"
"Don't worry. I'll be ready ☐ two minutes."

① after ② by ③ for ④ in

[00 追 05] 改

267

Ted and Cathy have just become seniors, so they'll graduate ☐ one more year.

① for ② from ③ in ④ since

[96 本 08] 改

WORDS & PHRASES

□ senior 名 ＝（高校・大学の）最上級生

268

I went back to my hometown for the first time ☐ ten years. I couldn't believe how much it had changed.

① before ② during ③ in ④ of

[93 本 04] 改

in 時間「(今から) ～後に」

解答 ① after ② by ③ for ④ **in**
　　　　3.8%　　23.1%　　53.1%　　20.0%

解説　「2分後」を表すときに間違えやすいのは after ですが,これは**順序関係**を表すので使えません。after the party とか after work とか**できごとの順序が意識**される使い方ならもちろん OK。今回の答えは ④ **in**「今から～後に」。示された期間の最後に焦点を当てた表現です。ちなみに,②は「**2分差で**」,③は「**2分間(ずっと)**」という意味です。

訳　「急がないと遅れるよ！」「大丈夫。2分で準備できるから」

「2分後に」
「2分以内に」
in 2 minutes

in 時間「(今から) ～後に」

解答 ① for ② from ③ **in** ④ since
　　　　4.5%　　70.4%　　20.9%　　4.2%

解説　graduate「卒業する」ならば **from** と考えて ② を選んでしまった人が多いようですね。空所のあとさえ見れば前問と同じ,未来に関して「～後に」を表す ③ **in** が正解だとわかるはずです。ちなみに,「～以内」という示された期間の中であることを正確に伝える場合は,in ではなく **within** を使ってくださいね。

訳　テッドとキャシーはちょうど最上級生になったので,あと1年で卒業です。

within

for the first time in ～「～ぶりに」

解答 ① before ② during ③ **in** ④ of
　　　　29.7%　　18.8%　　43.8%　　7.8%

解説　「～ぶりに」は英語にしづらいフレーズとして有名です。正解は ③ **in** ですね。「空間」から「時間」へと使用範囲が広がるのが前置詞の特徴です。「10年の中で初めて→ 10年ぶりに」と考えてください。ちなみに「久しぶりに」は,**for the first time in ages / years**。in のあとを入れかえながら,このフレーズを使い込んでくださいね。

訳　私は10年ぶりに故郷の町に帰りました。こんなにも変わってしまうなんて信じられませんでした。

POINT!　前置詞を攻略するために,基本イメージと,そこから派生する用法をおさえましょう。

第8章：前置詞

269

Many of Da Vinci's drawings came to life after his death. His ideas were far in _____ of the age in which he lived.

① addition　② advantage　③ advance　④ adventure

270

Writers such as novelists and poets don't seem to benefit much _____ the advance of science.

① on　② for　③ from　④ to

271

Everybody expected the musical to be a great hit, but it was _____ from being a success.

① away　② distant　③ far　④ opposite

272

People greatly differ _____ their views of life. All different views should be respected.

① from　② in　③ at　④ to

WORDS & PHRASES

□ respect 動 ＝〜を尊重する

269・270・271・272

in advance of ～「～より進んで」

解答 ① addition　② advantage　③ **advance**　④ adventure
　　　　　28.6%　　　23.8%　　　33.3%　　　14.3%

解説 正解は即決で ③ in advance of ～「～より進んで」。「of the age ～」も合わせて「その時代に当然とされていたものの先 (advance) のレベルの中にある」という意味になります。in advance of のあとは，一体何の advance なのかを of で明確にしているだけです。ちなみに in advance なら「前もって」。また，① は「追加」，② は「有利」，④ は「冒険」という意味です。

● P.396

訳 ダ・ヴィンチのスケッチの多くは，死後に息を吹き返しました。彼の考えは，彼の生きた時代よりもはるかに進んでいました。

benefit from ～「～から利益を得る」

解答 ① on　② for　③ **from**　④ to
　　　　　4.4%　47.8%　21.7%　26.1%

解説 空所の前を見てください。どこから恩恵を受けているのかを表す ③ from が正解です。from は「起点から離れていく」イメージですね。アインシュタインの名言，Learn **from** yesterday, live for today, hope for tomorrow.「昨日から学び，今日のために生き，明日に希望をもて」なんてさらっと言えたらいいですよね。

● P.392

訳 小説家や作詞家のような作家は，科学の進歩からたくさんの恩恵を受けるようには見えません。

far from ～「～から遠く離れて」

解答 ① away　② distant　③ **far**　④ opposite
　　　　　8.8%　　12.3%　　71.9%　　7.0%

解説 far from ～は物理的に離れてるわけじゃなくても使えます。日本語でも「成功とは程遠い」が「大失敗」を意味したりしますよね。即決で ③ を選びましょう。

● P.392

訳 誰もがそのミュージカルは大ヒットすると思っていましたが，実際には成功とは程遠いものでした。

differ in ～「～において異なる」

解答 ① from　② **in**　③ at　④ to
　　　　　39.1%　34.8%　8.7%　17.4%

解説 differ from ～「～とは異なる」では意味不明。意味をなすのは ② in「～において」で正解です。in は「どの範囲の話において」違うのかという比較の「基準」を説明しています。
　例：Human beings **differ from** animals **in** that they think.
　　「人間は考えるという点で動物と異なる」

訳 人々は人生観においては大きく異なります。異なった考え方のすべてが尊重されるべきです。

POINT! 前置詞問題は，大胆かつ慎重に。思わぬワナにひっかからないようにしよう！

第8章：前置詞

273

We had a lot of trouble with our house. _____, we decided to move out.

① In the end   ② From the end
③ To the end   ④ On the end

[06本09]

274

If you want to reserve seats, you will have to pay _____.

① in advance   ② in charge   ③ in front   ④ in return

[96追12]

275

It is puzzling that Mary and Paul got engaged. They don't seem to have many things _____ common.

① in   ② of   ③ on   ④ with

[94追06]

276

I cannot understand why Ken and Rick are such good friends: they have little _____ common.

① on   ② with   ③ in   ④ to

[86本06]改

273・274・275・276

in the end「最後に」

解答 ① **In the end** ② From the end ③ To the end ④ On the end
　　　　65.8%　　　　　4.5%　　　　　　8.4%　　　　　　21.3%

解説 正解は①**In the end**「結局」です。最後の場面・局面の「中で」, と考えれば理解はたやすいですね。こんなことわざでも使われています。
例：Perseverance will win **in the end**.「忍耐強さが最後に勝つ→『石の上にも3年』」

訳 私たちの家には多くの問題があったので，結局引っ越すことに決めました。

in advance「前もって」

解答 ① **in advance** ② in charge ③ in front ④ in return
　　　　32.4%　　　　　50.7%　　　　　8.5%　　　　　8.5%

解説 意味が通るのは①**in advance**「前もって」のみ。「先 (advance) の時点で」と考えてください。ちなみに②in charge は「負担を負った状態」から「担当・責任」を表します。例えば, David is **in charge of** accounting.「デイビッドは経理担当です」などとよく使います。④は「お返しに」という意味ですね。

訳 席を予約したければ，前もって支払いをしなければならないでしょう。

have ～ in common「～を共通にもつ」

解答 ① **in** ② of ③ on ④ with
　　　　83.3%　　6.1%　　1.5%　　9.1%

解説 即決で①が正解。2人の重なり合うエリアの「中に」～があるという表現です。～の部分には「程度」を表す名詞が入ります。共通点がたくさんなら **a lot** や many things, 共通点がなければ **nothing** と入れかえながら使ってみましょう。

訳 メアリーとポールが婚約したのは不思議です。彼らにはそれほど共通点があるようには思えません。

have ～ in common「～を共通にもつ」

解答 ① on ② with ③ **in** ④ to
　　　　6.7%　　15.3%　　71.8%　　6.2%

解説 正解はもちろん③**in**です。今回は have のあとに little「ほとんど～ない」が配置されて, 共通点がほとんどゼロであることを示しています。

● P.192

訳 どうしてケンとリックはそんなによい友人なのかがわかりません。彼らにはほとんど共通点がないのに。

POINT! 前置詞を含むフレーズは，基本イメージを利用して理解しながら覚えよう！

201

第8章：前置詞

277

Making energy-saving changes in the home can be expensive, but it will save you money in the long ☐ .

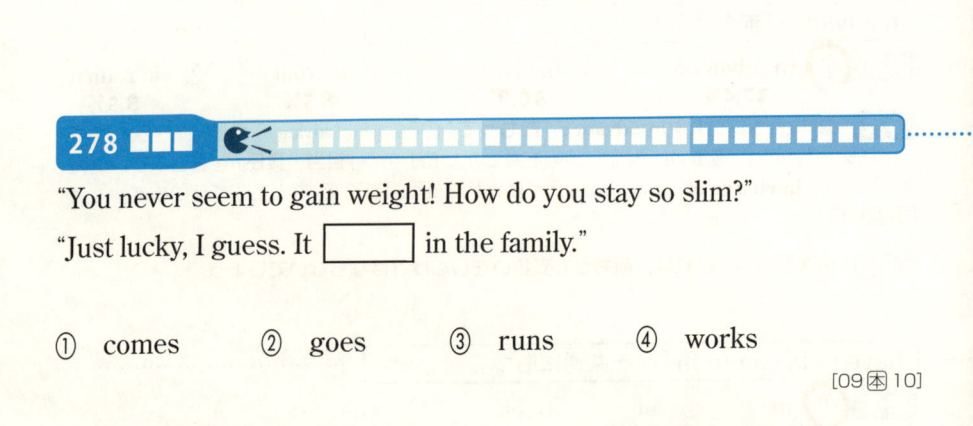

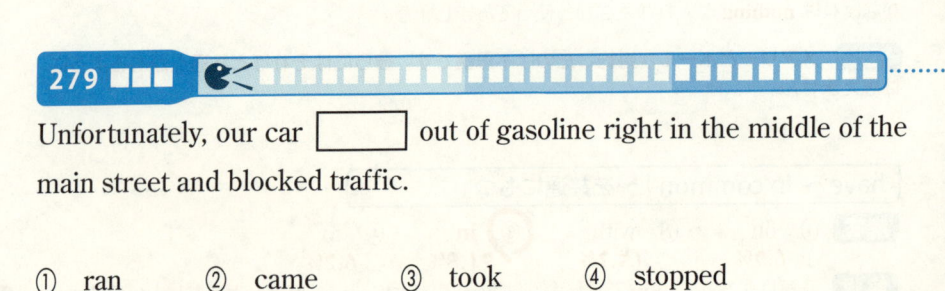

① day　　② road　　③ run　　④ way

[11 追 05]

278

"You never seem to gain weight! How do you stay so slim?"
"Just lucky, I guess. It ☐ in the family."

① comes　　② goes　　③ runs　　④ works

[09 本 10]

279

Unfortunately, our car ☐ out of gasoline right in the middle of the main street and blocked traffic.

① ran　　② came　　③ took　　④ stopped

[82 本 03] 改

277・278・279

in the long run「長い目で見れば」

解答 ① day　② road　③ **run**　④ way
　　　　10.0%　　2.9%　　58.6%　　28.6

解説 この表現に出会ったことがあれば，即決で③が正解だとわかります。run は「走る」がもとになっていますが，今回は「事態が進む (run) → **事態の進展**」と考えましょう。「**その進展を長い範囲の中で**（眺めれば）」というのが今回の表現です。一語一語丁寧に眺めていけば納得して自分のモノにできそうですね。

● P.113

訳 家庭で省エネにかえるのはお金がかかるけど，長い目で見れば節約になります。

～ run in the family「～は血筋だ」

解答 ① comes　② goes　③ **runs**　④ works
　　　　38.7%　　27.6%　　21.2%　　12.5%

解説 正解は③。run は「走る」から「線を描くように進んでいく」ことを表します。今回は家系の「線」が意識されているから run が選ばれているんです。1989 年の東大の入試では下線部和訳でこれが問われたこともあります。

訳 「君は絶対に太らないようだね！　どうすればそんなにスリムでいられるの？」「幸運なだけだと思うよ。うちの家系はみんなそうなんだ」

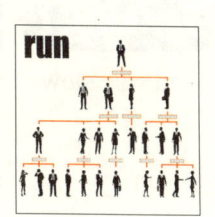

run out of ～「～がなくなる」

解答 ① **ran**　② came　③ took　④ stopped
　　　　92.9%　　0.0%　　7.1%　　0.0%

解説 正解は即決で①。run out で「**中身が外に流出してしまう**」ことを表しています。蛇口から水が線状に流れ出ているイメージですよ。そしてそのなくなったものを of が明確にしているだけです。

● P.396

訳 あいにく私たちの車はメインストリートのど真ん中でガソリンが切れて，交通の流れを妨げてしまいました。

> **POINT!** 前置詞だけじゃなく，run のような基本単語も「基本イメージ」を利用しよう！

第8章：前置詞

280
You'll [　　] trouble if you don't start studying.

① go to ② get into ③ be at ④ drop in

[04 追 10]

281
Harry usually sat through the meeting with no expression, but not this time. Hearing the joke, he [　　] into laughter.

① began ② burnt ③ burst ④ became

[79 追 12] 改

282
Fred was slow in putting his ideas [　　] practice.

① on ② at ③ for ④ into

[80 本 03] 改

283
This phone book isn't [　　]. Don't you have a more recent one?

① from now on ② in fashion ③ on time ④ up to date

[01 追 02]

280・281・282・283

get into trouble「困ったことになる」

解答 ① go to　② **get into**　③ be at　④ drop in
　　　　5.4%　　　56.8%　　　13.5%　　24.3%

解説 trouble の内部へと入り込んでいくイメージの ② get into が正解。into (← in+to) によって「**内部への動き**」を表します。ちなみに ④「**ふらっと立ち寄る**」もおさえておきたい表現。drop のポテっと落ちる感じが，ふらっと立ち寄る感じとつながるでしょ？　**前置詞習得に必要なのは「イメージする力」**なんです。

訳 もし勉強を始めなければ困ったことになりますよ。

burst into ～「急に～し始める」

解答 ① began　② burnt　③ **burst**　④ became
　　　　8.0%　　13.7%　　54.8%　　　23.5%

解説 正解は ③ burst「**破裂した**」。今回の表現は burst (破裂するように突然) + into (**変化**) の組み合わせです。突然ブワッと泣き出したり，笑い出したりするのに使うんです。泣く場合は into **tears**。② はよく見ると burn「**燃える**」の過去・過去分詞形ですね。

訳 ハリーはいつも会議の間，ずっと無表情で座っていましたが，今回は違いました。冗談を聞いて彼は突然笑い出しました。

put ～ into practice「～を実行に移す」

解答 ① on　② at　③ for　④ **into**
　　　　20.4%　21.7%　13.1%　44.8%

解説 正解は即決で ④。今まで机上の空論だったアイディアを，practice「**実行・実践**」へと変化させる表現です。「変化」を表す **into** が引き続き問われました。

訳 フレッドは自分の考えを実践に移すのが遅かったです。

up to date「最新の」

解答 ① from now on　② in fashion　③ on time　④ **up to date**
　　　　20.6%　　　　　14.7%　　　　5.9%　　　58.8%

解説 正解は ④「**最新の**」です。あとの「もっと最近の」という発言にぴったりです。ちなみに ① は「**今後ずっと**」。on が「進行中」を表しているので「ずっと」ですよ。② は「**流行している**」。流行の「中」に入ってます。③ は「**時間通りに**」。on は「接触」を表すから，予定時間に「ぴったり接触」。ほら，**熟語の丸暗記なんていらない**んです。

訳 この電話帳は最新版ではありませんね。もっと最近のものをもっていませんか？

POINT! 前置詞の基本イメージを利用すれば，熟語の丸暗記が不要になりますよ。

第8章：前置詞

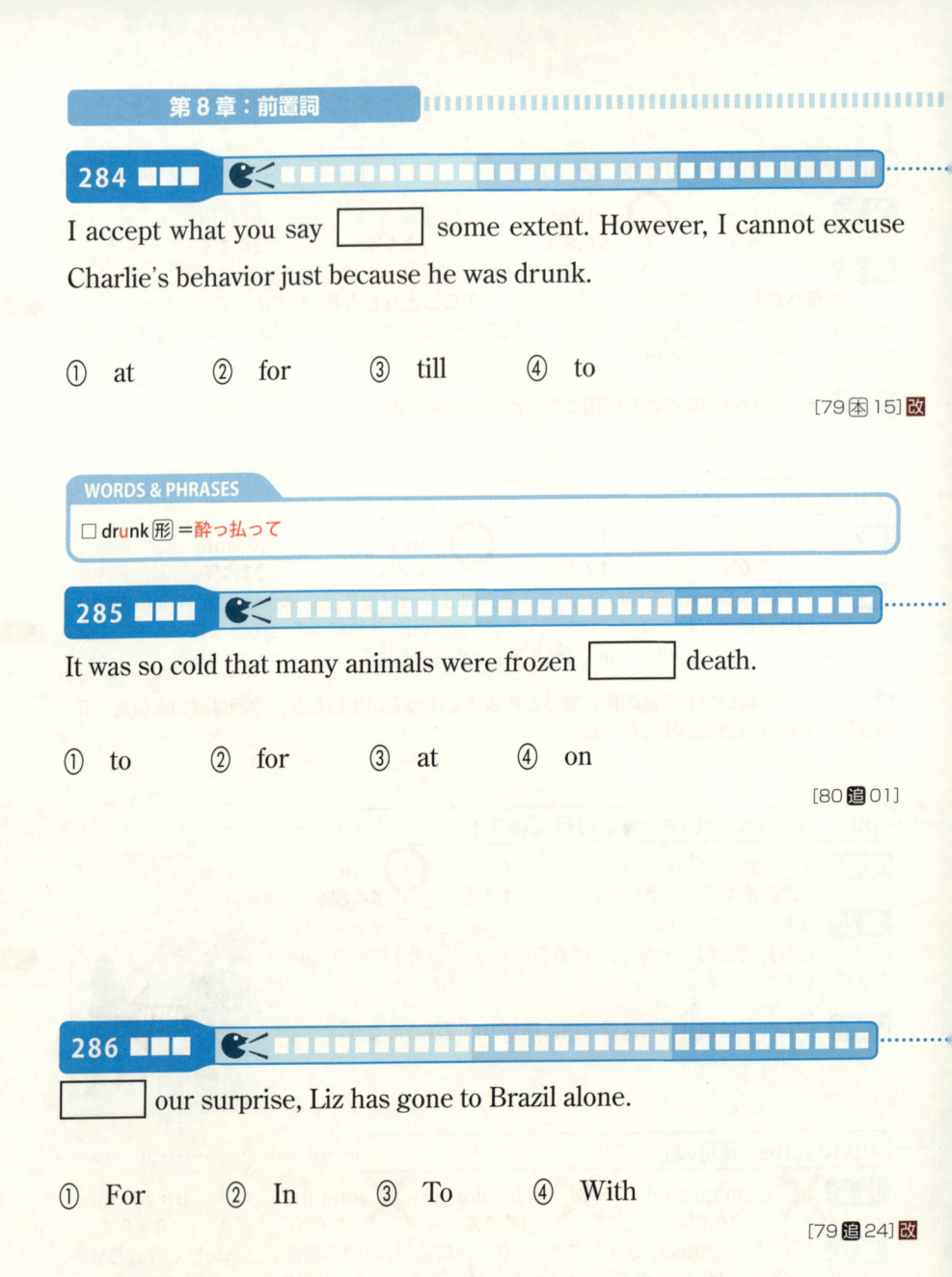

284

I accept what you say [ ] some extent. However, I cannot excuse Charlie's behavior just because he was drunk.

① at   ② for   ③ till   ④ to

[79本15]改

WORDS & PHRASES
□ drunk 形 = 酔っ払って

285

It was so cold that many animals were frozen [ ] death.

① to   ② for   ③ at   ④ on

[80追01]

286

[ ] our surprise, Liz has gone to Brazil alone.

① For   ② In   ③ To   ④ With

[79追24]改

to 〜 extent「〜な程度まで」

解答 ① at ② for ③ till **④ to**
　　　0.0%　22.9%　9.5%　67.6%

解説 extent を見た瞬間に正解は ④。to は「**到達点を指し示す**」のが基本イメージです。どれくらいまでの extent「程度」なのかを **to が指し示している**んです。to **a certain** extent「ある程度まで」という形でもよくお目にかかります。

訳 君の意見をある程度までは受け入れますが，単に酔っていたからといってチャーリーの行動は許せません。

to death の2つの可能性

解答 **① to** ② for ③ at ④ on
　　　39.1%　26.1%　8.7%　26.1%

解説 即決で ① が正解ですが，この表現のとらえ方をしっかりとおさえておきましょう。death が「**到達点**」と考えれば，「凍えて死ぬ」。ただ前問のように death を程度と考えれば「**死ぬほど**」となります。

例：I love English **to death**.「死ぬほど英語が好きデス」

訳 寒すぎたためにたくさんの動物が凍死しました。

To one's 感情を表す名詞「〜なことに」

解答 ① For ② In **③ To** ④ With
　　　30.4%　34.8%　21.7%　13.0%

解説 正解は ③**To**。**主に書き言葉で用いる表現**ですが，to one's surprise は「**驚いたことに**」，to one's disappointment や regret なら「**残念なことに**」。to one's delight なら「**喜んだことに**」などの表現が可能です。原因となる出来事（単身ブラジルに渡ったこと）の到達する先が「驚き」だよと **to が指し示している**んです。

訳 驚いたことに，リズは単身ブラジルに行ってしまいました。

次は難問ぞろいの3問。じっくりと考え抜いて答えを決めてね。

第8章：前置詞

287

"What are your plans for the summer?"
"I think I'll go to Okinawa this year ☐ Hokkaido."

① for a change ② in case of
③ in spite of   ④ rather than

[10 追 01]

288

Mr. Suzuki gave up smoking for ☐ of his health.

① the care ② want ③ aid ④ the sake

[06 本 02]

289

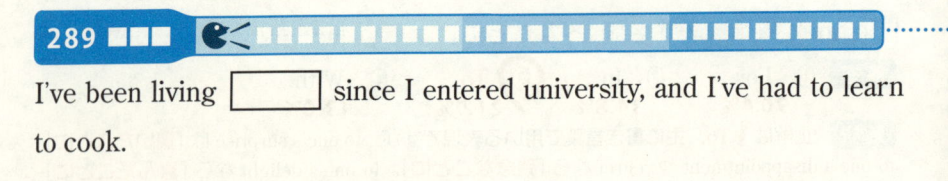

I've been living ☐ since I entered university, and I've had to learn to cook.

① by oneself   ② for myself
③ on my own   ④ with only one

[00 追 06]

287・288・289

rather than ～「～よりむしろ」

解答 ① for a change ② in case of ③ in spite of ④ **rather than**
　　　　30.6%　　　　　5.6%　　　　　8.7%　　　　　55.1%

解説 「今年は気分転換に北海道じゃなくって沖縄」と考えて ① を選んでしまった人が多いです。①for a change は「変化を目的に」から「気分転換に」という表現で，空所のあとにある北海道とつながりません。② は「～の場合に備えて」，③ は「～にもかかわらず」と意味のうえで論外です。よって正解は ④rather than「～よりむしろ」。これは「選択」を表す表現なんです。

● P.391

訳 「夏の予定は何？」「今年は，北海道より沖縄に行こうと思うの」

for the sake of ～「～のために」

解答 ① the care ② want ③ aid ④ **the sake**
　　　　25.4%　　　16.8%　　　3.2%　　　54.6%

解説 まず ①③ の表現が英語にはありません。② は一見正解のように見えますが，全く違う意味。for want of ～「～の不足のために」です。want の基本イメージをおさえていれば容易に理解できます。よって正解は ④。sake は「利益」。よって「～の（利益の）ために」となります。「～のために」という日本語は，文脈に応じて「目的」とも「理由」ともとれるので区別してくださいね。

● P.391
● P.128

訳 鈴木さんは健康のためにたばこをやめました。

on one's own「自力で」

解答 ① by oneself ② for myself ③ **on my own** ④ with only one
　　　　38.5%　　　　33.8%　　　　　20.0%　　　　　7.7%

解説 どれも「ひとりで・独力で」に見えてきます。まず外すのは ① なんです。主語が I なので oneself じゃなくて myself だったらいいんですけどね。by myself なら「そばにいるのが自分だけ」ということで「ひとりで」という意味になります。④ は「1 つだけで」となり意味が通りません。問題は ②。「独力で」という意味ですが，ここでは「独力で」で毎日コンビニ弁当で済ます（自炊をしない）なんてこともでき，and 以下の意味とのつながりが自然ではありません。よって残った ③ が正解です。on を「支えるのが自分だけ」と考えればよいでしょう。

● P.388
● P.391
● P.399

訳 大学に入ってから一人暮らしをしているので，自炊を覚えなければなりませんでした。

POINT! 前置詞の基本イメージを意識しながら，出てきたフレーズを覚えていきましょう。

第8章：前置詞

290

Do you know what UNESCO ☐ for?

① says　② sits　③ stands　④ means

[79追19]

291

Tom is going to ☐ for a job with a computer company.

① find　② demand　③ make　④ apply

[86本02]

292

"Wow, you bought two suits, did you?"

"No, there's a sale, and if you buy one suit, you can get another for ☐ ."

① all　② free　③ good　④ yourselves

[97追05改]

293

Today, cars are so much ☐ that we assume everyone has one.

① for granted
② granted
③ taken for granted
④ taken it for granted

[94本08改]

WORDS & PHRASES

□ assume 動 ＝〜と決め込む

290・291・292・293

stand for 〜「〜を表す」

解答 ① says ② sits ③ **stands** ④ means
　　　　4.4%　　8.7%　　17.4%　　69.6%

解説 正解は③。for の基本イメージは「向かって」。stand for 〜なら略称がその意味に「向かって」立っていると理解すればよいでしょう。平叙文にするとわかりやすくなります。UNESCO stands for United Nations Educational, Scientific, and Cultural Organization. ってことです。

● P.390

訳 あなたは UNESCO が何の略語か知っていますか？

apply for 〜「〜に応募する」

解答 ① find ② demand ③ make ④ **apply**
　　　　6.7%　　0.0%　　6.7%　　86.7%

解説 ①② なら for が不要です。③ は for があとに続くと，make for 〜「〜へ進む」となるので意味が合いません。正解は④。「向けて」から「求めて」という用法が生まれるのは自然の流れですね。欲しいものに自然と目線は「向かう」ものでしょ。apply for 〜は「〜を求めて申し込む」ということです。

訳 トムはコンピュータ会社の仕事に応募するつもりです。

for free「無料で」

解答 ① all ② **free** ③ good ④ yourselves
　　　　5.8%　　60.9%　　17.4%　　15.9%

解説 紳士服のバーゲンセールで「2着で1着無料」っていうのがありますね。意味から正解は②「無料で」。この for は，I got it **for** $5.「買ったよ。5ドルでね」と **5ドルを指す動作を**意味しています。その金額部分が free「無料」に代わっただけ。なお，① は「〜にもかかわらず」，③ は「永遠に」，④ は「自分自身のために」という意味です。

訳 「わあ，スーツを2着も買ったの？」「いや，売り出し中で，スーツを1着買うともう1着は無料でもらえるんだよ」

take 〜 for granted「〜を当然だと思う」

解答 ① for granted ② granted ③ **taken for granted** ④ taken it for granted
　　　　18.3%　　　　　0.0%　　　　43.5%　　　　　　　　38.2%

解説 for のあとに過去分詞があるので熟語的な表現ですが，能動で書くと We take cars **for** granted.「車を解釈してます。当然のこととしてね」。前問と同じく，どう受け止めてるのかを **for** は指しているだけなんです。それが受動文になった ③ が正解です。

訳 今日，車は当然なものになっているので，誰もが車を持っていると考えてしまいます。

POINT! 受動文になったり修飾語の追加で，フレーズが見つけづらいこともあります。よく観察してね。

第8章：前置詞

294

You can't go to a job interview in that dirty shirt. It's _____ .

① beyond all question   ② in question
③ out of the question   ④ without question

[88本09]

295

"Could you tell me where the elevator is?"
"I'm sorry, but it's out of _____ ."

① energy   ② hand   ③ order   ④ place

[98追02]

296

An old lady was out of _____ from climbing up the stairs.

① air   ② breath   ③ breeze   ④ shape

[89追01]

297

"Mom, can I use the car tonight?"
"No, that's _____ . Remember what happened last time!"

① all the same to you   ② none of your business
③ out of the question   ④ time after time

[01本09]

294・295・296・297

out of the question「問題にならない」

解答
① beyond all question 13.1%
② in question 6.6%
③ **out of the question** 75.4%
④ without question 4.9%

解説 正解は③。out of が表すのは「範囲外」。汚い格好で面接なんて「問題の範囲外→問題にもならない・論外」ってことです。② は in だから「範囲内」。in question で「話題になっている」ってこと。①④はどちらも「疑いなく」。どれもおさえておいてください。

訳 そんな汚いシャツで面接に行くことはできません。論外ですよ。

out of order「故障して」

解答
① energy 1.4%
② hand 14.9%
③ **order** 47.3%
④ place 36.5%

解説 意味から考えて③ が正解。order「順序・秩序」。out of「範囲外」との組み合わせで,「故障した」ってこと。② の「手に負えなくなって」,④ の「場違いで」も同じように考えられます。out of を「範囲外→外に出ていく」って考えれば① は「エネルギーが切れて」なのも理解できますよね。

訳 「エレベーターの場所を教えてくださいますか？」「すみません, エレベーターは故障中なのです」

out of breath「息を切らして」

解答
① air 21.3%
② **breath** 50.8%
③ breeze 11.5%
④ shape 16.4%

解説 正解は即決で②。out of breath は, 息が体の外に全部出尽くしてなくなっているということ。「息を切らして」いるんですね。あとおさえたいのは④。out of shape は「形が崩れて」とか「体調が悪い」という意味で使います。本来の形（姿勢）を保ってなかったら,「あ, 体調悪いんだな」というのがわかりますからね。

訳 老婦人は階段を上がって息切れしていました。

out of the question「問題にならない」

解答
① all the same to you 7.4%
② none of your business 10.8%
③ **out of the question** 77.5%
④ time after time 4.3%

解説 意味から考えて③ が正解。あとおさえてほしいのは,② の「あなたの関わることじゃない→関係ないでしょ」,④ の「再三再四」というフレーズです。

訳 「母さん, 今夜車を使ってもいい？」「いえ, とんでもないわ。この前はどうなったか思い出してみて！」

POINT! out(of) は「外」。範囲の外にあるイメージからそれぞれのフレーズをおさえましょう。

第8章：前置詞

298
"I've been [____] on weight recently."
"You should exercise more and eat better."

① carrying   ② increasing   ③ putting   ④ reducing

[11本02]

299
Mary has [____] off going to Mexico until next Monday.

① set   ② put   ③ kept   ④ taken

[05本09]

300
Please write in ink, and don't forget to write [____] every other line.

① at   ② from   ③ in   ④ on

[81本16]

301
Mike's profession is like a doctor's. He has to be [____] call night and day.

① by   ② in   ③ on   ④ with

[12追02]

WORDS & PHRASES
□ profession 名 ＝職業・専門職

put on「身につける」

解答 ① carrying 7.2%　② increasing 24.6%　③ **putting** 55.9%　④ reducing 12.3%

解説 put on の使用範囲を広げてくれる良い文ですね。on「接触」に注目して ③「太る」が正解。put on「身につける」って，洋服などの装飾品だけじゃなくて幅広く使えるんですよ。put on **makeup**「お化粧する」，put on airs「気取る」とかね。語順にも気をつけて。目的語が代名詞なら **put it on** ですよ。

訳 「最近太ってきたの」「もっと運動してちゃんとした食生活をしないとね」

put off「延期する」

解答 ① set 11.2%　② **put** 62.1%　③ kept 3.2%　④ taken 23.5%

解説 off は on の逆。「離れて」という意味。ここであとの語句との組み合わせで意味をなすのは ② だけ。put off で「離して置く→延期する」はすぐにつかめますね。なお，① は set off ~「~を引き起こす」，③ は keep off ~「~を近づけない」，④ は take off ~「~を脱ぐ」という意味です。

訳 メアリーは次の月曜日までメキシコへ行くのを延期しました。

「線上」には on

解答 ① at 4.4%　② from 13.0%　③ in 17.4%　④ **on** 65.2%

解説 正解は「線」と相性が良い ④ on。線には面積を感じないので in もおかしいし，点でもないので at もムリ。たいてい「線上」には on が選ばれるのです。**on** one's way「途中」とかね。ただ，気をつけてほしいのは「一列になって」だったら **in** a line と言います。ほら，並ぶと列の「中」に入り込むでしょ？

訳 インクで書いてください。また，必ず 1 行おきに書いてください。

「活動中」には on

解答 ① by 2.3%　② in 21.2%　③ **on** 59.8%　④ with 16.7%

解説 「活動」は流れとして「線」のように意識されます。on がぴったりな気がしてきました。正解は ③ **on** call で「よび出しにいつでも応じる」。「電話待ち」という「活動」ですね。on **business**「仕事で」，on **duty**「勤務中」，on **a diet**「ダイエット中で」などと同じ感覚です。

訳 マイクの仕事は医者のようなものです。彼は昼も夜もなくよび出しに応じなければなりません。

POINT! on は「接触」。くっ付いていることを常にイメージしてくださいね。

第8章：前置詞

302

Could you show me how to make my mobile phone ring differently, _____ who's calling me?

① depending on　② in spite of
③ on behalf of　④ relying on

[12本02]

303

Mr. Smith likes to show everyone that he is the boss. It is likely that he kept me waiting _____ .

① in nature　② in time　③ at heart　④ on purpose

[80本24]改

304

You can always _____ Matthew to make good coffee. He used to run a coffee shop.

① aim at　② bring about　③ count on　④ hold up

[08追09]

305

Brandon is independent _____ his parents. He left home at 18 and has a steady job.

① off　② on　③ of　④ to

[79追25]改

302・303・304・305

depending on ～「～次第で」

解答 ① **depending on** ② in spite of ③ on behalf of ④ relying on
42.8%　　　　13.9%　　　　25.9%　　　　17.4%

解説 on の基本イメージ「上に乗っている」は「下から支えている」ようにも見えます。① や ④ はその典型例。正解は ①「～次第で」。It **depends on** you.「君次第だよ」といった表現を知っていれば即決。rely on「信頼する」では文意に合いません。

訳 かけてくる人によって私の携帯電話の鳴り方を変える方法を教えてくれませんか？

on purpose「わざと」

解答 ① in nature ② in time ③ at heart ④ **on purpose**
13.0%　　　39.1　　　17.4%　　　30.4%

解説 文意から「支える on」を用いた ④ **on purpose** が正解。「目的に基づいて→わざと」ってこと。なお ① は「本質的には・本来は」、② は「間に合って」、③ は「心の底では」なので意味としてアウトです。

訳 スミス氏はみんなに自分がボスであることを示したがります。彼はわざと私を待たせたようです。

count on ～「～を頼る」

解答 ① aim at ② bring about ③ **count on** ④ hold up
8.5%　　　28.2%　　　21.1%　　　42.3%

解説 これも文意から「支える on」を用いた ③ **count on**「頼る」が正解。頼れる存在としてカウント（勘定）するということです。

訳 マシューはいつもおいしいコーヒーを入れてくれます。彼はかつてコーヒー店を経営していました。

be independent of ～「～から独立している」

解答 ① off ② on ③ **of** ④ to
4.4%　　21.7%　　65.2%　　8.7%

解説 「支える on」を用いた be dependent on ～「～に依存している」とは反対のフレーズ。「～から独立している」ことを表すのは ③ be independent **of** ～。どこから独立しているのか、**of** が明確にしてくれているんです。

訳 ブランドンは両親から独立しています。彼は 18 歳で家を離れ、定職についています。

POINT! on が表すのは「くっついてる」。その基本イメージを少しずつ広げていけばいいんですよ。

第8章：前置詞

306
You'll feel _____ in English if you have more practice.

① at home　② at liberty　③ at rest　④ at school

[87本02]

307
My grandfather loves listening to pop music. He is quite young at _____ .

① age　② hand　③ heart　④ last

[08追04]

308
My father is at _____ in New York. By this time next year, he will be retired and living in Los Angeles.

① present　② now　③ time　④ one time

[05追09]改

309
The fine statue of Hachiko, a faithful dog, stands _____ the middle of the busy square in front of Shibuya Station.

① at　② in　③ among　④ on

[81追14]

WORDS & PHRASES
□ statue 名 =像　□ faithful 形 =忠実な

306・307・308・309

feel at home「くつろぐ・慣れている」

解答 ① **at home** 48.3%　② at liberty 34.5%　③ at rest 12.1%　④ at school 5.2%

解説 at は「点」を表します。feel at home は「(慣れ親しんだ) 家にいる感じ」ってこと。今回なら「英語において不自由に感じることがない」と考えてくださいね。**Make yourself at home.**「気楽にしてください」といったフレーズも一緒にどうぞ。

訳 もっと練習すれば，英語がうまくなりますよ。

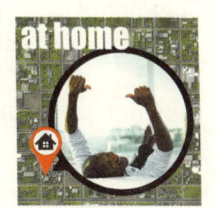

young at heart「気持ちが若い」

解答 ① age 40.8%　② hand 1.4%　③ **heart** 45.1%　④ last 12.7%

解説 正解は③ young at heart「気持ちという点で若い」。① は **at the age** (of) 10「10歳の時に」という形で使います。② は「近くに」。④ は **At last** my dream has come true.「ようやく夢がかなった」のように**待ち遠しかったことが実現した文脈**で使ってください。

訳 私の祖父は歌謡曲を聴くのが大好きです。気持ちが本当に若いです。

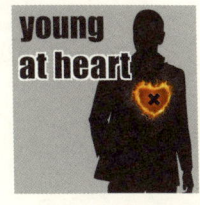

at present「現在」

解答 ① **present** 32.9%　② now 31.4%　③ time 27.1%　④ one time 8.6%

解説 正解は① at present「現在の時点で」です。「時点」が意識されているので at なんです。at one time は「1度に」，at times なら「時々」というフレーズまでおさえておけば完璧です。

訳 父は現在ニューヨークにいます。来年の今頃には，引退してロサンゼルスに住みます。

in the middle of「～の真ん中に」

解答 ① at 17.4%　② **in** 13.0%　③ among 4.4%　④ on 65.2%

解説 正解は② in the middle of。in the middle of the night なら「真夜中に」。at night「夜に」といった表現もおさえておきましょう。

訳 忠犬ハチ公の見事な像は，渋谷駅の前のにぎやかな広場のど真ん中に立っています。

POINT! at は「点」。場所なら「地点」，時間なら「時点」ですね。

第8章：前置詞

310

Several children were walking in a line with one teacher ☐ and one behind.

① front ② front of ③ in front ④ in front of

[94 本 06] 改

311

I'd like to finish this job ☐ lunch because I'll be out all afternoon.

① after ② before ③ until ④ while

[96 追 08]

312

Bill had to leave his family ☐ when he went abroad to work.

① back ② behind ③ off ④ over

[00 本 02]

313

Let's ask the neighbors to ☐ the dog while we're away.

① care about ② keep up ③ look after ④ watch out

[91 本 09]

WORDS & PHRASES

□ neighbor 名 ＝ 隣人

310・311・312・313

in front (of ~)「(~の) 前に」

解答 ① front 8.5% ② front of 5.6% ③ **in front** 42.3% ④ in front of 43.7%

解説 付帯状況の with が使われているとわかれば「一人が前，もう一人が後ろ」と位置を示せばよいだけ。正解は ③ in front です。④ なら in front of the station「駅の前に」と**あとに名詞が続く**から今回はダメなんです。

● P.406

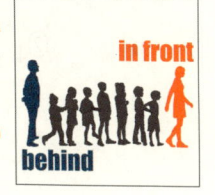

訳 数人の子供たちが，一人の教員が前に，もう一人が後ろに付いて一列になって歩いていました。

before「~の前に」

解答 ① after 8.5% ② **before** 67.6% ③ until 23.9% ④ while 0.0%

解説 ③until は単に「~まで」と覚えていたら選んでしまいそうですが，この単語は「~まで**ずっと**」という**継続するニュアンス**なのでアウト。正解は ②。before なら「昼食の前に」となるので意味が合いますね。同じ「前」でも，場所には **in front of**，時間には **before** が基本です。

● P.385

訳 午後はずっと外出するので，昼食前にこの仕事を終わらせたいと思っています。

behind「~の背後に」

解答 ① back 13.0% ② **behind** 36.2% ③ off 39.1% ④ over 11.6%

解説 正解は即決で ②。behind は in front of の逆。何かの「背後」を表します。背後に何かを leave「残す」するんだから，「置き去りにする」とか「置き忘れる」といった意味になります。

● P.114

訳 ビルは仕事で海外に行くとき，家族を残していかなければいけませんでした。

look after ~「~の世話をする」

解答 ① care about 15.4% ② keep up 10.8% ③ **look after** 70.8% ④ watch out 3.1%

解説 ここで覚えてもらいたいのは after の基本イメージ。それは「後ろからついていく」。後ろから何か問題が起こらないように目を配っていく。それが「世話をする」という意味につながっているんです。正解はもちろん ③ です。

訳 私たちが留守のあいだに犬を世話してくれるよう近所の人に頼みましょう。

POINT! after は単なる「後」を表す表現ではありません。「ついていく」感触を大切に。

221

第8章：前置詞

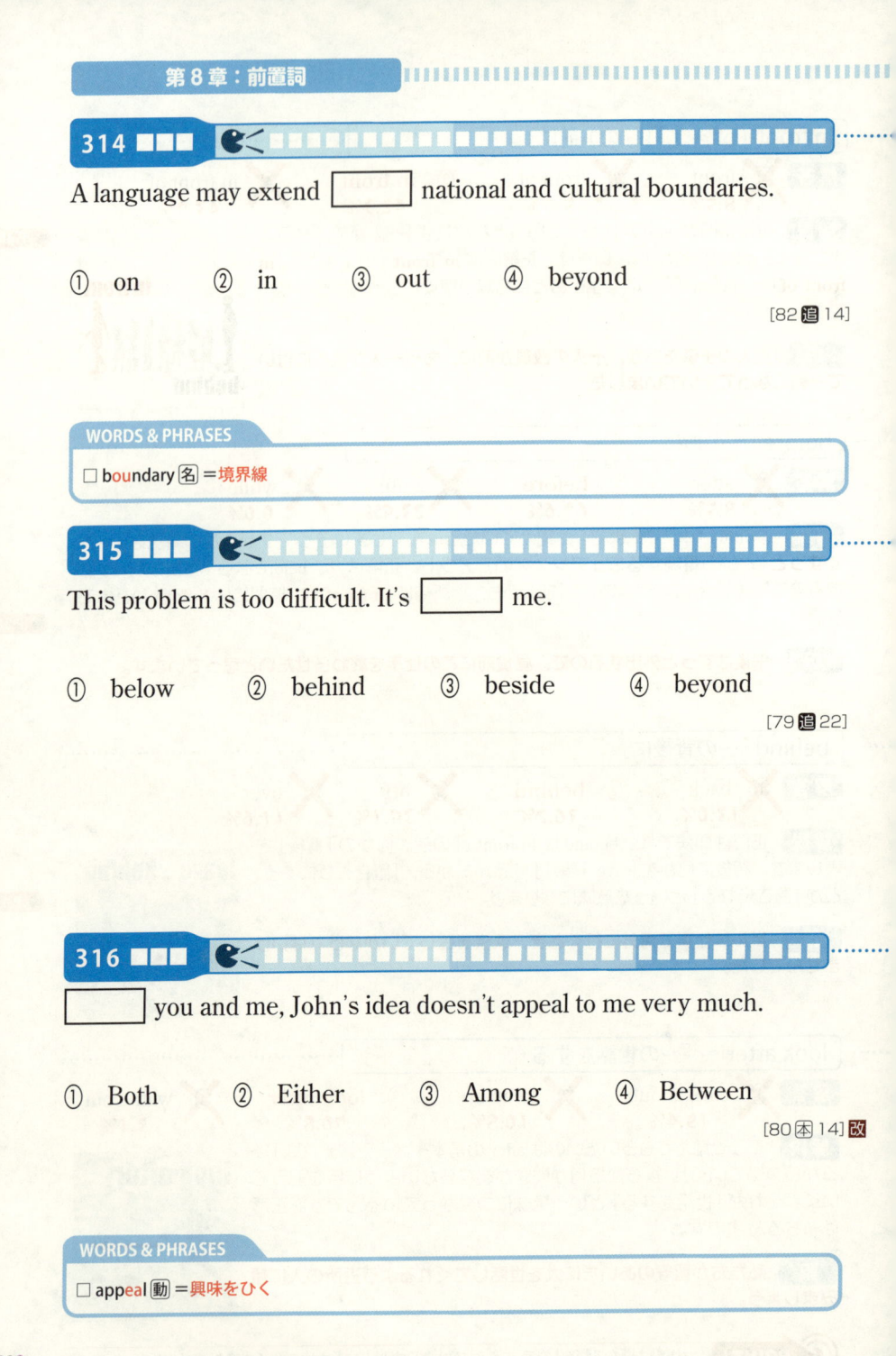

314

A language may extend [　　] national and cultural boundaries.

① on   ② in   ③ out   ④ beyond

[82追14]

WORDS & PHRASES
□ boundary 名＝境界線

315

This problem is too difficult. It's [　　] me.

① below   ② behind   ③ beside   ④ beyond

[79追22]

316

[　　] you and me, John's idea doesn't appeal to me very much.

① Both   ② Either   ③ Among   ④ Between

[80本14]改

WORDS & PHRASES
□ appeal 動＝興味をひく

314・315・316

beyond「～を越えて」

解答 ① on ② in ③ out ④ **beyond**
14.3% 47.6% 16.7% 21.4%

解説 正解は,「範囲・境界線を越えて」を表す ④ **beyond**。問題文中の boundaries「境界線」や右絵の FENCELINE「囲み線」といった単語と相性が良いのも当然です。

訳 言語は国家と文化の境界を越えて広がっているでしょう。

DO NOT GO BEYOND FENCELINE!

beyond「～を越えて」

解答 ① below ② behind ③ beside ④ **beyond**
8.7% 34.8% 8.7% 47.8%

解説 beyond が表すのは「範囲・境界線を越えて」ということでしたね。自分の理解できる範囲を越えているから「理解できない」となります。ほかにも beyond **description**「言葉にできない」とか beyond **recognition**「見分けがつかない」などがありますね。

● P.387

訳 この問題は難しすぎます。私にはできません。

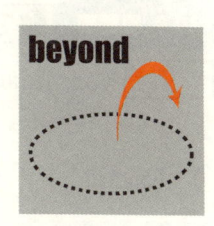

between「～のあいだ」

解答 ① Both ② Either ③ Among ④ **Between**
47.8% 13.0% 8.7% 30.4%

解説 「～のあいだ」を表す ④ が正解。よく言われる,2つのあいだなら between,3つ以上なら among と厳密に決まっているわけではありません。**between は個々が強く意識されます**。**among はごちゃっと雑多な感じ**。例えば「これら3つの単語の(あいだの)違いは何?」は What is the difference **between** these three words? となります。**個々のあいだの違いが明確に意識されているから between が選ばれる**のです。

訳 ここだけの話だが,私にとってジョンの考えはあまり興味をひくものではありません。

POINT! be- で始まる前置詞が集中していますが,1つずつ違いをおさえていきましょうね。

第8章：前置詞

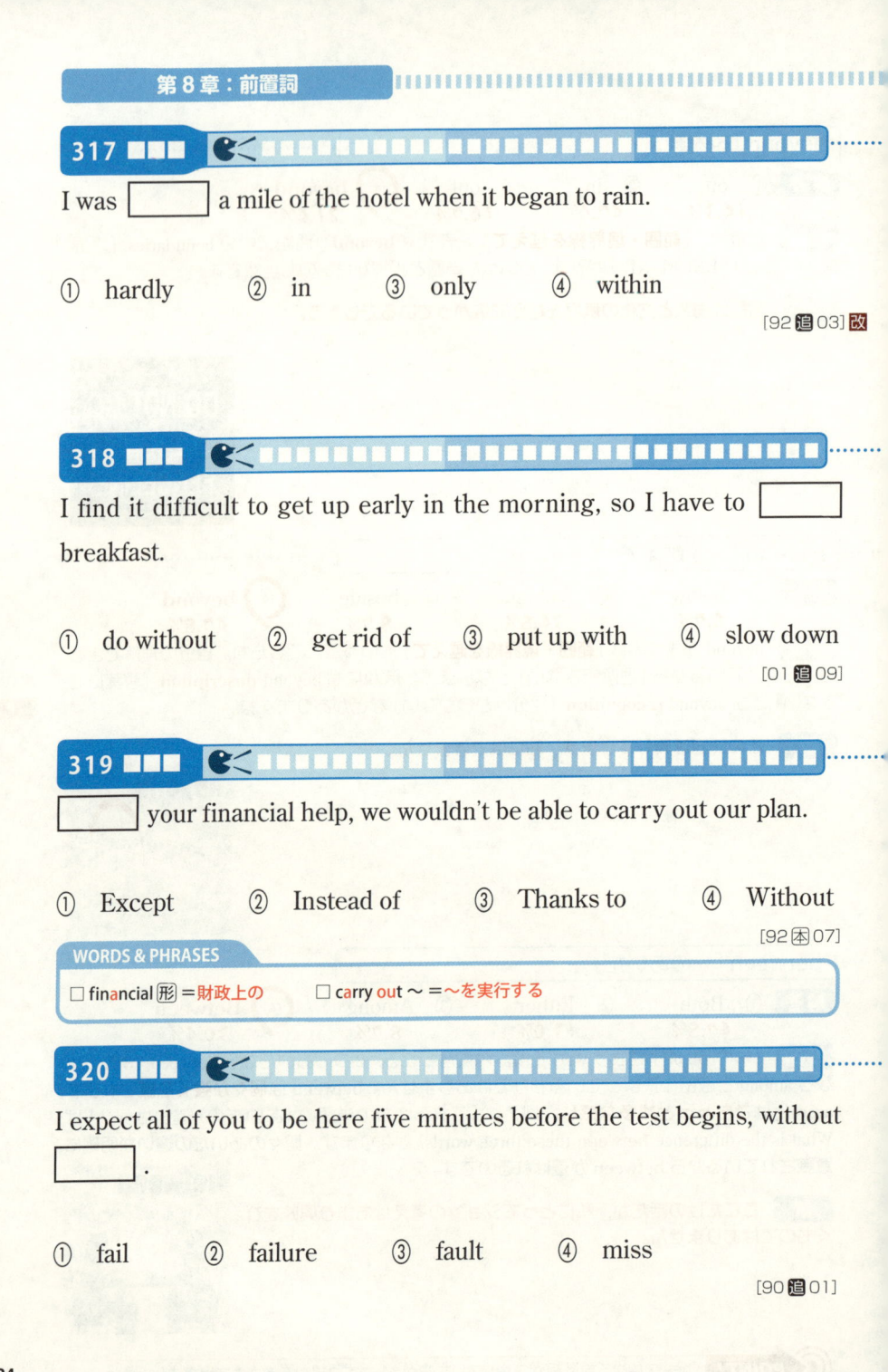

317
I was _____ a mile of the hotel when it began to rain.

① hardly   ② in   ③ only   ④ within

[92 追 03] 改

318
I find it difficult to get up early in the morning, so I have to _____ breakfast.

① do without   ② get rid of   ③ put up with   ④ slow down

[01 追 09]

319
_____ your financial help, we wouldn't be able to carry out our plan.

① Except   ② Instead of   ③ Thanks to   ④ Without

[92 本 07]

WORDS & PHRASES
□ financial 形 ＝財政上の   □ carry out ～ ＝～を実行する

320
I expect all of you to be here five minutes before the test begins, without _____.

① fail   ② failure   ③ fault   ④ miss

[90 追 01]

within「〜以内に」

解答 ① hardly ② in ③ only ④ **within**
　　　 21.1%　　 28.1%　 17.6%　　 33.3%

解説 雨が降り始めたときにどこにいたのか説明を加えるなら ④ within。場所にも時間にも使えます。in よりも「境界線の中」であることが明確に意識されるんです。

訳 ホテルから 1 マイルも行かないうちに雨が降り始めました。

without「〜なしで」

解答 ① **do without** ② get rid of ③ put up with ④ slow down
　　　　 50.0%　　　　　 22.1%　　　　 25.0%　　　　 2.9%

解説 意味を考えれば ① が正解です。do without 〜 で「〜なしですます」。なお、② は「〜を処分する」、③ は「〜を我慢する」、④ は「スピードを落とす」という意味です。

訳 朝早く起きるのは難しいと思います。だから朝食抜きにしなくてはなりません。

without と仮定法

解答 ① Except ② Instead of ③ Thanks to ④ **Without**
　　　　 1.5%　　　 6.1%　　　　 18.2%　　　　 74.2%

解説 主節から仮定法の文だとわかると、即決で ④ が選べます。without の代わりに、**but for** というフレーズも同じように使えますね。「〜があれば」なら **with** を使ってください。ちなみに、① は「〜を除いて」、② は「〜 の代わりに」、③ は「〜のおかげで」という意味です。

訳 あなたの経済的援助がなければ、我々の計画を実行できないでしょう。

without fail「必ず」

解答 ① **fail** ② failure ③ fault ④ miss
　　　　 29.0%　　 21.0%　　 27.4%　　 22.6%

解説 without のあとなので、本来 ② failure「失敗」がくるべきです。でも、こうは言いません。これは、セットフレーズとして覚えておいた方がよさそうですね。without fail「失敗がない→**必ず・間違いなく**」という意味です。

訳 テスト開始 5 分前に必ず全員ここにいてください。

POINT! with は「つながり」、without は「つながりがない」。まずはこの 2 つが基本です。

第8章：前置詞

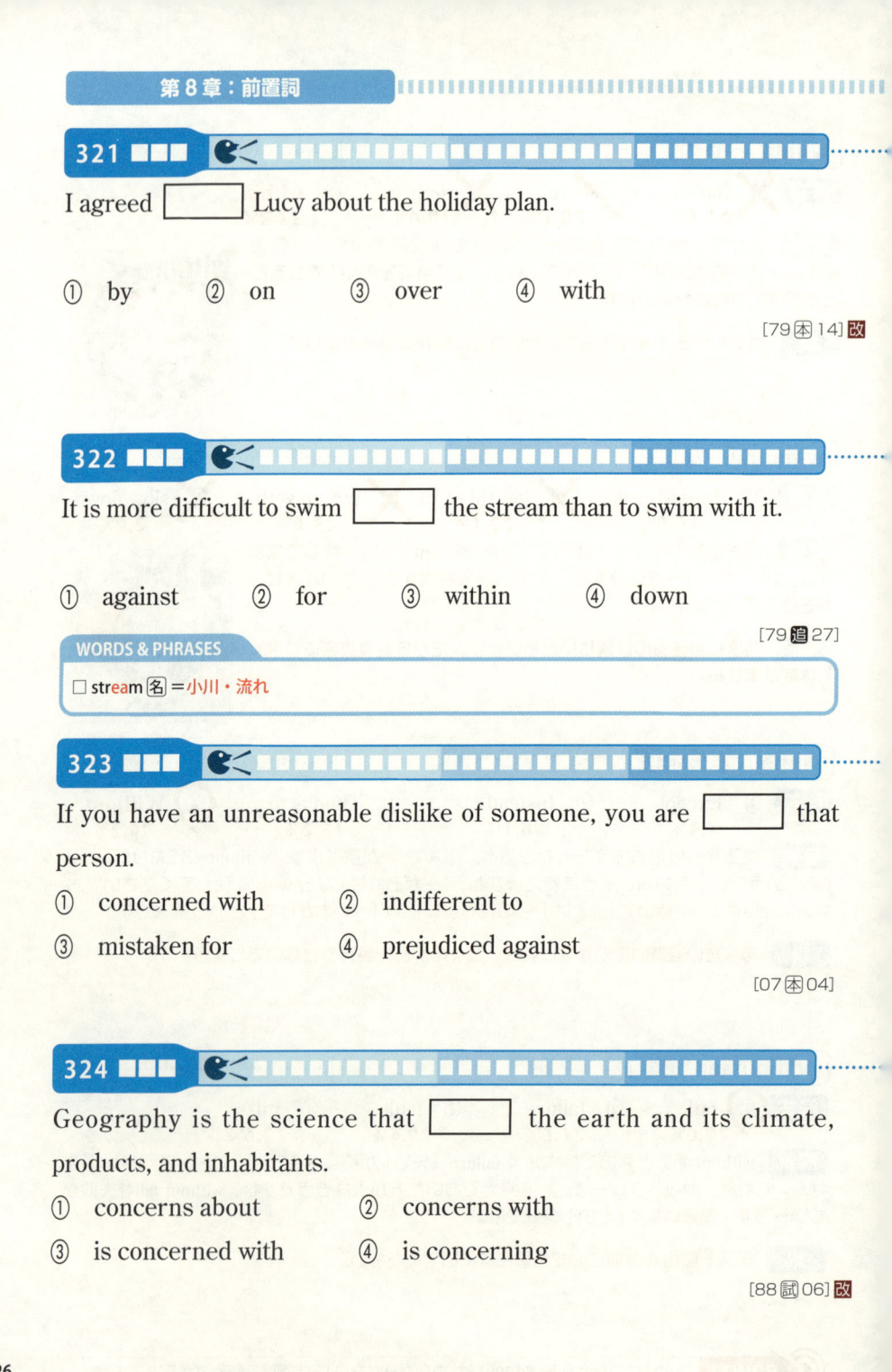

321
I agreed ⬚ Lucy about the holiday plan.

① by　　② on　　③ over　　④ with

[79本14]改

322
It is more difficult to swim ⬚ the stream than to swim with it.

① against　② for　③ within　④ down

[79追27]

WORDS & PHRASES
□ stream 名 ＝小川・流れ

323
If you have an unreasonable dislike of someone, you are ⬚ that person.

① concerned with　② indifferent to
③ mistaken for　　 ④ prejudiced against

[07本04]

324
Geography is the science that ⬚ the earth and its climate, products, and inhabitants.

① concerns about　② concerns with
③ is concerned with　④ is concerning

[88試06]改

agree と前置詞

解答 ① by 0.0%　② on 9.5%　③ over 0.0%　④ **with** 90.5%

解説 意見が一緒なら ④ **with**。with の表す「つながり」は「一緒」ととらえられますからね。② on は「〜について意見が一致」。あと，agree to「〜に対して賛成する」が選択肢になかったので迷うこともありません。

訳 休日の計画についてルーシーの考えと同じでした。

with と against

解答 ① **against** 30.4%　② for 43.5%　③ within 8.7%　④ down 17.4%

解説 川の流れと「一緒」ならもちろん with。流れに反するなら ① **against**。against のイメージは「向かい合う力」。向かい合う双方の力がググッと押し合っているわけです。

訳 流れに従って泳ぐことよりも，流れに逆らって泳ぐ方が難しいです。

with と against

解答 ① concerned with 21.1%　② indifferent to 22.6%　③ mistaken for 21.1%　④ **prejudiced against** 35.2%

解説 「理由もなく嫌い」とつながるのは ④。相手に対して偏見の目で見るから against の出番。力がぐっとかかります。

訳 理由もなく嫌いなら，その人に偏見を持っています。

be concerned と前置詞

解答 ① concerns about 5.3%　② concerns with 36.8%　③ **is concerned with** 52.6%　④ is concerning 5.3%

解説 be concerned が表すのは「関係性」。「〜と関係がある」なら「つながり」を表す ③ with が正解です。「〜について心配している」なら be concerned about です。2つの意味は「関わり」があれば相手が「心配」になるところから生じています。

訳 地理は地球，気候，生産物や居住者に関する科学です。

POINT! against は単に向かい合っているだけではありません。作用と反作用の力を表しているんですよ。

第8章：前置詞

325

"I haven't seen Rob for a long time. Has he moved to another branch?"
"Oh, you didn't know? He's no longer ▢ our company."

① against   ② for   ③ to   ④ with

[10追08]

WORDS & PHRASES
□ branch 名 ＝枝・支店

326

At first, no one in class could find an answer, but finally David came up ▢ one.

① for   ② on   ③ to   ④ with

[01本02]改

327

Since these glasses can break easily, you must handle them with ▢.

① trouble   ② danger   ③ care   ④ ease

[03追02]

WORDS & PHRASES
□ handle 動 ＝〜を扱う

328

I hated to ▢ my car, but I had to sell it because I needed money.

① break in   ② clear up   ③ part with   ④ take over

[92追10]

with はつながり

解答 ① against 17.2%　② for 40.6%　③ to 5.9%　④ with 36.2%

解説　「もう一緒にはいない」という文意から「**つながり（一緒）**」を表す ④ **with** が正解。② は I work **for** a bank.「銀行に勤めている」といった形で使うからアウトです。

訳　「長いことロブに会ってないけど，別の支社に転勤したの？」「あ，知らなかったんだ。もううちの社にはいないんだよ」

come up with ～「～を思いつく」

解答 ① for 8.3%　② on 2.1%　③ to 24.3%　④ with 65.3%

解説　④ が正解。come up が表す**上への動き**が「**出現**」につながります。考えが下からわき上がってくるっていうこと。よく使うフレーズですから，確実に覚えておきましょう。

訳　最初はクラスの中の誰も答えがわかりませんでしたが，ようやくデイビッドが思いつきました。

with care「注意深く」

解答 ① trouble 16.2%　② danger 13.5%　③ **care** 52.7%　④ ease 17.6%

解説　「取り扱い注意」の貼り紙でおなじみ，③ **care** が正解。「一緒」の with だから「注意を伴って」ということ。なお，④「安楽さを伴って→**簡単に**」。with **great** ease は，very easily と同じ意味合いです。

訳　これらのグラスは壊れやすいので，扱いには注意してください。

part with ～「～を手放す」

解答 ① break in 19.3%　② clear up 24.6%　③ **part with** 26.3%　④ take over 29.8%

解説　「売りたくないけど売らなくちゃ」という流れがつかめれば，③ が選べます。part は「別れる」。**何と**別れるのかを **with** が説明しています。なお，① は「**押し入る**」，② は「**キレイにする・晴れる**」，④ は「**引き継ぐ**」という意味です。

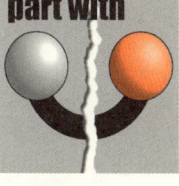

訳　車を手放すのは嫌でしたが，お金がいるので売らなければなりませんでした。

POINT!　「つながり（一緒）」を表す with。いろんなものをつなげることができるんですね。

第8章：前置詞

前置詞 by | **付帯状況の with** | **句動詞**

ⓐ Don't speak **with** your mouth full. 「口をいっぱいにして話すな」
ⓑ Meg went back to her desk **with** a big smile on her face.
「メグは満面の笑みを顔に浮かべて机に戻った」
ⓒ Eric sang the song **with** tears running down his cheeks.
「エリックは涙を流しながら歌を歌った」
ⓓ Betty sat in the chair **with** her legs crossed.
「ベティは脚を組んでいすに座っていた」

329

My sister is in the front row in the picture. She is the one ☐ in her hands.

① of everything　② of some things
③ with anything　④ with nothing

[07 本 05]

330

You can use a large plastic bottle ☐ cut off as a pot to grow young plants in.

① the top is　② the top of which
③ whose top　④ with its top

[93 本 09] 改

withのあとに**名詞+説明語句**が続くことがあります。これは「**付帯状況の with**」とよばれる特別な形。2つのできごとが**時間的につながっている**,つまり「**同時**」だよっていうことなんです。説明語句の部分にはさまざまな要素が配置できます。ⓐは形容詞,ⓑは前置詞句,ⓒは -ing 形,ⓓは過去分詞。**名詞のあとから説明を加える**んですよ。

付帯状況の with

解答
- ① of everything　19.4%
- ② of some things　15.2%
- ③ with anything　26.8%
- ④ **with nothing**　38.6%

解説 付帯状況の with は**名詞のあとに説明語句が続きます**(イラスト参照)。③の anything は「何でもいいよ」となり意味がおかしいので④が正解。音読を繰り返して早くこの形に慣れていきましょう。

●P.406

訳 私の姉はその写真の前列にいます。手に何ももっていない人がそうです。

付帯状況の with

解答
- ① the top is　15.6%
- ② the top of which　37.5%
- ③ whose top　21.9%
- ④ **with its top**　25.0%

解説 引き続き付帯状況の with を含んだ④が正解です。its top「上の部分」が cut off「切り落とされた」状況を with がつなげています。ちなみに wh 修飾の②③は,文があとにつながる必要があるのでダメなんです。

訳 植物の苗を栽培するための容器として,上部を切り落とした大きなペットボトルを使うことが可能です。

POINT 付帯状況の with は,with +名詞+説明語句。形に慣れたらすぐ使えますよ。

第8章：前置詞

331

Our homeroom teacher calls all his students ☐ their first names.

① by　　② in　　③ on　　④ with

[85本06]改

332

"Shall we order another bottle of beer?"
"☐."

① By all means　　② By the way　　③ After all　　④ At first

[79本20]

333

You can hire a bicycle ☐ the hour at this shop.

① at　　② by　　③ to　　④ with

WORDS & PHRASES
□ hire 動 = (一時的に) 借りる

[79追23]

334

More and more videos were being rented in Britain, yet the number of movie tickets sold ☐ 81 percent from 53 to 96 million.

① decreased less than　　② decreased to
③ increased by　　④ increased up to

[93本16]

331・332・333・334

方法・手段の by「～によって」

解答 ① **by** 12.5%　② in 6.3%　③ on 31.3%　④ with 50.0%

解説 正解は how（方法・手段）の ①**by**。by は「**近接**」が基本イメージ。目標とくらべて，方法・手段は**近く**に感じることから by が使われます。**by** car や **by** bus でおなじみです。

訳 私たちの担任の先生は，自分の生徒を全員ファーストネームで呼びます。

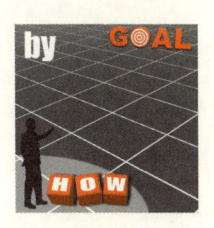

By all means.「もちろんぜひ」

解答 ① **By all means** 42.8%　② By the way 4.8%　③ After all 42.9%　④ At first 9.5%

解説 フレーズの知識を問う問題。正解は ①**By all means**。これも how（方法・手段）の **by** なんですよ。「あらゆる手段によって」から「ぜひ」といった意味になります。なお，② は「**ところで**」，③ は「**(予期に反して) 結局**」，④ は「**最初は**」なので，意味が通りません。

訳 「ビールをもう一杯注文しましょうか？」「もちろんぜひ」

by the hour「1 時間単位で」

解答 ① at 47.8%　② **by** 30.4%　③ to 8.7%　④ with 13.0%

解説 正解は即決で ②**by** the hour「1 時間単位で」。これは「時間という**方法で**」と考えればよいでしょう。by **the** dozen なら「**1 ダース単位で**」。by train, by e-mail と違って **the を忘れずに**！

訳 この店では，自転車を 1 時間単位で借りることができます。

程度の by

解答 ① decreased less than 12.5%　② decreased to 26.6%　③ **increased by** 43.8%　④ increased up to 17.2%

解説 by のもつ how の意味がわかれば，あとひと息。今回は，単なる how ではなく **how much**「**程度**」と考えてください。どの**程度**の差で増えたかを by が説明しています。

訳 イギリスでは，ビデオのレンタルが増えていますが，それでも映画のチケットの売り上げ枚数は 5300 万枚から 9600 万枚へと 81％ 増になりました。

POINT! 「by＝そば」という単純なイメージだからこそ，いろいろな意味を結び付けることが可能なんです。

第8章：前置詞

335

If we take an express, we'll get home ____ seven o'clock.

① by　　② for　　③ in　　④ until

[89本06]

336

This coffee shop opens at 7:30 and serves breakfast ____ 10 o'clock.

① within　　② by　　③ for　　④ till

[03本01]改

WORDS & PHRASES
□ serve 動 ＝（食事）を出す

337

I'd be grateful if you could answer this letter ____ the fifteenth of this month.

① by　　② by the time　　③ till　　④ until the time

[88追14]

WORDS & PHRASES
□ grateful 形 ＝ありがたく思う

338

"Is it possible for you to postpone today's meeting ____ next Wednesday?"

"I'm sorry, but I have another appointment."

① by　　② in　　③ on　　④ until

[10本03]改

by「〜までに」

解答 ① **by** 59.0% ② for 6.6% ③ in 18.0% ④ until 16.4%

解説 「〜まで」を表す前置詞の問題。①by「〜まで**に**」は「**期限**」を表し、④until は「〜まで**ずっと**」と**同じ状況が続く**ことを表します。今回は「7時**までに**着く」となるのが自然なので、正解は ① ですね。

訳 もし急行に乗れば、7時までには家に着きます。

till / until「〜までずっと」

解答 ① within 2.2% ② by 30.7% ③ for 6.2% ④ **till** 60.9%

解説 ②「10時までに朝食を出す」では、朝食を何時間も待たされる可能性があります。正解は ④till「10時までずっと」。till も until も同じように使ってくださいね。

訳 このコーヒーショップは7時30分に開店し、10時までずっと朝食を出します。

by「〜までに」

解答 ① **by** 55.7% ② by the time 21.3% ③ till 9.8% ④ until the time 13.1%

解説 この文は15日という**期限**を示しているので ③ ④ は不可。② は **By the time we reached home**, it was quite dark.「家に戻った頃には、すっかり暗くなっていた」のように by the time ＋文の形で使うのでアウト。正解は ① です。

訳 今月15日までにこの手紙に返信していただければ嬉しく思います。

till / until「〜までずっと」

解答 ① by 25.0% ② in 7.4% ③ on 40.4% ④ **until** 27.2%

解説 till と until を正しく理解していれば ④ が簡単に選べるはずです。**水曜までずっと会議がない状況が続く**ことになるのだから till, until の出番ですね。put off や postpone と実に相性の良い前置詞なんです。

訳 「今日の会議を今度の水曜まで延期することは可能ですか？」「すみませんが、あいにく別の予定があるんですよ」

POINT! 「〜まで」を表す by と till / until。きちんと使い方をおさえましょうね。

第8章：前置詞

339
No child ____ the age of sixteen will be admitted to the theater.

① down   ② except   ③ under   ④ until

[92 追 02]

340
Many residents want to put a traffic light at the intersection. This problem will soon be ____ discussion.

① under   ② among   ③ with   ④ during

[80 追 02] 改

341
"Have you finished the preparation for your social studies debate?"
"Yes, I talked about it with our group members ____ lunch."

① across   ② on   ③ over   ④ with

[09 追 04]

342
This city is three hundred feet ____ sea level.

① on   ② beyond   ③ up   ④ above

[81 追 12]

under は「下」

解答 ① down ② except ③ **under** ④ until
　　　 5.3%　　 10.5%　　 78.9%　　　 5.3%

解説 16歳より「下」を表す ③ under が正解。16歳以下ではなくて未満ですよ。under は単なる「下」ではなく「おおわれた」というニュアンスももっています。
　例：The cat is **under** the bed.「猫がベッドの下にいる」

訳 16歳未満の子どもは劇場には入れません。

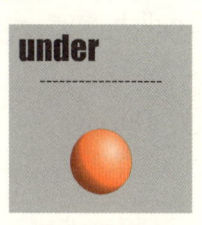

未完成の under

解答 ① **under** ② among ③ with ④ during
　　　 26.1%　　　 26.1%　　 30.4%　　 17.4%

解説 即決で ① under が正解です。discussion の「下(もと)」にあることから，under が使われます。under construction も同じで，工事の「下」にあるから「工事中」なんですよ。

訳 多くの住民は交差点に信号の設置を望んでいます。この問題はすぐに討論されるでしょう。

over lunch「昼食を食べながら」

解答 ① across ② on ③ **over** ④ with
　　　 8.6%　　　 48.6%　 12.9%　　 30.0%

解説 これも即決で ③。over は上に「円弧」が基本イメージ。over lunch なら，**会話が lunch の上を右絵のように行き交います**ね。over のあらゆる用法にこの「円弧」のイメージを結び付けてみてください。

訳 「社会科のディベートの準備は終わった？」「うん，昼食を食べながらグループのメンバーと話したよ」

above は「上」，below は「下」

解答 ① on ② beyond ③ up ④ **above**
　　　 21.7%　 21.7%　　 26.1%　 30.4%

解説 海抜に用いるのは ④ above。「高さが上」であることを表すのが above。over と違っておおうような感触はありません。「高さが下」なら below。below zero で「氷点下」といった使い方も可能です。

訳 この街は海抜 300 フィートです。

POINT! 「上下」を表す表現では，「おおうような感触」の有無に気をつけてみてください。

第8章：前置詞

343

☐ the last war, coffee has been getting more popular with the English.

① During ② Over ③ Since ④ As

[81 追 13]

344

The heavy rainfall has caused vegetable prices to rise daily ☐ the last two months.

① by ② for ③ since ④ with

[93 本 11]

345

Robin suddenly began to feel nervous ☐ the interview.

① during ② by ③ while ④ until

[02 追 01]

346

"Why don't you visit the Statue of Liberty during your ☐ in New York?"

"I'd love to, but I don't have enough time."

① destination ② planning ③ schedule ④ stay

[11 追 03 改]

起点を表す since「〜から」

解答 ① During ② Over ③ **Since** ④ As
13.0%　　21.7%　　60.9%　　4.4%

解説 現在完了進行形 (has been getting) に注目してください。(過去の) 起点を表す ③Since「〜から [以来]」の出番です。since I came to Japan「来日して以来」のように，あとに文を続けることもできますよ。

訳 戦後，コーヒーが英国人に人気が出てきています。

期間を表す前置詞

解答 ① by ② **for** ③ since ④ with
14.1%　　35.9%　　40.6%　　9.4%

解説 今回も現在完了形 (has caused) に注目してくださいね。継続した期間を表すのに用いられるのが ②for です。「どれくらい続いているのか」に焦点がある表現なんです。

訳 ここ2ヵ月のあいだ，大雨のせいで日々野菜の値段が上昇している。

期間を表す前置詞

解答 ① **during** ② by ③ while ④ until
41.2%　　23.5%　　32.4%　　2.9%

解説 今度は期間を表す ①during が正解。こちらは「できごとがいつ起こったのか」に焦点があります。③while は接続詞。while you're out「外出中に」のように，あとに名詞が単独でこないんです。

訳 ロビンは面接のあいだに突然緊張し始めました。

期間を表す前置詞

解答 ① destination ② planning ③ schedule ④ **stay**
7.1%　　　15.7%　　　17.1%　　　60.0%

解説 正解は ④during your stay「滞在中に」です。during sleep「睡眠中」/ work「仕事中」/ my lecture「講義のあいだ」のように，期間を感じる名詞と一緒に使いますよ。

訳 「ニューヨーク滞在中に，自由の女神を訪れてはいかがですか？」「行きたいけど十分な時間がないんだ」

POINT! for と during の使い分けは日本語訳だけで考えないこと。どこに関心があるのかがポイントです。

第8章：前置詞

347

Dr. Smith is very kind. He always talks to me ☐ a teacher to a child.

① as same as ② how ③ like ④ similar as

[95本14]改

348

What is the weather in your home town ☐ about this time of the year?

① likely ② like ③ liked ④ alike

[82追04]

349

"How about going to a restaurant tonight?"
"I have a slight headache, so I don't ☐ like going out tonight."

① look ② mean ③ wish ④ feel

[86追02]改

350

☐ his brothers, who both play the piano, Rick has no musical talent at all.

① Unlike ② Because of ③ Between ④ As to

[03追06]

like「～のように」

解答 ① as same as　② how　③ **like**　④ similar as
　　　　18.1%　　　　9.7%　　50.0%　　　22.2%

解説 正解は ③ like。David looks like a bear.「デイビッドは熊みたいだね」のように，like は「類似」していることを表します。

訳 スミス医師はとても優しいです。私に対していつも子どもに語りかける学校の先生のように話しかけてくれます。

● P.643

What is ～ like ?「～はどのような感じですか？」

解答 ① likely　② **like**　③ liked　④ alike
　　　　21.4%　　28.6%　　9.5%　　40.5%

解説 like「～のような」を使った疑問文です。What is ～ like?「～は何のようですか？」の主語の部分にいろんな名詞を入れてみてください。it と to 不定詞を組み合わせて，**What is it like to** work in a foreign country?「海外で働くのはどんな感じ？」なんていう言い方もできますよ。

訳 あなたの故郷の天候は，今の時期はどのような感じですか？

● P.212

feel like -ing 形「～したい気がする」

解答 ① look　② mean　③ wish　④ **feel**
　　　　16.7%　　0.0%　　5.5%　　77.8%

解説 正解は即決で ④ feel。この like を使った興味深いフレーズもここで頭に入れておきましょう。feel like -ing 形で「～したい（気がする）」という表現です。

訳 「今晩レストランにでも行かないかい？」「少し頭が痛いから，今晩は外出したくないの」

unlike「～と違って」

解答 ① **Unlike**　② Because of　③ Between　④ As to
　　　　20.3%　　　9.5%　　　　17.6%　　　52.7%

解説 文意から正解は ① Unlike「～とは違って」。対比を表し，あとに名詞が続きます。④は「～については」という意味の前置詞なんです。

訳 ピアノを弾く 2 人の兄弟たちとは違って，リックには音楽の才能が全くありません。

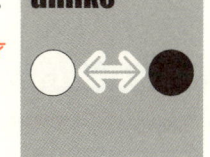

● P.409

POINT! 価値観が「類似」してるから「好きになる」ってことありますよね。like は like なんですよ。

241

第8章：前置詞

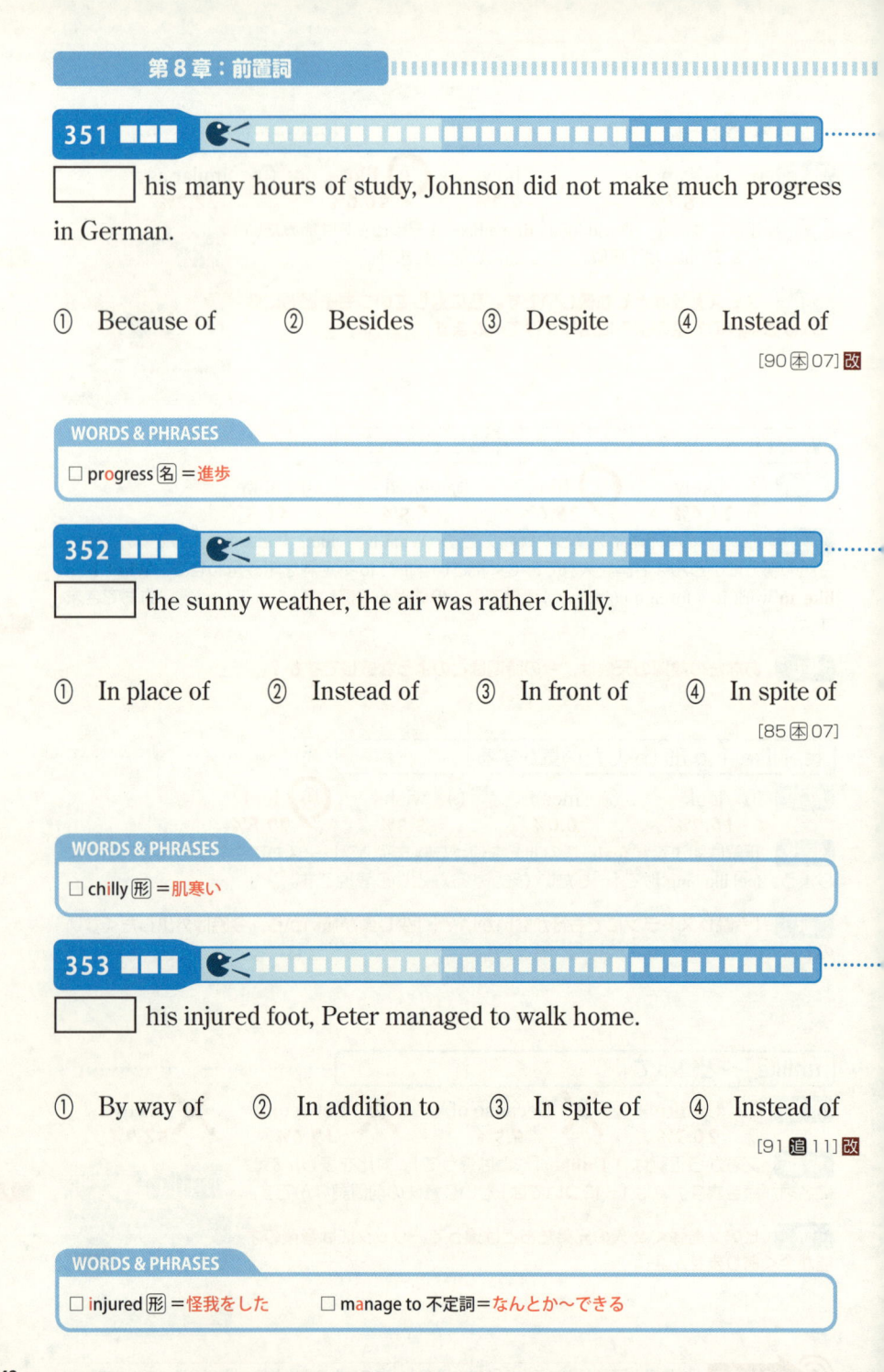

351
[　　] his many hours of study, Johnson did not make much progress in German.

① Because of   ② Besides   ③ Despite   ④ Instead of

[90 本 07] 改

WORDS & PHRASES
□ progress 名＝進歩

352
[　　] the sunny weather, the air was rather chilly.

① In place of   ② Instead of   ③ In front of   ④ In spite of

[85 本 07]

WORDS & PHRASES
□ chilly 形＝肌寒い

353
[　　] his injured foot, Peter managed to walk home.

① By way of   ② In addition to   ③ In spite of   ④ Instead of

[91 追 11] 改

WORDS & PHRASES
□ injured 形＝怪我をした   □ manage to 不定詞＝なんとか〜できる

譲歩を表す前置詞：despite

解答 ① Because of　② Besides　③ **Despite**　④ Instead of
　　　　11.3%　　　　3.2%　　　　72.6%　　　　12.9%

解説「たくさん勉強した**けど**進歩せず」という「逆行」の流れですね。だったら答えは③ **Despite**「〜にもかかわらず」。なお、①は「〜のために」、②は「〜に加えて」、④は「〜の代わりに」という意味の前置詞です。

訳 かなりの時間勉強したにもかかわらず、ジョンソンのドイツ語はあまり上達しませんでした。

譲歩を表す前置詞：in spite of

解答 ① In place of　② Instead of
　　　　12.5%　　　　6.3%
　　　③ In front of　④ **In spite of**
　　　　31.3%　　　　50.0%

解説「晴れてる**けど**肌寒い」という逆行のつながりですね。もちろん正解は④ **In spite of**。despite は 1 語、in spite of は 3 語で同じ役割。この**見た目の違いが受験ではよく問われます**。なお、①と②は「〜の代わりに」、③は「〜の正面に」という意味です。

訳 晴天にもかかわらず、空気はかなり冷たいものでした。

譲歩を表す前置詞：in spite of

解答 ① By way of　② In addition to
　　　　3.0%　　　　4.5%
　　　③ **In spite of**　④ Instead of
　　　　84.8%　　　　7.6%

解説「足に怪我を負っている**にもかかわらず**、なんとか家に到着」なので、正解は③ **In spite of**「〜にも関らず」しかありませんね。他の選択肢で①は「〜経由で」、②は「〜に加えて」、④は「〜の代わりに」という意味です。一緒に覚えておきましょう。

訳 足にケガをしていましたが、ピーターはなんとか家までたどり着けました。

POINT! 譲歩を表す表現はいくつかあります。しっかりと使い方（■ P.634〜635）を身につけてくださいね。

第8章：前置詞

前置詞 by / 付帯状況の with / **句動詞**

ⓐ **Life *goes on*.**「人生は続く」
ⓑ **I'm *looking for* my car keys.**「車の鍵を探しています」
ⓒ ***Wake* me *up* at 7.**「7時に起こして」

354
How did it ___ about that summer in Tokyo is hotter than it used to be?

① come　② take　③ happen　④ occur

[06 本 05]

355
On her way home, Mary came ___ John.

① about　② along　③ away　④ across

[79 追 06] 改

356
Everyone was disappointed to hear that Judy had ___ the generous offer.

① put on　② put out　③ turned down　④ turned up

[08 追 05] 改

WORDS & PHRASES
□ disappointed 形 ＝がっかりした　□ generous 形 ＝寛大な・気前のよい

句動詞とは「基本動詞＋α」のフレーズのこと。＋αには、前置詞やup, downなどといった意味の「軽い」単語が入ります。ⓐは句動詞全体で自動詞と同じ使い方です。onによって「続く」感触が添えられています。ⓑは全体で他動詞と同じ使い方です。for「求めて」目を向けるから全体で「探す」なんです。ⓒは語順に注意。**基本動詞と前置詞のイメージを足し算しながら使っていけば、難なく身につきますよ。**

---

come about「起こる」

解答 ① **come** 53.8% ② take 23.2% ③ happen 11.5% ④ occur 11.5%

解説 「まわり」が基本イメージの about と組み合わせることで意味をなすのは ① come だけ。「まわり（近く）に来る→起こる」ということ。③④の「起こる」は about が不要。② take は **place** と組み合わせれば「起こる・行われる」という意味を表します。

訳 どうして東京の夏が昔より暑いといったことが起きたのでしょうか？

---

come across「偶然出会う」

解答 ① about 4.4% ② along 0.0% ③ away 26.1% ④ **across** 69.6%

解説 即決で④。across に含まれているのは cross「十字」。十字を作るように動けば、「**偶然出会う**」ことになります。イラストのように、向かっている場所が違うから「偶然」というニュアンスが出てくるんです。

訳 家に帰る途中、メアリーはジョンにばったり会いました。

---

turn down ～「～を断る」

解答 ① put on 15.5% ② put out 36.6% ③ **turned down** 29.6% ④ turned up 18.3%

解説 意味をなすのは ③ turned down「断った」だけ。イラストで理解できますね。他は、①が「身につける」、②が「～を消す」、④が「現れる」という意味です。

訳 ジュディーがその寛大な提案を断ったということを聞いてみんながっかりしました。

POINT! 句動詞は、基本動詞と前置詞［副詞］の組み合わせ。それぞれのイメージを大切にしましょう。

第8章：前置詞

357

Because Tony's parents had died when he was young, his uncle brought him _____.

① with ② about ③ in ④ up

[86 本 15] 改

358

"I've got to _____ up now. Someone is waiting to use the phone."
"OK. Talk to you later."

① break ② give ③ hang ④ put

[88 本 07] 改

359

Our president is imaginative and often comes up _____ new ideas.

① over ② in ③ through ④ with

[82 本 04] 改

WORDS & PHRASES
□ imaginative 形 ＝ 想像力豊かな

360

"I wish Craig wouldn't speak so rudely. He really annoys me."
"Yeah, I can't _____ up with him either."

① catch ② keep ③ put ④ take

[98 本 04] 改

357・358・359・360

bring up ～「～を育てる」

解答 ① with ② about ③ in ④ **up**
13.3%   13.3%   0.0%   73.3%

解説 1章でやりましたね。正解はもちろん ④ up。grow up「育つ」の up も同じイメージです。成長すれば，上に大きくなりますからね。up は上，down が下を表す単語です。

訳 トニーは若い頃両親が亡くなったので，おじが彼を育ててくれました。

● P.277

hang up「電話を切る」

解答 ① break ② give ③ **hang** ④ put
3.3%   11.5%   77.0%   8.2%

解説 「電話を切る」のは ③ hang up。昔，上 (up) につるしかけ (hang) て電話を切っていたのが由来です。現代の電話でも使える日常表現ですね。

訳 「電話を切らなくちゃ。電話を使うために待っている人がいるんです」「わかった。またあとで」

come up with ～「～を思いつく」

解答 ① over ② in ③ through ④ **with**
0.0%   0.0%   21.4%   78.6%

解説 これは即決で ④ を選べますね。「出現の up」です！

訳 社長は想像力豊かで，新しい考えをよく思いつきます。

● P.278

put up with ～「～を我慢する」

解答 ① catch ② keep ③ **put** ④ take
24.3%   12.9%   50.0%   12.9%

解説 意味より ③ が正解です。put up with ～「～を我慢する」はイラストから理解できますね。なお，① の「追いつく」，② の「ついていく」では，up が「接近」を表しています。

訳 「クレイグはあんな失礼な話し方しないでほしいわ。本当に腹が立つ」「そうだね，僕も彼には我慢できないよ」

● P.278

POINT! up は「上に」から「接近」へ。近づいてくれば大きく見えますからね。

第8章：前置詞

361

I don't know what this word means. I'll look it [ ] in the dictionary.

① about ② for ③ through ④ up

[91 本 07]

362

This beautiful autumn weather we've been having makes [ ] the wet summer.

① away with ② out with ③ up for ④ up with

[88 本 08]

363

I am afraid that all of the cheap sources of energy will be [ ] in the future.

① brought about ② gone away
③ turned off ④ used up

[88 追 06]

364

I heard the Johnsons' marriage was [ ], but they've managed to save it.

① breaking out ② breaking up
③ broken in ④ broken out

[97 追 07] 改

361・362・363・364

look up 〜「〜を調べる」

解答 ① about 4.6% ② for 38.5% ③ through 6.2% ④ **up** 50.8%

解説 辞書やパソコンで調べることを ④ look up と表現します。語順にも気をつけてくださいね。代名詞が目的語だった場合，look it up とフレーズが分離します。

● P.373

訳 私はこの単語の意味がわかりません。辞書で調べてみます。

make up「埋め合わせをする」

解答 ① away with 14.8% ② out with 9.8% ③ **up for** 37.7% ④ up with 37.7%

解説 make up は，失敗によってあいた穴を埋め合わせするということ。正解は ③「〜の埋め合わせをする」。④ なら「〜と仲直りをする」。これは下がってしまった関係をまた上げるということです。

訳 最近続いているこの美しい秋の天候が，雨の多かった夏の埋め合わせをしてくれています。

use up 〜「〜を使い果たす」

解答 ① brought about 13.1% ② gone away 24.6% ③ turned off 29.5% ④ **used up** 32.8%

解説 次は完全の up です。ジュースをコップに注ぎ続けると，かさが増えていき，やがて満杯になりますよね。そこから「完全に」という意味が生まれます。use up は「完全に使い果たす」ということですね。

● P.278

訳 安価なエネルギー源のすべてが，将来使い果たされるでしょう。

break up「(カップルが) 別れる」

解答 ① breaking out 24.6% ② **breaking up** 20.3% ③ broken in 10.1% ④ broken out 44.9%

解説 ②「完全に壊れ→(カップルが) 別れる」が正解です。なお，① と ④ は「突然起こる」，③ は「(建物に) 押し入る」という意味ですね。

訳 ジョンソン一家の結婚生活が破綻しかけているということでしたが，何とか持ち直しました。

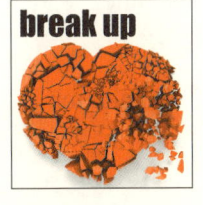

POINT up は「上に」から「完全に」。基本イメージから派生させて意味の広がりをおさえましょう。

第8章：前置詞

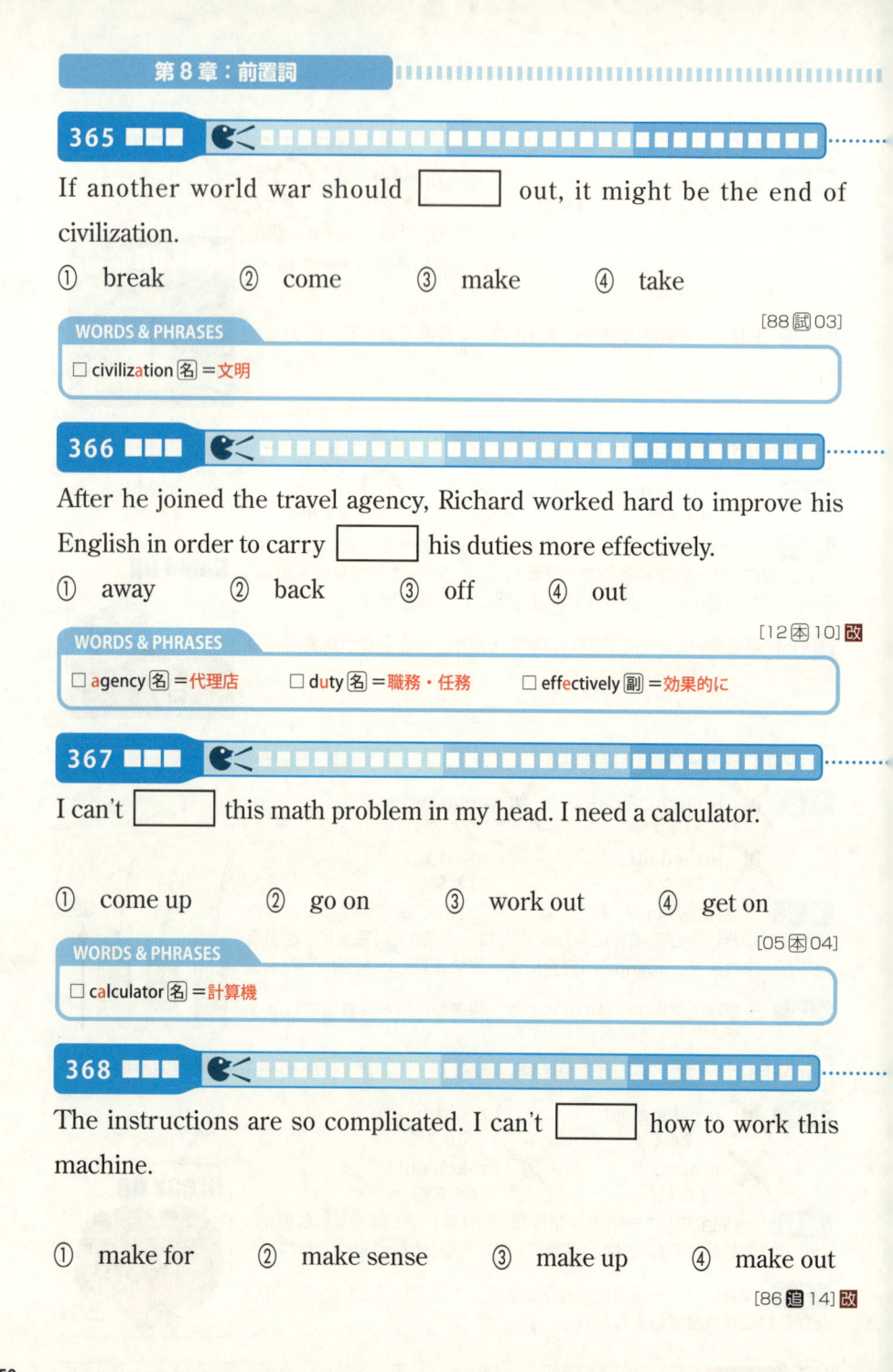

365

If another world war should ☐ out, it might be the end of civilization.

① break ② come ③ make ④ take

[88試03]

WORDS & PHRASES
☐ civilization 名＝文明

366

After he joined the travel agency, Richard worked hard to improve his English in order to carry ☐ his duties more effectively.

① away ② back ③ off ④ out

[12本10]改

WORDS & PHRASES
☐ agency 名＝代理店　☐ duty 名＝職務・任務　☐ effectively 副＝効果的に

367

I can't ☐ this math problem in my head. I need a calculator.

① come up ② go on ③ work out ④ get on

[05本04]

WORDS & PHRASES
☐ calculator 名＝計算機

368

The instructions are so complicated. I can't ☐ how to work this machine.

① make for ② make sense ③ make up ④ make out

[86追14]改

break out「(火事や戦争が) 突然起こる」

解答 ① **break** 89.4% ② come 10.5% ③ make 0.0% ④ take 0.0%

解説 文意に合うのは①。今まで起こっていなかったことが、**break** して外 (**out**) に出てくるのです。「突然」というニュアンスをつかみましょう。なお、②は「現れる」、③は「わかる」、④は「持ち出す」という意味です。

訳 万が一もう一度世界大戦が勃発すると、文明が終わりを告げるかもしれません。

carry out ～「～を実行する」

解答 ① away 3.0% ② back 3.8% ③ off 5.8% ④ **out** 87.4%

解説 正解は④。机上のアイデアを**外に持ち出して**「実行にうつす」という意味。carry **out** research / a test / a survey / an experiment などがよく見かける組み合わせです。一緒に覚えてしまいましょうね。

訳 旅行代理店の一員になってから、リチャードはもっと効果的に職務を果たすために懸命に勉強して自分の英語を磨きました。

work out ～「～をわかる」

解答 ① come up 13.1% ② go on 11.3% ③ **work out** 55.8% ④ get on 19.8%

解説 正解は③。表面上ではわからないことを work して導き**出す**から out とつながります。なお、①は「～を思いつく」、②は「～を続ける」、④は「～とうまくいく」という意味では、いずれもつながりを表す with を伴います。

訳 私はこの数学の問題を暗算できません。計算機が必要です。

make out「わかる」

解答 ① make for 0.0% ② make sense 22.2% ③ make up 16.7% ④ **make out** 61.1%

解説 ④ **make out**「わかる」が正解。先ほどの work out と同じように考えてください。②は make sense「意味をなす」というフレーズ。「～を理解する」という意味なら make sense of ～という形で使うのでアウト。なお、①は「～に向かう」、③は「作り上げる」という意味です。

訳 説明書が複雑です。この機械の動かし方がわかりません。

POINT! out の基本は「外」。基本動詞のイメージと組み合わせれば楽に覚えられそうですね。

第9章：wh修飾

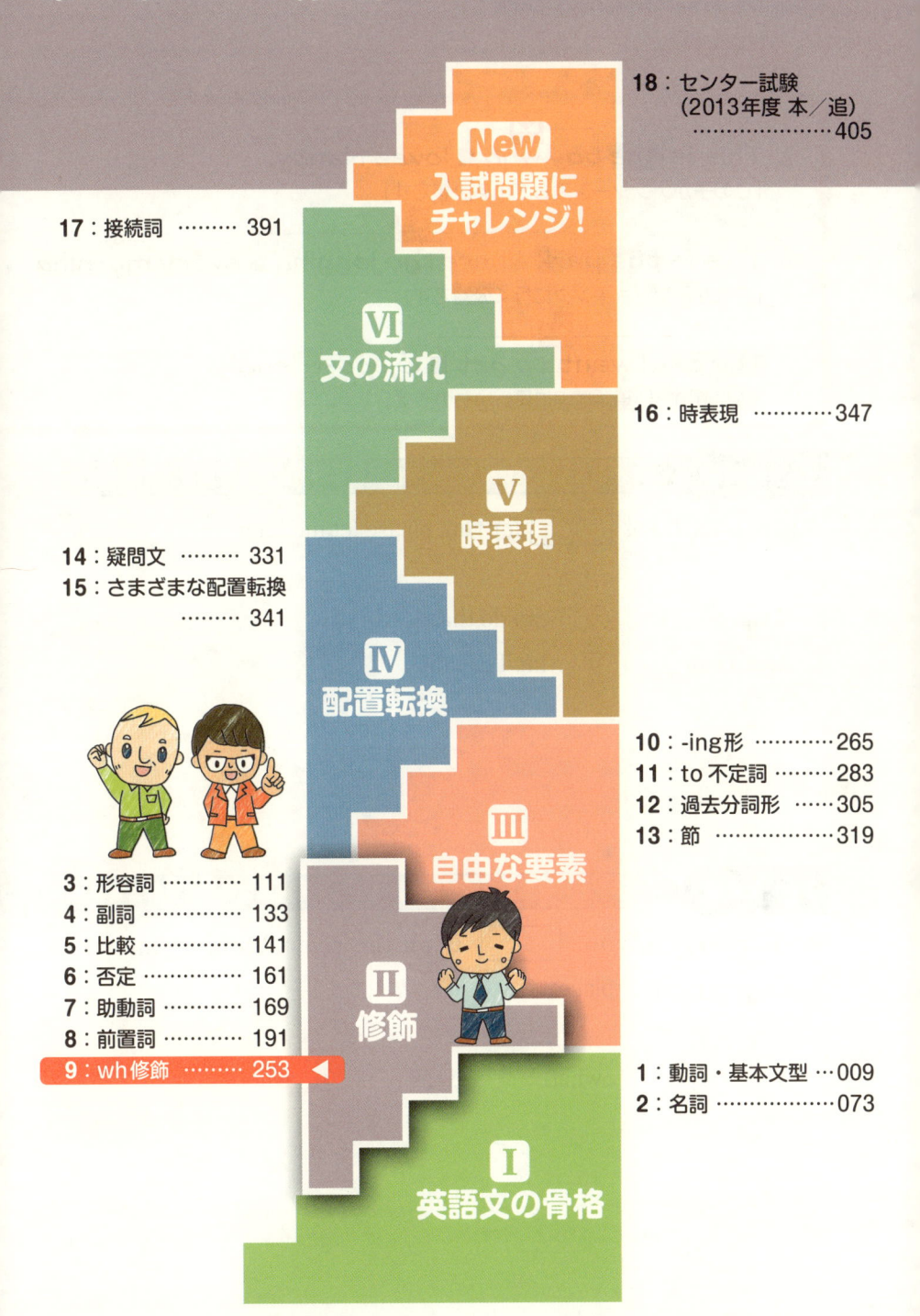

18：センター試験
　（2013年度 本／追）
　……………… 405

New 入試問題にチャレンジ！

17：接続詞 ……… 391

VI 文の流れ

16：時表現 ……… 347

V 時表現

14：疑問文 ……… 331
15：さまざまな配置転換
　　　　　……… 341

IV 配置転換

10：-ing形 ……… 265
11：to 不定詞 …… 283
12：過去分詞形 …… 305
13：節 …………… 319

III 自由な要素

3：形容詞 ……… 111
4：副詞 ………… 133
5：比較 ………… 141
6：否定 ………… 161
7：助動詞 ……… 169
8：前置詞 ……… 191
9：wh修飾 ……… 253 ◀

II 修飾

1：動詞・基本文型 … 009
2：名詞 ………… 073

I 英語文の骨格

第9章：wh 修飾

wh 修飾

ⓐ This is **the boy who** ■ **loves Nancy**.
「この子がナンシーを愛している少年です」

ⓑ This is **the park where** I go jogging ■ every morning.
「これが毎朝ジョギングに行く公園です」

ⓒ **The car** I want to get ■ is eco-friendly.
「私が買いたい車は環境に優しいものです」

369

If there is anything _____ for you, please let me know.

① I can do ② I can do that
③ that I can ④ what I can do

[10 追 07]

370

Stratford-upon-Avon, _____ is on the river Avon, is famous as Shakespeare's birthplace.

① which ② what ③ as ④ where

[81 追 25]

英語には，名詞を修飾するのに後ろに文が続くタイプの表現があります。その**重要な修飾の１つが wh 修飾です。後ろに続く文に穴をあける**ことによって，修飾のターゲットとガッチリ結び付いた修飾を続けるのが特徴です。ⓐ では名詞（主語）の位置に穴があいています。そんなときは who や which を，ⓑ のように副詞の位置に穴があいていたら where や when, why を使います。気をつけてほしいのは ⓒ の文。**目的語の位置に穴があいている場合は，wh 語を書く必要はない**んですね。おさらいすると wh 修飾は，**修飾のターゲットを穴あき文で説明する**だけの簡単な修飾方法のことです。

wh 語を使わない穴埋め修飾

解答　① **I can do** 40.0%　② ✗ I can do that 3.2%　③ ✗ that I can 32.6%　④ ✗ what I can do 24.1%

解説　大切なのは**修飾のターゲットが組み合わされるべき穴が適正にあいているか**です。選択肢を見ると，anything が組み合わされるべき主語か目的語が入る穴が ②④ にはないし，文によって修飾するのに ③ は動詞すらありません。答えは ① ですね。anything I can do ■ for you と目的語に穴があいているときは，あとに文を配置するだけで修飾が可能です。wh 語は補助的な役割だからこそ，なくても大丈夫なんです。

● P.424

訳　あなたのために私にできることがあったら知らせてください。

which による修飾

解答　① **which** 47.8%　② ✗ what 8.7%　③ ✗ as 4.4%　④ ✗ where 39.1%

解説　修飾のターゲットが場所だからといって，**where に飛びついてはいけません**よ。修飾のターゲットは，後続文で**主語の働き**をしているんです。もちろん「人」ではないので，① **which** で受けますよね。Stratford-upon-Avon, which ■ is on the river Avon, …と wh 語の存在が，ガッチリと修飾のターゲットと後続文を結び付けています。あと which の前にカンマが付いているのは，「それは（ちなみに）エイボン川沿いなのですが」と**付加的に情報が加えられている**からです。

● P.415
● P.435

訳　ストラットフォード＝アポン＝エイボンは，エイボン川のほとりにあり，シェイクスピアの生誕地として有名です。

> **POINT**　wh 修飾は「穴埋め修飾」。あるべき場所にない要素に意識を向けてくださいね。

第9章：wh 修飾

371

"Are you going somewhere during the vacation?"
"Yes, I've found a nice beach ☐ I can enjoy swimming even in February."

① how　② when　③ where　④ which

[97本05]

372

Firefighters had trouble getting to the street ☐ the houses were on fire.

① how　② that　③ where　④ which

[92本11]改

WORDS & PHRASES
□ firefighter 名＝消防士　□ on fire ＝燃えて(いる)

373

Last winter, I went to Hong Kong, ☐ as warm as I had expected.

① when wasn't　② where it wasn't
③ where wasn't　④ which it wasn't

[98本09]改

371・372・373

where による修飾

解答 ① how 1.4%　② when 5.6%　③ **where** 79.2%　④ which 13.9%

解説 後続文では「すてきなビーチで」泳ぐのを楽しむことができるんですよね。正解は③ **where** で，場所を表す副詞として機能しています。**beach だけで判断せずに，後ろの文での働きを考えてから判断してくださいね。**今回の文は a nice beach where I can enjoy swimming ■ even in February. のように，場所を表す修飾語の位置に穴があいていました。

訳　「休みのあいだ，どこかに行く？」「うん，2月でも水泳が楽しめるすてきなビーチを見つけたんだ」

where による修飾

解答 ① how 2.6%　② that 17.6%　③ **where** 59.1%　④ which 20.7%

解説 修飾のターゲット (the street) が後ろの文でどんな働きをしているかというと，「その通りで」家が燃えていると考えられるので，場所を表す副詞 ③ **where** が選ばれます。the street where the houses were on fire ■ という穴埋め関係ができあがっています。

訳　消防士たちは家々が燃えている通りに着くのに苦労しました。

where による修飾

解答 ① when wasn't 7.2%　② **where it wasn't** 45.7%　③ where wasn't 17.1%　④ which it wasn't 30.0%

解説　「香港では」思ったほど暖かくはなかったってことだから，場所を表す副詞 where の出番。今回は Hong Kong, where it wasn't as warm ■ as I had expected といった穴埋め関係です。正解は②。**後ろの文をしっかりと見極めることが大事なんです。**③を選んだ多くの人は，I had expected のあとに名詞の穴を感じてしまったから。もし選んでいたら，第5章「比較」をおさらいしてください。

訳　この前の冬，香港に行ったのですが，思っていたほど暖かくはありませんでした。

POINT!　where を使う位置で that を使うことはできません。気をつけてくださいね。

第9章：wh 修飾

374

What everyone hates most about driving in big cities is the time ☐ to find a parking space.

① it makes　② that makes
③ it takes　④ that takes

[05追10]

375

"Which girl is Shiori?"
"The one ☐ had a chat with a moment ago."

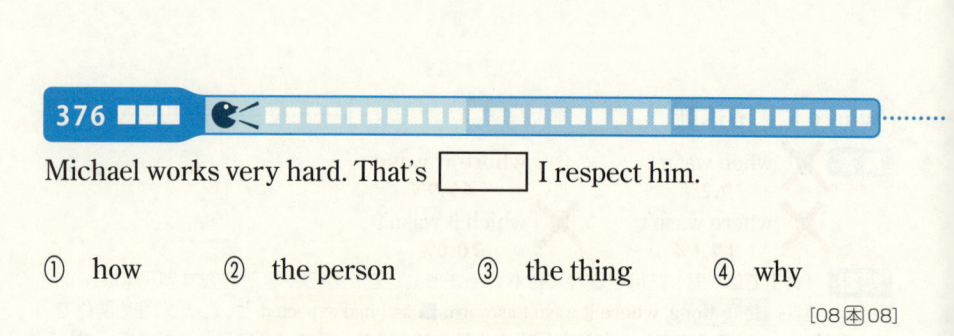

① I　② myself　③ that　④ who

[12本09]

376

Michael works very hard. That's ☐ I respect him.

① how　② the person　③ the thing　④ why

[08本08]

374・375・376

wh語を使わない穴埋め修飾

解答 ① it makes 27.5%　② that makes 7.1%　③ **it takes** 32.9%　④ that takes 32.5%

解説 後ろの文の穴から組み合わせを考えると，修飾のターゲット (**the time**) は it takes **the time**「時間をとる（かかる）」と目的語の働きをしています。名詞の働きだからもちろん ③ の形になります。選択肢にはありませんが，time があるからといって when に飛びついたりしないようにしてください。the time it takes ■ to find a parking space という穴埋め関係ですよ。ちなみに今回の英文の主語は what 節 (What ~ cities) です。

● P.500

訳 大都市で車を運転するときにみんなが一番嫌がるのは，駐車できる場所を探すのにかかる時間です。

wh語を使わない穴埋め修飾

解答 ① **I** 32.2%　② myself 2.8%　③ that 20.2%　④ who 44.8%

解説 後続文を見ると，修飾のターゲット (the one) を組み合せることができる穴が had の前と with のあとの2箇所あります。そこで ① の I を入れると，The one I had a chat with ■ a moment ago. となり，wh 語を使わずに修飾している英文が完成します。① が正解です。

訳 「どちらの女の子がシオリですか？」「さっき私がしゃべっていた子です」

That is why ~「だから~」

解答 ① how 17.5%　② the person 10.2%　③ the thing 4.5%　④ **why** 67.8%

解説 後ろの文を見ると，名詞の位置に穴があいていないので ② ③ はアウト。① なら「方法・手段」について，④ なら「理由」の話になります。最初の英文を見てみると，「マイケルが勤勉」は彼を尊敬する「理由」です。よって正解は ④ **why** です。

訳 マイケルは勤勉です。だから，僕は彼のことを尊敬しているんです。

POINT! まずは後ろの文に注目すること。修飾のターゲットとどう組み合わせるのかを考えてくださいね。

第9章：wh修飾

377

The professor sternly told the student, "Read the passage ☐ I referred in my lecture."

① that ② to that ③ to which ④ which

[94 追 16]

WORDS & PHRASES
□ sternly 副＝厳しく・厳格に   □ passage 名＝（文章の）一節

378

Poor planning may result in choosing a job ☐ you will not be truly successful.

① to whom ② that ③ of which ④ in which

[82 追 08]

WORDS & PHRASES
□ result in 〜 ＝〜という結果になる

379

The conditions ☐ these fine works were created were usually of a most difficult kind.

① under which ② of which ③ which ④ to which

[82 本 13]

WORDS & PHRASES
□ work(s) 名＝作品

377・378・379

前置詞の前置き：to which

解答 ① that 10.6%　② to that 3.0%　③ **to which** 54.5%　④ which 31.8%

解説 まず refer to ～「～に言及する・触れる」という表現を知らないといけません。the passage は referred to の目的語として働いているんだから which を選びます。で、**文体を整えるために to which を前に出している**んです。正解は ③ です。the passage which I referred to ■ in my lecture とくらべると，**フォーマルなニュアンスが前置きによって醸し出される**のですが，発言者が**教授**であることを考えれば十分うなずけます。

訳 教授はその学生に「私が講義で言及した一節を読みなさい」と厳しく言いました。

前置詞の前置き：in which

解答 ① to whom 0.0%　② that 19.1%　③ of which 19.1%　④ **in which** 61.9%

解説 後ろの文と job が適正に組み合わされるためには，successful in the job という形が必要になります。前問と同じく，「**前置詞の前置き**」になっている ④ が正解です。be successful in ～「～に成功する」の知識が必要でした。a job which you will not be truly successful in ■. から in が前置きされていたんです。

訳 不十分な計画だと，本当にうまくやれない仕事を選ぶことになりかねません。

前置詞の前置き：under which

解答 ① **under which** 21.4%　② of which 64.3%　③ which 0.0%　④ to which 14.3%

解説 conditions と後ろの文が組み合わされるには，……under the conditions という形になる必要があります。The conditions which these fine works were created under ■ were…の under が前置きされているだけです。under と conditions の組み合わせを知っている必要がありましたね。

訳 これらのすばらしい作品が創られた状況は，通常きわめて困難なものでした。

POINT! 前置詞の前置きは，フォーマルな響き。フレーズを崩さずに，文の形を整えているんですよ。

第9章：wh 修飾

380

Susan used all her savings to pay for a demo tape, copies of ☐ she later sent to several music companies.

① that   ② what   ③ which   ④ whose

[12 追 04]

WORDS & PHRASES
□ savings 名＝預金・貯蓄

381

Last night, Cindy told me about her new job in Tokyo, ☐ she appears to be enjoying very much.

① which   ② where   ③ what   ④ when

[02 追 04] 改

382

There are few places downtown for parking, ☐ is really a problem.

① what   ② where   ③ which   ④ who

[95 本 10]

カンマ付 wh 修飾：, 〜 of which

解答
① that 0.0%
② what 17.8%
③ **which** 80.0%
④ whose 2.2%

解説 もともとの文の形を考えればいいんですよ。後ろの文は，she later sent copies of the demo tape…となっているはずです。それを前の文と組み合わせるには which が必要になるのですが，わかりやすくするために copies of which 「そのデモテープのコピー」全体が前置きされているんですよ。a demo tape, copies of which she later sent ■ to several music companies. という穴埋め関係。あと，カンマ (,) が前にあるのは付加的な情報が加えられているからなのですが，that にはそんな使い方はありませんよ。

訳 スーザンはデモテープ代にすべての貯金を使い，あとでそのコピーをいくつかの音楽会社に送りました。

カンマ付 wh 修飾：, which

解答
① **which** 55.9%
② where 14.7%
③ what 13.2%
④ when 16.2%

解説 後ろの文では，her new job は enjoying her new job と目的語の働きをしていますよね。だからもちろん ① が正解。… her new job in Tokyo, which she appears to be enjoying ■ very much. と穴を感じ取ることが大切です。しつこいけど，which の前にカンマ (,) があるのは追加情報を盛り込んでいるからですよ。

訳 昨夜，シンディは私に東京での彼女の新しい仕事について話してくれましたが，彼女はその仕事をとても楽しんでいるようでした。

カンマ付 wh 修飾：, which

解答
① what 11.1%
② where 25.0%
③ **which** 63.9%
④ who 0.0%

解説 先行文全体の内容を受ける「カンマ which」です。There are few places downtown for parking, which ■ is really a problem.「市街地に駐車場がない」という話を受けて，「それは大きな問題です」と受けているという構造です。③ が正解です。

訳 市街地には駐車場がほとんどなく，それが深刻な問題になっています。

POINT！ カンマ which には，先行する表現や文全体をターゲットにすることも可能なんですね。

第10章：-ing形

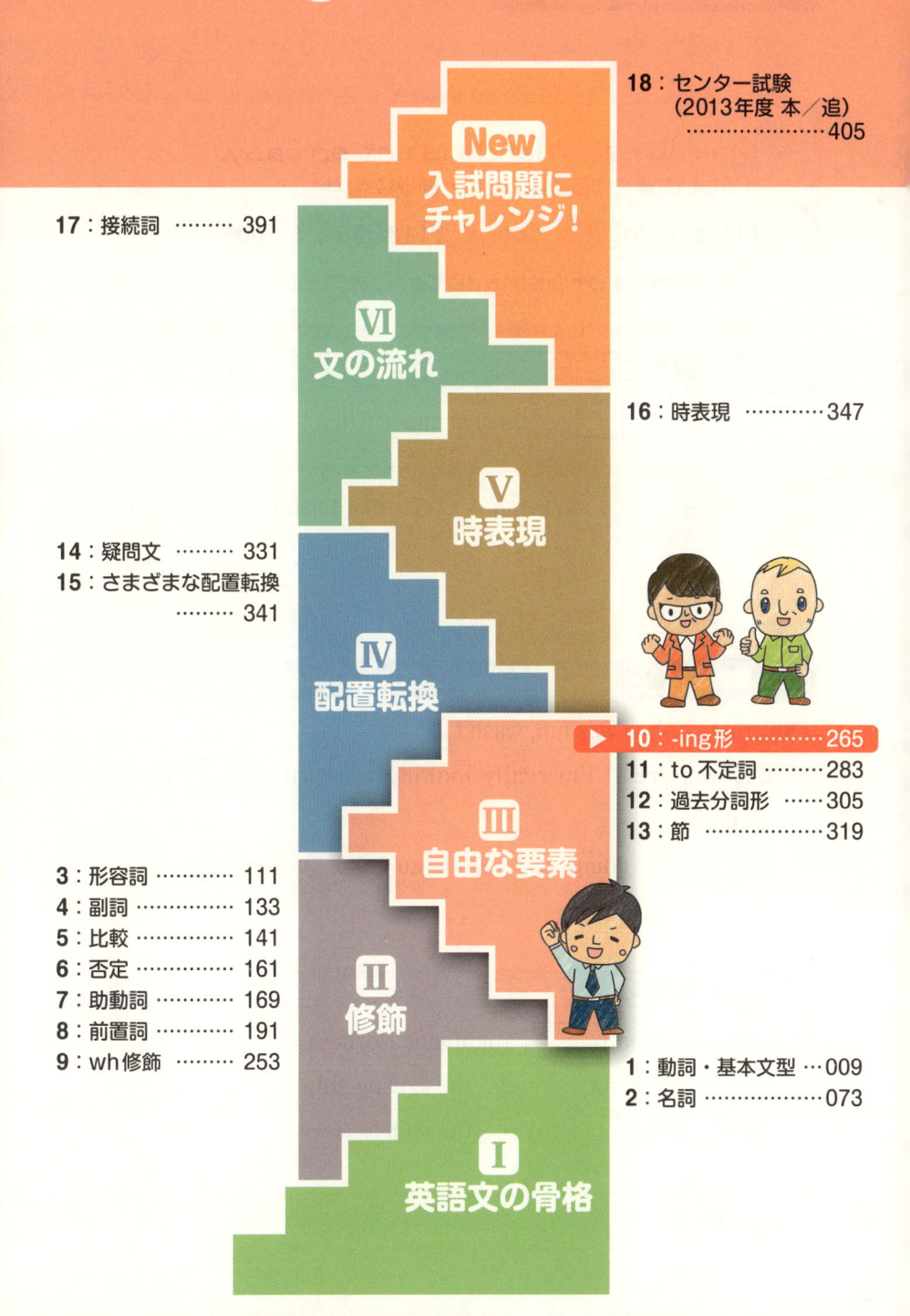

18：センター試験
（2013年度 本／追）
……………… 405

New 入試問題にチャレンジ！

17：接続詞 ……… 391

Ⅵ 文の流れ

16：時表現 ……… 347

Ⅴ 時表現

14：疑問文 ……… 331
15：さまざまな配置転換
……… 341

Ⅳ 配置転換

▶ 10：-ing形 ………… 265
11：to不定詞 ……… 283
12：過去分詞形 …… 305
13：節 ……………… 319

Ⅲ 自由な要素

3：形容詞 ………… 111
4：副詞 …………… 133
5：比較 …………… 141
6：否定 …………… 161
7：助動詞 ………… 169
8：前置詞 ………… 191
9：wh修飾 ……… 253

Ⅱ 修飾

1：動詞・基本文型 …009
2：名詞 …………… 073

Ⅰ 英語文の骨格

第10章：-ing 形

名詞位置の -ing / 意味上の主語 / 修飾位置の -ing

ⓐ **Making new friends** is not so easy.
「新しい友達を作るのはそれほど簡単じゃない」
ⓑ I like **going for a walk**.「お散歩をするのが好きです」
ⓒ I'm afraid of **being late**.「遅刻するのではないかと心配です」

383

I always enjoy [　　] to classical music when I have some free time.

① listening　② to listen　③ that I listen　④ in listening

[86 本 13]

384

"Our trip to Tokyo was fun, wasn't it?"
"Yes, it was great! I'm really looking forward [　　] there again sometime."

① go　② going　③ to go　④ to going

[00 本 08]

385

The storm delayed [　　] Yokohama Harbor.
① the ship's leaving　② the leaving ship
③ the ship leave　　 ④ the ship to leave

[81 本 22]

WORDS & PHRASES
□ harbor 名 ＝ 港

-ing 形は，どの位置に置かれても「**生き生きとした躍動感**」を持ちます。ⓐは友達作りに失敗して帰ってきた子どもに対して，「友達作りって……」と語りかける。**実際のできごとが頭の中に生き生きと思い起こされている**から -ing 形。ⓑ ⓒ も具体的な状況を思い描き，**リアリティ**を感じているから -ing 形なんですよ。

目的語位置での動詞 -ing 形

解答 ① **listening**　② to listen　③ that I listen　④ in listening
　　　　93.3%　　　　6.7%　　　　0.0%　　　　0.0%

解説 enjoy が後ろに取るのが to 不定詞なのか，-ing なのかという問題。即決で正解は ① listening。**具体的でリアルなもの**でなければ「楽しむ」ことはできませんからね。**enjoy はリアリティ動詞**なんですよ。▶コラム P.282 を読んで，まずは全体感をつかんでおきましょう。
（※ -ing 形と to 不定詞の選択は，次の章でたくさん問題を用意しました。お楽しみに！）

● P.446

訳 暇な時間があると，いつもクラシックを聴いて楽しんでいます。

look forward to -ing 形

解答 ① go　② going　③ to go　④ **to going**
　　　　0.0%　　2.8%　　25.3%　　71.9%

解説 look forward to は「〜に目を向ける」から「楽しみにする」。**具体的でリアルな状況**を想像して使うから -ing 形があとに続きます。正解は ④ です。ちなみに，この表現はビジネスレターなどの**カチっとした場面ではあまり進行形にはしません**。

訳 「東京旅行楽しかったよね？」「ええ，とっても！　いつかまた行くのがすごく楽しみ」

意味上の主語は「所有格」

解答 ① **the ship's leaving**　② the leaving ship
　　　　54.8%　　　　　　　　21.7%
　　　③ the ship leave　　　④ the ship to leave
　　　　7.4%　　　　　　　　16.1%

解説 delay「**(物事)を遅らせる**」のあとは，the start of the show などの名詞や**具体的なスケジュール**がきます。だから漠然とした to 不定詞は使うことができません。正解は ① ですね。ship's（**所有格**）は leaving の**意味上の主語**です。

● P.445

訳 嵐のせいで船が横浜港から出港するのが遅れました。

POINT!　動詞 -ing 形を名詞位置に置けば名詞。主語や目的語として使えるんですよ。

第10章：-ing 形

意味上の主語

ⓐ **My baby's** crying is pretty stressful.
「自分の赤ちゃんが泣いてるのはかなりストレスだよ」

ⓑ Steve is proud of his **father('s)** being rich.
「スティーブは父親が金持ちなのを誇りに思っています」

386

A rush-hour traffic jam delayed [　　] by two hours.

① me to arrive ② my arrival
③ me for arriving ④ my arriving late

[90追11]

WORDS & PHRASES
□ by 前 ＝～の差で

387

My homeroom teacher insisted [　　] use of the opportunity of studying abroad.

① for me to make ② for my making
③ on my making ④ me to make

[80本23]改

388

Doesn't Betty's mother complain about [　　] every night?

① for your calling her up ② that you call her up
③ you call her up ④ your calling her up

[88追11]

意味上の主語とは，見た目は主語の形（主格）ではないけれど，**意味的には主語を示す語句**のこと。ⓐのように，-ing 形が名詞扱いされているなら，-ing 形の**意味上の主語**は「**所有格**」で表すのが基本ですが，ⓑのように -ing 形が目的語の位置に置かれた場合，**意味上の主語を「目的格」で表す**場合もあります。意味上の主語が示されていない場合は，その**文の主語**か**一般の人**が意味上の主語と考えてください。

意味上の主語は「所有格」

解答
① me to arrive　　17.4%　　✗
② **my arrival**　　32.6%
③ me for arriving　　12.3%　　✗
④ my arriving late　　37.7%　　✗

解説　④ は意味上の主語が my となっているのは正しいのですが，「遅く到着するのを遅らせる」では意味不明です。よって ② が正解だとわかります。なお，arrival は arrive の名詞バージョンです。

訳　ラッシュアワーの交通渋滞のせいで，私は到着が 2 時間遅れました。

意味上の主語：insist on a person's -ing 形

解答
① for me to make　　21.7%
② for my making　　4.4%
③ **on my making**　　60.9%
④ me to make　　13.0%

解説　insist は「ある主張から動かない」というイメージ。そして何に関して動かないのかを on が示しています。正解は ③ しかありません。my（所有格）はもちろん making の意味上の主語です。

● P.399

訳　担任の先生は私が留学する機会を活かすようにと言いました。

意味上の主語はやっぱり「所有格」

解答
① for your calling her up　　14.8%　　✗
② that you call her up　　27.9%　　✗
③ you call her up　　18.0%　　✗
④ **your calling her up**　　39.3%

解説　complain about (of) ~「~について不平を言う」という形を覚えていれば，④ が正解だとわかります。your（所有格）は calling の意味上の主語です。

訳　ベティーのお母さんはあなたが彼女に毎晩電話することに対して文句を言わないのですか？

POINT!　名詞位置に配置すれば -ing 形は名詞扱い。意味上の主語が所有格なのも当然ですね。

第10章：-ing 形

名詞位置の -ing | **意味上の主語** | **修飾位置の -ing**

ⓐ **The man** driving the bus **is my brother-in-law.**
「バスを運転しているのは義理の兄です」

ⓑ **I was busy** preparing to move.
「私は引っ越し準備で忙しかったのです」

ⓒ **A huge hurricane hit the city**, causing untold destruction.
「巨大なハリケーンが街を襲い，そして甚大な破壊をもたらしました」

---

389 ☐ in a very difficult situation, Dr. Smith never had any rest.

① Work　　② Working　　③ Worked　　④ To work

[86 追 13] 改

390 ☐ children the way she does, Sue should become a teacher.

① Like　　② Liked　　③ Liking　　④ To like

[93 本 13]

391 A number of cities, ☐ Manchester, wished to host the 2000 Summer Olympic Games.

① adding　　② bearing　　③ containing　　④ including

[98 追 08]

389・390・391

-ing 形は修飾語としても使用可能です。もちろん，名詞扱いしたときと同じように「生き生きとした躍動感」を感じてください。ⓐ は名詞句に，ⓑ は動詞句に説明をあとから加えています。ⓒ の文修飾なら，ある状況に生き生きと同時進行するできごとを加えているだけ。主文との意味関係をはっきり示すわけではないので，自由に解釈してくださいね。

文の説明：-ing 形

解答 ① Work 11.1%　② **Working** 77.8%　③ Worked 5.6%　④ To work 5.6%

解説 ② Working を主文と並べることによって，2つの状況が同時に起こっていることを示すことができます。今回の意味関係は，主文の理由と考えればいいでしょう。文の説明として使われた -ing 形は「〜とき」とか「そして〜」と訳してみたり，自然なつながりになるよう訳せばいいんです。

訳 厳しい状況下で働いていたため，スミス医師は全く休みを取れませんでした。

文の説明：-ing 形

解答 ① Like 15.6%　② Liked 17.2%　③ **Liking** 45.3%　④ To like 21.9%

解説 正解は③。主文に理由を加えるために，-ing 形が横に並べられた形になっています。主文と同時に起こっていることを表す -ing 形だからこそ理由として機能するんです。the way she does は「あんなふうに」ということです。

訳 スーはこんなに子どもが好きなのだから，彼女は先生になるべきです。

including 〜「〜を含めて」

解答 ① adding 21.6%　② bearing 4.1%　③ containing 21.6%　④ **including** 52.7%

解説 意味を考えれば ③ か ④。contain は「実際の容器に入っている」ということ。include は「リストの中に入ってる」ってこと。マンチェスターは都市のリストの一部になるから，正解はもちろん ④ including。日本語に引きずられちゃダメってことですよ。including「〜を含めて」は辞書で見出しになるほどの日常語です。

訳 マンチェスターも含めていくつかの都市が，2000年の夏のオリンピックを主催したいと希望しました。

POINT! -ing 形を使って，さまざまなターゲットが修飾可能なんですよ。

第10章：-ing 形

392
Not _____ which course to take, I decided to ask for advice.

① being known ② to know ③ known ④ knowing

[02 追 07]

393
_____ several magazine articles on the theme, I was able to understand the presentation perfectly.

① Had read ② Has read ③ Have read ④ Having read

[10 追 09]

WORDS & PHRASES
□ article 名＝記事　　□ theme 名＝主題・テーマ

394
I was called into the office first, my name _____ at the head of the list.

① holding ② putting ③ making ④ being

[82 追 07]

395
Social science, _____ in 1998, is no longer taught at this college.

① studying the subject ② having studied
③ the subject I studied ④ I have studied

[02 本 10]

392・393・394・395

not は前から

解答 ① being known ② to know ③ known ④ **knowing**
    10.3%   14.7%   8.8%   66.2%

解説 decide した理由を加える -ing の形をしているのは ① か ④。でも「知られる」では意味が通らないので ④ **knowing** が正解。**not は前から修飾**。-ing を否定したければ直前に not を置けばいいんです。あと，wh 語＋ to 不定詞もせっかくなので確認しておきましょう。

● P.320
● P.469

訳 どのコースを取って進めばいいかわからなかったので，助言を求めることにしました。

主文より「前」：Having ＋過去分詞

解答 ① Had read ② Has read ③ Have read ④ **Having read**
    36.2%   4.3%   15.9%   43.5%

解説 主文より「前」に起きていたことを表す形を求める問題です。**having ＋過去分詞**にすることを知っていれば即決で ④ が選べます。「昨日仕事を終わらせたので，今日は暇です」なら，**Having finished** the work yesterday, I am free today. となります。**Having ＋過去分詞**という形に慣れてください。

● P.452

訳 そのテーマに関する雑誌の記事をいくつか読んでいたので，そのプレゼンを完全に理解することができました。

意味上の主語

解答 ① holding ② putting ③ making ④ **being**
    11.9%   50.0%   9.5%   28.6%

解説 もともとの文が My name **was** at…「私の名前が…にあった」と be 動詞しか入りません。それを ing 形に変えて，**主文の理由を書き添えた** ④ が正解。文修飾の -ing では，**-ing が主文の主語以外の行為だったら，誤解が起きないように主語を付け加えてください**。

● P.452

訳 私は最初に事務室の中に入るように言われました。私の名前がリストの最初にあったからです。

意味上の主語を考える

解答 ① studying the subject ② having studied
      2.3%   28.7%
③ **the subject I studied** ④ I have studied
  36.5%   32.5%

解説 Social science と並べて意味をなすのは ③。「社会科学」の説明を割り込ませた表現（同格）です。① や ② だと主文の主語（社会科学）が study の意味上の主語になってアウトです。

● P.651
● P.436

訳 社会科学は，私が 1998 年に勉強した科目ですが，この大学ではもう教えられていません。

POINT! 意味上の主語・否定・主文より「前」のできごと。それぞれの形をおさえましょう。

第10章：-ing 形

396

Sarah didn't want to do anything yesterday. She sat all afternoon [ ] TV.

① watching ② was watching ③ had watched ④ watched

[04追04]改

397

Linda was sixteen but had no trouble [ ] for twenty.

① pass ② passed ③ passing ④ past

[88試02]

398

"What did you do last night?"
"Oh, nothing special. I spent most of the evening [ ] TV."

① seeing ② to see ③ to watch ④ watching

[97追04]

399

I don't think we can come up with a solution to the problem, however long we spend [ ] it.

① discussing ② talking ③ to discuss ④ to talk

[09本04]

396・397・398・399

動詞句の説明

解答 ① **watching** ② was watching ③ had watched ④ watched
　　　　　54.1%　　　21.6%　　　　20.3%　　　　4.1%

解説 sat all afternoon と来たら，すぐに「何をしながら座ってたの？」って情報を求めたくなりますよね。そこで「TV を見ながら」となる ①watching が正解です。

訳 サラは昨日何もしたくありませんでした。午後ずっと座ってテレビを見ていました。

have trouble ＋ -ing 形「〜するのに苦労する」

解答 ① pass ② passed ③ **passing** ④ past
　　　　0.0%　　31.6%　　57.9%　　　10.5%

解説 have trouble［difficulty］＋ -ing の形を覚えてくださいね。何に苦労しているのか，**実際に起こったリアルな状況が求められるので -ing が続く**んですよ。もともとは -ing の前にあった in が省略された表現として紹介されることもありますが，どちらも使えます。ちなみに pass for 〜は「(実際は違うんだけど) 〜として通る」という意味です。

訳 リンダは 16 歳だが，難なく 20 歳で通りました。

spend ＋ 目 ＋ -ing 形「〜するのに 目 を費やす」

解答 ① seeing ② to see ③ to watch ④ **watching**
　　　　2.9%　　4.3%　　　21.7%　　　71.0%

解説 spend は「時間やお金を費やす」という動詞。当然使い途に話が及びますよね。そこで -ing 形を使って，「TV を見ながらだよ」と書き添えてあげる。正解はもちろん ④watching。あと，see は「見える」，watch は「じーっと見る」。テレビのような動く映像であれば watch を用いるので ① はダメなんです。

● P.122

訳 「昨日の晩は何をしたの？」「ああ，特に何も。ほとんどずっとテレビを見て過ごしたよ」

spend ＋ 目 ＋ -ing 形「〜するのに 目 を費やす」

解答 ① **discussing** ② talking ③ to discuss ④ to talk
　　　　58.2%　　　　2.3%　　　31.2%　　　　8.3%

解説 前問と同じ。spend 時間/お金＋ -ing 形から ① か ② に絞れますね。あとは 1 章で取りあげた ①discussing が正解です。spend の目的語に相当する部分 (however long) が前に置かれているので少し難しい問題だったかもしれません。

訳 どんなに時間をかけて議論しても，私たちはその問題の解決策を考え出すことができないと思います。

POINT! 足りない情報を補う。その呼吸で -ing を続けることができれば，ネイティブと同じレベルですよ。

第10章：-ing 形

400

I've lived near the airport so long that I'm now ☐ to the noise of the airplanes.

① aware　② conscious　③ familiar　④ used

[92本06]

WORDS & PHRASES
□ so ~ that 節＝とても~なので… （▶ P.270）

401

"Doesn't this climate bother you?"
"A little, but after a while one gets used ☐ hot."

① be　② for being　③ to be　④ to being

[95追02]

WORDS & PHRASES
□ bother 動 ＝~を悩ませる　□ after a while ＝少ししたら

402

I don't mind leaving at six o'clock: ☐ up early.

① I used to getting　② I was used to get
③ I'm used to get　④ I'm used to getting

[89本07]

WORDS & PHRASES
□ mind 動 ＝~を嫌だと思う （▶ P.458）

---

used to

ⓐ **I USED TO BE A PLASTIC BOTTLE.**
「ボクハペットボトルダッタンダヨ」　◀エコ商品のロゴ

ⓑ Sam **is used to** getting up early. 「サムは早起きに慣れている」

ⓒ Water power **is used to** generate electricity.
「水力は発電するために使われている」

400・401・402

be used to ～「～に慣れている」

解答 ① aware　② conscious　③ familiar　④ **used**
　　　　18.2%　　　16.7%　　　　12.1%　　　53.0%

解説 まず①「気がついている」と②「意識している」なら、どちらもあとに of がくるし、意味がダメ。③は be familiar to 人は「人に慣れ親しんでいる」という使い方です。よって正解は④。この used は形容詞で「繰り返し使われる→慣れている」という意味なんです。

訳 私は長年空港の近くに住んでいるので、今や飛行機の騒音には慣れています。

get used to -ing 形「～することに慣れる」

解答 ① be　② for being　③ to be　④ **to being**
　　　　0.0%　　1.4%　　　　43.6%　　55.0%

解説 get used to のあとに続くのは、the heat「暑さ」や the culture「文化」などの名詞か具体的な状況を表す -ing 形。もちろん正解は④。be used なら「慣れている」という状態を表しますが、get にすると「慣れる」という動きを表します。

● P.493

訳 「この気候にはまいっちゃうね？」「少しね。でも、しばらくすると暑さに慣れるよ」

be used to -ing 形「～することに慣れている」

解答 ① I used to getting　② I was used to get
　　　　14.6%　　　　　　　11.5%
　　　③ I'm used to get　④ **I'm used to getting**
　　　　23.0%　　　　　　　51.0%

解説 ズバリ、正解は④。うろ覚えではなく、しっかりと形を覚えてください。

訳 私は 6 時に出発してもかまいません。早起きには慣れてますから。

---

used to を含んだ混同しやすいフレーズを整理しておきましょう。
ⓐ used to ＋ 動詞原形「以前は～だった」　◀第7章
ⓑ be used to -ing 形　「～するのに慣れている」
ⓒ be used to 不定詞　「～するために使われる」
▶ used の発音に注意！（ⓐⓑ は [ju:st]、ⓒ は [ju:zd]）

POINT! 形・意味の違い、そして発音にも注意！ 音読するときに正しく発音してくださいね。

第10章：-ing 形

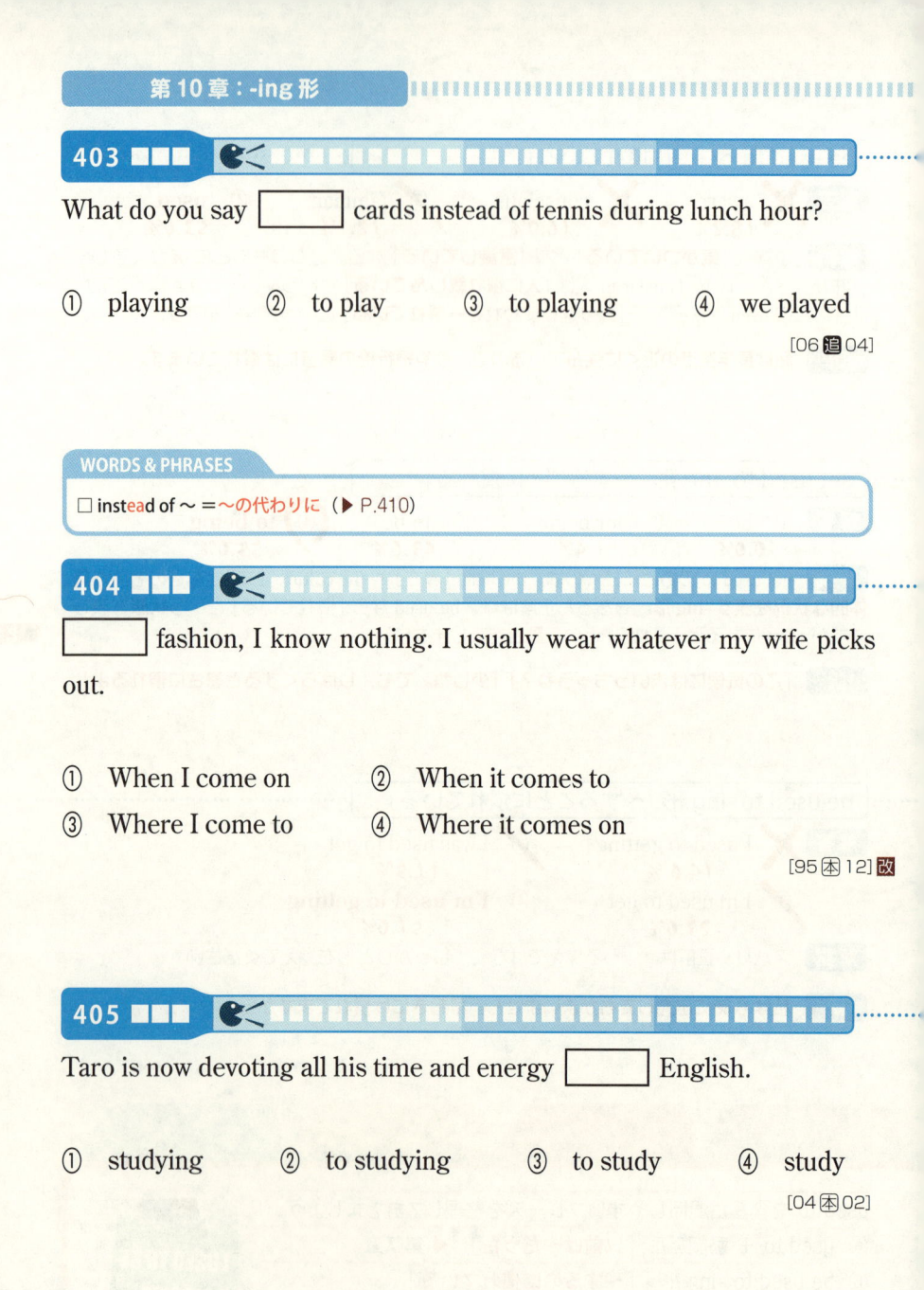

403

What do you say ☐ cards instead of tennis during lunch hour?

① playing　② to play　③ to playing　④ we played

WORDS & PHRASES
□ instead of ～ ＝～の代わりに（▶ P.410）

404

☐ fashion, I know nothing. I usually wear whatever my wife picks out.

① When I come on　② When it comes to
③ Where I come to　④ Where it comes on

405

Taro is now devoting all his time and energy ☐ English.

① studying　② to studying　③ to study　④ study

What do you say to -ing 形?「～するのはどうですか?」

解答 ① playing ② to play ③ **to playing** ④ we played
　　　　19.9%　　　40.3%　　　33.9%　　　　6.0%

解説 これは，What do you say to ～?「～に対して何と言いますか?」と相手の意向を聞いている表現。具体的なプランが to のあとにくるので，**リアリティのある -ing 形の出番**なんですよ。正解は ③ です。

　例: What do you say to dinner this Friday?「金曜にディナーでもどう?」

訳 昼食の時間に，テニスじゃなくってトランプをしませんか?

When it comes to ～「～ということになると」

解答 ① When I come on ② **When it comes to**
　　　　14.1%　　　　　　　63.4%
　　　③ Where I come to ④ Where it comes on
　　　　1.4%　　　　　　　　21.1%

解説 これも即決。まずこの it は，**話題を受ける it**。「話題が～に及べば」というのが本来の意味。前置詞の to が話題の及ぶ先を指し示しているのです。もちろん，動詞がくるなら -ing 形にしてください。

●P.210

　例: When it comes to parking a car, Ken is second to none.
　「駐車ならケンは誰にも負けないよ」

訳 ファッションということになると，何もわからないよ。たいてい妻が選んでくれたものを身につけているんだ。

devote A to B「A を B に捧げる」

解答 ① studying ② **to studying** ③ to study ④ study
　　　　7.8%　　　　32.8%　　　　　59.4%　　　　0.0%

解説 devote A to B「A を B に捧げる」では，A にくるのは「時間・努力・お金」など。それらを向ける**具体的な**場所を to が表しています。だから**リアリティのある -ing 形**になるんです。例えば，I devoted my life to you.「私は君に人生を捧げた」を見ても，to のあとには具体的な名詞がきています。

訳 タロウは今，自分のもつ時間とエネルギーのすべてを英語の勉強に捧げています。

POINT! 今回出てきたフレーズに含まれる to を，不定詞と勘違いしないでくださいね。

第10章：-ing形

406

There is _____ what will happen to us tomorrow.

① no having told   ② no telling
③ not telling   ④ not to tell

[98追12]

407

You aren't allowed to take photographs, so _____ a camera.

① it's no point in taking   ② it's no point to take
③ there's no point in taking   ④ there's no point to take

[89追13]

WORDS & PHRASES
□ photograph 名 ＝写真　※アクセント注意

408

It is no _____ arguing about it because Ted will never change his mind.

① use   ② help   ③ time   ④ while

[79困04]改

409

"What would you like to do today?"
"I feel like _____ for a drive."

① going   ② I go   ③ I'm going   ④ to go

[00追01]

There is no -ing 形「〜することは不可能だ」

解答 ① no having told　**② no telling**　③ not telling　④ not to tell
　　　　6.8%　　　　　　75.7%　　　　　　8.1%　　　　　　9.5%

解説 There is no -ing 形「〜するのは不可能だ」という表現を求めた問題。There is no way of -ing の形がベースにあります。There is no 〜. が表すのは「行為が存在しない」ということ。「ありえねーよ」という**強い否定の気持ち**から作り出される英文なんです。

訳 明日私たちに何が起こるかなんてわかりません。

There is no point (in) -ing 形「〜しても無駄だ」

解答 ① it's no point in taking　　　② it's no point to take
　　　　16.7%　　　　　　　　　　　21.7%
　　　③ there's no point in taking　④ there's no point to take
　　　　35.0%　　　　　　　　　　　26.7%

解説 今度は There is no point (in) -ing で「意味がないよ」っていうフレーズです。即決で③を選んでください。

訳 写真を撮ることは許可されていないので、カメラをもっていっても無駄ですよ。

It is no use -ing 形「〜しても無駄だ」

解答 **① use**　② help　③ time　④ while
　　　　66.7%　　23.8%　　9.5%　　0.0%

解説 It's no use って言われたら、「何が無駄なのか」って情報を求めるでしょ？ それをあとに -ing 形で続けた表現なんです。正解は①です。ちなみに of no use の of が落ちてできた表現です。

P.396

訳 テッドは、決して自分の考えを変えないだろうから、そのことについて議論しても無駄です。

feel like -ing 形「〜したい気がする」

解答 **① going**　② I go　③ I'm going　④ to go
　　　　81.5%　　0.0%　　1.5%　　　　16.9%

解説 feel like -ing 形「〜**したい気がする**」という日常表現を求めた問題です。即決で①を選んでください。would like to 不定詞と同じような意味で用いるのですが、あとに続く形に気をつけましょう。feel like は -ing 形が選ばれます。

訳「今日は何をしたい？」「ドライブに行きたいな」

POINT! また1つ自分の表現の幅が広がるなと目をキラキラさせながら、自分のモノにしてくださいね。

to 不定詞と -ing 形の違いを，先に確認しておきましょう。

ⓐ I like to play / playing golf with my son.

ⓑ I want to play / ✗ playing golf.

ⓒ I gave up smoking / ✗ to smoke.

ⓓ I tried to write / writing her a letter.

「〜すること」となにげなく訳す to 不定詞と -ing 形。深くニュアンスの差をつかんでください。

to 不定詞は，①（漠然と・一般的に）〜するということ，②（これから）〜すること。-ing 形は，「具体的に」「リアルに」状況を思い浮かべています。

ⓐの to play は「ゴルフをするのが好き」と漠然と，playing はありありと状況を思い浮かべながら話しているのです。この性質が動詞の目的語における to 不定詞／-ing 形の可否を決めます。多くの動詞はどちらも目的語としてとることができますが，どちらかしかとれない動詞も（さらに意味が変わる動詞も）あるのです。

ⓑの want は「（これから）〜したい」という動詞。こうした動詞を「これから動詞」とよんでいますが，もちろん目的語としてとることができるのは to 不定詞のみ。

逆に具体的でリアルな状況を前提としたり，想像したりする動詞（「リアリティ動詞」と呼びます）では，-ing 形のみが使われます。give up は「やめる」。具体的な行為でなければやめることはできません。したがって，とることのできるのは -ing 形となります。

ⓓの try はどちらもOK。ですが，意味が変わります。to write は「これから」。これから書こうとトライしたのです。writing は実際にトライしてみた。to 不定詞と -ing 形のニュアンスの差が生み出す違い，しっかりと把握してくださいね。

第11章：to 不定詞

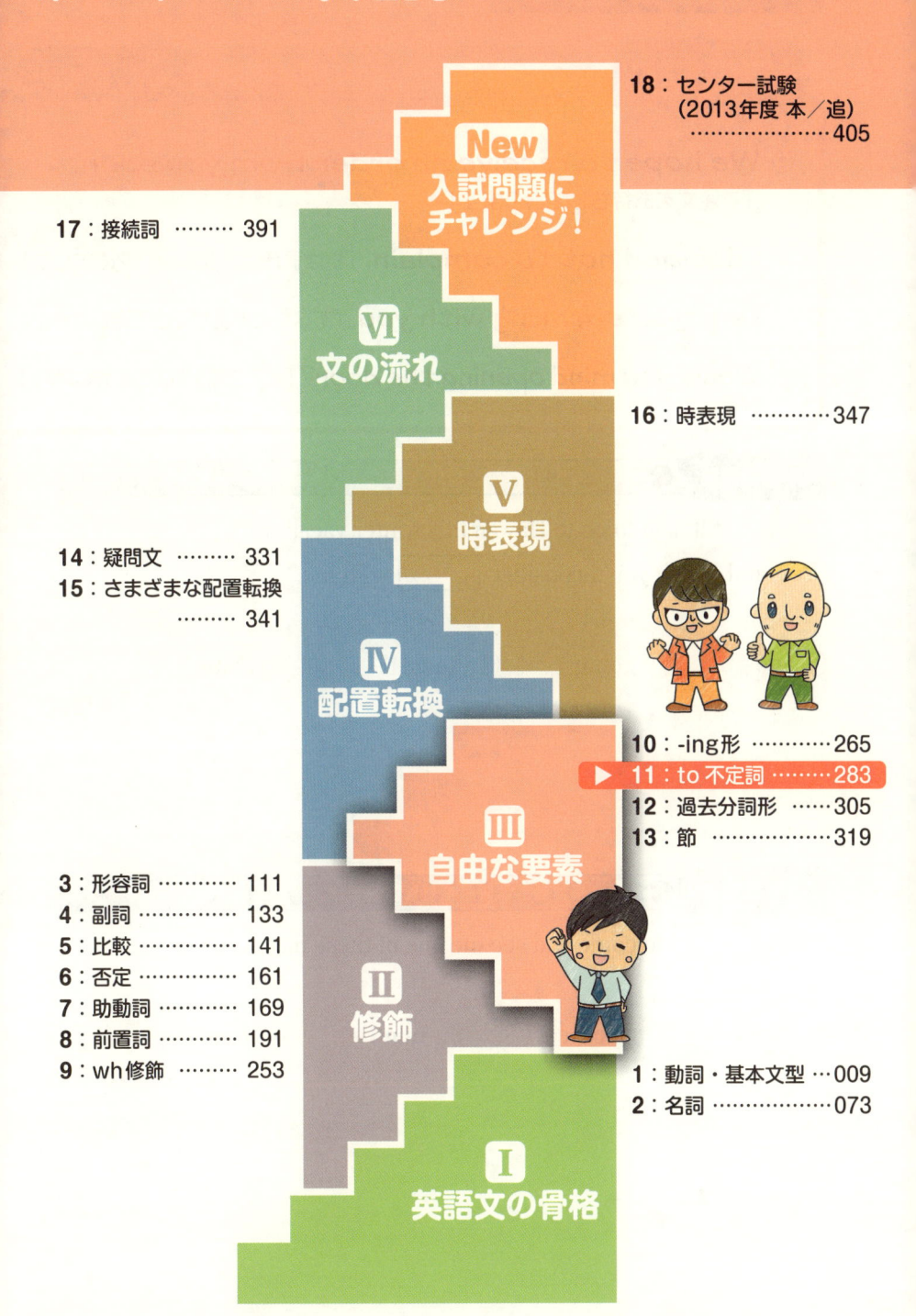

18：センター試験
(2013年度 本／追)
·················· 405

New 入試問題にチャレンジ！

17：接続詞 ········ 391

Ⅵ 文の流れ

16：時表現 ········ 347

Ⅴ 時表現

14：疑問文 ········ 331
15：さまざまな配置転換
········ 341

Ⅳ 配置転換

10：-ing形 ········ 265
▶ 11：to 不定詞 ········ 283
12：過去分詞形 ········ 305
13：節 ·················· 319

Ⅲ 自由な要素

3：形容詞 ········ 111
4：副詞 ············ 133
5：比較 ············ 141
6：否定 ············ 161
7：助動詞 ········ 169
8：前置詞 ········ 191
9：wh 修飾 ······ 253

Ⅱ 修飾

1：動詞・基本文型 ···009
2：名詞 ·················· 073

Ⅰ 英語文の骨格

第11章：to 不定詞

to 不定詞 vs -ing[1] | to 不定詞 vs -ing[2] | 修飾位置の to 不定詞

ⓐ **We hope to receive an order from you soon.**
「ご注文をお待ちしております」

ⓑ **I decided not to complain.**「私は弱音は吐かないと決めました」

ⓒ **I enjoyed speaking with you.**「あなたとお話ができて楽しかった」

ⓓ **Would you mind opening the door?**「ドアを開けていただけますか？」

410

"Do you still plan to go to Hawaii this winter vacation?"
"Yes, and I wish you'd consider _____ with me."

① go　　② going　　③ to go　　④ to going

[94 追 02]

411

Don't _____ to come and see me one of these days.

① fail　　② succeed　　③ mind　　④ stop

[79 追 14]

動詞の目的語として, to 不定詞と -ing のどちらも使える場合がありますが, 中にはどちらか一方しか許容されない場合もあります。例えば ⓐ ⓑ のような「これから〜すること」について述べる「これから動詞」は to 不定詞のみになります。一方で, -ing 形が表すのは躍動感。そこから ⓒ ⓓ のように具体的な状況を思い浮かべて語る「リアリティ動詞」には -ing 形を選びましょう。大事なのは丸暗記ではなくて, 質感の違いを理解することです。

consider -ing 形「〜することをよく考える」

解答 ① go　② **going**　③ to go　④ to going
　　　　0.0%　　49.1%　　43.3%　　7.6%

解説 consider「よく考える」は, あとに -ing だけしかとらないリアリティ動詞。よって ② が正解。状況設定が「今度の冬休みの予定」という「これから」になっていたので ③ を選んだ人が多いですね。consider は具体的な状況をリアルに思い浮かべて熟考するので -ing なんです。

訳　「まだこの冬休みにハワイに行く予定にしているの？」「うん, 君が一緒に行くことを考えてくれたらいいんだけどな」

not fail to 不定詞「必ず〜する」

解答 ① **fail**　② succeed　③ mind　④ stop
　　　　60.9%　　8.7%　　　21.7%　　8.7%

解説 意味を考えれば「会いにきてください」ということだから正解は ① ですね。今回のように Don't fail to 不定詞で「〜しないことがないようにしてね→必ず〜して」という形でよく使うんです。もちろん, これからのことだから to 不定詞があとに続きます。覚えておきましょう。

訳　ここ何日かのうちに必ず私に会いにきてください。

POINT! to 不定詞と -ing のもつ質感の違いから, あとに続く形を考えていきましょう。

第11章：to 不定詞

412

Printed books will [   ] to be used, despite computer technology.

① survive　② continue　③ keep　④ exist

WORDS & PHRASES
□ despite 前 ＝ 〜にもかかわらず（▶ P.635）

413

During a walk in the park, it suddenly started to rain. I stood under a tree to [   ] getting wet.

① keep　② hold　③ avoid　④ suffer

414

"How did you do on the test?"
"I don't know. For some reason, they've put off [   ] the results until the end of the month."

① announce　② announcement　③ announcing　④ to announce

415

This book is too expensive. I can't [   ] to buy it.

① account　② afford　③ want　④ intend

412・413・414・415

continue -ing 形 / to 不定詞「〜することを続ける」

解答 ① survive ② **continue** ③ keep ④ exist
　　　　9.5%　　　　45.9%　　　　29.7%　　14.9%

解説 ①④ では「使われるために ①生き残る [④存在する]」となって、「コンピュータテクノロジーの進歩にもかかわらず」と意味がうまく合いません。③ keep のあとは -ing 形なのでダメ。よって正解は ② です。continue は to 不定詞と -ing の両方とも目的語として続けることができます。

訳 コンピュータ技術があっても、書籍は使われ続けるでしょう。

avoid -ing 形「〜することを避ける」

解答 ① keep ② hold ③ **avoid** ④ suffer
　　　　33.3%　　14.3%　　52.4%　　　0.0%

解説 意味を考えれば、「避ける」という意味の ③ avoid しかありません。ちなみに avoid は -ing 形と結び付きます。人は何かを避けるときに、リアルで具体的な状況を想定するからですよ。ほら、can't help「避けられない」や mind「嫌に思う」のあとも -ing 形ですよね。

訳 公園を散歩中に、突然雨が降り始めました。私は、雨に濡れないように木の下に立っていました。

put off -ing 形「〜することを延期する」

解答 ① announce ② announcement ③ **announcing** ④ to announce
　　　　9.1%　　　　　22.7%　　　　　　57.6%　　　　　10.6%

解説 あとに続く the results があるので、② は the announcement of 〜なら OK でした。put off, フォーマルな postpone「延期する」はどちらもリアリティ動詞。何か具体的な状況を想定して、それを「延期する」という意識で使うのです。正解は ③ しかありません。

訳 「テストどうだった？」「わからない。何かの理由で月末まで結果の発表が延びたんだ」

afford to 不定詞「〜する余裕がある」

解答 ① account ② **afford** ③ want ④ intend
　　　　13.0%　　　47.8%　　　30.4%　　8.7%

解説 意味から考えれば、まず ①「説明する」はアウト。②③④ はどれも「これから動詞」なので to 不定詞を続けることができますが、「高すぎて買えない」という意味と合うのは ② だけ。もともと afford は「まっすぐに前進する」ということを意味します。そこから転じて、「これから〜することができる」という意味になり、can や can't と共に用いるのが基本です。

訳 この本は高すぎます。私にそれを買う余裕はありません。

POINT! 日本語訳だけでは微妙な to 不定詞と -ing の選択。ネイティブのイメージにチューニングしよう。

第11章：to不定詞

416

I could tell Fred was only _____ to read because his book was upside down.

① acting　② behaving　③ deceiving　④ pretending

[91 本 03] 改

WORDS & PHRASES
☐ upside down ＝上下逆さま

417

"The only flight available is the early morning flight. Shall I book the seat?"

"I hate _____ so early, but I'm afraid I have to."

① to have left　② leave　③ leaving　④ having left

[81 追 24] 改

WORDS & PHRASES
☐ available 形 ＝入手できる　☐ book 動 ＝〜を予約する

418

Would you mind _____ an eye on my luggage while I make a phone call?

① to keep　② if you will keep　③ that you keep　④ keeping

[04 本 07]

WORDS & PHRASES
☐ keep an eye on 〜 ＝〜から目を離さない

416・417・418

pretend to 不定詞「〜するふりをする」

解答 ① acting 13.8%　② behaving 26.2%　③ deceiving 10.8%　④ **pretending** 49.2%

解説 意味から考えて④が正解。①は「(役)を演じる」、②は「ふるまう」、③は「(人)をだます」という意味です。例文でイメージ強化しましょう。

例：On Christmas, all the kids would go to bed and **pretend to** sleep, so Santa could come.
「クリスマスの日に、すべての子どもたちはベッドに行き、サンタがくることができるように寝るふりをするのです」

訳 本が上下逆さまだったので、フレッドは本を読んでいるふりをしているだけだとわかりました。

hate -ing 形 /to 不定詞「〜することを嫌う」

解答 ① to have left 30.4%　② leave 8.7%　③ **leaving** 47.8%　④ having left 13.0%

解説 前の時点を表す①④はアウト。②にすると動詞が重なっておかしくなります。正解は③ **leaving** ですね。like や hate は、to 不定詞 /-ing の両方が使えます。

訳 「唯一手に入るのが早朝の便なんだけど、席を予約しようか？」「そんなに早く家を出るのは嫌だけど、仕方ないよね」

Would you mind -ing 形？「〜していただけますか？」

解答 ① to keep 2.5%　② if you will keep 24.3%　③ that you keep 4.5%　④ **keeping** 68.7%

解説 Would you mind if のときなら、「私が〜したら、あなたは気にしますか？」が自然な流れ。②③は you になっているのでダメ。if I keep 〜なら OK です。mind「**〜を嫌に思う**」は、**具体的なことを想定するリアリティ動詞**なので、-ing 形の④が正解です。今回の Would you mind -ing? は「〜することを嫌に思いますか→〜していただけますか」という表現。**丁寧に、控えめに許可を求める**ことができます。

訳 電話をかけているあいだ、私の荷物を見ていていただけますか？

POINT! to 不定詞と -ing 形の質感の違いを理解すれば、自由に使い分けられるようになりますよ。

第11章：to 不定詞

419

Dad, if my grades improve by the end of the term, would you mind ☐ my allowance?

① raising　② rising　③ to raise　④ to rise

[11 本 01]

WORDS & PHRASES
☐ term 名＝学期　☐ allowance 名＝おこづかい

420

"We're going for a walk in the fresh snow. Would you like to join us?"
"Thanks, but no thanks. I can't ☐ being cold."

① catch　② mind　③ put　④ stand

[09 追 10]

421

"Do you mind ☐ here?"
"No, not at all. Just press 1 to get an outside line."

① me to get to call　② me to make a phone call
③ my getting to call　④ my making a phone call

[07 追 08] 改

Would you mind -ing 形？「〜していただけますか？」

解答 ① **raising**　② rising　③ to raise　④ to rise
　　　　　66.0%　　　21.7%　　　7.1%　　　5.2%

解説　特定のことを具体的に考えるのが mind。正解はもちろん ① raising です。rise と raise の使い分け，覚えていますか？

訳　お父さん，もし私の成績が学期末までによくなったら，おこづかいを上げてくれないかな？

can't stand -ing 形「〜することを我慢できない」

解答 ① catch　② mind　③ put　④ **stand**
　　　　38.6%　　27.1%　　0.0%　　34.3%

解説　catch a cold「風邪をひく」からなんとなく ① を選んだ人が多かったのですが，being が不要ですね。正解は ④ stand「我慢する」。すでに出てきましたね。**ある具体的な状況を思い浮かべて，can't stand -ing 形「〜することを我慢できない」という形で使うんです。**

訳　「新雪の中を歩きに行くんだけど，一緒にどう？」「ありがとう，でもやめとく。寒いのに耐えられないんだ」

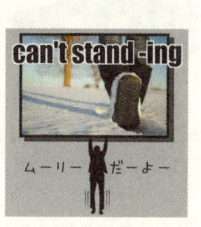

Do you mind my -ing 形？「私が〜してもいい？」

解答 ① me to get to call　② me to make a phone call
　　　　7.1%　　　　　　　　20.0%
　　　③ my getting to call　④ **my making a phone call**
　　　　37.1%　　　　　　　　35.7%

解説　mind は，あとに -ing 形をよび込むリアリティ動詞でしたね。to 不定詞を用いた ① ② は不可。次に ③ の getting to call は意味不明です。正解は ④ となります。making 〜の前に my (意味上の主語) が置かれているので，「私がここで電話をすること」ということです。名詞位置での -ing 形には**所有格**が基本でした。

訳　「ここで (私が) 電話をしてもいいですか？」「いいですよ。外線は 1 番を押してくださいね」

POINT!　リアルな -ing とそれをよび込む動詞のコンビネーション。だいぶつかめてきましたね。

第11章：to 不定詞

422

Lisa did not ☐ staying at home as she had some sewing she wanted to do.

① care ② matter ③ mind ④ object

[89追05]改

WORDS & PHRASES
☐ sewing 名＝縫い物

423

Do you ☐ my switching off the heater now? It's getting warmer.

① agree ② care ③ mind ④ object

[92追08]

424

I worked for the company for 20 years, and they kicked me out. I have a strong objection ☐ treated like this.

① to be
② to being
③ whether I am
④ whether I should be

[94本11]改

425

My work clothes need ☐, but I don't have time to do the laundry now.

① wash ② washing ③ be washed ④ to wash

[05本08]

WORDS & PHRASES
☐ do the laundry ＝洗濯をする

422・423・424・425

mind -ing 形「〜するのを嫌に思う」

解答 ① care 8.2%　② matter 8.2%　③ **mind** 75.4%　④ object 8.2%

解説 あとに -ing をとる動詞は ③ mind と即決。④ は object to -ing「〜することに反対する」の形で用いるのでアウト。① は I don't care **to see her**.「彼女に会いたくない」と to 不定詞があとにきます。② は「**重要である**」という意味で，Age doesn't **matter**.「年齢は関係ありません」のように使います。

訳 リサは自分がしたかった針仕事があったので，家にいてもかまいませんでした。

Do you mind my -ing 形？「私が〜してもいい？」

解答 ① agree 0.0%　② care 8.8%　③ **mind** 89.5%　④ object 1.8%

解説 あとに -ing をとる動詞は ③ mind と即決。④ は object to -ing「〜することに反対する」の形で使うので，to が足りません。

訳 今，(私が) ヒーターを切ってもいいですか？　暖かくなってきているので。

objection to -ing 形「〜することに対する反対」

解答 ① to be 9.9%　② **to being** 50.7%　③ whether I am 32.4%　④ whether I should be 7.0%

解説 object to -ing の形はもう大丈夫ですね。objection「反対」も，「何に対して異議があるのか」を指し示す to のあとには名詞か具体的な状況 (-ing 形) がきます。正解は ② **to being** しかありませんよね。

訳 私は会社に 20 年勤めて，解雇されました。このように扱われることに対して強く反対します。

need -ing 形「〜される必要がある」

解答 ① wash 1.3%　② **washing** 73.2%　③ be washed 5.2%　④ to wash 20.3%

解説 「洗濯 [修理] が必要」で need(s) **washing**［**repairing**］などポピュラーな言い方。to 不定詞を使うなら，**to be washed**。主語が clothes だから受動の形になります。**need** や **want**，**require** のあとで気にしてもらいたいポイントです。

訳 私の仕事着は洗濯が必要だが，今は洗濯をする暇がありません。

次のページは，to 不定詞と -ing 形の両方を使える動詞。正しい形を選んでください。　**ADVICE**

第11章：to 不定詞

to 不定詞 vs -ing[1] | **to 不定詞 vs -ing[2]** | **修飾位置の to 不定詞**

ⓐ **Remember to lock the door.**「戸締まりを忘れないように」
ⓑ **I remember meeting him once.**「かつて彼に会った覚えがある」
ⓒ **Try to sleep.**「もうおやすみなさい」
ⓓ **I tried writing a novel.**「私はためしに小説を書いてみました」

426

I tried _____ a letter in English by myself, but after an hour I gave up.

① having written　② to have written
③ to write　　　 ④ to writing

[98追10]

427

"Haven't we met somewhere before?"
"Yes, I remember _____ you at the party last week."

① meeting　② of meeting　③ to meet　④ to meeting

[96追04]

428

"I'd better call our neighbor to ask her to check the door of our apartment."
"You don't have to do that. I remember _____ it when we left."

① lock　② locking　③ to be locked　④ to lock

[09困02]

426・427・428

to 不定詞か，-ing かによって意味が異なる動詞（remember, try, forget, regret）があります。**いずれも to 不定詞の「これから」と -ing 形の「リアリティ」のイメージを結び付けるだけ**。ⓐ は「これから〜することを覚えている」。ⓑ の -ing はリアリティだから「実際に起こったことを覚えている」。ⓒ は「やろうとしてみる」。ⓓ は「実際にやってみた」。ほら，難しくはありませんよね？

try to 不定詞「〜しようと試みる」

解答 ① having written ② to have written ③ **to write** ④ to writing
　　　　　13.5%　　　　　31.1%　　　　　47.3%　　　　8.1%

解説 try は to 不定詞，-ing の両方が可能な動詞。問題文の状況から適切な形を判断しましょう。後半の「あきらめた」から，まだ書き終わっていないことがわかります。よって，書き上げるのは「**これから**」のことなので ③ **to write** が正解です。

訳 私は自分で英語の手紙を書こうとしましたが，1時間後にあきらめました。

remember -ing 形「〜したことを覚えている」

解答 ① **meeting** ② of meeting ③ to meet ④ to meeting
　　　　　56.3%　　　　19.7%　　　　15.5%　　　　8.5%

解説 remember も同様に両方の可能性があります。意味を考えると「会ったことがある？」と尋ねられて Yes と答えているので，「**実際に会ったことを覚えている**」という内容を選ぶことになります。よって正解は ① **meeting** です。

訳 「以前，どこかでお会いしませんでしたか？」「ええ，先週パーティーでお会いしたことを覚えています」

remember -ing 形「〜したことを覚えている」

解答 ① lock ② **locking** ③ to be locked ④ to lock
　　　　　0.0%　　　68.6%　　　　7.6%　　　　23.8%

解説 「家を出たときに」とあるので「**実際に鍵をかけたことを覚えている**」という内容がくるはず。よって正解は ② **locking** になります。to 不定詞は「**これから**」，-ing は「**リアリティ**」でしたね。

訳 「お隣さんに電話して，アパートの鍵がかかっているかどうか調べてもらった方がいいんじゃないかしら」「そんなことしなくても大丈夫。出かけるとき，鍵をかけたのを覚えているから」

POINT! 状況をつかんで，to 不定詞と -ing 形を適切に使い分けましょう。

第11章：to 不定詞

to 不定詞 vs -ing[1] | **to 不定詞 vs -ing[2]** | **修飾位置の to 不定詞**

ⓐ **The president is to visit Japan tomorrow.**
「大統領は明日訪日の予定です」
ⓑ **The news proved to be true.**「そのニュースは本当だとわかった」
ⓒ **Nick appears to know you.**「ニックは君を知っているようだ」
ⓓ **I happened to meet Meg on the train.**「電車で偶然メグに会った」

429

Once I learned what to listen for, I _____ to appreciate modern jazz.

① became ② came ③ took ④ turned

[88本12]

430

"I'm not used to this computer. Do you _____ to know a person who could tell me how to use it?"
"Oh, Mr. Suzuki uses this machine all the time."

① happen ② manage ③ see ④ want

[00追11]

431

"John _____ to like the fried rice."
"He sure does! That's his third helping."

① dares ② looks ③ seems ④ wants

[99本06]

WORDS & PHRASES
□ helping 名 ＝（食べ物の）1盛り

429・430・431

to 不定詞は，ⓐ のように be 動詞と共に使うことができますが，be 動詞以外の説明型にも使えます。ⓑ turn out, prove「〜だと判明する」，ⓒ appear, seem「〜のように思える」，ⓓ happen「偶然〜となる」といった表現が典型例です。come, get to 不定詞「〜するようになる」などもよく使います。種類はそれほどありませんから，1つずつおさえていきましょう。

come / get ＋ to 不定詞「〜するようになる」

解答 ① became 18.0%　② **came** 47.5%　③ took 16.4%　④ turned 18.0%

解説 例えば，come [get] to **Tokyo** なら「東京にくる・到着する」。そのたどり着く先が具体的な場所ではなく，ある状況に変わっただけ。今回なら「ジャズの良さがわかる」ところにきた [たどり着いた] ってことです。**become** には **to** 不定詞が続く使い方はないので気をつけてくださいね。

● P.460

訳 何に耳を澄まして聞くべきかがわかると，モダンジャズの良さが正しく評価できるようになりました。

happen to 不定詞「たまたま〜する」

解答 ① **happen** 31.5%　② manage 29.2%　③ see 13.1%　④ want 26.2%

解説 意味から考えて ②「どうにかして知ってますか」④「知りたいですか」はおかしいです。正解は ①**happen** to 不定詞「偶然〜する」。Do you know? と尋ねるよりも，Do you **happen to** know? は「偶然何かのはずみで知ってたりしませんか？」という響きになるので丁寧な尋ね方なんです。

● P.462

訳 「私はこのコンピュータには慣れていません。使い方を教えてくださるような人をご存じないですか？」「ああ，鈴木さんがいつもこのパソコンを使っていますよ」

seem / appear to 不定詞「〜するように見える」

解答 ① dares 4.5%　② looks 7.6%　③ **seems** 71.2%　④ wants 16.7%

解説 意味から考えれば ③**seems** to 不定詞「〜するように見える」しかありません。すでに3杯目に突入してて ④「好きになりたい」って意味不明です。ちなみに ① の dare「あえて〜する」はあまり使う表現ではありません。

● P.462

訳 「ジョンは炒飯が好きらしいね」「本当に！ あれで3杯目だ」

POINT! to 不定詞は修飾位置にも自由に配置できるんですよ。

第11章：to 不定詞

432
I don't have the courage ⬜ my boss to lend me his car.

① asking ② for asking ③ to ask ④ which I ask

[95追07]

433
"How's your father?"
"He's fine. He's ⬜ to play tennis every Sunday."

① enough active still ② enough still active
③ still active enough ④ still enough active

[96本04]

434
John is only fifteen. He is ⬜ to get a driver's license.

① not old enough ② not too young
③ too old ④ young enough

[98本08]改

435
I went all the way to see my doctor, ⬜ find him absent.

① about to ② only to ③ enough to ④ as to

[80本25]

298

courage to 不定詞「〜する勇気」

解答 ① asking　② for asking　③ **to ask**　④ which I ask
17.4%　　　18.8%　　　49.3%　　　14.5%

解説 courage に続く表現を選ぶ問題。「勇気」といってもいろんな勇気がありますよね。好きな子に告白するとか，スカイダイビングするとか。そう，courage は**足りない単語**なんです。それを**補う**のが ③ **to ask**。漠然とした「勇気」をはっきりとさせてくれていますね。courage と to 不定詞はよく並んでいますよ。

訳 私には上司に車を貸してくれと頼む勇気はありません。

enough to 不定詞「〜するのに十分な」

解答 ① enough active still　② enough still active
5.6%　　　　　　　　14.1%
③ **still active enough**　④ still enough active
56.3%　　　　　　　　23.9%

解説 enough の修飾は後ろから。すると答えは ③ しかありませんね。「何をするのに十分なのか」を補うときには to 不定詞を使います。enough to 不定詞で，どれくらい active なのか，**説明を追加する働きなのであとに配置**するんです。

● P.469

訳 「お父さん，お元気？」「ええ。いまだに**毎週日曜日にテニスをするほど元気です**」

enough to 不定詞「〜するのに十分な」

解答 ① **not old enough**　② ~~not too young~~
41.4%　　　　　　　14.3%
③ ~~too old~~　④ ~~young enough~~
15.7%　　　28.6%

解説 文意から考えて，「まだ 15 歳」という内容から，② の「若すぎない」，③ の「年をとりすぎ」では逆。④「十分に若い」では意味を結びません。よって正解は ①。ちなみに too 〜 to 不定詞は，too の**度を超した意味が否定的なニュアンスにつながる**んです。

● P.472

訳 ジョンはまだ 15 歳です。運転免許を取得するのは十分な年齢ではありません。

only to 不定詞「（その結果）〜しただけだった」

解答 ① about to　② **only to**　③ enough to　④ as to
4.4%　　　69.6%　　　21.7%　　　4.4%

解説 修飾位置の to 不定詞が「結果」を表すことがあります。そこには「残念」とか「意外」といった気持ちが込められます。そのガッカリ感を強く出すのに用いられるのが **only**。何か行動を起こしてその結果「これだけ？」という感触。今回もわざわざ行って医者がいない。ほら，② を選びたくなりますよね？

訳 私はわざわざ医者に診てもらいに行ったのに，不在でした。

POINT! 「足りない」を補う to 不定詞。日頃から"ツッコミ"を入れるクセをつけましょう。

第11章：to 不定詞

436

The wind was not [ ] to prevent us from sky-diving.

① as strong
② as strong as
③ so strong
④ so strong as

[93 追 05]

437

During the rainy season, the water level rises, and currents are strong. This river is dangerous to [ ] in July.

① being swum
② swim in
③ swim it
④ swimming

[90 本 06] 改

WORDS & PHRASES

□ current 名 ＝（水・空気の）流れ

438

"I heard you were invited to the president's party."
"Yes. I was surprised at how easy the president was [ ]."

① for talking
② talking to
③ to talk
④ to talk to

[99 本 08] 改

436・437・438

so ~ as to 不定詞「…するほど~」

解答 ① as strong ② as strong as ③ so strong ④ **so strong as**
　　　　12.3%　　　　14.0%　　　　　24.6%　　　　49.1%

解説 まずこの表現は、くらべているわけではないので as-as とは区別しないといけません。not ~ so で「それほど~じゃない」とぼんやりと伝えておいて、あとから to 不定詞が足りない情報を補う表現です。正解は ④ です。今回の文ならば、「それほど強くなかったよ。スカイダイビング中止するほどにはね」という気持ちで音読してください。

訳 私たちがスカイダイビングをやめなければならないほど風は強くありませんでした。

穴埋め修飾

解答 ① being swum ② **swim in** ③ swim it ④ swimming
　　　　12.9%　　　　37.1%　　　　24.2%　　　25.8%

解説 to 不定詞で気をつけたいのが**穴埋め修飾**の形。Bill is easy [hard/difficult/impossible] to fool ■.「ビルをだますのは簡単 [難しい/難しい/不可能]」。「ビルをだます」という意味関係を意識しながら表現してください。今回の問題では swim in ■ in July. と in が重なるので自信がないと ② を選ぶことができません。

訳 梅雨の間は水位が上がり、川の流れも速いんです。この川で7月に泳ぐのは危険ですよ。

穴埋め修飾
Bill is easy to fool ■.
Liz is hard to please ■.

穴埋め修飾

解答 ① for talking ② talking to ③ to talk ④ **to talk to**
　　　　15.2%　　　　53.0%　　　　12.1%　　　19.7%

解説 前問と同じポイントです。easy と how が結び付いて前に動いていたので少し難しかったのですが、The president was easy to talk to ■. という**穴埋め修飾**の形がベースになっているんです。

訳 「社長のパーティーに招待されたらしいね」「うん。社長は意外に話しかけやすい人だったよ」

次のページでは、to 不定詞が使われるさまざまな形をさらに見ていきましょう。

第11章：to 不定詞

439

Some people find ☐ difficult to economize on mobile phone costs, even when times are hard.

① everything   ② it   ③ that   ④ things

[11本07]改

WORDS & PHRASES

□ economize 動 = 節約する

440

"Will you be going to Rome this summer after all?"
"I'm still ☐ to."

① intending   ② supposing   ③ visiting   ④ wondering

[95追01]

441

The boy opened the window, although his mother told him ☐ .

① don't do   ② not do it   ③ not to   ④ to not

[91本16]改

439・440・441

find it 〜 to 不定詞「…が〜だとわかる」

解答 ① everything　② **it**　③ that　④ things
　　　　 1.4%　　　　 88.7%　　7.9%　　　2.0%

解説 it と to 不定詞のコンビネーションを利用した文をここで確認しましょう。もちろん正解は ② なのですが，it は **「状況を受ける単語」**。心に浮かんだ状況を受けて，まずは「難しいと思っている（find it difficult）」と述べています。ただ何が難しいのかという情報が不足しています。そこで，it の内容と to 以下が「節約するのがね」と説明を加えた表現です。**It is difficult to** get up in the morning.「大変なんだよね，朝起きるのが」と同じ息づかいですよ。何度も音読して早く慣れていきましょう。

訳 時代が厳しくても，携帯電話代を節約するのは難しいと思う人がいます。

intend to 不定詞「〜するつもりである」

解答 ① **intending**　② supposing　③ visiting　④ wondering
　　　　 47.4%　　　　　31.9%　　　　 4.6%　　　16.1%

解説 after all「結局」に注目すると，この会話の前にすでに「ローマに行きたい」という意志は伝えていますね。だから「まだ行こうと思っているんだ」となる ① が正解です。to で終わっているのは省略が起きているから。**繰り返すのが嫌なら to で止めておくのです**。相手が省略について考えられるように，この to はきちんと発音してあげてください。ちなみに，② の suppose は，be supposed to 〜「〜することになっている」という**ルール**や**常識**などを述べる形で使います。

訳 「結局この夏にはローマに行くのかい？」「まだそのつもりだよ」

not は前から

解答 ① don't do　② not do it　③ **not to**　④ to not
　　　　 9.2%　　　　16.9%　　　　63.1%　　　10.8%

解説 tell の使い方の1つに，tell ＋目＋ to 不定詞の形がありました。③ か ④ が候補になりますが，あとは **not の配置の問題**。**否定は前からが標準**。to 不定詞の**前**に not が置かれている ③ が正解です。前問に引き続き，**繰り返すのを避けるために to のあとが省略**されていましたね。補うと，told him not to (open it) という文だったんです。

訳 母親がそうしないようにと言っていたにもかかわらず，少年はその窓を開けました。

否定は**前**から
not→ to open

POINT! 「足りない─補う」という気持ちで to 不定詞をとらえてくださいね。

第12章：過去分詞形

18：センター試験
（2013年度 本／追）
……………… 405

New 入試問題にチャレンジ！

17：接続詞 ……… 391

Ⅵ 文の流れ

16：時表現 ……… 347

Ⅴ 時表現

14：疑問文 ……… 331
15：さまざまな配置転換
……… 341

Ⅳ 配置転換

10：-ing形 ……… 265
11：to 不定詞 ……… 283
▶ 12：過去分詞形 ……… 305
13：節 ……… 319

Ⅲ 自由な要素

3：形容詞 ……… 111
4：副詞 ……… 133
5：比較 ……… 141
6：否定 ……… 161
7：助動詞 ……… 169
8：前置詞 ……… 191
9：wh修飾 ……… 253

Ⅱ 修飾

1：動詞・基本文型 … 009
2：名詞 ……… 073

Ⅰ 英語文の骨格

第12章：過去分詞形

受動文 / 受動文と前置詞 / 過去分詞で修飾

ⓐ 能動文　The dog attacked the man.「犬が男を襲った」
　　　　　　　　　　　　　　　目的語

ⓑ 受動文　The man was attacked by the dog.
　　　　　主語　　　　　　　　　　　　　「男は犬に襲われた」

442

Attention should be _____ to even the smallest detail of this report.

① done　② taken　③ paid　④ observed

[85 本03] 改

WORDS & PHRASES
□ detail 名 = 細部

443

"I can't decide whether to take this offer up or not."
"Let's go ahead and do it. Nothing _____ by just waiting."

① will be gained　② will gain　③ has gained　④ gains

[03 本07] 改

WORDS & PHRASES
□ whether to 不定詞 = 〜すべきかどうか　　□ take 〜 up = (申し出)を受け入れる

444

Rescue workers called off the search for the missing hikers. Nothing more _____ because of the storm.

① could be doing　② could do
③ could be done　④ could have done

[87 本06] 改

442・443・444

受動文「〜される」とは，行為を受ける対象（目的語）が主語に置かれた文のこと。行為の受け手にハイライトが当たる特別な形です。be 動詞＋過去分詞，そのあとでもし必要があれば「by 行為者」を付け加えてください。受動文も単なるbe 動詞文（I am happy.）と同じ形だと実感できたら勝負ありですよ。

受動文は目的語が主語の位置に

解答 ① done   ② taken   ③ **paid**   ④ observed
　　　　0.0%　　　18.8%　　　62.5%　　　18.8%

解説 受動文は，**動作の受け手が主語という目立つ位置に置かれた英文**のこと。今回なら attention が動作の受け手（目的語）ということです。だったら attention を目的語にとる相性の良い動詞は ③ paid です。pay attention to 〜「〜に注意を払う」は学習済み。覚えていますか？

訳 この報告書は細部にまで注意を払うべきです。

受動文は目的語が主語の位置に

解答 ① **will be gained**   ② will gain   ③ has gained   ④ gains
　　　　64.4%　　　　　　　　15.5%　　　　　10.9%　　　　　9.2%

解説 gain「得る」が正しく機能している選択肢を選ぶ問題。主語が nothing なので「得られる」と受動文（be 動詞＋過去分詞）である必要があります。正しい形は ①。あと，空所のあとの by は「方法・手段」を表しているだけ。行為者を表す by は今回省略されているんです。

● P.481

訳 「このオファーを受けるかどうか迷っているんだ」「それを受けよう。待っているだけじゃ何も得るものはないから」

受動文は目的語が主語の位置に

解答 ① could be doing   ② could do
　　　　10.7%　　　　　　　5.5%
　　　　③ **could be done**　④ could have done
　　　　58.3%　　　　　　　25.5%

解説 主語の nothing は「する」んじゃなくて，「される」んでしょ？　受動文（be 動詞＋過去分詞）を含む選択肢は ③ しかありません。

訳 レスキュー隊は行方不明のハイカーの捜索を中止しました。嵐のせいでこれ以上何もできませんでした。

POINT! by を伴う受動文は多くありません。言う必要がなかったり，言えなかったりするからですよ。

307

第12章：過去分詞形

445

It has been hard to concentrate on my studies lately because a road _____ in front of my house.

① builds　② has built　③ is being built　④ is building

[08本10]

WORDS & PHRASES
□ concentrate 動 ＝集中する　□ lately 副 ＝最近

446

The puppy at the rescue center looked happy to have been _____ by a little girl.

① choice　② choose　③ chose　④ chosen

[10本06] 改

WORDS & PHRASES
□ puppy 名 ＝子犬

447

"How long will it take you to finish this work?"
"I think everything _____ by the end of next month."

① did　② was done　③ will be done　④ will do

[99追05] 改

445・446・447

進行形と受動文

解答 ① builds ② has built ③ **is being built** ④ is building
　　　　7.2%　　　　18.8%　　　　　66.7%　　　　　　7.3%

解説 主語を見てください。「道路」は「作られる」もの。やはり受動文の出番です。**be 動詞＋過去分詞**を含んでいる選択肢は③だけ。**受動文が進行形と組み合わされた形**は目新しく映るかもしれませんが，慣れておけば一瞬です。be built が -ing 形になって，「今作られている途中」ってことを意味しているんです。

● P.482

訳 私の家の前で道路が建設されている途中で，最近研究に集中することが難しくなっています。

to ＋完了形と受動文

解答 ① choice ② choose ③ chose ④ **chosen**
　　　　12.9%　　　6.7%　　　　5.9%　　　74.5%

解説 to ＋完了形でも考え方は同じ。**be 動詞＋過去分詞**となるのは④。①は名詞，②は原形・現在形，③は過去形というように，動詞の活用（不規則活用）もポイントでした。ちなみに「**to ＋完了形**」は**文全体の「時」よりも前に起きていることを表す**ために使われます。「幸せそうになる前にもらわれている」ということ。少し複雑だけど，じっくりと形を見てモノにしてください。

● P.473

訳 救助センターの子犬は，幼い女の子にもらわれて幸せそうでした。

未来と受動文

解答 ① did ② was done ③ **will be done** ④ will do
　　　　5.6%　　　6.9%　　　　63.9%　　　　　　23.6%

解説 「すべてがなされる」という受動文だとわかれば②③に答えは絞られます。あとは空所のあとで「来月末までには」とあるので，will「～だろう」を使った③ **will be done** が正解だとわかります。**姿形は単なる be 動詞文**なんだから，助動詞 will を原形 be の前に置けばよいだけです。Everything will be all right.（**すべてうまくいくよ**）と同じ呼吸で繰り出せるのが理想です。

訳 「この仕事を終えるのにはどのくらいかかりますか？」「来月の末までにはすべて終わっていると思います」

POINT! 受動文は，単なる be 動詞文。難しいことは何もないんだよ。

第12章：過去分詞形

448

We want to go to the beach in Rob's car on Saturday because our car still won't _____ .

① fixed
② have been fixed
③ have fixed
④ having been fixed

[95 追 12] 改

449

You shouldn't _____ the meaning of that financial report.

① have mistaken
② have mistook
③ be mistaken
④ have been mistaken

[86 追 11] 改

WORDS & PHRASES
□ financial 形 ＝財務の・財政上の

450

On my way home, I was caught _____ a shower.

① within
② in
③ into
④ with

[79 追 21] 改

受動文 | **受動文と前置詞** | **過去分詞で修飾**

ⓐ **The flowerpot was broken by the cat.**
「植木鉢がネコによって壊された」

ⓑ **The ceiling is covered with cobwebs.**
「天井がクモの巣だらけです」

ⓒ **Dan was injured in a traffic accident.**
「ダンは交通事故で怪我をした」

448・449・450

will +完了形と受動文

解答 ① fixed　　② **have been fixed**
　　　　5.8%　　　　　65.2%
　　　③ have fixed　　④ having been fixed
　　　　24.6%　　　　　4.3%

解説 will のあとなので原形ではない①④がすぐに外せます。あとは，車が修理を「される」側なので受動文にしましょう。**be 動詞＋過去分詞**を含んだ②が正解です。will ＋完了形は「未来の時点（今度の土曜）でそのときまでに…」ということを表すんです。

訳 うちの車はまだ修理されていないだろうから，土曜日はロブの車で海に行きたいな。

能動・受動の関係を見抜く

解答 ① **have mistaken**　　② have mistook
　　　　55.6%　　　　　　　　0.0%
　　　③ be mistaken　　④ have been mistaken
　　　　27.8%　　　　　　16.7%

解説 今回も能動・受動を見抜くことが大切ですよ。「あなたが意味を取り違う」と能動で意味をなすので①が正解です。②は have のあとに過去形（mistake-**mistook**-mistaken）と活用が間違っています。should not ＋完了形「**すべきではなかったのに**」はもう大丈夫ですね。

訳 君はあの財務報告書の意味を取り違えるべきではありませんでした。

be caught in ～「(悪い状況) にあう」

解答 ① within　　② **in**　　③ into　　④ with
　　　　4.4%　　　　39.1%　　　8.7%　　　47.8%

解説 受動文なら by と決まっているわけではありません。にわか雨の魔の手（？）から逃れることができず，雨の「**中**」で立ち往生しているイメージなら前置詞は②**in** になります。be caught in **traffic** / **(the) crossfire**「**渋滞に巻き込まれる** / **集中砲火を浴びる**」といった**マイナス**な状況が支配的です。

● P.484

訳 家に帰る途中で，にわか雨にあいました。

ⓐ のように，基本的に受動文では行為者を表すのには by を使います。**ある出来事のそば（by）にいるのが行為者に感じられるから**です。イラストを見てください。そばにいるネコの仕業に見えますよね。ただし，**受動文なら by を用いると決まっているわけではありません**。状況に応じて，適切な前置詞を選びましょう。

POINT! 受動態といっても by 以外の前置詞だったりします。英文を読むときに気にしてみてくださいね。

第12章：過去分詞形

451
Many people _____ by the typhoon that hit my country last year.

① had died　② killed　③ were dead　④ were killed

[88 追 05] 改

452
Angela was seen _____ into the theater with her boyfriend.

① go　② going　③ gone　④ went

[98 追 07] 改

453
When you enter a Japanese house, you are _____ off your shoes.

① necessary to take　② needed taking
③ requested taking　④ supposed to take

[08 追 10]

454
I've finished writing my application. Who am I _____ to give it to?

① announced　② applied　③ pointed　④ supposed

[11 本 08]

WORDS & PHRASES

□ application 名 ＝ 申し込み（用紙）

451・452・453・454

受動文と die / kill / dead

解答 ① had died ② killed ③ were dead ④ **were killed**
　　　　　16.4%　　　6.6%　　　27.9%　　　　49.2%

解説 受動文の知識と「死」に関する語彙の知識を求めた問題。①の die「死ぬ」、③の dead「死んでいる」はどちらも by とつながりません。**どちらも「行為者」を必要としない**からね。正解は ④ です。事故などで亡くなった場合の were killed「殺された」なんて表現は日本語にはありませんよね。

訳 昨年、私の国を襲った台風で多くの人が亡くなりました。

目的語説明文＋受動文

解答 ① go ② **going** ③ gone ④ went
　　　　21.6%　66.2%　　　9.5%　　2.7%

解説 知覚を表す動詞で典型的な see ＋目＋ -ing 形「〜しているのを見る」に対応する受動文が作れるかがポイント。see などの**知覚を表す動詞や使役の make** が受動文になると、We were made **to** run 10km.「10キロ走らされた」のように **to** が必要になります。よって正解は ② です。

● P.488

訳 アンジェラはボーイフレンドと一緒に劇場に入っていくところを見られました。

be supposed to 不定詞「〜することになっている」

解答 ① necessary to take ② needed taking
　　　　　32.4%　　　　　　　25.2%
　　　　③ requested taking　④ **supposed to take**
　　　　　9.7%　　　　　　　　32.7%

解説 受動文を用いた表現を求めた問題。正解は ④ です。suppose は、語源「下に置く」から「土台のように心の中でゆるがない」というニュアンス。**ルール**や**常識**などの**決まりごとにぴったり**です。

● P.490

訳 日本の家屋に入るときは、靴を脱ぐことになっています。

be supposed to 不定詞「〜することになっている」

解答 ① announced ② applied ③ pointed ④ **supposed**
　　　　　7.3%　　　　　22.6%　　　6.4%　　　63.7%

解説 ズバリ、be supposed to 不定詞「〜することになっている」の ④ が正解になります。即決です。

訳 申込用紙の記入は終わりました。誰に渡すことになっていますか？

POINT! 少し複雑な受動文も、音読で頭に入れていこう。

第12章：過去分詞形

受動文 | **受動文と前置詞** | **過去分詞で修飾**

ⓐ **Keep the door locked.**「ドアに鍵をかけておくように」
ⓑ **This is the bag stolen from my car.**
「これは車から盗まれたカバンだ」
ⓒ **Seen from a distance, that mountain looks like a human face.**
「遠くから見ると，あの山は人間の顔に見える」

455

In order to keep ☐ , I try to read as much as possible.

① inform   ② informed   ③ informer   ④ informs

[91 追 13] 改

456

The ☐ to the students were very difficult. Over half the class failed.

① given tests   ② giving tests
③ tests given   ④ tests giving

[94 追 10] 改

457

Things long ☐ cannot be forgotten. I still fondly remember my mother reading me bedtime stories.

① enjoyed   ② enjoying   ③ have enjoyed   ④ to enjoy

[07 追 07] 改

455・456・457

過去分詞「〜される」を完全に使い切るうえで必要なのは、さまざまな修飾位置に配置する自由を手に入れること。ⓐはあとから**目的語**（the door）の**説明**。ⓑのように**名詞**（the bag）**の隣に置いて説明を加える**こともできるし、ⓒのように**文と並べて文全体を修飾する**ことだって可能なのです。**意味が許す限り、過去分詞を自由に並べればいいんですよ**。

説明型で用いる過去分詞形

解答　① inform　② **informed**　③ informer　④ informs
　　　　　37.9%　　　36.4%　　　　22.7%　　　　3.0%

解説　私が「知らされている」状況を keep するという文意がわかれば、過去分詞形の②が選べます。例えば、**Stay tuned**.「チャンネルはそのまま」、You got **drunk** last night.「君は昨日酔っ払ったね」のように be 動詞以外の動詞にも過去分詞を続けていいんです。

● P.492

訳　情報を欠かさないように、できる限り多くのものを読もうとしています。

前から限定・後ろから説明

解答　① given tests　② giving tests　③ **tests given**　④ tests giving
　　　　　27.7%　　　　13.8%　　　　　44.6%　　　　　13.8%

解説　テストは学生に「与えられる」関係だとわかれば②④がアウト。given to the students 全体で、テストに関して説明を施しているから③が正解です。ちなみに given は「前に置けば限定」という働き通り、①は「**一定の・特定の**」という意味になります。

● P.495

訳　学生に課されたテストは、とても難しいものでした。クラスの半分以上が試験に落ちました。

名詞（句）の説明で用いる過去分詞形

解答　① **enjoyed**　② enjoying　③ have enjoyed　④ to enjoy
　　　　　21.4%　　　　60.0%　　　　5.7%　　　　　　12.9%

解説　things は「楽しまれる」のですから、受動である必要があります。過去分詞形の① **enjoyed** が正解になります。ちなみに２つ目の文では、remember のあとには意味上の主語（my mother）付きで -ing が続いていました。

訳　長く楽しまれたものを忘れることはできません。いまだに母親が私に寝る前におとぎ話を読んでくれたことを懐しく思い出します。

POINT!　-ing 形と同じように、過去分詞形もさまざまな修飾が可能です。

第12章：過去分詞形

458

☐ that company, our company gives longer paid holidays.

① Compare to
② Compared with
③ Comparing as
④ Comparison of

[08 追 08]

WORDS & PHRASES
☐ paid holiday 名＝有給休暇

459

All things ☐ , the chorus club decided to postpone its winter concert.

① considered
② considering
③ to be considered
④ to be considering

[11 追 04]

460

Cold chicken is delicious ☐ salad.

① when eaten with
② when eating with
③ with when eaten
④ with when eating

[94 本 07]

461

Some books, if ☐ carelessly, will do more harm than good.

① read
② to read
③ in reading
④ reading

[85 追 11]

文修飾の過去分詞形

解答 ① Compare to　14.1%
② **Compared with**　73.2%
③ Comparing as　8.5%
④ Comparison of　4.2%

解説 compare は，つながりを表す with と一緒に compare A with B「A を B と比較する」という形で使います。私たちの会社があの会社と「比較される」のだから，過去分詞形の ② **Compared with** が正解です。

訳 あの会社とくらべると，私たちの会社は有給休暇が長いです。

All things considered「すべてを考慮に入れると」

解答 ① **considered**　60.0%
② considering　18.6%
③ to be considered　10.0%
④ to be considering　11.4%

解説 よく使うセットフレーズなので，迷わず ① を選んでください。「すべてのことが考慮に入れられている」という受動の関係だから過去分詞形が続いているんです。

訳 すべてを考慮して，合唱部はウインターコンサートを延期することに決めました。

接続詞の付加

解答 ① **when eaten with**　58.2%
② when eating with　27.8%
③ with when eaten　8.5%
④ with when eating　5.5%

解説 過去分詞での文修飾は，主文との曖昧なつながりのため，場合によっては意図しないつながりを読み取られるかもしれません。**その曖昧さを避ける場合に接続詞を前に配置します。** あとは話題がコールドチキンなので「食べられる」と受動を表す ① が正解です。

訳 コールドチキン（鶏肉の冷製料理）は，サラダと一緒に食べるとおいしいです。

接続詞の付加

解答 ① **read**　58.8%
② to read　6.2%
③ in reading　12.5%
④ reading　22.5%

解説 文の途中に入っても意味上の主語の考え方は変わりません。この文の話題は主文の主語「本」です。本は「読まれる」んだから ① が正解だとわかります。read の活用（read-read-read）がこの問題を難しくしていますが，良い問題ですね。if は前問と同じく**主文とのつながりをはっきりさせる**ために置かれています。

訳 本の中には，雑に読むと百害あって一利なしのものもあります。

POINT! 正確に自分の意図を伝えるために，主語や接続詞を補うことがあるんですね。

第13章：節

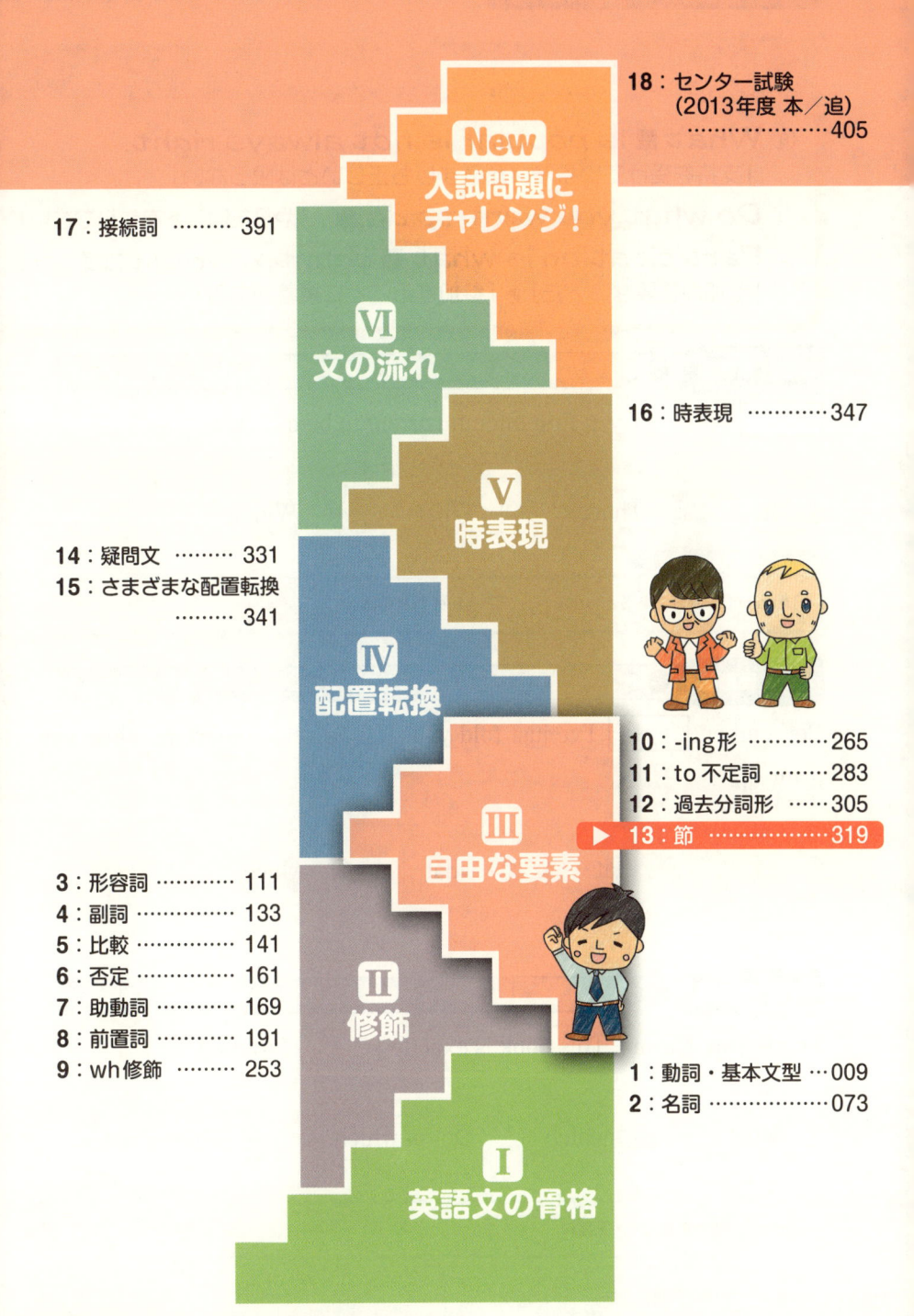

18：センター試験
（2013年度 本／追）
………………… 405

New 入試問題にチャレンジ！

17：接続詞 ……… 391

Ⅵ 文の流れ

16：時表現 ……… 347

Ⅴ 時表現

14：疑問文 ……… 331
15：さまざまな配置転換
……… 341

Ⅳ 配置転換

10：-ing形 ……… 265
11：to不定詞 ……… 283
12：過去分詞形 ……… 305
▶ **13**：節 ……………… 319

Ⅲ 自由な要素

3：形容詞 ………… 111
4：副詞 …………… 133
5：比較 …………… 141
6：否定 …………… 161
7：助動詞 ………… 169
8：前置詞 ………… 191
9：wh修飾 ………… 253

Ⅱ 修飾

1：動詞・基本文型 …009
2：名詞 ……………073

Ⅰ 英語文の骨格

第13章：節

what 節 / wh 節の2つの解釈 / 慣用表現

ⓐ **What ■ is popular is not always right.**
「支持を受けているモノが必ずしも正しいとは限らない」

ⓑ **Do what you want to do ■.** 「やりたいコトをやりなさい」

ⓒ **Participation is what ■ counts.** ※count「重要である」
「参加が重要なコトだ」▶「参加することに意義がある」

462

　　　　　 seems easy at first often turns out to be difficult.

① It　　② That　　③ What　　④ Which

[91本12]

WORDS & PHRASES
□ turn out ～ ＝～であるとわかる　　□ at first ＝最初は

463

Remember 　　　　 I've just told you. It'll be very important when you grow up.

① as　　② that　　③ what　　④ which

[92本12]

464

Thank you, Hiromi. This book is exactly 　　　　 I wanted.

① what　　② which　　③ of which　　④ that

[05本01]

WORDS & PHRASES
□ exactly 副 ＝まさしく・正確に

wh 語との最初の出会いは，倒置を伴った疑問文（What's this?）とかだったはず。しかし，左ページのどの例文も相手に答えを尋ねるような英文ではありません。そう，ここで学んでほしいのは **wh 節を文の一部として使う技術**です。ⓐ は主語，ⓑ は目的語，ⓒ は説明語句の位置に置かれています。このような **what** 節を「〜モノ・コト」として自由に使いこなせるようになりましょう。

主語位置での what 節

解答 ① It　② That　③ **What**　④ Which
　　　　51.5%　　12.3%　　30.5%　　5.7%

解説 what が作る節に慣れていきましょう。What ■ seems easy at first … turns out「最初は簡単に思える**コト**」と what 節が主語の位置に配置されていました。what をはじめとしたwh 語の特徴は，**あとに穴（■）があいた文が続くところ**。that 節と区別してくださいね。

訳 最初は簡単に思えることが結局難しいことがよくあります。

修飾語位置での what 節：レポート文

解答 ① as　② that　③ **what**　④ which
　　　　13.6%　30.3%　50.0%　　6.1%

解説 ほら，また同じパターン。Remember what I've just told you ■．「私の言った**コト**」とレポート文でも使えます。同じレポート文でも，that 節を使った Remember that I love you．「僕が君を愛していることを覚えていてね」と比較すれば，穴の有無が大きな違いになります。

訳 今，僕が君に言ったことを忘れてはいけないよ。大きくなったときにとっても重要になるからね。

修飾語位置での what 節：説明型

解答 ① **what**　② which　③ of which　④ that
　　　　59.2%　　11.2%　　10.5%　　19.1%

解説 もう慣れてきましたね。This book is exactly what I wanted ■．「欲しかった**モノ**」と説明型の英文で，what 節が主語（This book）に説明を加えています。きちんと what 節の中で穴があいていることを意識してください。

訳 ありがとう，ヒロミ。この本はまさに僕が欲しかった本だよ。

POINT! what 節には穴がつきもの。疑問文で用いる what をいつも意識すればよいだけ。

第13章：節

465

"I really hope it'll rain tomorrow."
"From ☐ you just said, it seems you don't want to go on the picnic."

① that   ② what   ③ where   ④ which

[96本01]

466

When I got to the checkout counter, I realized that I didn't have enough money, so I kept ☐ I really needed and left the rest.

① that   ② this   ③ what   ④ which

[99追12]

WORDS & PHRASES
□ rest 名＝残り　　□ checkout counter ＝レジ・精算台

467

Many people criticized me, but I did what ☐ .

① I thought I was right　② I thought it was right
③ I thought was right　④ I was thought right

[96本07]

WORDS & PHRASES
□ criticize 動＝〜を批判する

---

what 節 | **wh 節の2つの解釈** | **慣用表現**

ⓐ Rob asked me **what I wanted for my birthday**.
「ロブは私に何を誕生日に欲しいのかを尋ねた」

ⓑ This is exactly **what I wanted for my birthday**.
「これはまさに私が誕生日に欲しかったモノです」

465・466・467

前置詞の目的語になる what 節

解答 ① that ✗ ② **what** ◯ ③ where ✗ ④ which ✗
　　　　21.1%　　　52.2%　　　　7.0%　　　　19.7%

解説 前置詞の目的語に節を配置する問題です。said のあとに穴を感じることができれば ② と ④ に絞れますね。あとは「どれ？」となる which を外して ② what が正解。From what you just said ■「君が言った**コト**から」となり，意味を考えてもおさまりがいいですね。

訳 「明日は雨だと本当にいいのになぁ」「君の言ったことから判断すると，どうもピクニックには行きたくないみたいだね」

他動詞の目的語になる what 節

解答 ① that ✗ ② this ✗ ③ **what** ◯ ④ which ✗
　　　　36.1%　　2.8%　　　　48.6%　　　12.5%

解説 I kept what I really needed ■「私が本当に必要な**モノ**」を keep したんだね。形も意味も ③what しかありえません。

訳 レジにきたときにお金を十分にもっていないことに気づいたので，本当に必要な物だけを取って残りは置いてきました。

レポート文内に穴のあいた what 節

解答 ① I thought I was right ✗　② I thought it was right ✗
　　　　18.2%　　　　　　　　　　　　33.8%
　　　　③ **I thought was right** ◯　④ I was thought right ✗
　　　　40.8%　　　　　　　　　　　　7.2%

解説 what I thought ■ was right「私が正しいと思った**コト**」という形が見えましたか？ 今回のように thought のあとに続く節の中に穴（was の主語）があくこともあるって知っておきましょう。決して珍しい表現ではありません。

訳 多くの人が私を批判しましたが，私は自分が正しいと思うことをしたのです。

ⓐ は what 節を「何を～か」と解釈し，ⓑ は「～モノ・コト」と訳しています。でも，どちらも同じことを言っているのです。where I live を「どこに住んでいるのか」と「私が住んでいる場所」のどちらで訳しても問題がないのと同じですね。**状況に応じて訳し分ければよいのです。**特に今回一緒に確認してきた「モノ・コト」を表す what は，かなり使える表現です。

次のページからは少し趣の異なる what を見ていきましょう。

第13章：節

468
I'm not quite sure what book [　　　] .

① Ted was talking
② Ted was talking about
③ Ted was talking about it
④ Ted was talking it about

[91 追 16] 改

469
It is often said that rice is to Asians [　　　] wheat is to Europeans.

① how　② that　③ what　④ which

[96 追 06]

WORDS & PHRASES
□ wheat 名 ＝ 小麦

470
Jack grew up in a poor farming family but today is worth millions of dollars. He is [　　　] is called a self-made man.

① that　② which　③ what　④ who

[79 追 05] 改

---

what 節　**wh 節の2つの解釈**　**慣用表現**

ⓐ **Air is to us what water is to fish.**
「空気と人間の関係は，水と魚の関係と同じ」

ⓑ **Reading is to the mind what food is to the body.**
「読書の精神に対する関係は，食物の肉体に対する関係と同じ」

ⓒ **I am not content with what I am.** 「私は現在の私に満足していない」

468・469・470

修飾語位置での what 節：レポート文

解答
① Ted was talking　　9.1%
② **Ted was talking about**　　68.7%
③ Ted was talking about it　　19.7%
④ Ted was talking it about　　2.5%

解説 what book で「何の本」というフレーズになっています。組み合わせて意味が通るのは ② です。what book Ted was talking about ■「彼が何の本について話していたか」という what 節です。

訳 テッドが何の本について話していたのか，はっきりとはわかりません。

A is to B what C is to D「A：B ＝ C：D」

解答
① how　2.7%
② that　22.4%
③ **what**　49.6%
④ which　25.3%

解説 さて，what を使った有名なフレーズが出てきました。A is to B what C is to D.「AとBの関係はCとDの関係と同じ」。what wheat is ■ to Europeans「ヨーロッパ人にとって小麦は何なのか」という後半の文を使って，前半のAとBの関係をわかりやすく説明しているんです。

訳 アジア人とコメの関係は，ヨーロッパ人と小麦の関係と同じだとよく言われます。

---

what is called 〜 / what we call 〜「いわゆる〜」

解答
① that　8.7%
② which　8.7%
③ **what**　43.5%
④ who　39.1%

解説 これもまた what を使ったセットフレーズ。正解は ③ です。what we call ■ A「私たちがAとよんでいるモノ」や what ■ is called A「Aと一般によばれているモノ」が自然な日本語に訳されて「いわゆる〜」という定訳につながってるんですよ。でも今までやってきた「モノ・コト」を表す what でした。

訳 ジャックは貧しい農家で育ちましたが，今日では数百万ドルの資産があります。いわゆるたたき上げの人です。

---

what を使った表現を確認しておきましょう。まず ⓐ ⓑ は先程出てきた **A is to B what C is to D.** という形。ABCD を自分なりに入れかえてオリジナルの文を作ると楽しく覚えられそうです。ⓒ は **what I am** で「現在の私」，あとは **what I used to be**「以前の私」といった表現もあります。これもなかなか使えるフレーズなので覚えておいてください。

POINT! what は普段よく使うし，入試でも頻出。面白い英文に出会ったらストックしていこう。

第13章：節

471

Somebody rang my doorbell, but I don't know _____.

① what did it
② what was it
③ who it did
④ who it was

[94追14]

472

Do you have any idea _____?

① when closes the bank
② when does close the bank
③ when does the bank close
④ when the bank closes

[89本09] 改

473

I heard you're planning to build a new house. Do you know how much _____?

① cost it will be
② it cost
③ it will cost
④ will it cost

[99本12]

471・472・473

修飾語位置での wh 節：レポート文

解答 ① what did it　② what was it　③ who it did　④ **who it was**
　　　　　 15.8%　　　　　　 19.7%　　　　　　 23.3%　　　　　 41.2%

解説 wh 節の語順がポイント。どの wh 語も、**相手に尋ねる気持ちがなければ倒置する必要なんてない**のです。だから①②は却下。あとは「（ドアの向こう側に）誰？」は **Who is it?** という表現を用いることを知っていれば④を選べますね。

● P.211

訳 誰かがうちの玄関のベルを鳴らしましたが、誰だったかわかりません。

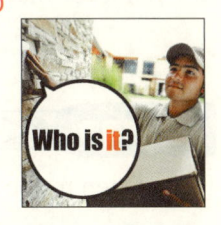

修飾語位置での wh 節：レポート文

解答 ① when closes the bank　　② when does close the bank
　　　　　 9.8%　　　　　　　　　　　　 14.8%
　　　　 ③ when does the bank close　④ **when the bank closes**
　　　　　 19.5%　　　　　　　　　　　 55.9%

解説 まず have idea 〜「〜がわかる」という表現の知識が必要ですね。
例：I **have no idea** what to do next.「次に何をすべきかわからない」
その〜の部分に入る文（今回は when 節）には倒置が起きません。**疑問の気持ちは「知っていますか？」の部分にあるからです**。疑問文の形（倒置形）をした③を選ばないように気をつけてくださいね。

● P.101

訳 いつ銀行が閉まるか知っていますか？

修飾語位置での wh 節：レポート文

解答 ① cost it will be　② it cost　③ **it will cost**　④ will it cost
　　　　　 2.7%　　　　　　 13.6%　　　 54.2%　　　　　 29.5%

解説 相手に「どのくらいかかるのか」を尋ねているわけではありません。前問と同じく「知っているかどうか」の部分です。だから、how much のあとで倒置が起こっていない③が正解です。②を選んだ人は不注意ですよ。最初の英文から家を作るのが「**これから**」の話だとわかりますよね。②は 3 単現の -s がないから、cost が過去形「かかった」という過去の話になってしまいアウトですよ。

訳 新しい家を建てる計画をしているそうですね。どれくらい費用がかかるか知っていますか？

POINT! 相手に尋ねる気持ちがない wh 節では倒置が不要です。

第13章：節

474

My wife and I will host a Christmas party. ⬜ will be welcome.

① Whoever
② Whoever that comes
③ Whoever that can
④ Whoever comes

[80 追 13] 改

475

Don't listen to Joe ⬜ much he complains.

① however
② whatever
③ so
④ how

[06 追 05]

476

Keep on with your studies, ⬜ hard it sometimes seems.

① however
② no matter what
③ so
④ whatever

[95 追 10]

477

⬜ , I couldn't manage to get the car started.

① How hardly I tried
② I tried no matter hard
③ No matter hard I tried
④ No matter how hard I tried

[85 本 15]

WORDS & PHRASES

□ manage to 不定詞 ＝〜をなんとかやり遂げる　　□ get 目 説明語句＝ 目 を〜にする

wh語 + ever : whoever

解答
① ✗ Whoever　16.1%
② ✗ Whoever that comes　8.7%
③ ✗ Whoever that can　7.4%
④ ⭕ Whoever comes　67.8%

解説 wh語 + ever の使い方を問う問題。① では何をする人が「誰でも」なのか不明です。正解の ④ なら「くる人は誰でも」と明らかにされていますね。Whoever comes が主語で、「どれをとってもいい」と相手に選択肢を示す ever が付いて「誰でも」という意味になります。

● P.505

訳 妻と私は、クリスマスパーティーを開催します。くる人は誰でも歓迎されます。

wh語 + ever : however 〜

解答
① ⭕ however　50.4%
② ✗ whatever　2.3%
③ ✗ so　23.4%
④ ✗ how　23.9%

解説 much の語順に注目してください。How much? と同じ感覚で ①however much とつなげます。ever がくっ付いているので「どれだけたくさん愚痴っても」となり、文意に合いますね。

訳 ジョーがどれだけ愚痴をこぼしても、耳を貸してはいけません。

wh語 + ever : however 〜

解答
① ⭕ however　62.0%
② ✗ no matter what　5.9%
③ ✗ so　27.6%
④ ✗ whatever　4.5%

解説 hard の位置に注目してください。前問と同じく、① なら however hard で「どれだけつらくても」という譲歩を表す表現になり、意味をなします。

訳 時にどんなにつらく思えても、勉強を続けなさい。

no matter + wh語 : no matter how 〜

解答
① How hardly I tried　2.5%
② I tried no matter hard　2.5%
③ No matter hard I tried　31.2%
④ ⭕ No matter how hard I tried　63.8%

解説 wh語 + ever が譲歩 (どんなに〜でも) を表す場合、no matter + wh語も同様に使うことができます。no matter は It doesn't matter.「(どんな〜でも) 問題じゃないよ」ってこと。however hard がわかっていれば、④ を選ぶことができます。

訳 どんなに一生懸命努力しても、私は車を発進させることができませんでした。

POINT! however や no matter how のあとに続く語順に気をつけよう!

第14章：疑問文

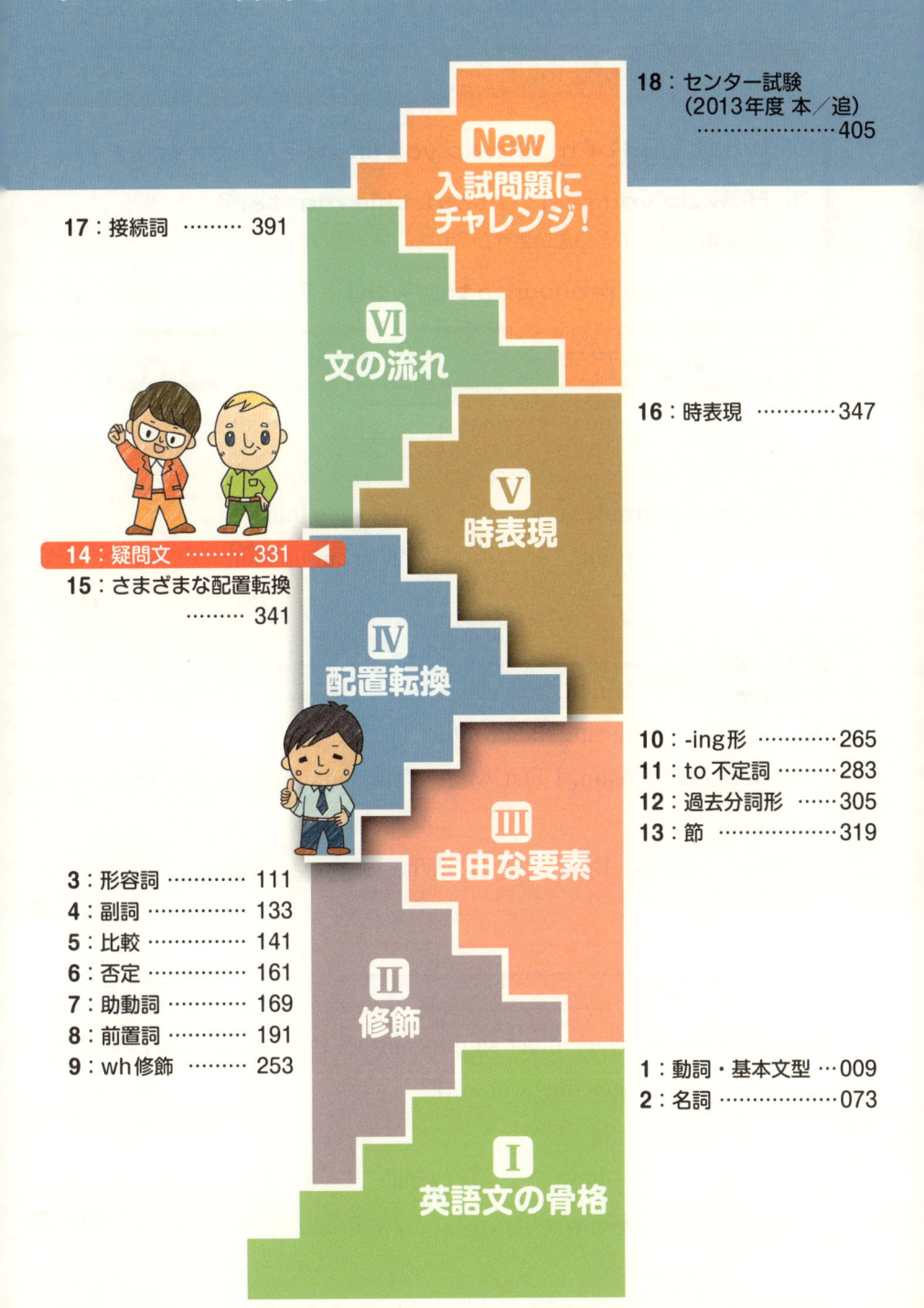

18：センター試験
（2013年度 本／追）
……………… 405

New 入試問題にチャレンジ！

17：接続詞 ……… 391

Ⅵ 文の流れ

16：時表現 ……… 347

Ⅴ 時表現

14：疑問文 ……… 331 ◀
15：さまざまな配置転換
     ……… 341

Ⅳ 配置転換

10：-ing形 ……… 265
11：to 不定詞 ……… 283
12：過去分詞形 ……… 305
13：節 ……… 319

Ⅲ 自由な要素

3：形容詞 ……… 111
4：副詞 ……… 133
5：比較 ……… 141
6：否定 ……… 161
7：助動詞 ……… 169
8：前置詞 ……… 191
9：wh修飾 ……… 253

Ⅱ 修飾

1：動詞・基本文型 … 009
2：名詞 ……… 073

Ⅰ 英語文の骨格

第14章：疑問文

what vs how | how + α | 付加・あいづち疑問

ⓐ **What** kind of music do you like ■？「どんな音楽が好き？」

ⓑ **How** do you feel □ about this matter?
「この件についてどう思いますか？」

ⓒ **How** do you pronounce this word □？「この単語はどう発音しますか？」

478

We'd like to hear some more ideas. ☐ of this matter?

① Do you say any ideas　② How do you think
③ What do you speak　④ What's your opinion

[90 追 14]

479

"☐ are you moving the furniture for?"
"No particular reason. I just wanted this sofa against the wall for a change."

① What　② How　③ Where　④ Why

[86 困 07] 改

480

All part-time employees must sign a contract that establishes how long and for ☐ wages they will work.

① which　② how　③ what　④ how much

[82 追 05] 改

478・479・480

まず wh 疑問文の基本を確認しましょう。**話し手は尋ねたい位置に穴（■）をあけます。そして何を尋ねているのかを wh 語で指定してあげる**。ⓐ のように wh 語を別の語と組み合わせることだって可能です。ⓑ ⓒ もやはり穴があいています。「**状態**」や「**方法**」を尋ねているので穴の形（□）を変えてみました。どういった情報を求めているのかによって，wh 語（特に what と how）を使い分けてくださいね。

「どう？」＝ how とは限らない

解答
① Do you say any ideas　6.5%
② How do you think　33.2%
③ What do you speak　21.0%
④ **What's your opinion**　39.3%

解説　「どう思いますか」は間違いが集中するところ。②How は「**やり方**」を尋ねる単語です。How do you think?「どうやって考えますか」だと，不自然に聞こえます。正解は④。**What** do you think of this matter? といった言い方も可能です。

訳　もう少し意見を聞きたいですね。この件に関してあなたはどう思いますか？

What ～ for?「なぜ / どんな目的で？」

解答
① **What**　50.0%
② How　0.0%
③ Where　16.7%
④ Why　33.3%

解説　for のあとに続く名詞を尋ねているので，①**What** が正解。「何のために？」とか「なぜ？」と尋ねるときに簡略版の **What for?**（または **For what?**）はよく使います。覚えておいてくださいね。

訳　「何のために（なぜ）家具を動かしているの？」「特に理由はないよ。このソファを気分転換に壁際にしたかっただけなんだ」

what と how の使い分け

解答
① which　26.2%
② how　11.9%
③ **what**　16.7%
④ how much　45.2%

解説　「いくら？」と尋ねるのは How much? が有名ですが，much は「量」に対して用いる単語。複数形の wages とは結び付きません。work for **100 dollars** (a day) の下線部を ③ **what wages** と受けているんです。for が前に繰り上げられていたので少し難しかったですね。

訳　すべてのパート従業員はどれくらいの期間，どのような賃金で働くのかを決める契約書に署名しなければなりません。

POINT!　what wages を難しく感じた人は，What time?「何時?」を思い出してくださいね。

第14章：疑問文

how + α

ⓐ **How often** do you cut your hair? — Once a month.
「どれくらいの頻度で髪を切りますか？」「月1回です」
ⓑ **How soon** can you get here? — In 15 minutes.
「あとどれくらいで着きますか？」「15分です」
ⓒ **How long** is the movie? — It's 2 hours long.
「その映画はどれくらいの時間ですか？」「2時間です」
ⓓ **How far** is it to the station? — It's about 1km.
「駅まではどのくらいありますか？」「約1キロです」

481

"How _____ is the last show scheduled to start?"
"In about 15 minutes."

① fast　　② long　　③ often　　④ soon

[09追01]

482

"How _____ will the concert begin? I'd like to get something to drink."
"Well, if my watch is right, it should start in less than ten minutes."

① fast　　② long　　③ rapidly　　④ soon

[98本02]

483

"_____ about going on a hike?"
"That's a good idea."

① How　　② When　　③ Why　　④ Which

[79追30]

481・482・483

How + αのパターンをおさえておきましょう。ⓐ how often は「頻度」、ⓑ how soon は「あとどれくらいすぐに」という時間の近さ、ⓒ how long は「期間」や「長さ」、ⓓ how far は「距離」を尋ねるときに使います。「数」を尋ねる how many や「量」を尋ねる how much、「年齢」を尋ねる how old だけでなく、**例文に紹介した How + αの組み合わせも覚えておきましょう。**

How soon?「あとどれくらいで」

解答 ① fast　② long　③ often　④ soon
　　　　5.7%　　28.6%　　1.4%　　64.3%

解説 How + αの形が重要です。ポイントは **In** about 15 minutes.「今から約 15 分後」のところ。④ How **soon**?「あとどれくらいで」しかないですよね。② を選んだ人は「15 分間」と解釈したから。でも How long と尋ねられて、「期間」を答えるなら **for** です。ちなみに ① は「速さ」を、③ は「頻度」を求める表現でした。

訳　「あとどのくらいで最後のショーが始まる予定ですか？」「およそ 15 分後です」

How soon?「あとどれくらいで」

解答 ① fast　② long　③ rapidly　④ soon
　　　　3.7%　　16.4%　　1.9%　　78.0%

解説 最後に in ~「今から~後に」があるので、もちろん答えは ④ **soon** です。また How long が出てきたので例文で確認。**How long** have you been married? — **For** 10 years.「結婚してどれくらい？　一10 年だよ」。ちなみに begin「始まる」は一瞬のできごとなんだから、「期間」と結び付けるのはおかしいですよね。

訳　「コンサートはあとどれくらいで始まるのかな？　何か飲むものを買ってきたいんだ」「ええと、私の時計があってるとすると、あと 10 分もしないで始まるはずよ」

How about ~ ?「~はどうですか？」

解答 ① How　② When　③ Why　④ Which
　　　　91.3%　　0.0%　　4.4%　　4.4%

解説 「提案」を表す慣用表現の問題。正解は即決で ① です。**What about** ~ ? でも同じ。提案とか勧誘に使うと覚えておいてくださいね。あと、**How about** lunch together?「お昼一緒にいかない？」のように、あとには**名詞**や **-ing 形**が続くんです。

訳　「ハイキングに行くのはどう？」「それはいい考えだね」

POINT! how を使いこなせるようになると、質問上手になれますよ。聞き上手は話し上手だからね。

第14章：疑問文

484

If you like this apple pie so much, ☐ make one yourself? I'll give you the recipe.

① how about
② how come you
③ what do you say to
④ why don't you

[08本09]

WORDS & PHRASES
□ recipe 名 ＝調理法・レシピ

485

"☐ is the writer of this novel?"
"Mark Twain, I think."

① Whom do you think
② Do you think who
③ Do you think whom
④ Who do you think

[85本13]改

486

What do you think ☐ to John when he tells his parents his bicycle has been stolen?

① happened
② to happen
③ will happen
④ would have happened

[95追09]改

484・485・486

Why don't you ～？ 「なぜ～しないの？→～しなよ」

解答
① how about　　7.8%　❌
② how come you　17.3%　❌
③ what do you say to　11.1%　❌
④ **why don't you**　63.8%　⭕

解説 きちんと使い方をおさえているかがポイント。すでに学習済みの ① ③ はあとには -ing 形が必要だからダメ。② **How come**（＋文）？は「**理由**」を尋ねる口語的な表現。「これからレシピをあげるよ」という内容と矛盾しますね。よって正解は ④ です。「なぜ～しないの」がベースにあるおすすめ表現です。

● P.534

訳 このアップルパイがそんなに好きなら，自分で作ったらどうですか？ レシピをあげますよ。

レポート文内を尋ねる

解答
① Whom do you think　6.3%　❌
② Do you think who　62.5%　❌
③ Do you think whom　0.0%　❌
④ **Who do you think**　31.3%　⭕

解説 レポート文の内側を尋ねる文に慣れてください。
　You think ■ is the writer of this novel.
と主語の部分を聞いているから主格の ④ **Who** do you think が正解。ちなみに，② ③ は Yes / No で答える文だからアウトです。

● P.530

訳 「この小説の作者は誰だと思いますか？」「マーク=トウェインだと思うよ」

レポート文内を尋ねる

解答
① happened　27.7%　❌
② to happen　9.0%　❌
③ **will happen**　43.0%　⭕
④ would have happened　20.3%　❌

解説 再びレポート文内を尋ねる疑問文です。
　You think ■ will happen to John.
と主語の位置に穴があいています。「モノ・コト」を尋ねるなら what で求めている情報を指定してあげるんです。正解はもちろん ③ です。

● P.530

訳 自転車が盗まれたことをジョンが両親に告げたらどうなると思いますか？

POINT! 少し慣れが必要なレポート文内を尋ねる疑問文。使う場面は多いからしっかり練習すること！

第14章：疑問文

what vs how / how + α / 付加・あいづち疑問

ⓐ **Lucy doesn't like him, does she?**
「ルーシーは彼のこと好きじゃないんでしょ？」

ⓑ **You love me, don't you?**
「私のこと好きでしょう？ [◀語尾を上げる] ／ 好きだよね？ [◀語尾を下げる]」

ⓒ **I'm a bit tired. — Oh, are you?**
「ちょっと疲れてるんだ — へえ，そうなの？」

487

It is a pity that nobody was saved in the accident, [　　] it?

① does 　② doesn't 　③ was 　④ isn't

[80 追 24]

WORDS & PHRASES
□ pity 名 ＝残念なこと

488

It's been a long time since we last met, [　　]?

① didn't it 　② hasn't it 　③ isn't it 　④ wasn't it

[96 本 06]

489

"We had terrible weather during our vacation."
"[　　]? What a shame!"

① Did you 　② Had it 　③ Was it 　④ Were you

[01 本 10]

WORDS & PHRASES
□ shame 名 ＝残念なこと

付加疑問文は，文の後ろにちょっとした疑問文を付け加えるテクニックです。「軽い疑問」や「念押し」を意味します。例文のように肯定と否定を入れかえるのがポイントです。肯定か否定かを相手に選ばせるニュアンスなんですね。あいづち疑問文は，会話で便利な合いの手を入れる表現です。相手の発言を軽い疑問文にして繰り返すだけで作れます。問髪を入れずに使えるようにしましょう。

付加疑問文

解答 ① does　　② doesn't　　③ was　　④ isn't
　　　　 2.4%　　　 0.0%　　　　 10.7%　　 87.0%

解説 付加疑問の基本問題。前の文の肯定・否定を入れかえて作ればよいだけ。It is だから，④ isn't it? ですね。ただ ③ を選んだ人がいるのは，直前の nobody was に視点が向いているんです。最後が it で終わってるんだから，出だしの It is ~ を受けています。

訳 その事故で誰も助からなかったのは残念ですよね？

付加疑問文

解答 ① didn't it　② hasn't it　③ isn't it　④ wasn't it
　　　　 11.3%　　　 52.1%　　　　28.2%　　　 8.5%

解説 またも付加疑問文。本当にうまいのは出だしの英文が短縮形になっているところ。It's だと，It is か It has のどっちかわかんないでしょ？ でも，直後の過去分詞 been を見たら現在完了の ② だとわかります。あと，**語尾の発音を下げる**と「念押し」なニュアンスになることもおさえておきましょう。

訳 最後に会って以来，久しぶりですよね？

あいづち疑問文

解答 ① Did you　② Had it　③ Was it　④ Were you
　　　　 59.1%　　 20.8%　　 16.9%　　 3.2%

解説 あいづち疑問文を問う問題。最初の発言から「天気」の話だと思って，勝手に it を主語にした ②③ が外れます。あと ② は確かに前文に had ってあるけど，ただの動詞なんだから Did だよね。be 動詞を使った ④ は論外。正解は ① です。こういう**あいづちを繰り出せる**ようにして，会話を円滑に進められるようにしましょう。

訳 「休暇中ずっとひどい天気でした」「そうだったの？ 残念だったね！」

POINT! 疑問文っていってもいろいろありますね。どれも使わない日はないくらい重要です！

第15章：さまざまな配置転換

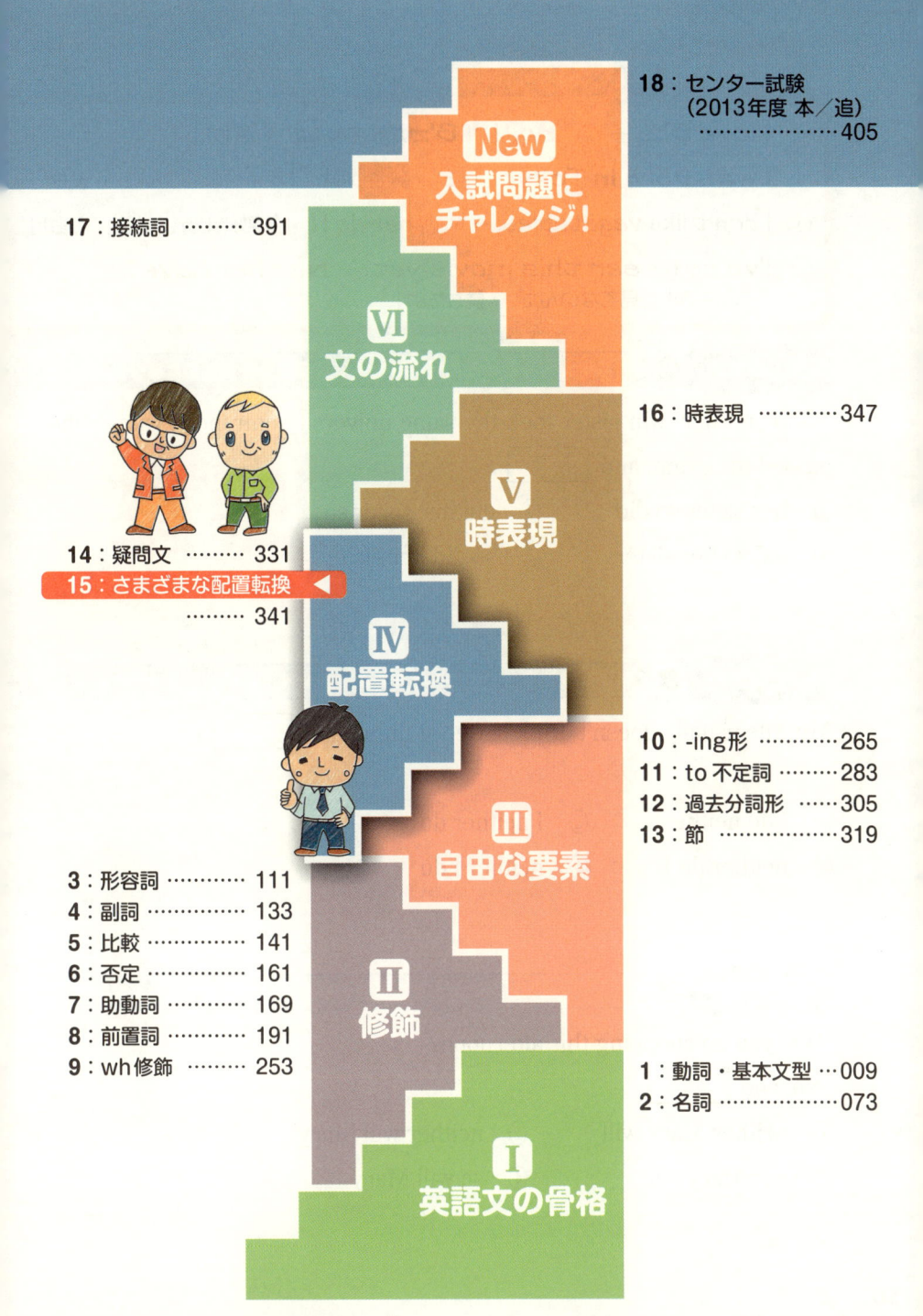

17：接続詞 ……… 391

18：センター試験
（2013年度 本／追）
……… 405

New 入試問題にチャレンジ！

Ⅵ 文の流れ

16：時表現 ……… 347

Ⅴ 時表現

14：疑問文 ……… 331
15：さまざまな配置転換 ◀
……… 341

Ⅳ 配置転換

10：-ing形 ……… 265
11：to 不定詞 ……… 283
12：過去分詞形 ……… 305
13：節 ……… 319

Ⅲ 自由な要素

3：形容詞 ……… 111
4：副詞 ……… 133
5：比較 ……… 141
6：否定 ……… 161
7：助動詞 ……… 169
8：前置詞 ……… 191
9：wh修飾 ……… 253

Ⅱ 修飾

1：動詞・基本文型 … 009
2：名詞 ……… 073

Ⅰ 英語文の骨格

第15章：さまざまな配置転換

倒置形の活用 / 否定的語句+倒置 / 感嘆文

ⓐ I love B'z. — So do I! 「B'zが好きなんだ — 私も！」
ⓑ I was born in Tokyo. — So was I! 「東京生まれなんだ — 僕も！」
ⓒ I don't like vegetables. — Neither do I! 「野菜好きじゃないんだ — 私も！」
ⓓ I've not seen this movie yet. — Neither have I.
「この映画まだ見てないんだ — 僕もだよ」

490

Miho and her twin sister took the same university entrance exam. Miho passed the exam, and _____.

① her sister so did
② did her sister so
③ did so her sister
④ so did her sister

[04 追 06]

491

My wife usually doesn't drink coffee at night, and _____.

① I do neither
② I neither do
③ neither do I
④ neither I do

[91 本 17]

492

"Will you go shopping this afternoon?"
"No, and _____."

① neither Mary will
② neither will Mary
③ nor Mary will
④ so will Mary

[95 本 05]

490・491・492

相手に同調するときに,「私も!」と気持ちが動くことがありますよね。その**感情の大きな動き**を表すときに,ネイティブは倒置形(疑問文の語順)を使います。相手の発言が**肯定文なら** So +倒置(ⓐ ⓑ)。相手の発言が**否定文なら** Neither +倒置(ⓒ ⓓ)の形で受けることに気をつけましょう。

So +倒置「〜もそうだよ」

解答
① her sister so did　　② did her sister so
　　40.5%　　　　　　　　18.9%
③ did so her sister　　④ **so did her sister**
　　4.1%　　　　　　　　　36.5%

解説 肯定文への同調「〜もそうだよ」なら So +倒置ですね。正解は④。配置が動いてる分,Her sister, too. といった**平たい表現よりもはるかに大きな感情の抑揚**を込めることができます。 ● P.536

訳 ミホと彼女の双子の妹は同じ大学の入学試験を受けました。ミホ,そして妹も合格しました。

Neither +倒置「〜もそうじゃない」

解答
① I do neither　　② I neither do
　　9.2%　　　　　　10.8%
③ **neither do I**　④ neither I do
　　58.5%　　　　　　21.5%

解説 doesn't に注目ですよ。**否定文**に対して「僕も(飲まない)」と同調するなら,**Neither +倒置**でしたね。正解はもちろん③です。Me neither. という表現を耳にしたことがある人もいるかもしれないけど,それはかなりくだけた形です。 ● P.537

訳 妻は普段夜にコーヒーを飲みませんが,私も飲まないんですよ。

Neither +倒置「〜もそうじゃない」

解答
① neither Mary will　　② **neither will Mary**
　　13.3%　　　　　　　　54.0%
③ nor Mary will　　　　④ so will Mary
　　25.8%　　　　　　　　6.9%

解説 No という応答から否定の文脈だとわかります。そしたらもちろん **Neither +倒置**の出番です。② neither will Mary が正解だと見抜けますね。

訳 「今日の午後,買い物に行きますか?」「いいえ,それにメアリーも行きませんよ」

POINT! 日常会話でよく使う形です。しっかりとこの語順に慣れてくださいね。

第15章：さまざまな配置転換

倒置形の活用 / 否定的語句+倒置 / 感嘆文

ⓐ **Never have I** met such a thoughtful person.
「こんなに思いやりのある人に出会ったことがないよ」

ⓑ **Rarely have I** laughed so hard. 「滅多にこんなに笑ったことなかったよ」

ⓒ **Only after experiencing illness did I** feel thankful for my good health. 「私は病気になって初めて健康のありがたさがわかりました」

493

At ☐ time in my life have I been busier than I am today.

① any　② no　③ other　④ some

[88 試 07]

倒置形の活用 / 否定的語句+倒置 / 感嘆文

ⓐ **What a nice bag** you have ■!
「なんてすてきなバッグを持ってるんだろう！」

ⓑ **How cute** that girl is ■! 「あの女の子はなんてかわいいんだろう！」

494

☐ it was to see the lecture hall packed with so many attentive young people!

① What a pleasure　② Pleasant as
③ How pleased　④ However pleasing

[82 追 16] 改

倒置の形によって，文に大きな感情の動きを埋め込むことができます。特に**否定語句**（Never や Little など）は強い感情を伴うので，**文頭に置かれた場合，そのあとに倒置の文が続くことになります**。日常的にそれほどよく使うわけではありませんが，文の作り方はいたってシンプルです。こういったネイティブの表現に慣れておいてくださいね。

否定語句＋倒置

解答 ① any   ② **no**   ③ other   ④ some
       42.1%   36.8%   10.5%   10.5%

解説 空所のあとに **have I** been と**倒置**があとに続いているので，正解は ② です。At **no** time「決して～しない」という**否定を表す強い単語が文頭にくる**ことによって，その強烈な出だしに見合う形，すなわち倒置形があとに続くことになるのです。

訳 私の人生で今日ほど忙しかったことはありません。

感嘆文は「なんて～だろう！」と感動を表す形。例文を見ると**配置の転換**が起こってますよね。これによって，「感動した！」という気持ちが表現されています。文頭の what や how は感嘆文であることをはっきりと示してあげる目印みたいなもの。**感動の焦点が名詞なら What，形容詞や副詞なら How** で始めてください。文末に！（感嘆符）を置くことも忘れずに！

感嘆文

解答 ① **What a pleasure**   ② Pleasant as
         31.0%   7.1%
       ③ How pleased   ④ However pleasing
         59.5%   2.4%

解説 感嘆文では，**名詞が感動の焦点なら What，形容詞・副詞が感動の焦点なら How** でした。今回，**It** was a pleasure to see…. がベースになっているので ① が正解です。

訳 講堂がそれほど多くの熱心な若者でいっぱいになっているのを見るのはなんと嬉しいことだったろう！

POINT! 倒置は疑問文だけに起こるわけではありません。気持ちが動けば，配置も動くんですよ。

第16章：時表現

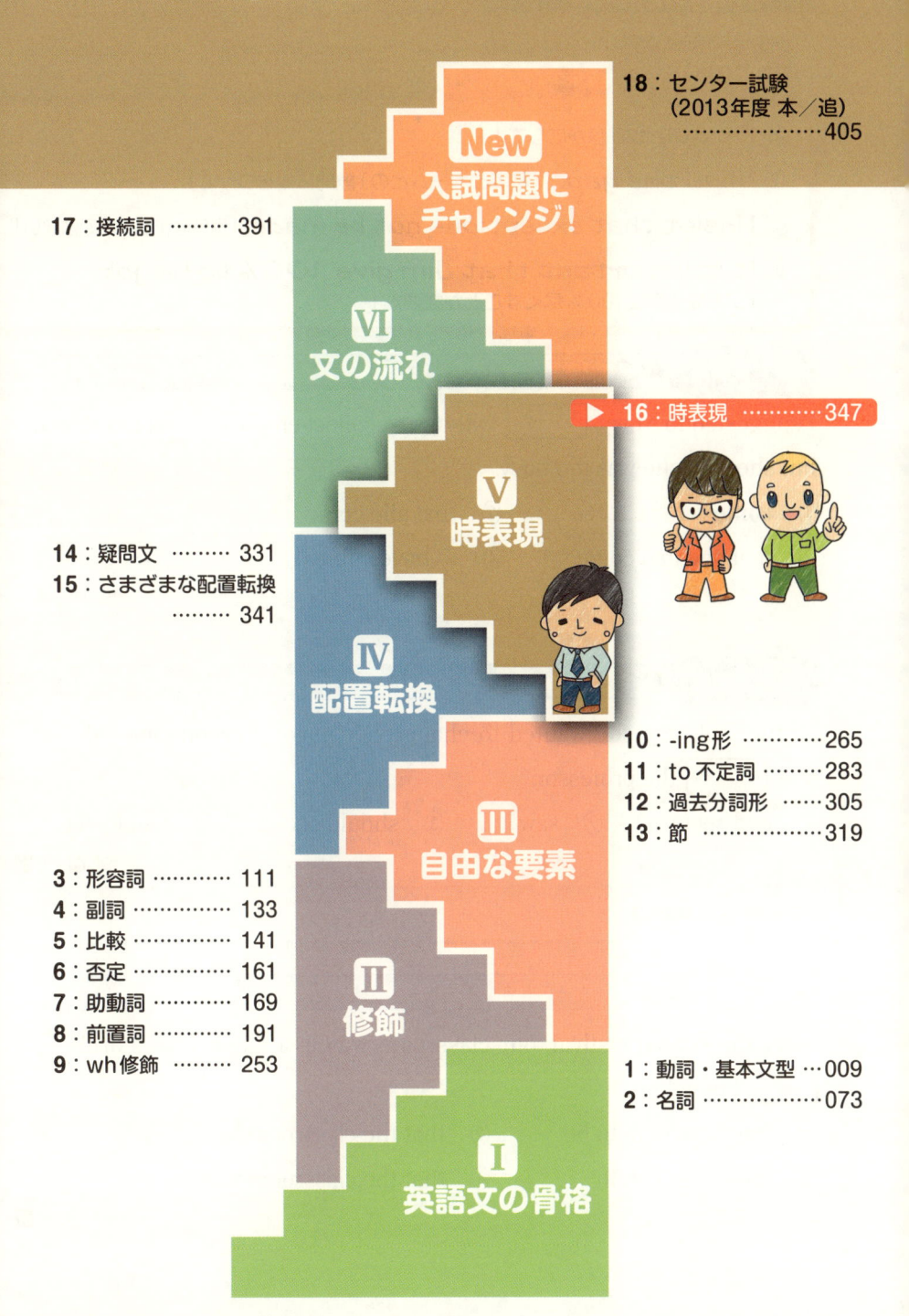

- 18：センター試験
  （2013年度 本／追）
  ……………… 405

- 17：接続詞 ……… 391

VI 文の流れ

New 入試問題にチャレンジ！

▶ 16：時表現 ……… 347

V 時表現

- 14：疑問文 ……… 331
- 15：さまざまな配置転換
  ……… 341

IV 配置転換

- 10：-ing形 ……… 265
- 11：to 不定詞 ……… 283
- 12：過去分詞形 ……… 305
- 13：節 ……………… 319

III 自由な要素

- 3：形容詞 ………… 111
- 4：副詞 …………… 133
- 5：比較 …………… 141
- 6：否定 …………… 161
- 7：助動詞 ………… 169
- 8：前置詞 ………… 191
- 9：wh修飾 ………… 253

II 修飾

- 1：動詞・基本文型 … 009
- 2：名詞 …………… 073

I 英語文の骨格

第16章：時表現

時のない文 | 現在形[1] | 現在形[2] | 過去形

ⓐ **Be** quiet!「静かにして！」
ⓑ **Mind** the gap.「（電車とホームとの）隙間に気をつけて」
ⓒ I insist that exceptions not **be** made.「例外は作るべきではない」
ⓓ It is important that Jim **give** 100% to his job.
「ジムは仕事に100％尽くすことが重要だ」

495

I suggested to Mary ☐ with me to collect empty cans on the street, but she said she was too busy.

① come
② that she come
③ that she had come
④ to have come

[93本07]

496

Britney told me she wanted to change her major. I recommended that she ☐ the professor.

① had seen
② saw
③ should see
④ would see

[96追13]改

WORDS & PHRASES
☐ major 名 ＝ 専攻科目

497

After the school festival, our classroom was in a mess. It was ordered ☐ tidied up.

① the classroom to be
② that the classroom be
③ the classroom to
④ that the classroom was

[81本24]改

495・496・497

現在完了形　過去完了形　時制の一致

レポート文（I suggest that など）の中では，まだ実現していないことを表すために**動詞の原形**を使います。**まだ起こってもいない現在形（現在の事実を表す形）を使えない**からです。ⓐⓑのような命令文に原形が使われるのも同じ理由。まずは**願望・要求・提案などを表す that 節の中**で意識してみましょう。

時のない文：提案を表す that 節

解答
① come ~~9.4%~~
② **that she come** ~~64.1%~~
③ that she had come ~~20.3%~~
④ to have come ~~6.3%~~

解説 早速 **suggest**「提案する」の問題です。that 節の中は「**まだ実現していないこと**」。正解は ② **that she come（原形）**ですね。③ では but 以下の内容とつながりません。

訳 道にある空き缶を拾いに一緒にきてくれるようにメアリーに提案しましたが，忙しくてできないと言われました。

時のない文：提案を表す that 節

解答
① had seen 21.1%
② saw 18.3%
③ **should see** 39.4%
④ would see 21.1%

解説 今度は **recommend**「勧める」。that 節の中は「**まだ実現していないこと**」なので，see（原形）にしたいところですが選択肢にはありません。そこで可能な形が ③。「助言」といえば should ですからね。should が入ると「すべき」という意味合いが強まるんです。

● P.546
● P.353

訳 ブリトニーは私に専攻科目を変更したいと話しました。私は彼女に教授と会うように勧めました。

時のない文：要求を表す that 節

解答
① ~~the classroom to be~~ 26.1%
② **that the classroom be** 30.4%
③ ~~the classroom to~~ 17.4%
④ that the classroom was 26.1%

解説 **was ordered**「命じられた」といった受動文でも同じです。**動詞の原形**を用いた ② を選びましょう。

訳 学園祭のあと，教室はめちゃくちゃになっていました。教室を整頓するよう命じられました。

POINT! 動詞の原形（時表現がない）にも，きちんとネイティブのイメージ「非事実」が流れてるんだよ。

第16章：時表現

現在形[1]

ⓐ I'm a student. 「私は学生です」
ⓑ I go to school by bus. 「私はバスで学校に行きます」
ⓒ If it rains, I will not go out. 「雨が降ったら出かけないよ」
ⓓ You will make it if you hurry. 「急げば間に合うよ」
ⓔ I don't know if it will rain tomorrow.
　「明日雨が降るかわからない」

498

"If it _____ raining soon, shall we go out for a walk?"
"Maybe not, because my knee is quite sore today."

① stopped　② stops　③ will stop　④ would stop

[01 困 01] 改

WORDS & PHRASES
□ sore 形 = 痛い

499

If you _____ the book you ordered by tomorrow, please let us know.

① wouldn't receive　② haven't received
③ won't receive　④ didn't receive

[02 困 08]

現在完了形 　過去完了形 　時制の一致

現在形の意識は**「一体感」**。ⓐⓑのように、コロコロ変わることのない安定した状況を表すのが典型的な使い方。あと、おさえてほしいのは、**時・条件を表す副詞節では未来のことでも現在形を用いる**こと。ⓒⓓのように「今起こっていること」としてとらえているので現在形なんですよ。ただし、ⓔのように副詞節でなければ will が使えます。

時や条件を表す節：if 節

解答 ① stopped　　② **stops**　　③ will stop　　④ would stop
　　　　12.2%　　　69.6%　　　　9.0%　　　　　9.2%

解説 時表現の選択問題。文頭の if は「もし〜」と条件を表す副詞節。**未来のことでも現在形で表す**んでしたね。正解はもちろん ② stops です。if 以降のことを起こる前提としているから現在形。

● P.500
● P.551

訳 「もし雨がすぐにやんだら、散歩に出かけませんか？」「たぶん無理かな。今日はひざがかなり痛いんです」

時や条件を表す節：if 節

解答 ① wouldn't receive　　② **haven't received**
　　　　26.2%　　　　　　　　　42.8%
　　　③ won't receive　　　　④ didn't receive
　　　　18.6%　　　　　　　　　12.4%

解説 文頭の if は「もし〜」と条件を表す副詞節。もちろん、未来のこと (by tomorrow) でも現在形です。ただ、**そのときまでに完了していることが前提になる場合は現在完了形**になります。② を選んでくださいね。

● P.500
● P.552

訳 もし注文された本が明日までに届かなければ、お知らせください。

POINT! 二択の if「〜かどうか」という意味なら、未来のことに will が使えます。

第16章：時表現

時のない文 | **現在形[1]** | **現在形[2]** | **過去形**

ⓐ Let's go as soon as Jim comes.
「ジムがきたらすぐに出発しよう」

ⓑ I'll be back by the time you leave home.
「あなたが家を出るときまでに戻ります」

ⓒ When you arrive at the hotel, give me a call.
「ホテルに着いたら電話をください」

ⓓ Let me know when you will arrive at the airport.
「あなたがいつ空港に着くか教えて」

500

"Does Bill still have your CD?"

"Yes, I wonder when he ☐ it."

① has returned ② returned ③ returns ④ will return

[94 本 05] 改

501

Please lock the door when you ☐ . There have been a few break-ins on this street lately.

① leave ② will be leaving ③ will have left ④ will leave

[89 本 10] 改

WORDS & PHRASES

☐ break-in 名 ＝不法侵入　☐ lately 副 ＝最近

現在完了形 / 過去完了形 / 時制の一致

「時を表す副詞節」には次のような例があります。
 ⓐ as soon as + 文「〜するとすぐに」
 ⓑ by the time + 文「〜する時までに」
 ⓒ when + 文「〜するとき」
これらはいずれも**未来のことでも現在形**で表します。また、ⓓ のように when が「**いつ〜か**」という意味で用いられる場合には，未来のことに will が使用可能です。

時や条件を表す節：when 節

解答 ① has returned　② returned　③ returns　**④ will return**
　　　　　9.9%　　　　　23.9%　　　　38.0%　　　**28.2%**

解説　時を表す when です。ただ「彼がこれからいつ返してくれるのか」といった内容で，**何も前提にしていない**ことがわかります。そもそも副詞節には見えないでしょ？　だから正解は ④ **will return**。**if や when だけを見て答えを即決したらいけない**ってことなんです。

訳　「ビルはまだ君の CD をもっているの？」「うん，いつ返してくれるのかなあと思っているんだ」

時や条件を表す節：when 節

解答 ① **leave**　② will be leaving　③ will have left　④ will leave
　　　　　57.4%　　　9.8%　　　　　　　6.6%　　　　　　26.2%

解説　この when はどうでしょう？　この when 節は**時を表す副詞節**「〜するとき」。相手が出かけるという状況を，今起こっているかのようにとらえているのです。現在形の ① **leave** が正解です。

訳　出るときにドアに鍵をかけてください。最近，この通りで不法侵入が起きているんです。

POINT!　「時」は心の中にあります。どう感じているかによって時表現が決まるんですよ。

第16章：時表現

502

Ms. Bell is stuck in a traffic jam. The important meeting will have finished by the time she _____ .

① arrives   ② may arrive   ③ will arrive   ④ will have arrived

[12本03]

WORDS & PHRASES
☐ stuck 形 ＝動かない

503

I'll return Tomoko's book to her the next time I _____ her.

① will see   ② saw   ③ see   ④ have seen

[03追01]

504

It's a little cloudy this morning. Take an umbrella with you in case _____ .

① it rains   ② it shall rain
③ it will be raining   ④ it will rain

[92追17]改

505

Let's get going now in case the bus _____ early.

① doesn't leave   ② leaves   ③ will leave   ④ won't leave

[93追11]

WORDS & PHRASES
☐ get going ＝動き出す

時や条件を表す節：by the time

解答 ① **arrives** ② may arrive ③ will arrive ④ will have arrived
　　　78.5%　　　3.1%　　　　9.2%　　　　　9.2%

解説 by the time「〜するときまでに」、これも**時を表す副詞節**でした。彼女が到着している状況を前提として語っているので、これからの話でも現在形。正解は① **arrives** です。

訳 ベルさんは交通渋滞に巻き込まれています。重要な会議は彼女の到着までには終わっているでしょう。

時や条件を表す節：the next time

解答 ① will see ② saw ③ **see** ④ have seen
　　　14.9%　　　8.1%　　　66.2%　　　10.8%

解説 I'll を見れば**未来の話**だとわかりますが、the next time 節「次に〜するときに」は**時を表す副詞節**。④ だと、会うという行為がそのときまでに「完了」していることを前提にしているのでおかしいです。正解は現在形の ③ **see** となります。

訳 次にトモコに会ったら、彼女に本を返します。

時や条件を表す節：in case

解答 ① **it rains** ② it shall rain ③ it will be raining ④ it will rain
　　　62.6%　　　　5.3%　　　　　14.6%　　　　　17.5%

解説 in case「〜する場合・〜するといけないから」は**条件を表す接続詞**。雨が降ることを前提に、傘をもっていくよう助言しています。前提を表す現在形の ① **it rains** が正解。

訳 今朝は少し曇っています。雨が降るといけないので傘をもっていきなさい。

時や条件を表す節：in case

解答 ① doesn't leave ② **leaves** ③ will leave ④ won't leave
　　　17.0%　　　　64.9%　　　　2.8%　　　　15.3%

解説 この問題も現在形の ② **leaves** が正解です。「〜するといけないから」と訳語にひきずられて not を含んだ ① を選んでしまった人は気をつけてくださいね。

訳 バスが早く出るといけないから、もう出発しましょう。

POINT! 時・条件を表すのは、when や if だけじゃありません。大事なのは、現在形を選ぶ気持ちです。

第16章：時表現

時のない文 | 現在形[1] | 現在形[2] | **過去形**

ⓐ It **stopped** raining.「雨がやんだ」

ⓑ It **has stopped** raining.「雨がやんだ」

506

"I remember ☐ you many years ago, but not where."
"I remember it perfectly. We met at a Christmas party."

① that I have met　② that I met
③ to meet　④ of my having met

[86追09]改

507

I still can't believe that the young man I ☐ at the restaurant was Frankie. He's grown so much!

① should have seen　② saw　③ have seen　④ might see

[03本06]

508

"Did you know that Albert Einstein the famous physicist, ☐ meat?"
"Yes, he became a strict vegetarian one year before he died."

① hadn't stopped eating　② has been stopped from eating
③ has stopped eating　④ stopped eating

[09本01]改

現在完了形 / 過去完了形 / 時制の一致

過去形のイメージは「距離感」。少し先取りして現在完了とくらべることで，過去形の特徴を確認してみましょう。現在完了形の ⓑ では「あ，やんだね」というできごとを**近く**でとらえています。一方，過去形の ⓐ は「雨がやんだ」というできごとを「今と切り離された遠いもの」として**現在との距離**を表しています。

過去形「過去のできごと・状態」

解答
① that I have met ~~×~~ 50.0%
② **that I met** 44.4%
③ to meet ~~×~~ 5.6%
④ of my having met ~~×~~ 0.0%

解説 「以前 (many years ago) に会った」ことが話題となる ② が正解。① の現在完了形は「現在会ったことがある」と現在に焦点があるので，**過去を明確に表す ~ ago とは使えません**。 ● P.574

訳 「何年も前にあなたに会ったのは覚えていますが，どこでだったかは覚えていないんです」「私は完全に覚えています。クリスマスパーティーで会ったんですよ」

過去形「過去のできごと・状態」

解答
① should have seen ~~×~~ 3.6%
② **saw** 64.5%
③ have seen ~~×~~ 26.4%
④ might see ~~×~~ 5.5%

解説 was をベースに文意を考えれば「過去」の話。③ は「現在」に焦点があるので不可。④ might は過去形ですが，「ひょっとしたら~かもしれない」と may の控え目バージョン。①「~すべきだったのに」では会っていないことになります。よって正解は過去形の ② saw です。 ● P.556 ● P.578

訳 私がレストランで見かけた若者がフランキーだったなんて，まだ信じられません。とても大きくなったものですね！

過去形「過去のできごと・状態」

解答
① hadn't stopped eating ~~×~~ 29.2%
② has been stopped from eating ~~×~~ 2.8%
③ has stopped eating ~~×~~ 7.2%
④ **stopped eating** 60.8%

解説 アインシュタインはすでに亡くなっているので，現在完了の ②③ がアウト。① の過去完了では「肉食をやめなかった」となり，あとに続く話と矛盾します。正解は過去形の ④。

訳 「有名な物理学者のアルバート・アインシュタインが肉食をやめたのを知ってた？」「ああ，彼は亡くなる 1 年前に厳格な菜食主義者になったんだよね」

POINT! 過去形が表すのは「距離感」。今とは切り離されていることを表すのが基本です。

第16章：時表現

509

"I promised to pick up Mr. Jones at the airport next week, but I don't know what he looks like. Can you tell me?"

"Mr. Jones?... Well, if I remember correctly, he's a bit taller than average, his hair is white, and he [　　] glasses."

① is putting on　② is wearing　③ puts on　④ wears

[99 追 08]

WORDS & PHRASES
□ correctly 副 ＝正しく

510

"Look! A lot of people [　　] over there. Do you know why?"

"I think there is a sale beginning today."

① are standing　② had stood　③ stand　④ stands

[10 追 06]

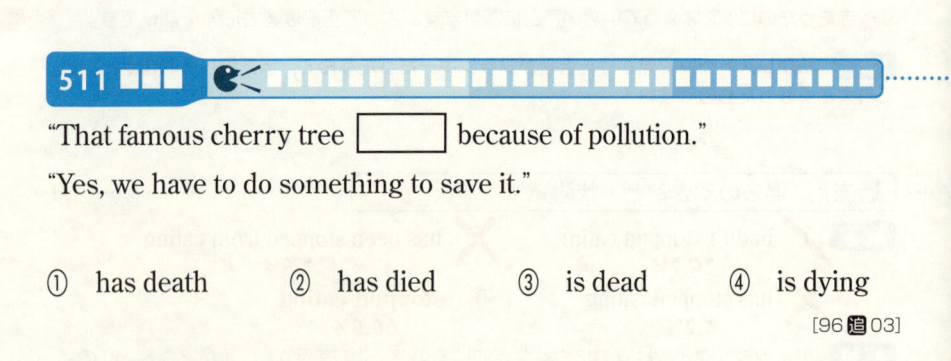

511

"That famous cherry tree [　　] because of pollution."

"Yes, we have to do something to save it."

① has death　② has died　③ is dead　④ is dying

[96 追 03]

WORDS & PHRASES
□ pollution 名 ＝汚染・公害

509・510・511

現在形と進行形の違い

解答 ① is putting on ② is wearing ③ puts on ④ **wears**
　　　　 23.6%　　　　　 12.5%　　　　 36.1%　　　 29.8%

解説 進行形は**一時的なこと**，**習慣的に常にそうしていること**を表すのが現在形です。あと put on は「**身につける：動作**」で，wear「**身につけている：状態**」という違いもおさえてください。今回ジョーンズさんの（いつもの）外見的特徴を伝える場面なので，「いつも眼鏡をしています」となる④が最適です。

訳 「来週空港へジョーンズさんを迎えにいく約束をしたのですが，ジョーンズさんがどんな姿なのかを知りません。教えていただけませんか？」「ジョーンズさんですか？ そうですね，記憶が正しければ平均より少し背は高めで，髪は白くて，眼鏡をかけていますよ」

現在形と進行形の違い

解答 ① **are standing** ② had stood ③ stand ④ stands
　　　　 78.3%　　　　　　 1.4%　　　　 15.9%　　 4.3%

解説 Look! と今起こっていることを話題にしていますね。「一時的に」ってことがわかれば勝負あり。正解は ① are standing です。現在形だと「いつも立っている」という**習慣**になり，「今」見ることが不可能になってしまいます。

訳 「見て！ 向こうで人がいっぱい並んでいるわ。どうしてか知ってる？」「今日，バーゲンの初日なんだと思うよ」

変化を表す動詞と進行形

解答 ① has death ② has died ③ is dead ④ **is dying**
　　　　 3.0%　　　　 32.3%　　　　 26.9%　　　 37.8%

解説 「何かしなきゃ」という話だから，まだ完全には枯れていない状況です。②③ではすでに枯れているからダメ。正解は ④ **is dying**。**状態の移行を表すような動詞（die, stop）を進行形で使った場合，「～しかけている」という途中の段階を示すことができます**。まだ「枯れかけ」ってことですよ。

● P.563

訳 「あの有名な桜の木が汚染のせいで枯れかけているのよ」「ああ，救うために何かしなくてはならないね」

The bus is stopping.

POINT! 進行形は「躍動感」。現在形と違って，「一時的・短期間」なニュアンスが特徴です。

第16章：時表現

512

"Have you seen Yuko recently?"
"No, but _____ dinner with her next Sunday."

① I'm having ② I've been having
③ I'd have ④ I've had

[02 追 09] 改

513

I don't think I can meet you at six tomorrow night because we have a lot of extra work this month. Probably, _____.

① I'll still be working ② I'll still work
③ I'm still at work ④ I'm still working

[99 木 10]

514

It's our wedding anniversary next Tuesday; we _____ married for ten years.

① are ② will have ③ will have been ④ would have

[00 追 08] 改

515

"I'm very sorry, but the manager isn't here yet. Shall I have her call you when she gets in?"
"No, I'll call back. If I call again in an hour, do you think she _____?"

① had arrived ② has arrived ③ will arrive ④ will have arrived

[99 木 04]

512・513・514・515

進行形が描く未来

解答 ① **I'm having** 27.9%　②✗ I've been having 19.1%　③✗ I'd have 30.9%　④✗ I've had 22.1%

解説 「今度の日曜日」から「未来」を表す表現が正解のはず。しかし，定番の will も be going to もない。大事なのは，**未来は will と be going to の独壇場なんかじゃない**ってこと。進行形の ① なら「予定」を表すことができます。覚えておきましょう。

● P.585

訳 「最近ユウコに会った？」「いや，でも今度の日曜日に彼女と夕食を食べる予定なんだ」

will ＋進行形（will ＋ be -ing 形）

解答 ① **I'll still be working** 55.5%　② I'll still work 13.6%　③✗ I'm still at work 7.6%　④✗ I'm still working 23.3%

解説 進行形に will「～だろう」が加わった形がポイント。これは**未来のある時点には何かが起こっているであろうことを推測する形**。① が正解です。

● P.587

訳 明日の夕方6時にあなたに会うことはできないと思います。今月はとても忙しいので。たぶん（その時間は）まだ仕事をしているでしょう。

will ＋完了形

解答 ①✗ are 9.2%　②✗ will have 27.7%　③ **will have been** 43.1%　④✗ would have 20.0%

解説 未来のある時点を思い浮かべて，それまでには「～してしまっているだろう」という場面で用いるのが未来完了形（will ＋完了形）。ここでは「10 年が経っているだろう」③ が正解です。

訳 今度の火曜日は結婚記念日で，結婚して 10 年になります。

will ＋完了形

解答 ① had arrived 6.1%　② has arrived 27.2%　③ will arrive 40.9%　④ **will have arrived** 25.8%

解説 未来のある時点 (in an hour「今から一時間後」) を想定して，そのときまでには着いているでしょうと予測しています。まさに，will ＋完了形の出番ですね。正解は ④ です。

訳 「あいにく支配人はまだおりません。到着しましたらお電話差し上げましょうか？」「いえ，かけ直します。1 時間後にお電話すれば，いらしていると思いますか？」

POINT! 未来の表し方は 1 つではありません。それぞれの特徴を理解しましょう。

第 16 章：時表現

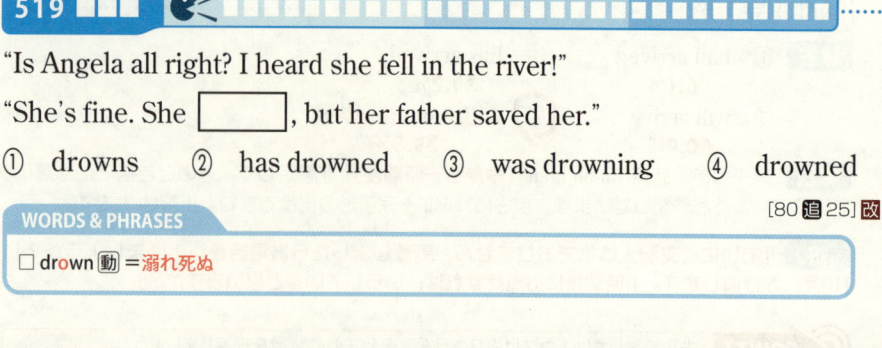

516

Tetsuya didn't hear the doorbell when his visitors arrived because he _____ a shower.

① has been taking ② was taking ③ took ④ has taken

[02 本 02] 改

517

"Do you know what Junko is doing?"
"Well, she _____ a book when I saw her a while ago."

① has been reading ② is reading
③ may be reading ④ was reading

[97 本 04]

518

John and Mary _____ each other since 1976.

① have been knowing ② have known
③ were knowing ④ were known

[90 本 08]

519

"Is Angela all right? I heard she fell in the river!"
"She's fine. She _____, but her father saved her."

① drowns ② has drowned ③ was drowning ④ drowned

[80 追 25] 改

WORDS & PHRASES
□ drown 動 = 溺れ死ぬ

516・517・518・519

過去進行形

解答 ① has been taking 22.8%　② **was taking** 66.3%　③ took 3.5%　④ has taken 7.4%

解説 来客があった，まさにそのときの描写を問う問題。進行形を「**途中**」ととらえていれば①②に絞れます。①の**現在完了＋進行形**は「**今にいたるまでずっとし続けている**」という意味になるので，今もなおシャワーの最中となり不可。今回は，あくまで来客があったそのときだけの話なので②が正解です。

訳 お客さんたちが到着したとき，テツヤに玄関のチャイムが聞こえなかったのは，シャワーを浴びていたからです。

過去進行形

解答 ① has been reading 18.1%　② is reading 6.9%　③ may be reading 4.2%　④ **was reading** 70.8%

解説 when I saw …とあるので「過去」の話です。「ジュンコを見たとき」は「本を読んでる途中 (最中)」だったので過去進行形の④が正解。①の現在完了＋進行形は「**今**」**に焦点のある形**だからアウトですね。

訳 「ジュンコが何してるか知ってる？」「えっと，さっき見たときは本を読んでたよ」

know と現在完了形「継続」

解答 ① have been knowing 16.1%　② **have known** 75.8%　③ were knowing 6.5%　④ were known 1.6%

解説 ここでは know が「知っている」ということ。特に行為を示しているわけではないので，躍動感を示す進行形は難しい。正解は②です。「～を知っている」という訳だけで①③の進行形にしてはダメですよ！

● P.561

訳 ジョンとメアリーは 1976 年以来の知り合いです。

過去進行形

解答 ① drowns 4.4%　② has drowned 47.8%　③ **was drowning** 26.1%　④ drowned 21.7%

解説 drown は「溺れる」ではなくて「**溺れ死にする**」という動詞。die と同じく「**生→死**」**への移行を表す動詞**を進行形にすれば，「**溺れ死にかけていた**」ってだけで死んでいないことになります。正解は③です。②④では「溺れ死にした」ってことで，fine や saved と話がつながりません。①は「習慣」になるのでダメなんだよ。

● P.563

訳 「アンジェラは大丈夫？ 川に落ちたって聞いたんだけど！」「彼女は元気だよ。溺れかけていたけど，父親が助けたんだ」

POINT! 進行形の基本は「躍動感」。日本語が「～している」だから進行形とは限らないんだよ。

第16章：時表現

時のない文 | 現在形[1] | 現在形[2] | 過去形

ⓐ Look. It **has stopped** raining. 「見て。雨がやんだよ」

ⓑ I **have been** to L.A. 「ロスに行ったことがある」

ⓒ We**'ve been** partners for 3 years. 「3年間パートナーです」

ⓓ I**'ve dislocated** my shoulder, so I can't play tennis.
「肩を脱臼したから，テニスはできないよ」

520

"Are John and Mary still living in New York?"
"No, they _____ to Dallas."

① are just moved　② had just moved
③ have just moved　④ will just move

[98 追 03]

521

"What do you want to do after you graduate?"
"_____ . I may look for a job, but I also want to travel."

① I haven't decided yet　② I'm still not deciding
③ I still don't decide　④ I wasn't decided yet

[99 追 02] 改

現在完了形　過去完了形　時制の一致

現在完了形は，**状況が現在に迫ってくる感じ**。過去形と違って**「現在」に焦点があります**。典型的な使い方は4つ。ⓐ「**間近に起こったできごと**」，ⓑ「**経験（〜したことがある）**」，ⓒ「**継続（ずっと〜している）**」，ⓓ「**結果**」。ⓓなら単に「脱臼した」ではなくて，「だから今できないんだよ」と**常に現在にフォーカスがある**形なんです。

現在完了形

解答
① are just moved　9.5%　❌
② had just moved　28.4%　❌
③ **have just moved**　59.5%　⭕
④ will just move　2.7%　❌

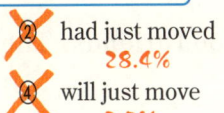

解説　「今でもNew Yorkにいるんですか」と聞かれてNoと答えているんですから，「いないよ」ということに答えのフォーカスがあることがわかります。そこで「引っ越しちゃったから今いない」となる③**have just moved**が正解です。ちなみにmoveは「動く」だから「**引っ越す**」という意味でも使えますね。

訳　「ジョンとメアリーはまだニューヨークに住んでいるの？」「いや，彼らはダラスに引っ越したところだよ」

現在完了形

解答
① **I haven't decided yet**　46.5%　⭕
② I'm still not deciding　23.9%　❌
③ I still don't decide　21.1%　❌
④ I wasn't decided yet　8.5%　❌

解説　まだ決まっていないってことだから，①**I haven't decided yet**の現在完了形が最適です。yetは「まだ」。今回のように否定文や疑問文で用いるんです。

● P.567

訳　「卒業後は何をしたいですか？」「まだ決めていません。仕事を探すかもしれませんが，旅行もしてみたいと思っています」

POINT!　現在完了と過去の違いをしっかりと感じること。現在完了は「現在」に焦点があるのです。

第16章：時表現

522

Peter [　　] to find a new apartment for some time. He really wants something close to the station.

① was tried
② has been trying
③ goes to try
④ is trying

[85本10]改

523

Ken and Mike are good friends. They [　　] each other since childhood.

① are knowing
② are known
③ have been knowing
④ have known

[08追06]

WORDS & PHRASES

□ childhood 名 ＝幼少期

524

I wonder what's happened to Stella. [　　] her call for the last two hours.

① I'd expected
② I'll have expected
③ I'm expecting
④ I've been expecting

[01追01]改

522・523・524

現在完了進行形

解答 ① was tried　25.0%
　　　　② **has been trying**　43.8%
　　　　③ goes to try　6.3%
　　　　④ is trying　25.0%

解説 for some time「しばらくのあいだ」と，文の後半から「今も探し続けている」ことがわかります。もちろん「継続」を表す現在完了の出番です。**過去から現在にかけてずーっとし続けている**ことを表すのが現在完了進行形。よって正解は ② です。

訳 ピーターはしばらくのあいだ，新しいアパートを探しています。彼は駅の近く（の部屋）を望んでいるのです。

knowと現在完了形「継続」

解答 ① are knowing　1.4%
　　　　② are known　5.6%
　　　　③ have been knowing　28.2%
　　　　④ **have known**　64.8%

解説 know が「知っている」という意味なら，進行形にする必要はありません。何も動いている感じがしないでしょ？　④ が正解と選ぶことができますね。

● P.561

訳 ケンとマイクは親友です。彼らは子どもの頃からの知り合いです。

現在完了進行形

解答 ① I'd expected　36.8%
　　　　② I'll have expected　16.2%
　　　　③ I'm expecting　2.9%
　　　　④ **I've been expecting**　44.1%

解説 for the last two hours「この2時間」から，**過去から現在まで「ずーっと待ち続けている」**という内容だと予想できます。これが現在完了進行形の使いどころ。正解は ④ です。ちなみに今回使われていた last はもちろん「最後の」っていうことだけど，**現在に一番近い過去**ってこと。last night だったら，「昨晩」ですね。

訳 ステラに何かあったのでしょうか。私はこの2時間彼女からの電話を待っているんです。

POINT! 現在完了の「継続」は，状態なら現在完了形に。動作なら現在完了進行形に。

367

第16章:時表現

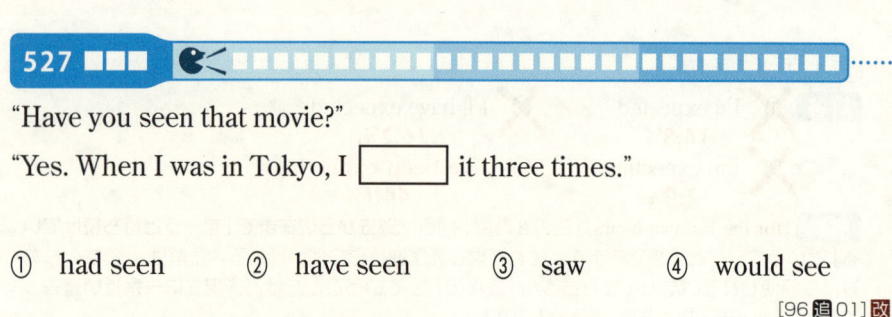

525

"Is that Italian restaurant next to the bookstore new?"
"No, I think _____ for more than a year now."

① it's been open   ② it's open
③ it's opened   ④ it was open

[00本09]

WORDS & PHRASES
□ next to ～＝～の隣の（に）

526

I _____ in China for three years when I was a child, but I can't speak Chinese at all.

① have been   ② have once stayed   ③ lived   ④ went

[98本10]

527

"Have you seen that movie?"
"Yes. When I was in Tokyo, I _____ it three times."

① had seen   ② have seen   ③ saw   ④ would see

[96追01]改

現在完了形「継続」

解答 ① **it's been open** 31.9% ② it's open 15.9% ③ it's opened 44.9% ④ it was open 7.3%

解説 now と「期間」を表す **for** more than a year から，過去から現在にいたるまでの「継続（ずっと〜している）」を表す現在完了を選びましょう。open「開く」という **1 回の動作を表す動詞**ではなく，open「開いている」という**形容詞を使って状態を表すべき**ですね。正解は ① です。

訳 「本屋の隣にあるあのイタリア料理のレストランは新しいの？」「いいえ。もう 1 年以上やっていると思いますよ」

現在完了形と過去

解答 ① have been 38.6% ② have once stayed 12.8% ③ **lived** 48.6% ④ went 0.0%

解説 for three years と for があるからといって現在完了とは限りません。ポイントは when I **was** a child と「過去」に焦点が当たっているところ。過去の話だったら ③ **lived** が正解です。**現在完了は今に焦点があるんだから，過去を明確に表す語句とは同居しない**っていうことを頭にしっかり入れておきましょう。

訳 私は子どもの頃 3 年間中国に住んでいましたが，中国語は全く話せません。

現在完了形と過去

解答 ① had seen 36.6% ② have seen 38.0% ③ **saw** 23.9% ④ would see 1.4%

解説 現在完了で質問された答えなので，つい完了形を選んでしまいますね。しかし，この問題も when I **was**…と過去の話なんだから過去形にするのがふつうなんです。もちろん正解は ③ **saw** です。

訳 「あの映画を観たことがあるの？」「ああ，東京にいたときに 3 回観たよ」

POINT! 現在と過去のどちらに焦点が当たっているのかを，文全体から読み取ること。

第16章：時表現

時のない文 | 現在形[1] | 現在形[2] | 過去形

ⓐ **Jack wasn't in a good mood because his boss had ordered him to work overtime.**
「ジャックの機嫌がよくなかったよ。上司に残業を命じられたからね」

ⓑ **The match had already started when we arrived at the stadium.**「スタジアムに着いたとき，すでに試合は始まっていました」

528

By the time the 2002 World Cup was held, soccer [　　] already become a leading sport in Japan.

① had　　② has　　③ was　　④ is

WORDS & PHRASES
□ hold 動 ＝（会）を開催する　　□ leading 形 ＝主要な・先頭に立つ

529

I [　　] reading for an hour when Paul came in. I hadn't noticed that my lunch break was over.

① was　　② have been　　③ had been　　④ will be

WORDS & PHRASES
□ break 名 ＝休憩

530

We [　　] playing baseball for about half an hour when it started to rain very heavily.

① had been　　② have been　　③ might be　　④ would be

528・529・530

現在完了形 | **過去完了形** | **時制の一致**

過去完了形は，had ＋ 過去分詞の形です。ⓐ ⓑ のどちらもある過去の時点（赤字部分）がしっかりと意識されています。その**過去の時点までに起こったできごとを表すのが過去完了形**。ⓐ は不機嫌だった時点までに命じられていて，ⓑ はスタジアムに着いた時点までに試合が始まっていたことを表すことができます。

過去完了形

解答 ① **had** 57.8%　② has 35.7%　③ was 2.3%　④ is 4.2%

解説 by the time ～「～するまでに」の時制が **was** held と過去形になっています。**ある過去の時点までに起こったできごとを表すのが過去完了形**。ワールドカップ開催時までにはすでに人気が出ていたのだから，正解は ① **had** です。

訳 2002年のワールドカップが開催された時はすでに，サッカーは日本の主要なスポーツになっていました。

過去完了進行形

解答 ① was 21.7%　② have been 21.7%　③ **had been** 56.5%　④ will be 0.0%

解説 when Paul **came** in「ポールが入ってきたとき」で過去にフォーカスがあります。その時までにはすでに1時間本を読んでたんだから，過去完了形の出番です。正解は ③。継続して行われていたから進行形になっているんです。

訳 読書し始めて1時間したとき，ポールが入ってきました。私は昼の休憩が終わっていたことに気づきませんでした。

過去完了進行形

解答 ① **had been** 78.5%　② have been 12.3%　③ might be 1.9%　④ would be 7.3%

解説 when it **started** と過去の時点が設定されています。雨が降り始めたときまでに，30分間すでに野球していたんだから，過去完了形の ① が正解です。前問と同じで，過去の時点までに「ずーっと野球し続けていた」という意味を表すために進行形になっているんです。

訳 私たちが野球を始めて30分ほどしたら，雨がとても激しく降り始めました。

POINT! 過去完了形は，ある過去の時点よりも前のことが意識されています。

第16章:時表現

時のない文 | **現在形[1]** | **現在形[2]** | **過去形**

ⓐ **John said Ken loved Nancy.**「ジョンはケンがナンシーを好きだと言った」
主節(過去)→従属節(過去)

ⓑ **I thought Mary was really intelligent.**「メアリーは本当に賢いと思った」
主節(過去)→従属節(過去)

531

Where's Takashi? He said he _____ here at exactly 6:30 p.m.

① is   ② will be   ③ will have been   ④ would be

[06 追 06]

WORDS & PHRASES
□ ex**a**ctly 副 = 正確に

532

"Will your parents give you money to buy a car?"

"No, they said I _____ get one if I wanted to, but they wouldn't give me the money. I have to earn it myself."

① can   ② could   ③ may   ④ shall

[99 追 04] 改

533

"Tomorrow, our professor is going back to England."

"I didn't know he _____ ."

① had decided to leave
② would have decided to leave
③ will decide to leave
④ is deciding to leave

[85 追 15] 改

531・532・533

現在完了形　過去完了形　時制の一致

時制の一致とはレポート文の主節の「時」に従属節も影響を受けることを表します。例えば，**牛乳パックが過去なら中身も過去**ですよね。それと同じで，レポートした内容が過去なら，その内容（従属節）も過去にするのがふつうです。ネイティブと同じようにさっと表現できるまで，徹底的に音読を繰り返しましょう。

時制の一致

解答　① is　② will be　③ will have been　④ **would be**
　　　　1.5%　　17.9%　　　26.9%　　　　　53.7%

解説　空所を含んだ英文は「レポート文」。レポート動詞（said）が過去なら，レポート内容も過去に。日本語訳で考えると「くると言った」なのに，英文では **would** come と過去形になる，この**日本語と英語の表現の違い**に慣れていきましょう。　●P.600

訳　タカシはどこにいるの？　彼は午後 6 時半ぴったりにここへくると言ったのに。

時制の一致

解答　① can　② **could**　③ may　④ shall
　　　　15.3%　　70.8%　　　8.3%　　　5.6%

解説　注目すべきポイントはわかります。said と過去形になっているんだから，その発言内容も過去にひっぱられるんです。過去形は ② **could** しかありません。

訳　「ご両親が車を買うお金を出してくれるの？」「いいえ，欲しければ買えばいいとは言ってくれているのだけど，お金を出すつもりはないって。自分で稼がなくちゃいけないんだ」

時制の一致

解答　① **had decided to leave**　② would have decided to leave
　　　　　68.8%　　　　　　　　　　　　25.0%
　　　　③ will decide to leave　　　　④ is deciding to leave
　　　　　6.2%　　　　　　　　　　　　　0.0%

解説　これもレポート文。主節が didn't know と過去形なので，従属節も過去に。ただ，レポート内容が didn't know よりも前の時点の話なら，**過去完了**になります。正解は ① です。　●P.602

訳　「明日，教授はイングランドに戻られます」「教授が戻ると決められていたことを知りませんでした」

POINT!　時制の一致は牛乳パックのイメージ。考えるよりハートから繰り出せるようにしよう。

第16章：時表現

I wish | as if ■ と It's time ■ | If ■, ■.

ⓐ I **wish** I <u>were</u> young. 「若ければなぁ」 (本来は **am**)

ⓑ I **wish** I <u>had studied</u> harder. 「もっと勉強していたらなぁ」 (本来は **studied**)

534

"Kevin is a good skier, isn't he?"
"Yes, he really is. I wish I ☐ like him."

① can ski　　② could ski　　③ ski　　④ will ski

[97本01]改

535

Kenji told me his trip to London was wonderful. I wish I ☐ in that program.

① had participated　② have participated
③ participate　　　 ④ will participate

[11本03]

仮定法は，「現実離れしてるな」という意識を文に乗せるような形をとります。現実離れした内容は遠くに感じるもの。その距離感を示すのに，本来現在形で述べる内容なら**過去形**を，過去形で述べるべき内容は過去完了形を使います。**時制を１つ後ろにずらすだけ**ですね。まずは，ⓐとⓑの I wish を用いた文でこのことを確認しておきましょう。

かこ方向にズラす。
本来の「とき」

wish ＋仮定法「～だったらいいのに」

解答 ① can ski　② **could ski**　③ ski　④ will ski
　　　　5.6%　　　83.3%　　　1.4%　　9.7%

解説 wish と言えば，hope と違って「**現実味のないことを願う**」動詞です。**wish** のあとには現実離れしたことを表す仮定法の文が続きます。正解は時がずれている過去形の ② **could ski** です。

●P.592

訳　「ケビンはスキーがうまいんだね」「そうなの。本当にうまいのよ。私も彼みたいに滑れるといいのに」

wish ＋仮定法「～だったらいいのに」

解答 ① **had participated**　② have participated
　　　　　70.1%　　　　　　　　　19.2%
　　　③ participate　　　　　④ will participate
　　　　 6.1%　　　　　　　　　　 4.6%

解説 wish のあとは仮定法。選択肢で過去に時がずれているのは ① だけです。本来，**過去形**を使うべき場面で**過去完了形**を使うところが仮定法なんです。

訳　ケンジは私にロンドン旅行はすばらしかったと話してくれました。私もそのプログラムに参加していたらよかったのにと思います。

POINT!　hope や want の後には仮定法が続きません。wish との違いを復習しておいてくださいね。

第16章：時表現

536

Lanikai Beach in Hawaii was fantastic! I wish I ☐ longer.

① have stayed ② could have stayed
③ can stay   ④ will stay

[04 本 08] 改

537

"I didn't know that Emma was so troubled about money matters."
"I wish you ☐ her some money a couple of weeks earlier."

① had sent   ② send   ③ sent   ④ will send

[87 本 12] 改

538

"Did your brother really lose the new pen you gave him?"
"Yes, he did. I wish ☐ to take better care of his things."

① he'd learn   ② he'll have learned
③ he's learned   ④ he's learning

[95 追 05]

wish ＋仮定法「～だったらいいのに」

解答 ① have stayed　② **could have stayed**
　　　　15.3%　　　　　78.7%
　　　　③ can stay　　④ will stay
　　　　3.7%　　　　　2.3%

解説 **wish** のあとは仮定法。過去のできごとについて「できただろうになぁ」ですから，本来の could stay を過去方向にズラした ② が正解です。最後の longer は「(実際に滞在した期間)より長く」ということですね。

訳 ハワイのラニカイビーチはすばらしいものでした！ もっと長くいたかったです。

wish ＋仮定法「～だったらいいのに」

解答 ① **had sent**　② send　③ sent　④ will send
　　　　75.4%　　　　4.5%　　　18.0%　　2.1%

解説 a couple of weeks earlier「2・3週間早く」から，話題が過去だってことがわかります。wish のあとなので，時を過去からズラすと過去完了になりますね。正解は ① です。現実離れしてるんだから，遠くを眺めるような眼差しになるでしょ？ その**距離感**が時をずらさせるんです。

訳 「エマがお金のことでそんなに困っていたとは知りませんでした」「あなたが2・3週間早く彼女にいくらかお金を送っていたならぁ」

wish ＋仮定法「～ならいいのに」

解答 ① **he'd learn**　② he'll have learned
　　　　75.4%　　　　　13.0%
　　　　③ he's learned　④ he's learning
　　　　8.7%　　　　　　2.9%

解説 選択肢すべて短縮形なところがうまい出題です。でも，会話ではむしろそれが自然です。慣れていきましょう。今回も I wish のあとなので，時がずれている必要があります。正解はもちろん ① です。彼がこれからそうなることを望んでいるから would が必要なんです。

訳 「君の弟は本当に君があげた新しいペンをなくしちゃったの？」「そうなのよ。もっと物を大事にするようにしてほしいわ」

POINT! wish のあとは仮定法。しっかり慣れてくださいね。

第16章：時表現

as if ■ と It's time ■

本来は know
ⓐ You talk **as if** you <u>knew</u> everything. 「何でも知ってるように話すのね」

本来は saw
ⓑ You look **as if** you <u>had seen</u> a ghost. 「お化けでも見たかのように見える」

本来は go
ⓒ **It's time** you <u>went</u> to bed. 「もう寝る時間だよ」

539

Don't take Sam's advice on getting a new computer. Although he knows nothing about electronics, he speaks _____ an expert.

① like his being ② as if he were
③ even if he were ④ as though being

[86本12] 改

WORDS & PHRASES
□ electronics 名 = 電子工学

540

It's already eleven. It's high time you _____ in bed.

① are ② have been ③ were ④ will be

[91追15]

さらに仮定法を伴うフレーズを紹介しておきます。as if は「まるで〜のように」。あとに仮定法を続けることができます。It's time「〜する時間だ」。「実際にはまだ寝てないけど」という気持ちからあとに仮定法が使われるんですね。仮定法の基本的な考え方は変わりません。**本来表す時間よりも1つ過去方向に時をズラせばよいだけです。**

as if 〜「まるで〜のように」

解答
① like his being ~~✗~~
　0.0%
② **as if he were** ◯
　86.7%
③ even if he were ~~✗~~
　6.7%
④ as though being ~~✗~~
　6.7%

解説 「実際には専門家ではないのに」という気持ちから仮定法を使います。正解はもちろん，as if 〜「まるで〜ように」を含んだ ② が正解です。仮定法が使われている he were は，カジュアルな場面なら was でも大丈夫ですよ。

訳 新しいパソコンを購入することについてサムの助言は受けない方がいいよ。電子工学について無知なくせに，まるで専門家のような口ぶりなんだ。

It is time 〜「〜する時間だ」

解答
① are
　16.7%
② have been
　9.1%
③ **were** ◯
　63.6%
④ will be
　10.6%

解説 選択肢に過去形は1つしかないので即決で③。It's time to go to bed. と違って，「寝ていい時間なのに寝てない……」という気持ちが込められています。ちなみに high time なら「もう」，about time なら「そろそろ」というニュアンスを込めることができます。一緒に覚えておきましょう。

訳 すでに11時ですよ。もう寝る時間です。

POINT! 「現実場慣れ＝時をずらす」という感覚と，仮定法を伴うフレーズをおさえることが大切。

第16章：時表現

I wish | **as if ■ と It's time ■** | **If ■, ■.**

ⓐ **If I were a bird, I would fly to you.**
「もし鳥ならあなたのところに飛んでいくのになぁ」

ⓑ **If I had been a bird, I would have flown to you.**
「もし鳥だったらならあなたのところに飛んでいったのになぁ」

541

"I like my job, but I wish I made more money."
"Me, too. If I _____, I could buy a new car."

① did ② do ③ had ④ have

[99本05]改

542

"I couldn't finish my homework yesterday."
"If you _____ me, I would have helped."

① had asked ② have asked ③ should ask ④ would ask

[96追05]

543

If I _____ a computer last year, I'd still be using my old typewriter. I get much more work done now.

① hadn't bought ② haven't bought
③ shouldn't buy ④ wouldn't buy

[98本11]改

541・542・543

最もよく目にするのが，この if を用いた仮定法文です。if 節では，「現実離れ」を表すために時をずらしています。結びの文（主文）は「〜だろうなぁ」と控えめな助動詞（would, could, might）を使います。ありえないことを想定しているから，will などの強い形は使えません。この「現実離れ」と「控えめ」を意識しながら，パターンとして覚えておきましょう。

if を用いた仮定法文

解答 ① **did** ② do ③ had ④ have
47.0%　10.6%　31.8%　10.6%

解説 最初の発言に I wish ＋仮定法がありましたね。実際にはお金がないのです。だったら仮定法の出番。仮定法過去の ① did が正解です。前の文の made more money の代用ですね。

訳「仕事は気に入ってるけど，もうちょっとお金が稼げたらなあ」「私も。もしそうなら新車が買えるのに」

仮定法＋過去完了

解答 ① **had asked** ② have asked
80.3%　11.3%
③ should ask ④ would ask
2.8%　5.6%

解説 最初の文中にある yesterday や，あとの文にある would have helped「助けただろうなぁ」から，話題は過去だとわかります。ならば，過去完了にする必要があるので ① が正解です。

● P.597

訳「昨日，宿題をやり終えることができなかったんだ」「もし頼んでくれていたら，手伝ってあげたのに」

仮定法は臨機応変「過去に〜だったら，今頃は…だろう」

解答 ① **hadn't bought** ② haven't bought
62.0%　1.4%
③ shouldn't buy ④ wouldn't buy
18.7%　17.9%

解説 If 節の last year から過去の話をしてるので過去完了の出番。① が正解です。「過去を変えたら現在が変わるのに」と言う場合，if 節が過去完了，主文が過去だったりします。

● P.598

訳 もし昨年コンピュータを買っていなかったら，今でも古いタイプライターを使っていたことでしょう。今はより多くの仕事をこなせます。

POINT! 仮定法は If S 過去形，S would ＋原形のような公式で覚えないこと。時をズラすだけ！

381

第16章：時表現

544

If I were a little younger, I ☐ you in climbing the mountain.

① have joined ② join ③ will join ④ would join

[92 追 14]

545

If I hadn't broken up with Hannah last month, I ☐ going out with her for two years.

① had been ② have been
③ will have been ④ would have been

[10 本 05]

546

"Was Jack at the party?"
"I don't think so. If he had been, I ☐ him."

① had seen ② saw ③ would have seen ④ would see

[95 本 04]

547

"☐ all right if I came again some other time?"
"Of course. Just give me a call before you come."

① Is it ② Was it ③ Would it be ④ Will it be

[02 追 10]

544・545・546・547

if を用いた仮定法文

解答 ① have joined　② join　③ will join　**④ would join**
　　　　7.0%　　　　1.8%　　　　7.0%　　　　84.2%

解説 I なのに were という組み合わせを見れば仮定法だってことはすぐにわかります。選択肢の中で時がずれているのは ④ だけです。

訳 もしもう少し若ければ一緒にその山に登るのですが。

仮定法＋過去完了

解答 ① had been　② have been
　　　　10.7%　　　6.5%
　　　③ will have been　**④ would have been**
　　　　6.0%　　　　　76.8%

解説 last month と過去完了形が使われていることから、「あの時（先月）〜だったら」という仮定法の文だと気づきます。仮定法となる ④ が正解です。

訳 もし先月ハンナと別れていなかったら、付き合って 2 年になっていたのに。

仮定法＋過去完了

解答 ① had seen　② saw　**③ would have seen**　④ would see
　　　　2.8%　　　　4.2%　　　　88.9%　　　　　　4.2%

解説 会話の冒頭から、話題は「過去」のことだということがつかめます。だったら、時をずらして過去完了。やはり主文には助動詞が必要なので、① が消えて ③ が正解だとわかります。主文には would, could, might といった控えめな助動詞が必要ってことが繰り返し問われているね。それだけ大事ってことですね。

訳 「ジャックはパーティーにきてた？」「きていなかったと思うわ。もしいたなら彼を見かけたはずよ」

if を用いた仮定法文

解答 ① Is it　② Was it　**③ Would it be**　④ Will it be
　　　　11.8%　　10.3%　　　64.7%　　　　　13.2%

解説 基本は仮定法の形。正解はもちろん ③ です。ただ、今回の文で仮定法を選んだのは、**低い可能性から丁寧さをかもしだそうとしている気持ち**から。こういった仮定法の使い方も覚えておきましょう。

訳 「いつか別の時にまたきてもかまいませんか？」「もちろん、いいですよ。いらっしゃる前にお電話ください」

POINT! 現在の事柄には過去、過去の事柄には過去完了。ズラせばいいんだよ。

第16章：時表現

548

If you had prepared for the exam, you [   ] have passed it. Now you have to repeat the course.

① can   ② could   ③ need to   ④ will

[90 追 08] 改

549

If you were really interested in what I'm saying, you [   ] staring out of the window.

① will be   ② will have been   ③ would have been   ④ wouldn't be

[89 追 09]

WORDS & PHRASES
□ stare 動 ＝じっと見つめる

550

If our last batter had not finally hit a home run, our team would [   ] the game.

① have lost   ② have won   ③ lose   ④ win

[92 本 16]

551

David was badly injured in the accident. If only he had left home five minutes earlier, he [   ] involved in it.

① was   ② was not   ③ would have been   ④ would not have been

[05 本 10]

WORDS & PHRASES
□ injured 形 ＝怪我をした   □ involve 動 ＝～を巻き込む

548・549・550・551

仮定法＋過去完了

解答 ① can　②**could**　③ need to　④ will
　　　　4.8%　　80.6%　　　4.8%　　　9.8%

解説 ほら，基本パターン通りでしょ。正解は唯一，時がずれている②**could**が正解。ifを用いた仮定法の主文では，would以外にも**could**や**might**も使えるってことを伝えるよい問題。

● P.597

訳 もし試験の準備をしていたら合格したでしょう。今となっては，その講座を再度受講しなければいけません。

ifを用いた仮定法文

解答 ① will be　　　　　② will have been
　　　　3.3%　　　　　　　6.6%
　　　③ would have been　④ **wouldn't be**
　　　　24.2%　　　　　　　65.9%

解説 「もし（事実に反して）興味をもっているなら」ということから，正解は「よそ見しないでしょう」となる④が正解です。これも基本パターンの仮定法文ですね。

訳 私の言っていることに本当に興味があるなら，窓の外をじっと見ていたりしないでしょう。

仮定法＋過去完了

解答 ①**have lost**　② have won　③ lose　④ win
　　　　54.5%　　　　22.7%　　　　18.3%　　4.5%

解説 if節に過去完了が選ばれているので，仮定法過去完了の文だってわかります。あとは**意味**を考えましょう。「ホームランを打っていなかったら」に続く内容としてふさわしいのは，もちろん「負けだったでしょう」ですね。よって①**have lost**が正解です。

訳 ラストバッターが最後にホームランを打っていなかったら，我々のチームは試合に負けてしまっていたでしょう。

仮定法＋過去完了

解答 ① was　　　　　　　② was not
　　　　2.3%　　　　　　　　6.4%
　　　③ would have been　④ **would not have been**
　　　　27.8%　　　　　　　63.5%

解説 仮定法だと見抜ければ③か④。あとは意味から，デイビッドは怪我をしているので，「5分早ければ巻き込まれなかっただろう」と否定が必要です。④が正解。

訳 デイビッドは事故で大怪我をしました。彼がもう5分早く家を出てさえいたら，その事故に巻き込まれることもなかったでしょう。

POINT! 仮定法で表現される事柄と事実を混同しないようにしよう。慣れれば簡単！

第16章：時表現

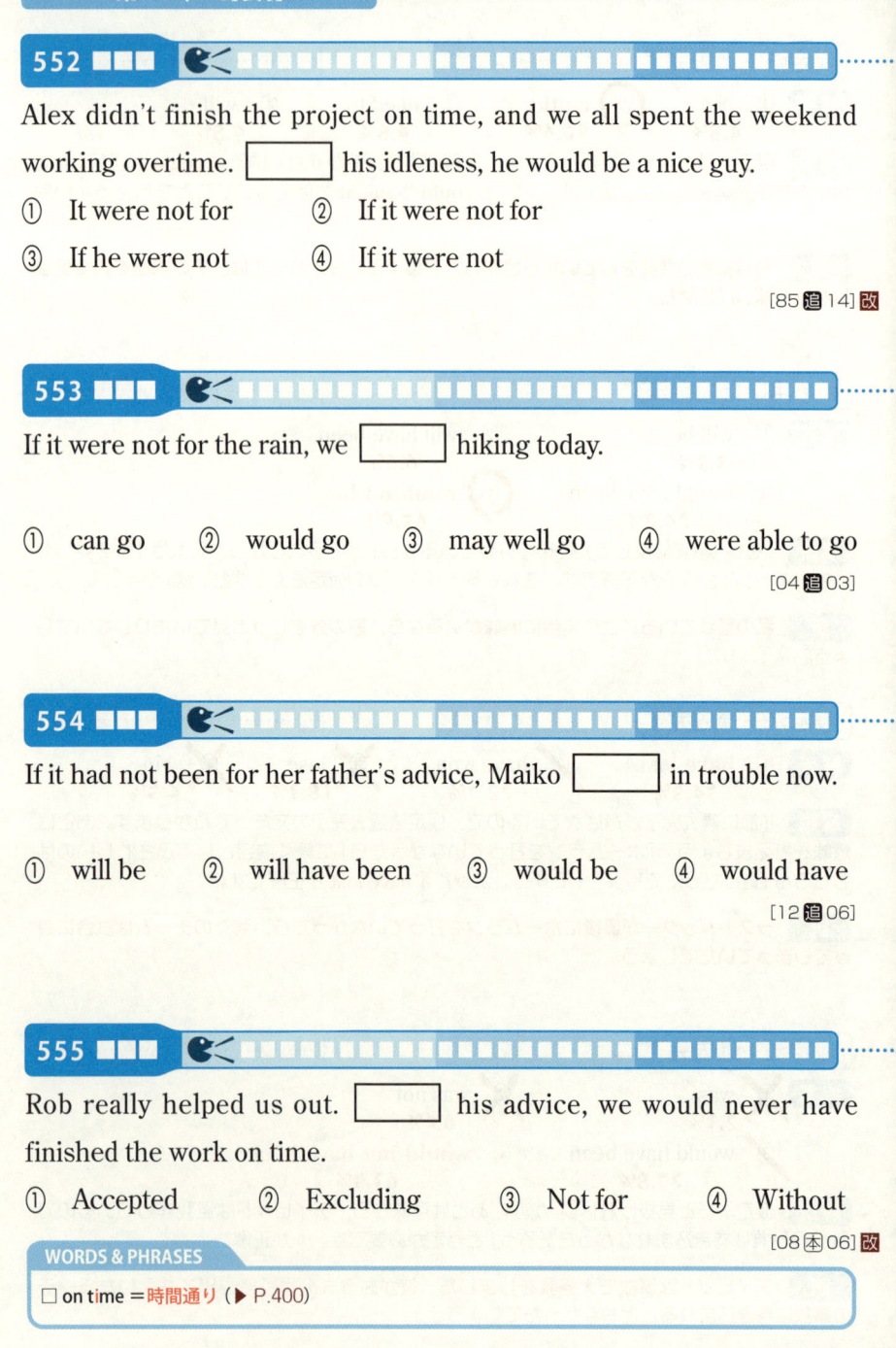

552

Alex didn't finish the project on time, and we all spent the weekend working overtime. ☐ his idleness, he would be a nice guy.

① It were not for   ② If it were not for
③ If he were not   ④ If it were not

553

If it were not for the rain, we ☐ hiking today.

① can go   ② would go   ③ may well go   ④ were able to go

554

If it had not been for her father's advice, Maiko ☐ in trouble now.

① will be   ② will have been   ③ would be   ④ would have

555

Rob really helped us out. ☐ his advice, we would never have finished the work on time.

① Accepted   ② Excluding   ③ Not for   ④ Without

WORDS & PHRASES

☐ on time ＝時間通り（▶ P.400）

552・553・554・555

If it were not for ～「～がなかったら」

解答
① It were not for 6.3%
② **If it were not for** 75.0%
③ If he were not 6.3%
④ If it were not 12.4%

解説 知っていれば即決問題。正解は②。フレーズとして覚えてください。but for [without] your help「あなたの助けがなかったら」のように前置詞でも表現可能です。

訳 アレックスはプロジェクトを期日に終わらせることができず、私たちは全員週末を残業して過ごしました。怠惰なところがなければ、彼はいいヤツなのですが。

If it were not for ～だって仮定法過去

解答
① can go 8.1%
② **would go** 74.3%
③ may well go 5.4%
④ were able to go 12.2%

解説 早速 If it were not for ～「～がなかったら」が使われていますが、その部分は問題になっていません。if を用いた仮定法の文であることに変わりはないんだから、②would go が正解です。

訳 もし雨が降っていなければ、今日はハイキングに出かけるのに。

仮定法は臨機応変「過去に～だったら、今頃は…だろう」

解答
① will be 0.0%
② will have been 1.7%
③ **would be** 76.4%
④ would have 21.9%

解説 「～がなかったら」の過去完了バージョン、If it had not been for ～って難しそうに見えるけど、were → had been って時がずれてるだけですよ。ただ、過去完了にひきずられて④を選んではいけません。最後に now があるのは、「今」のことというわけなんだから、時をズラして③would be が正解となります。

訳 もし父親のアドバイスがなかったら、マイコは今頃大変なことになっていたでしょう。

Without ～「～がなかったら」

解答
① Accepted 0.0%
② Excluding 2.8%
③ Not for 10.3%
④ **Without** 86.9%

解説 「～がなかったら」を最もシンプルに言うと、前置詞の Without だけでいいんです。正解は即決で④。もし「～があったら」なら With を使います。With a little more effort, you would have succeeded.「もう少し努力してたら成功していたでしょう」。ちなみに③は But for なら正解でしたね。

●P.599

訳 ロブには本当にお世話になりました。彼の忠告がなかったら、私たちは決してその仕事が時間通りに終わらなかったでしょう。

POINT! 「～がなかったら」なんて、現実離れするのにもってこい。すぐ出せるようにしとくんだよ。

387

第16章：時表現

556

Thanks for pulling me back. One more step, _____ I would have fallen off the cliff.

① so　　② and　　③ therefore　　④ unless

[80 追 03] 改

WORDS & PHRASES
□ cliff 名 ＝崖

557

"I didn't go to class yesterday because my car broke down."
"You _____ mine. I wasn't using it."

① could borrow　　② could have borrowed
③ may borrow　　④ may have borrowed

[98 追 06]

558

If you were to fall from that bridge, it _____ almost impossible to rescue you.

① is　　② was　　③ would be　　④ would have been

[95 追 14]

WORDS & PHRASES
□ rescue 動 ＝〜を救う

556・557・558

if を述べない仮定法

解答 ① ~~so~~ ② **and** ③ ~~therefore~~ ④ ~~unless~~
　　　　21.7%　　　21.7%　　　　21.7%　　　　34.9%

解説 One more step という名詞と主文を and「そうすれば」でつなぐと意味をなします。② and が正解です。if 節で表すと，**If I had taken** one more step, …ということになります。if がなくたって仮定法なんです。

● P.598

訳 引き戻してくれてありがとう。もう1歩進んでいたら，私は崖から落ちていたでしょう。

if を述べない仮定法

解答 ① ~~could borrow~~　　② **could have borrowed**
　　　　21.6%　　　　　　　　　58.1%
　　　③ ~~may borrow~~　　　④ ~~may have borrowed~~
　　　　8.1%　　　　　　　　　　12.2%

解説 単なる助動詞の問題に見えますか？　これだって仮定法の問題なんですよ。if を述べずに済ませているだけ。「授業に行けなかった」ということは「(実際には借りてないけど，言ってくれれば) あのとき借りられたのに……」っていうことです。正解は ② です。**If you had asked me**, …と補ったら仮定法とわかりますね。実際には借りてないんです。

● P.598

訳 「車が故障したから昨日は授業に行かなかったんだ」「私のを借りられたのに。使っていなかったのよ」

仮定法と were to

解答 ① is　② was　③ **would be**　④ would have been
　　　　4.3%　　5.8%　　69.6%　　　　　20.3%

解説 be to は「～することになる」。その仮定法だから，「～することになったら」とありえない状況へ導いていることになります。もちろん主文も仮定法で結ばないといけません。「～だろう」だから ③ would be が正解です。

● P.588

訳 もし君があの橋から落ちるようなことになったら，君を助けることはほぼ不可能でしょう。

POINT! 仮定法は，過去形か過去完了形。この2つだけ！

389

第17章：接続詞

18：センター試験
（2013年度 本／追）
……………… 405

New 入試問題にチャレンジ！

17：接続詞 ……… 391

Ⅵ 文の流れ

16：時表現 ……… 347

Ⅴ 時表現

14：疑問文 ……… 331
15：さまざまな配置転換
　　　　……… 341

Ⅳ 配置転換

10：-ing形 ……… 265
11：to 不定詞 ……… 283
12：過去分詞形 …… 305
13：節 …………… 319

Ⅲ 自由な要素

3：形容詞 ………… 111
4：副詞 …………… 133
5：比較 …………… 141
6：否定 …………… 161
7：助動詞 ………… 169
8：前置詞 ………… 191
9：wh修飾 ……… 253

Ⅱ 修飾

1：動詞・基本文型 … 009
2：名詞 …………… 073

Ⅰ 英語文の骨格

第17章：接続詞

等位接続 | 命令文＋等位接続 | 等位と従位接続 | 逆行を表す表現

ⓐ I made some toast and ate it quickly.
「トーストを作ってさっさと食べた」

ⓑ I missed the last train, so I had to walk home.
「終電を逃したので，家まで歩かなければならなかった」

ⓒ You can have either chicken or beef.
「チキンかビーフをお選びできます」

559

The hairdresser now cuts _____ men's and women's hair.

① either　　② both　　③ each　　④ any

[81 本 20]

WORDS & PHRASES
□ hairdresser 名 ＝ 美容師

560

Five minutes earlier, _____ we could have caught the last train. Now we'll have to get a hotel room for the night.

① or　　② but　　③ and　　④ so

[81 本 14] 改

等位接続 | **命令文＋等位接続** | 等位と従位接続 | 逆行を表す表現

ⓐ Leave now, and you'll make it to the 9 p.m. movie.
「今出れば，午後9時の映画に間に合うよ」

ⓑ Leave now, or I'll call the police.
「今立ち去りなさい，そうしないと警察に電話しますよ」

as ～ as

前後に2つの要素を「同等の強さで」配置する**等位接続**から始めましょう。and は単なる「＋」ではありません。そこには ⓐ のように「時間的な流れ」が意識されています。同時にこなすのは無理ですよね。so「だから」は、文と文を「原因→結果」の関係でつなぐ表現。or は A or B といった「選択」を表します。

等位接続

解答 ① either　② **both**　③ each　④ any
　　　　3.4%　　86.6%　　4.8%　　5.2%

解説 both A and B「**A と B の両方**」となる ② を選べばよいだけの問題です。**both** があることで、「両方とも」という感じが強まります。それに対して、① は either A or B「**A か B のどちらか**」。and は「**順行**」、or は「**選択**」を表す接続詞ですからね。

訳 現在、美容師は男性と女性両方の髪を切ります。

等位接続

解答 ① or　② but　③ **and**　④ so
　　　　8.7%　17.4%　52.2%　21.7%

解説 どの選択肢も2つの文を対等につなげられる接続詞。今回のポイントは、前後の文の関係をとらえることです。「5 分早い→間に合っただろう」という**順行の流れ**を表す ③ and ならぴったり。**and** を単なる「＋」の記号ではなく、「流れ」を示す単語としておさえてくださいね。ちなみに ④ so「だから」は、前後が「原因→結果」のつながりになるのでダメなんです。

● P.614

訳 あと 5 分早かったら、終電に間に合っていたでしょう。今晩泊まるホテルの部屋を探さないといけません。

---

as ～ as

and, or の重要な使い方の1つに、**命令文との組み合わせ**があります。命令文のあとで、流れを示す and なら「**そうすれば**」。選択を示す or なら「**そうしないと**」といった意味になります。「そうしないと」という意味は、「今立ち去るか、警察に通報かのどちらかですよ」という**選択**がベースにあるんです。

POINT! 等位接続の基本は、and, or, そして but。so までおさえられたら言うことなし。

第17章：接続詞

等位接続 / 命令文＋等位接続 / **等位と従位接続** / 逆行を表す表現

ⓐ Tom loves Kate, **but** she doesn't love him.
「トムはケイトが好きだが彼女は彼を好きではない」

ⓑ This is **not** my sister **but** my mother.「私の姉ではなくて母です」

ⓒ Eat **not only** meat **but** (**also**) vegetables.「肉だけじゃなく野菜も食べなさい」

ⓓ **Although** I was injured, I carried on playing.
「怪我をしていたけどプレーを続けた」

561

I think Dylan is a very intelligent person, ☐ many people don't agree with me.

① but　　② for　　③ which　　④ who

[08 困 05] 改

562

☐ winters in Britain are cold, and there is usually snow, there are very few ski resorts.

① Although　　② As　　③ Since　　④ When

[88 試 05] 改

等位接続 / 命令文＋等位接続 / 等位と従位接続 / **逆行を表す表現**

ⓐ Colin is a nice person. He can be a bit cold, **though**.
「コリンはいい人ですよ。少し冷たいところもあるかもしれないけどね」

ⓑ **Even though** I'm awake, my head is still sleeping.
「起きているのに，頭はまだ寝ている」

ⓒ Your offer is attractive. **However**, I have some concerns about it.
「あなたの申し出は魅力的だけど，心配もあります」

as ～ as

等位接続の最後は「逆行」を表す but 。**流れを打ち消す力強さ**がポイントなので，ⓑのように **not A but B**「A ではなくて B」といった表現も得意なんですよ。not only A but also B「A だけではなくて B も」は B に力点のある表現。一方で，ⓓ の although[though] は**従位接続**。あくまでメインとなる文の補助的な役割になるということ。although ＋ 文は，but と違って**ちょっとした逆流を表す**ときに使います。

逆行をあらわす but

解答 ① **but** ② for ③ which ④ who
77.0%　　5.2%　　15.7%　　2.1%

解説 意味を考えれば逆行を表す ① but「しかし」が正解です。② for は「原因」には使われません。カタい表現なので日常的には because や since の方がはるかに使われます。復習になりますが，③ ④ は穴埋め修飾の単語。空所のあとに穴を感じられないので NG です。

訳 ディランは大変知的な人だと思いますが，多くの人は私に同意してくれません。

▶ P.618

譲歩を表す though / although

解答 ① **Although** ② As ③ Since ④ When
15.8%　　36.8%　　5.3%　　42.1%

解説 「寒くて雪がたくさん→スキー場がない」という流れに「逆行」を感じ取れたら勝負あり。正解はもちろん ① Although ですね。though でも同じこと。お好きな方を使ってみましょう。

訳 英国の冬は寒く，雪がよく降るのですが，スキー行楽地はほとんどありません。

▶ P.634

as ～ as

先程の though と although 。一番の違いは，ⓐ の使い方ができるのが though だけということ。**軽く付け足す感じ**なんですよ。ⓑ の even though は，even が意味を強めた表現。あと気をつけたいのは however「しかしながら」。although＋文「〜けど」と混同して使う人が多いのですが，**2 文を直接つなげることはできません**（▶P.619）。ⓒ のように文頭や，文中・文末で使ってください。

POINT! 等位接続の but と違って，Although [Though] ＋文は文頭に置くことも可能です。

第17章：接続詞

563
I'm not going to sleep tonight ____ I finish my homework. I've brewed a big pot of coffee to help me stay awake.

① by   ② during   ③ until   ④ since

[05 追 05] 改

WORDS & PHRASES
□ brew 動 ＝（お茶・コーヒー）を入れる　　□ awake 形 ＝目が覚めて

564
"You seem to have had that car for years."
"Yes, I should sell it ____ it still runs."

① before   ② during   ③ until   ④ while

[95 追 04]

565
Curry in southern India tends to be very hot and spicy, ____ curry in northern India tends to be milder.

① for   ② since   ③ so   ④ while

[11 追 07]

566
It is often said that an American starts a speech with a joke, ____ a Japanese starts with an apology.

① which   ② what   ③ while   ④ that

[82 本 08] 改

WORDS & PHRASES
□ apology 名 ＝謝罪

563・564・565・566

until / till ～「～するまでずっと」

解答 ① by 12.9%   ② during 8.6%   ③ **until** 71.4%   ④ since 7.1%

解説 ある状況が継続されることを表す ③ until「～までずっと」が正解です。till でも同じですね。① なら by Monday「月曜日までに」のように「期限」を表します。ちなみに，The meeting will have broken up **by the time** we arrive.「私たちが着くまでに散会しているでしょう」のように by the time ＋文という使い方もあります。

訳 宿題が終わるまでずっと今夜は寝ないつもりです。起きていられるように，大きなポットにコーヒーを入れました。

P.388
P.639

while ～「～するあいだに」

解答 ① before 17.5%   ② during 18.8%   ③ until 15.9%   ④ **while** 47.8%

解説 「～するあいだに」を意味する ④ while が正解です。② の during は while と混同しやすい表現。両方とも「あいだ」を表しますが，while はあとに文，during はあとに名詞しかとらないんです。
例：talking **during** sleep「睡眠のあいだのおしゃべり→寝言」。

訳 「もう何年もあの車に乗っているよね」「そうなんだ，まだ動いているうちに売らなきゃいけないね」

P.389

対比を表す while

解答 ① for 11.4%   ② since 4.3%   ③ so 21.4%   ④ **while** 62.9%

解説 ２つのものを比較して違いを述べる ④ while「一方で」が正解です。while は前問の「同時」が基本的な使い方ですが，**２つのできごとがクッキリと意識される**ところから「コントラスト」の使い方が生まれるんです。

訳 南インドのカレーはとても辛くてスパイシーな傾向がありますが，北インドはマイルドな傾向です。

対比を表す while

解答 ① which 35.7%   ② what 0.0%   ③ **while** 57.1%   ④ that 7.2%

解説 アメリカ人と日本人を比較して，その違いについて言及しています。正解はもちろん ③ while。フォーマルな表現で whereas「～であるのに対して」という接続詞もあります。

訳 アメリカ人は冗談でスピーチを始めますが，その一方で日本人は謝罪で始めるとよく言われます。

P.636

POINT! while の「～するあいだに」と対比を表す「一方で」。どちらもよく使います。しっかり音読を！

第17章：接続詞

567

Don't just sit around waiting for someone to lend you a hand. Nobody is going to help you ☐ you ask.

① else　② unless　③ what　④ without

[88本14]改

568

The laundry won't dry quickly ☐ it's sunny.

① if　② whether　③ unless　④ since

WORDS & PHRASES
☐ laundry 名 ＝洗濯物

[04本06]

569

We should not keep pets ☐ we can take good care of them.

① if　② unless　③ when　④ which

[97追06]改

570

I'll be surprised ☐ an accident. He drives too fast.

① if Tom doesn't have　② if Tom has
③ unless Tom doesn't have　④ unless Tom has

[93本14]

unless「〜しない限りは」

解答 ① else 4.9%　② **unless** 52.5%　③ what 16.4%　④ without 26.2%

解説 意味をなすのは ② unless「〜しない限りは」だけです。範囲を示す表現としてよく用いるので、ぜひ覚えておいてください。

訳 誰かが助けてくれるのを待って座っているだけではダメです。自分でお願いしない限り、誰もあなたを助けることなどありません。

unless「〜しない限りは」

解答 ① if 1.1%　② whether 16.2%　③ **unless** 77.5%　④ since 5.2%

解説 洗濯物って晴れたら乾きますよね。しかし今回は won't (will not の短縮形) だから「乾かない」んです。「晴れない限りは、乾かない」となる ③ unless が正解です。

訳 晴れない限りは、洗濯物はすぐには乾かないでしょう。

unless「〜しない限りは」

解答 ① if 15.9%　② **unless** 65.2%　③ when 5.8%　④ which 13.0%

解説 似たような選択肢です。実質 ①② の二択問題なんですね。「世話をしない限りは」ってことだから ② を即決で選んでください。

訳 きちんと世話ができないのなら、ペットを飼うべきではありません。

unless と if…not の違い

解答 ① **if Tom doesn't have** 39.0%　② if Tom has 26.6%　③ unless Tom doesn't have 18.8%　④ unless Tom has 15.6%

解説 「unless = if…not」ではありません。④ は「事故にあわない限り驚く」となり意味が不明です。よって正解は ① となります。

訳 トムが事故にあわなかったら驚きます。彼はスピードを出しすぎなので。

POINT! unless = if 〜 not「もし〜でないなら」ではありません。unless は「範囲」を示す表現です。

第17章：接続詞

571

"You should write down Satsuki's number ☐ you forget it."
"Don't worry, I have it in my phone."

① in case ② in the case ③ so far as ④ so long as

[07 困 09] 改

ⓐ **I'll call you as soon as I get to the airport.**
「空港に着き次第電話します」

ⓑ **I'll love you as long as I live.** 「生きている限り君を愛します」

ⓒ **As long as you're here, I'll stay.** 「君がここにいるなら僕は残るよ」

ⓓ **As far as the eye could see, the field was white.**
「見渡す限り野原は真っ白だった」

572

"Does Jack live in the suburbs or in the center of the city?"
" ☐ I know, he lives near the center."

① As far as ② As long as ③ As much as ④ So long as

WORDS & PHRASES
□ suburb 名 ＝ 郊外

[87 困 13] 改

573

Our work is finished for the day. As ☐ as I am concerned, you may leave whenever you like.

① far ② many ③ much ④ long

[80 困 12] 改

571・572・573

in case「〜するといけないから」

解答 ① **in case** 53.2%　② in the case 8.0% ✗　③ so far as 18.3% ✗　④ so long as 20.5% ✗

解説 ③④は「〜する限り」となり，意味不明です。正解は①**in case**「〜するといけないから」。**事前の用心を表す接続詞**です。それと in case のあとが現在形なのは，ある場面をしっかりと思い描いているからです。時表現で学びましたね。

● P.627
● P.551

訳 「忘れるといけないから，サツキの電話番号を書きとめておくべきだよ」「大丈夫，電話に入ってるから」

as 〜 as

as 〜 as を含む表現をおさえましょう。ⓐ はおなじみ「〜 するとすぐに」。次に重要なのは **「〜する限り」という表現の使い分け**。ⓑ は long を含むので直線に伸びるイメージ。そこから「**期間**」や，ⓒ のように「**条件**」を表します。一方で，ⓓ は 360°に広がる「**範囲（の限度）**」を示すんですよ。

as far as 〜「〜する限り」

解答 ① **As far as** 62.0%　② As long as 20.7% ✗　③ As much as 2.1% ✗　④ So long as 15.2% ✗

解説 「〜する限り」を表す表現の使い分けを問う問題です。「知識の及ぶ**範囲**」と考えて ① を選んでください。②④なら as (so) long as I live「生きてる限り」のように「**期間**」を表します。

● P.626

訳 「ジャックは郊外に住んでいますか，それとも都市の中心部ですか？」「私が知る限り，都心部に住んでいますよ」

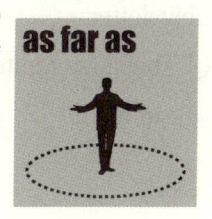

as far as 〜「〜する限り」

解答 ① **far** 63.5%　② many 0.0%　③ much 5.4%　④ long 31.1%

解説 空所のあとを見て即決で ① が選べるように。as far as 〜 is concerned「〜に関する限り」はよく目にする表現ですからね。

訳 今日の仕事は終わりました。私としては，いつでも好きなときに帰っていいですよ。

POINT! 日本語訳だけで考えずに，個々の表現の「機能」を考えて使い分けるようにしましょう。

第17章：接続詞

574

It [ ] Jessica last went back to her country.

① has been over ten years after
② is less than ten years as
③ is more than ten years before
④ is over ten years since

[87 追 08]

575

A book is not always a good book just [ ] it is written by a famous writer.

① because ② for ③ since ④ though

[93 本 02]

576

Darrel had to make his article a little shorter [ ] space in the newsletter.

① because limited ② due to lack of
③ in need ④ instead of

[07 追 09] 改

577

I'm worried we'll be late for the opening ceremony. Let's take an express train [ ] we can get there 20 minutes earlier.

① in order ② so that ③ such as ④ while

[93 追 17] 改

since ～「～から」

解答
① has been over ten years after　36.2%
② is less than ten years as　5.2%
③ is more than ten years before　27.6%
④ **is over ten years since**　31.0%

解説 It's been years **since** ～．「～してから久しぶり」という表現に慣れていれば ④ を選ぶことができます。since の「**～以来**」と理由を表す「**～から**」という2つの意味は，どちらも**起点**が意識されています。

訳 ジェシカが最後に祖国へ帰ってから10年以上になります。

理由を表す because

解答
① **because**　56.3%
② for　18.8%
③ since　7.8%
④ though　17.1%

解説 「有名な作家だからといって必ずしも良い本とは限らない」という**原因**を表す ① **because** が正解です。なぜそんな意味になるかというと，not が because も含めて右側全体を否定しているから。「because 以下の理由があるからといって……なわけじゃないんだよ」っていう文なんです。

訳 有名な作家が書いたからといって，必ずしも良書とは限りません。

理由を表す because と due to

解答
① because limited　20.0%
② **due to lack of**　54.3%
③ in need　5.7%
④ instead of　20.0%

解説 because ＋文は「理由」を表しますよね。しかし今回はあとに**名詞**が続いているだけ。**because of** や **due to**「～のために」ならあとに名詞が続くので，正解は ② です。④ は「～の代わりに」，③ は people **in need**「困っている人」といった形で使います。

訳 ダレルは会報の紙面の不足から，記事をもう少し短くしなければなりませんでした。

目的を表す so (that)

解答
① in order　12.3%
② **so that**　71.9%
③ such as　10.5%
④ while　5.3%

解説 「～ために」という日本語に対応する表現は2種類あります。それは「**理由**」と「**目的**」。今回は「目的」を表す ② が正解です。①in order that ＋文は **that を省略できない珍しい例**。so that なら that は省略できますからね。なお，③ は「～のような」と**具体例**を示す前置詞ですね。

訳 開会式に遅れるんじゃないかと心配です。20分早く到着できるように急行列車に乗りましょう。

POINT! 「～ために」は「理由」と「目的」のダブルミーニング。機能で考えてくださいね。

第18章：センター試験 (2013年度 本／追)

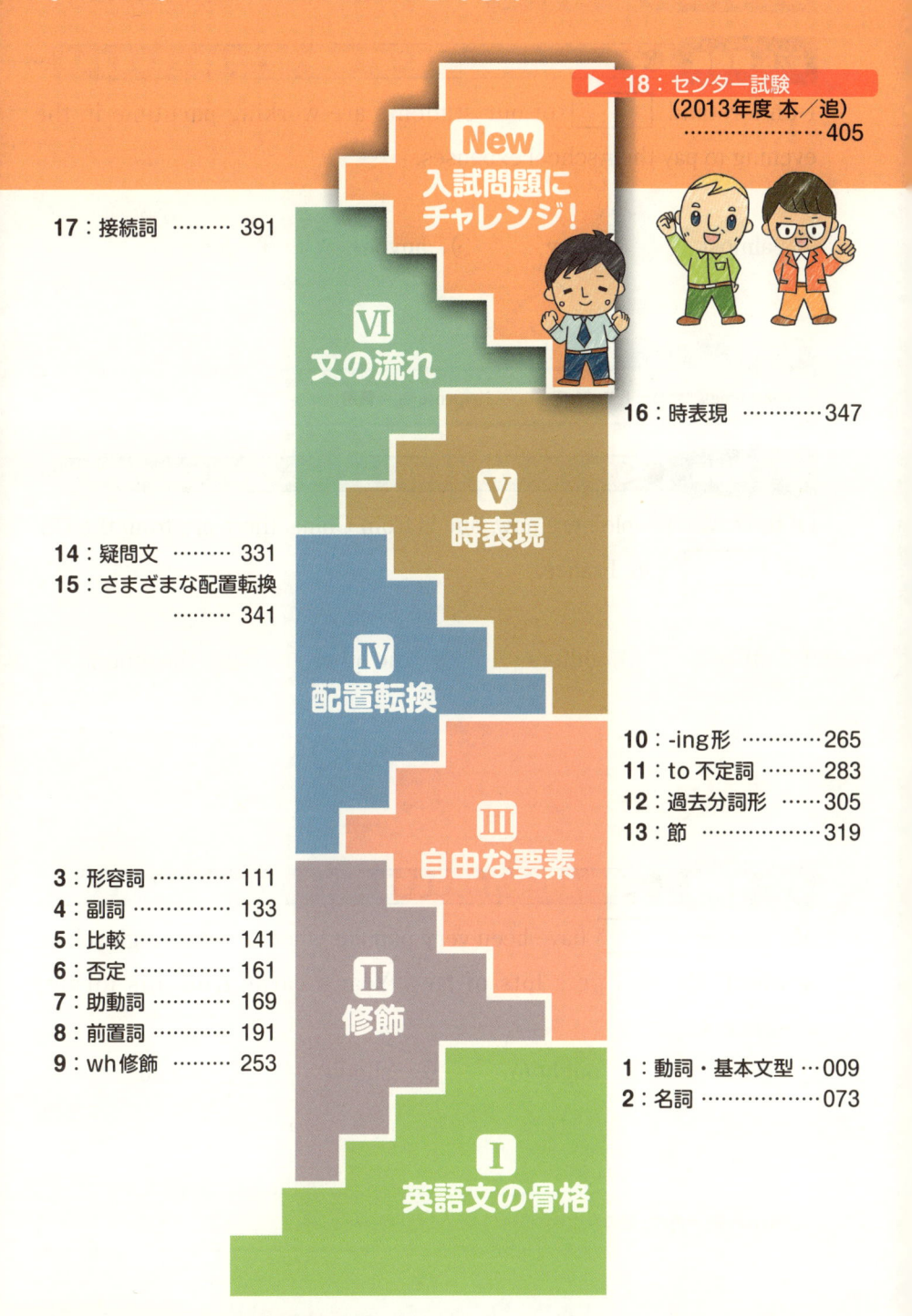

▶ 18：センター試験
(2013年度 本／追)
·················· 405

New 入試問題にチャレンジ！

17：接続詞 ········ 391

Ⅵ 文の流れ

16：時表現 ········· 347

Ⅴ 時表現

14：疑問文 ········ 331
15：さまざまな配置転換
········ 341

Ⅳ 配置転換

10：-ing形 ········· 265
11：to 不定詞 ········ 283
12：過去分詞形 ······· 305
13：節 ··············· 319

Ⅲ 自由な要素

3：形容詞 ··········· 111
4：副詞 ············· 133
5：比較 ············· 141
6：否定 ············· 161
7：助動詞 ··········· 169
8：前置詞 ··········· 191
9：wh 修飾 ·········· 253

Ⅱ 修飾

1：動詞・基本文型 ··· 009
2：名詞 ············· 073

Ⅰ 英語文の骨格

第18章：センター試験（2013年度）

578

I understand [ ] of our students are working part-time in the evening to pay their school expenses.

① almost ② any ③ anyone ④ most

[13本01]

WORDS & PHRASES
□ part-time 副 ＝パートタイムで   □ expense 名 ＝費用

579

Of the seven people here now, one is from China, three are from the US, and [ ] from France.

① other ② others ③ the other ④ the others

[13本02]

580

My brother [ ] have been very popular when he was a high school student. He still gets lots of New Year's cards from his former classmates.

① must ② ought to ③ should ④ would

[13本03]

WORDS & PHRASES
□ former 形 ＝前の・昔の

単独で使える限定詞

解答 ① almost ② any ③ anyone ④ **most**
     18.2%   10.6%   4.5%   66.7%
     ✗   ✗   ✗

解説 X of ~ 「特定のグループの中の X」という表現を問う問題です。まず ① almost は「ほとんど~」というように**常に程度を表す表現**で，**単独で数量を表す単語ではないのでアウト**。② ③ は私たちの学生の誰を選んでもいいよと**選択の余地**を表す文ではないのでダメ。正解は ④ most of ~「~の大部分」です。

訳 私たちの生徒の多くが学費を支払うために夜にアルバイトをしていることを私は理解しています。

other「ほか」の使い方

解答 ① other ② others ③ the other ④ **the others**
     3.0%   16.7%   18.2%   62.1%
     ✗   ✗   ✗

解説 「ほか」表現の使い分けを問う問題です。**1 つの特定のグループに決まる**場合，④ **the others** が選ばれます。今回の場合，全体が 7 人で 4 人を引くと，残りの 3 人は 1 つのグループに決まりますね。

訳 ここにいる 7 人のうち，1 人は中国，3 人はアメリカ，ほかの人たちはフランス出身です。

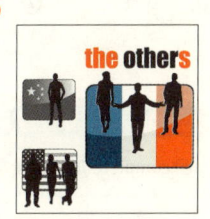

助動詞＋完了形

解答 ① **must** ② ought to ③ should ④ would
     44.8%   11.2%   10.6%   33.4%
                ✗   ✗   ✗

解説 助動詞＋完了形の使い分け問題。7 章で十分に練習しました。「たくさんの年賀状」という証拠もあるんだし，① must ＋完了形「~したにちがいない」が正解ですよね。② ③ だと「~すべきだったのに（しなかった）」という意味になりますが，覚えていましたか？

訳 私の兄は高校時代にとても人気があったはずです。いまだに以前のクラスメイトからたくさんの年賀状をもらっています。

POINT! どれも出てきたポイントばかりですね。基本が大切ってことです。

第18章：センター試験（2013年度）

581

Eric's friends, Minoru and Sachiko, will be here at seven this evening. He _____ doing his homework by then.

① has been finished
② has finished
③ will have finished
④ would finish

[13本04]

582

Our family doctor suggested that our son _____ a complete medical checkup every year.

① get
② getting
③ is getting
④ to get

[13本05]

WORDS & PHRASES
□ complete 形 ＝完全な　　□ medical 形 ＝医療の　　□ checkup 名 ＝検査

583

Japan _____ of four large islands and many small islands.

① consists
② contains
③ forms
④ organizes

[13本06]

will ＋完了形

解答 ① has been finished　② has finished
　　　　 15.2%　　　　　　　　 15.2%
　　　　 ③ **will have finished**　④ would finish
　　　　 63.6%　　　　　　　　　 6.0%

解説 then が指すのは友達がこれからやってくる「**未来の時点**」です。そしてその時点までには，きっと今取り組んでいる仕事が終わってるんじゃないかなと考えているわけです。③の will ＋完了形「〜してしまっているだろう」が最適な場面ですね。

● P.577

訳 エリックの友達のミノルとサチコは夕方の7時にきます。彼はそのときまでには仕事を終えているでしょう。

時のない文：提案を表す that 節

解答 ① **get**　② getting　③ is getting　④ to get
　　　　 56.9%　　 9.8%　　　　 22.7%　　　　 10.6%

解説 医師が人間ドックについて suggest したという状況を表しています。もちろん，その that 節は提案の内容を表しているから，まだ事実にはなっていません。そこで用いるのが**動詞の原形**。正解は① get。should ＋原形を用いることもあるんでしたね。

● P.545

訳 かかりつけの医者は，息子に毎年人間ドックを受けるよう提案しました。

consist of 〜「〜から構成される」

解答 ① **consists**　② contains　③ forms　④ organizes
　　　　 69.7%　　　　　 13.6%　　　　 12.2%　　 4.5%

解説 正解は① **consists** of 〜「〜から構成される」です。Your password should **consist of** at least 6 characters.「パスワードは最低でも6文字で構成されなければいけません」のように，consist は of と一緒に用いることが多いです。②の「含む」，③の「作る」，④の「組織する」ではどれも意味も合わないし，「何を？」となってしまいますよね。

訳 日本は4つの大きな島と多くの小さな島々から成り立っています。

POINT! 願望・要求・提案などを表す that 節では，時のない文が続くことがあるんでしたね。

第18章：センター試験 (2013年度)

584

Did you have a chance to meet your grandfather ☐ the winter vacation?

① during ② inside ③ on ④ while

[13本07]

585

I don't enjoy going to Tokyo. It's hard for me to put ☐ all the crowds.

① away ② on ③ up to ④ up with

[13本08]

586

When my younger brother and I were children, my mother often asked me to keep ☐ him so he wouldn't get lost.

① an eye on ② away from
③ back from ④ in time with

[13本09]

587

I was offered a good position with a generous salary, but I decided to turn it ☐ because I wanted to stay near my family.

① around ② down ③ out ④ over

[13本10]

WORDS & PHRASES
□ generous 形 = 気前のよい・たくさんの

「〜あいだ」を表す during と while

解答 ① **during** 78.8% ② inside 6.1% ③ on 4.5% ④ while 10.6%

解説 「冬休み」というある一定の期間のあいだに起こったことについて触れている状況です。while「〜する間」が浮かぶかもしれませんが，while you are out「外出中に」のようにあとに文がくるのでアウト。正解は①です。during my stay「滞在中に」などと名詞があとに続きますからね。

訳 冬休みの間，祖父に会う機会はありましたか？

put up with 〜「〜を我慢する」

解答 ① away 12.1% ② on 9.7% ③ up to 15.2% ④ **up with** 63.0%

解説 句動詞の知識を問う問題。「人ごみ」といったネガティブなものは「我慢する」ものなので④が正解です。下から上へとじっともち上げる姿を想像してみてください。「堪え忍ぶ」感じがつかめるでしょ。①は「離れて」，③は「到達点」を表します。接触の on を用いた②「〜を身につける」は語順も重要です。

● P.373

訳 東京に行くのは楽しみではありません。私にとっては人ごみに堪えるのが難しいのです。

keep an eye on 〜「〜をじっと見守る」

解答 ① **an eye on** 67.6% ② away from 17.3% ③ back from 6.0% ④ in time with 9.1%

解説 意味から考えて①が正解です。eye が意味するのは「視線」。目は2つでも視線は1つなので an eye ですね。その視線が「接触」した状態をキープするわけです。「目を離さない」っていうこと。なお，②〜④で意味をなすフレーズは②「〜を近づけない」。away「離れて」から容易に想像できます。

● P.399

訳 弟と私が子どもだったとき，私は母によく弟が迷子にならないように目を離さないよう頼まれました。

turn 〜 down「〜を断る」

解答 ① around 6.1% ② **down** 55.8% ③ out 22.4% ④ over 15.7%

解説 意味から考えて正解は② down。日本語でも「却下」と言いますよね。ちなみに，①は「向きを変える」，③は「〜であるとわかる」，④は「ひっくり返す」でした。句動詞は，**動詞と前置詞や副詞のイメージを組み合わせて理解すれば確実に覚えられます。**

● P.076
● P.372

訳 私は高給の良いポジションを提示されましたが，家族の近くにいたかったので断ることにしました。

POINT! 熟語は，前置詞や副詞の知識が必須です。よく復習してくださいね。

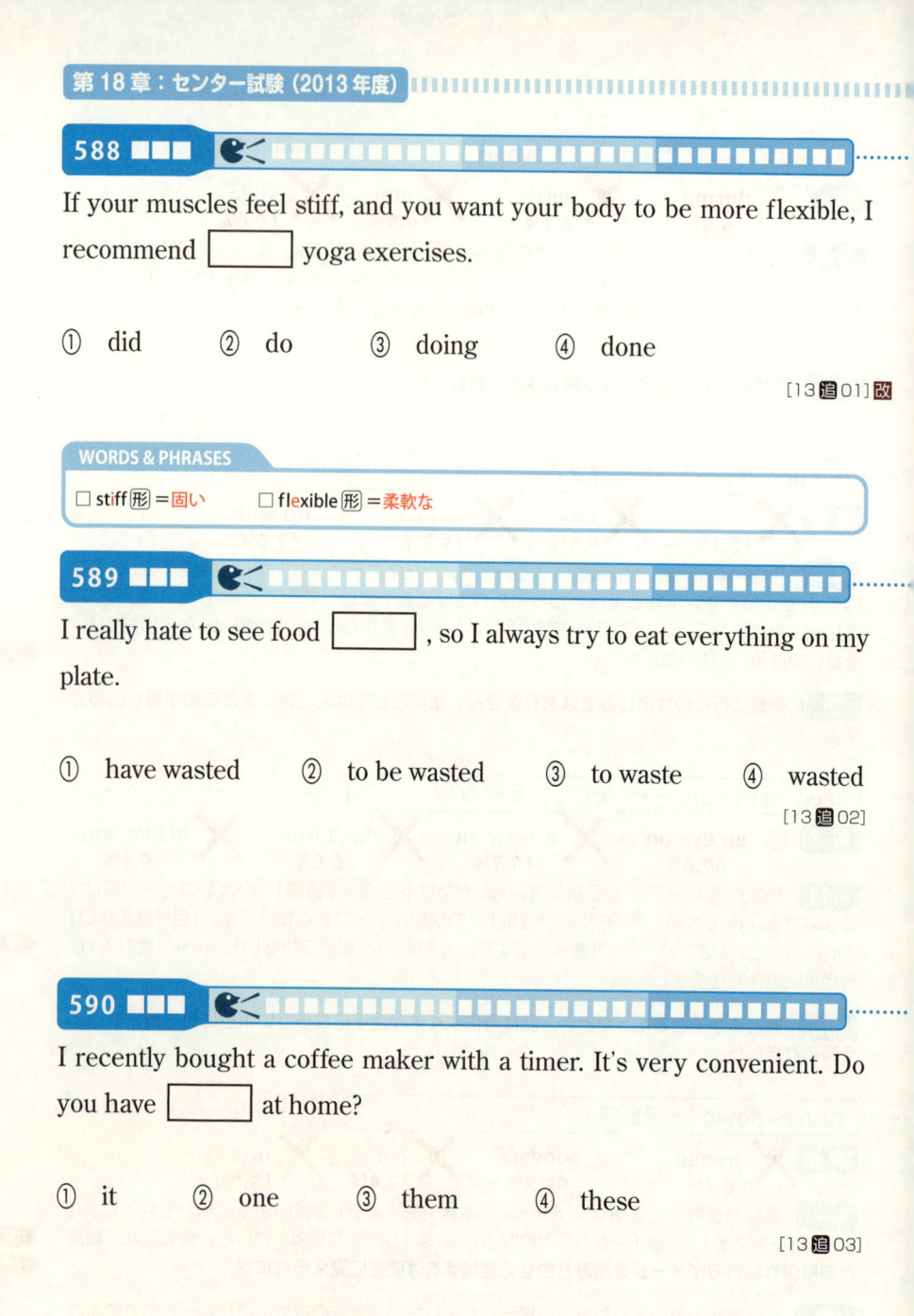

第18章：センター試験 (2013年度)

588

If your muscles feel stiff, and you want your body to be more flexible, I recommend ☐ yoga exercises.

① did   ② do   ③ doing   ④ done

[13追01] 改

WORDS & PHRASES
□ stiff 形 = 固い   □ flexible 形 = 柔軟な

589

I really hate to see food ☐ , so I always try to eat everything on my plate.

① have wasted   ② to be wasted   ③ to waste   ④ wasted

[13追02]

590

I recently bought a coffee maker with a timer. It's very convenient. Do you have ☐ at home?

① it   ② one   ③ them   ④ these

[13追03]

recommend -ing 形「～することを勧める」

解答 ① did ② do ③ **doing** ④ done
　　　0.0%　18.8%　75.0%　6.2%

解説 recommend「～を勧める」のあとに続く動詞の形を選ぶ問題。正解は ③ です。doing yoga exercises という**リアルな状況**を考えて，それを**おすすめ**だと説明しているんです。Could you **recommend** a restaurant? と同じように使っているんです。

訳 もし筋肉が凝っていて体をより柔軟にしたければ，ヨガをすることをおすすめします。

see ＋ 目 ＋ 説明語句

解答 ① have wasted ② to be wasted ③ to waste ④ **wasted**
　　　6.2%　　　　31.3%　　　　　3.1%　　　59.4%

解説 ポイントは「see ＋目＋**動詞原形** /**-ing 形** / **過去分詞形**」。この型を常に意識することが大切。あとは food が「浪費される」という受動の関係がわかれば，**過去分詞形**の ④ **wasted** を選ぶことができます。

● P.088

訳 私は食べ物が無駄にされるのを見るのが本当に嫌いなので，自分のお皿にあるものはいつも何でも食べるようにしています。

one と it の使い方

解答 ① it ② **one** ③ them ④ these
　　　25.0%　59.4%　9.4%　6.2%

解説 この問題では代名詞の知識を求めています。要は one と it の使い分けの問題です。① it では「（最初に発言した人が購入した）そのコーヒーメーカーをもってますか？」と尋ねていることになってしまいます。そんなの無理だよね。だったら正解は ②。**one は単なる単語の代わり**（＝ a coffee maker）なんです。

● P.219

訳 私は最近，タイマー付きのコーヒーメーカーを購入しました。とても便利ですよ。あなたも家にもっていますか？

POINT! 動詞のあとにどんな形が続くのか，日頃から気にしてみてくださいね。

591

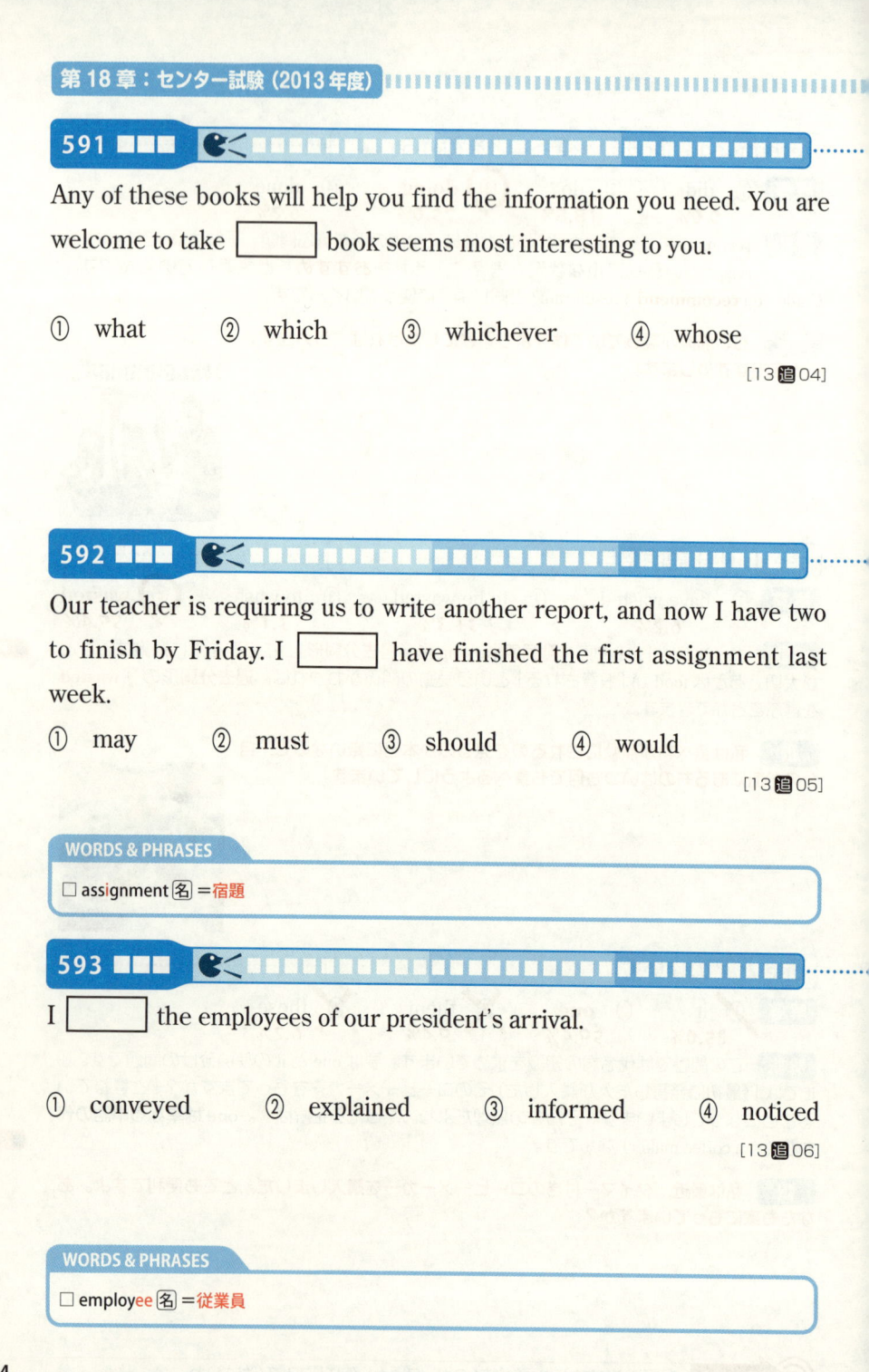

Any of these books will help you find the information you need. You are welcome to take ☐ book seems most interesting to you.

① what   ② which   ③ whichever   ④ whose

592

Our teacher is requiring us to write another report, and now I have two to finish by Friday. I ☐ have finished the first assignment last week.

① may   ② must   ③ should   ④ would

WORDS & PHRASES
☐ assignment 名 ＝宿題

593

I ☐ the employees of our president's arrival.

① conveyed   ② explained   ③ informed   ④ noticed

WORDS & PHRASES
☐ employee 名 ＝従業員

591・592・593

wh語＋ever：whichever〜

解答 ① what 6.2%　② which 15.6%　**③ whichever 68.8%**　④ whose 9.4%

解説 どの選択肢も名詞と組み合わせて使うことがあります。①**What** time?「何時？」とか②**Which** season do you like best?「どの季節が最も好き？」とか④**Whose** pen is this?「これは誰のペン？」とか。今回，意味をなすのは③「どの〜でも」だけ。which に ever「どれでもいいよ」が組み合わされて，**選択の自由を示すことができる**のです。

● P.505

例：It's your birthday, so you can have **whichever** dress you like.
「あなたの誕生日なんだから，どのドレスでも好きなものをどうぞ」

訳 これらの本のどれもがあなたが必要とする情報を見つけるのに役立ちます。あなたにとってとても興味深く思えるものはどの本でもご自由にお取りください。

助動詞＋完了形

解答 ① may 0.0%　② must 12.5%　**③ should 68.8%**　④ would 18.8%

解説 課題が1つ増えて全部で2つになってしまった…，という状況です。「最初の課題は済ませておくべきだったのに…（済ませていない）」となるのは③ should＋完了形。なお，①は「〜したかもしれない」，②は「〜したにちがいない」，④は「〜しただろう」ではいずれも意味が合わず，文章が正しく結ばれません。きちんとそれぞれの意味をおさえておきましょう。

● P.577

訳 私たちの先生は私たちにもう1つレポートを書くよう求めているので，金曜日までに終わらせるべきものが今2つあります。先週で最初の宿題は終わらせておくべきでした。

inform A of B「AにBを知らせる」

解答 ① conveyed 3.1%　② explained 12.5%　**③ informed 65.6%**　④ noticed 18.8%

解説 of を見た瞬間に，即決で③を選んでほしい問題です。inform は「知らせる」。何を知らせたのかという情報を of とのコンビで説明してあげるんですね。

● P.397

例：Please **inform** the students **of** the schedule change.
「スケジュールの変更を生徒に知らせてください」

なお，①は「運ぶ」，④は「気づく」という意味。②の explain「説明する」という単語はすでに学習済みです。動詞の後ろに続く形に，日頃から気を配るようにしましょう。

訳 私は従業員に社長の到着を知らせました。

POINT! 疑問詞＋ever は，日頃の学習から見かけるたびに音読して慣れておきましょう。

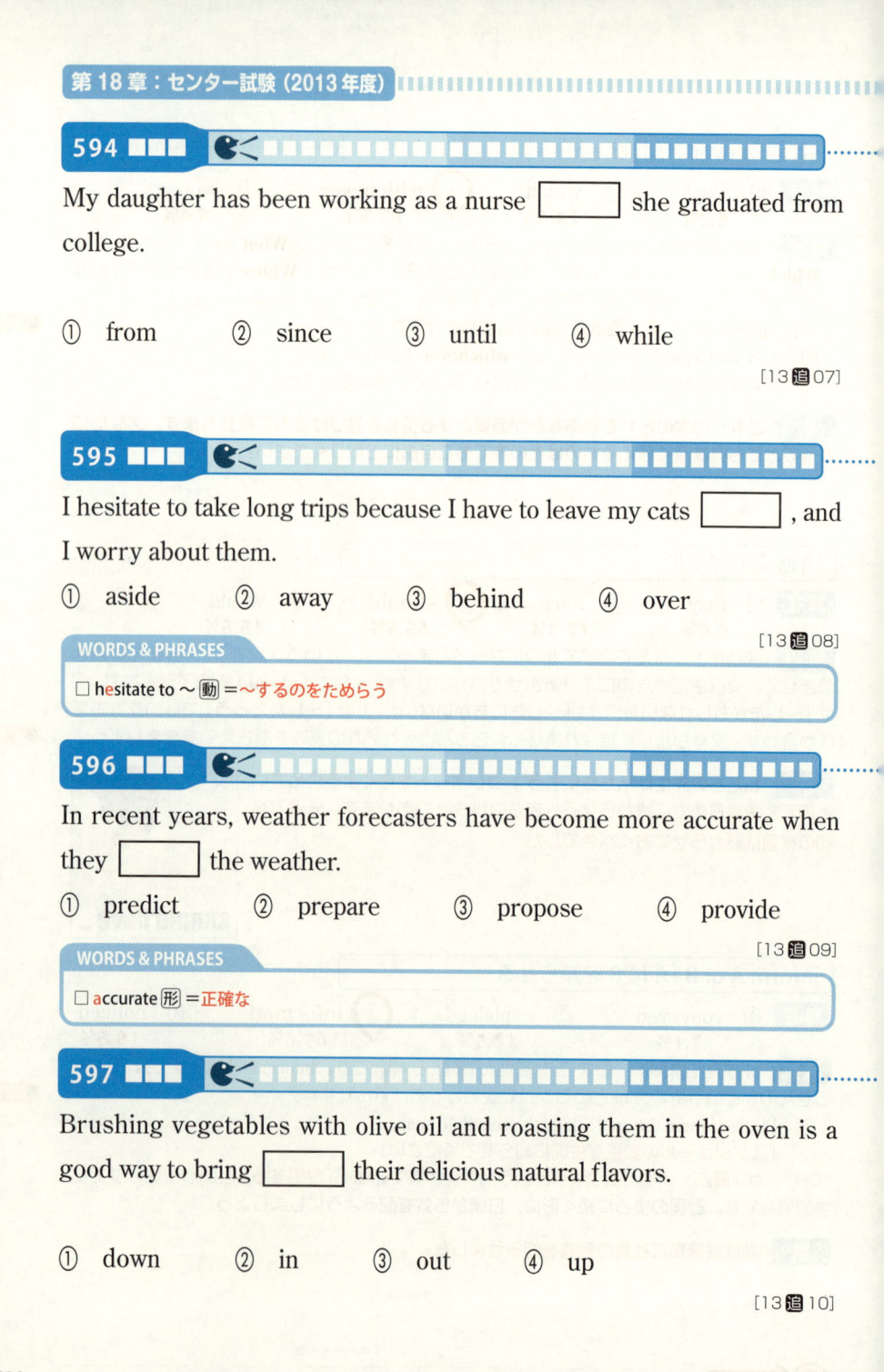

第18章：センター試験 (2013年度)

594

My daughter has been working as a nurse ▢ she graduated from college.

① from　② since　③ until　④ while

[13追07]

595

I hesitate to take long trips because I have to leave my cats ▢ , and I worry about them.

① aside　② away　③ behind　④ over

WORDS & PHRASES
☐ hesitate to 〜 動 ＝〜するのをためらう

[13追08]

596

In recent years, weather forecasters have become more accurate when they ▢ the weather.

① predict　② prepare　③ propose　④ provide

WORDS & PHRASES
☐ accurate 形 ＝正確な

[13追09]

597

Brushing vegetables with olive oil and roasting them in the oven is a good way to bring ▢ their delicious natural flavors.

① down　② in　③ out　④ up

[13追10]

594・595・596・597

since ～「～から」

解答 ① from ② since ③ until ④ while
12.5%   81.3%   6.2%   0.0%

解説 現在完了形との組み合わせだったので，迷うことなく「過去の起点」を表す ② since を選ぶことができます。since「～以来」と until「～までずっと」は，あとに名詞でも文でも続けることが可能だってところまでおさえておけば完璧です。

訳 私の娘は大学を卒業してから，看護師として働いています。

leave を用いた句動詞

解答 ① aside ② away ③ behind ④ over
18.8%   37.5%   34.4%   9.4%

解説 leave を用いた句動詞（基本動詞＋α）の問題です。ネコを「置いていく」という意味になるのは ③ behind。自分の「後ろに」残してくるってことだからね。ちなみに，① は「(わきに) ～を置いておく」，④ は leftover(s)「残り物」という表現でよく見かけます。

● P.372

訳 私は長旅に出るのを躊躇してしまいます。なぜなら，ネコを置いていくことになって心配になるからです。

pre/pro を含んだ語彙の使い分け

解答 ① predict ② prepare ③ propose ④ provide
65.6%   12.5%   15.6%   6.3%

解説 「前」を表す pre- や pro- を含んだ語彙の知識を求める問題です。「天気」を…① predict「予測する」しか合うものがありません。なお，② は「準備する」，③ は「提案する」，④ は「供給する」でした。日頃から語彙力増強に努めましょう。**単語学習は語学の基本です！**

訳 近年，気象予報士は天気を予測するとき，より正確になってきています。

bring を用いた句動詞

解答 ① down ② in ③ out ④ up
3.1%   18.8%   50.0%   28.1%

解説 bring を用いた句動詞の問題です。といっても，選択肢の単語の意味さえわかれば熟語として知らなくても十分に対応可能です。注目すべきは natural flavors。英文の内容は，シンプルな調理法なら本来の味を「引き出せる」っていうこと。だったら正解は ③ out「外へ」ですね。

訳 野菜にオリーブオイルをはけで塗り，オーブンで焼くのは，実においしい自然の風味を引き出す良い方法の１つです。

POINT! 句動詞の出題頻度が高いのは日常語だから。貪欲に自分のものにしてくださいね。

巻末付録 「見出し語」さくいん

本書掲載のすべての問題の解説部分には，その問題で取り扱った「テーマ」を見出し語として記しています。その「見出し語」をアルファベット順ならびに五十音順で整理しています。自分の「穴」，弱点をなくすことができるように，用途に応じて日々の学習に役立ててください。

■ A～C ■

- A is to B what C is to D「A：B＝C：D」………… **325**
- accuse A of B「A を B で非難する」………………… **069**
- active「活発な・頭の回転の速い」………………… **113**
- above は「上」，below は「下」………………… **237**
- admire A for B「A を B で賞賛する」………………… **071**
- advise ＋圐＋ to 不定詞「圐に～するよう助言する」
  ………………………………………………… **055**
- afford to 不定詞「～する余裕がある」………………… **287**
- agree と前置詞 ………………………………………… **227**
- All things considered「すべてを考慮に入れると」
  ………………………………………………… **317**
- allow ＋圐＋ to 不定詞「圐が～するのを許す」… **053**
- another の使い方 ……………………………………… **091**
- anything「どれでも」………………………………… **103**
- apologize to 人 for 原因「人に～で謝る」………… **025**
- apply for ～「～に応募する」……………………… **211**
- as far as ～「～する限り」…………………………… **401**
- as good as ～「ほとんど～・～同然」……………… **147**
- as if ～「まるで～のように」………………………… **379**
- as recently as ～「ほんの・つい～に」……………… **137**
- as-as any「どの～にも劣らず」……………………… **147**
- as-as の基本 …………………………………………… **143**
- ask A for B「A に B を求める」……………………… **071**
- ask ＋圐＋ to 不定詞「圐に～するよう頼む」…… **055**
- at most「せいぜい」………………………………… **159**
- at present「現在」…………………………………… **219**
- avoid -ing 形「～することを避ける」……………… **287**
- be caught in ～「（悪い状況）にあう」…………… **311**
- be concerned と前置詞 ……………………………… **227**
- be independent of ～「～から独立している」…… **217**
- be supposed to 不定詞「～することになっている」
  ………………………………………………… **313**
- be used to ～「～に慣れている」…………………… **277**
- be used to -ing 形「～することに慣れている」… **277**
- before「～の前に」…………………………………… **221**
- behind「～の背後に」………………………………… **221**
- benefit from ～「～から利益を得る」……………… **199**
- between「～のあいだ」……………………………… **223**
- beyond「～を越えて」………………………………… **223**
- borrow A from B「A を B から（無料で）借りる」… **059**

- break out「（火事や戦争が）突然起こる」……… **251**
- break up「（カップルが）別れる」………………… **249**
- bring up ～「～を育てる」…………………………… **247**
- bring を用いた句動詞………………………………… **417**
- burst into ～「急に～し始める」…………………… **205**
- By all means.「もちろんぜひ」……………………… **233**
- by the hour「1 時間単位で」………………………… **233**
- by「～までに」………………………………………… **235**
- can't stand ～「～することを我慢できない」
  ………………………………………………… **291**
- can't stand -ing 形「～を我慢できない」………… **019**
- can't ＋完了形「～したはずがない」……………… **181**
- carry out ～「～を実行する」………………………… **251**
- come / get ＋ to 不定詞「～するようになる」… **297**
- come about「起こる」………………………………… **245**
- come across「偶然出会う」………………………… **245**
- come up with ～「～を思いつく」………… **229,247**
- consider -ing 形「～することをよく考える」…… **285**
- consist of ～「～から構成される」………………… **409**
- consult a dictionary「辞書で調べる」……………… **025**
- continue -ing 形 /to 不定詞「～することを続ける」
  ………………………………………………… **287**
- could「～かもしれない」…………………………… **179**
- couldn't「～できなかった」………………………… **175**
- couldn't ＋完了形「～したはずがない」…………… **181**
- count on ～「～を頼る」……………………………… **217**
- courage to 不定詞「～する勇気」…………………… **299**

■ D～F ■

- depending on ～「～次第で」……………………… **217**
- depend on A for B「A に B を求めて依存する」… **071**
- deprive A of B「A から B を奪う」………………… **069**
- devote A to B「A を B に捧げる」………………… **279**
- differ in ～「～において異なる」…………………… **199**
- Do you mind my -ing 形？「私が～してもいい？」
  ………………………………………………… **291,293**
- do「実際に～」………………………………………… **185**
- each other「お互い」………………………………… **095**
- early「早く・早い時期に」…………………………… **137**
- enable ＋圐＋ to 不定詞「圐が～するのを可能にする」
  ………………………………………………… **055**
- enough to 不定詞「～するのに十分な」…………… **299**

- everything「すべて」 ……………………………… **103**
- excuse A for B「A を B について許す」…………… **071**
- expect ＋囚＋ to 不定詞「囚が〜だと予期する」 **057**
- explain 〜「〜を説明する」 …………………… **023**
- explain 〜（to 人）「（人に）〜を説明する」 …… **023**
- expose A to B「A を B にさらす」………………… **067**
- far from 〜「〜から遠く離れて」 ……………… **199**
- feel at home「くつろぐ・慣れている」 ………… **219**
- feel like -ing 形「〜したい気がする」 ……… **241,281**
- fewer「（数が）より少ない」…………………… **151**
- find it 〜 to 不定詞「…が〜だとわかる」………… **303**
- find ＋囚＋説明語句「囚が〜だとわかる」…… **037**
- for free「無料で」………………………………… **211**
- for the first time in 〜「〜ぶりに」 …………… **197**
- for the sake of 〜「〜のために」 ……………… **209**

■ G 〜 I ■

- get into trouble「困ったことになる」…………… **205**
- get used to -ing 形「〜することに慣れる」 …… **277**
- get ＋囚＋説明語句「囚を〜にする」…………… **049**
- had better「〜した方がいい」 …………………… **185**
- hang up「電話を切る」…………………………… **247**
- happen to 不定詞「たまたま〜する」…………… **297**
- hate -ing 形/to 不定詞「〜することを嫌う」…… **289**
- have 〜 in common「〜を共通にもつ」………… **201**
- have trouble ＋ -ing 形「〜するのに苦労する」… **275**
- have ＋囚＋ left「囚が残されている」 ………… **051**
- have ＋囚＋説明語句「囚が〜される」………… **051**
- have ＋囚＋説明語句「囚を〜してもらう」…**047, 049**
- hear ＋囚＋過去分詞形「囚が〜されるのが聞こえる」 ……………………………………………………… **041**
- help A with B「A の B を手伝う」……………… **065**
- hope for 名詞「〜を望む」 ……………………… **017**
- hope ＋（that）節「〜を望む」 ………………… **017**
- How about 〜？「〜はどうですか？」 ………… **335**
- How soon?「あとどれくらいで」……………… **335**
- If it were not for 〜「〜がなかったら」 ………… **387**
- If it were not for 〜 だって仮定法過去 ………… **387**
- if を述べない仮定法 ……………………………… **389**
- if を用いた仮定法文 ……………………… **381,383,385**
- in advance of 〜「〜より進んで」……………… **199**
- in advance「前もって」………………………… **201**
- in case「〜するといけないから」……………… **401**
- in front（of 〜）「（〜の）前に」……………… **221**
- -ing 形 vs 過去分詞形 ……………………… **125,127**
- in red「赤い服を着た」 ………………………… **195**

- in the direction of 〜「〜の方向に」…………… **195**
- in the end「最後に」 …………………………… **201**
- in the long run「長い目で見れば」 …………… **203**
- in the middle of 〜「〜の真ん中に」…………… **219**
- in the way「邪魔になって」…………………… **193**
- in white「白い服を着た」……………………… **195**
- in 時間「（今から）〜後に」…………………… **197**
- including 〜「〜を含めて」…………………… **271**
- inform A of B「A に B を知らせる」…………… **415**
- intend to 不定詞「〜するつもりである」 ……… **303**
- It is no use -ing 形「〜しても無駄だ」………… **281**
- It is time 〜「〜する時間だ」…………………… **379**
- it ＋節 ……………………………………………… **109**

■ J 〜 L ■

- join 〜「〜に加わる」…………………………… **021**
- keep an eye on 〜「〜をじっと見守る」……… **411**
- know better than to 不定詞「〜するほど愚かではない」………………………………………………… **157**
- know と現在完了形「継続」………………… **363,367**
- lead ＋囚＋ to 不定詞「囚が〜するよう仕向ける」 ……………………………………………………… **057**
- least of all「最も〜ない」……………………… **159**
- leave を用いた句動詞…………………………… **417**
- leave ＋囚＋説明語句「囚を〜にしておく」 …… **037**
- lend B to A「B を A に貸す」…………………… **061**
- less A than B「A よりむしろ B」 ……………… **153**
- less「（量）より少ない」………………………… **151**
- less「（量・程度が）より少ない」…………… **153**
- let ＋囚＋動詞原形「囚が〜するのを許す」 …… **043**
- like「〜のように」……………………………… **241**
- live 関連の単語の使い方 ……………………… **115**
- look after 〜「〜の世話をする」……………… **221**
- look for 〜「〜を探す」………………………… **019**
- look forward to -ing 形 ………………………… **267**
- look up 〜「〜を調べる」……………………… **249**

■ M 〜 O ■

- make oneself heard「声を届かせる」………… **045**
- make oneself understood「理解してもらう」 … **045**
- make out「わかる」…………………………… **251**
- make up「埋め合わせをする」………………… **249**
- marry「〜と結婚する」は他動詞……………… **023**
- meet 〜「〜を満たす」………………………… **025**
- might「(ひょっとしたら)〜かもしれない」…… **177**
- might ＋完了形「ひょっとして〜したかもしれない」

419

- ‥‥‥‥‥‥‥‥‥‥‥‥‥‥‥‥‥‥‥‥‥‥‥‥ **177**
- might as well ～「～してもいいな」‥‥‥‥‥ **177**
- mind -ing 形「～するのを嫌に思う」‥‥‥‥‥ **293**
- more or less「多かれ少なかれ・だいたい」‥‥ **153**
- most の使い方 ‥‥‥‥‥‥‥‥‥‥‥‥‥‥‥‥ **107**
- much は「量」の強調 ‥‥‥‥‥‥‥‥‥‥‥‥ **139**
- must と have to ‥‥‥‥‥‥‥‥‥‥‥‥‥‥‥ **171**
- must ＋完了形「～したにちがいない」‥‥‥ **173,175**
- need -ing 形「～される必要がある」‥‥‥‥‥ **293**
- neither「どちらも～ない」‥‥‥‥‥‥‥‥‥‥ **097**
- Neither ＋倒置「～もそうじゃない」‥‥‥‥‥ **343**
- no more than ～「～にすぎない」‥‥‥‥‥‥ **157**
- no matter ＋ wh 語：no matter how ～ ‥‥‥‥ **329**
- nobody「誰も～ない」‥‥‥‥‥‥‥‥‥‥‥‥ **099**
- none「どれも～ない」‥‥‥‥‥‥‥‥‥‥ **097,099**
- not ＋ anymore 「もはや～ではない」‥‥‥‥‥ **163**
- Not at all.「どういたしまして」‥‥‥‥‥‥‥‥ **167**
- not ＋ either「どちらも～ない」‥‥‥‥‥‥‥ **097**
- not ～ much「あまり～ない」‥‥‥‥‥‥‥‥ **099**
- not fail to 不定詞「必ず～する」‥‥‥‥‥‥‥ **285**
- not so much A as B「A よりはむしろ B」‥‥‥‥ **147**
- not は前から ‥‥‥‥‥‥‥‥‥‥‥‥‥‥ **273,303**
- not は前から否定 ‥‥‥‥‥‥‥‥‥‥‥‥‥‥ **163**
- objection to -ing 形「～することに対する反対」 **293**
- on one's own「自力で」‥‥‥‥‥‥‥‥‥‥‥‥ **209**
- on purpose「わざと」‥‥‥‥‥‥‥‥‥‥‥‥‥ **217**
- one after another「次から次へと」‥‥‥‥‥‥ **095**
- one と it の使い方 ‥‥‥‥‥‥‥‥‥‥‥‥‥‥ **413**
- one：前に出てきた可算名詞の代用‥‥ **091,095,101**
- only to 不定詞「(その結果) ～しただけだった」 **299**
- other の使い方 ‥‥‥‥‥‥‥‥‥‥‥‥‥ **091,093**
- other「ほか」の使い方 ‥‥‥‥‥‥‥‥‥‥‥‥ **407**
- ought to「～すべき」‥‥‥‥‥‥‥‥‥‥‥‥‥ **187**
- ought to ＋完了形「～したはずだ」‥‥‥‥‥‥ **187**
- out of breath「息を切らして」‥‥‥‥‥‥‥‥ **213**
- out of order「故障して」‥‥‥‥‥‥‥‥‥‥‥ **213**
- out of the question「問題にならない」‥‥‥‥‥ **213**
- over lunch「昼食を食べながら」‥‥‥‥‥‥‥ **237**

■ P ～ R ■

- part with ～「～を手放す」‥‥‥‥‥‥‥‥‥‥ **229**
- participate in ～「～に参加する」‥‥‥‥‥‥‥ **021**
- pay attention to ～「～に注意を払う」‥‥‥‥‥ **079**
- pre/pro を含んだ語彙の使い分け ‥‥‥‥‥‥‥ **417**
- present A with B「A に B を贈呈する」‥‥‥‥‥ **065**
- pretend to 不定詞「～するふりをする」‥‥‥‥ **289**
- provide A with B「A に B を供給する」‥‥‥‥‥ **063**
- provide と supply ‥‥‥‥‥‥‥‥‥‥‥‥‥‥ **063**
- put ～ into practice「～を実行に移す」‥‥‥‥‥ **205**
- put off「延期する」‥‥‥‥‥‥‥‥‥‥‥‥‥‥ **215**
- put off -ing 形「～することを延期する」‥‥‥‥ **287**
- put on「身につける」‥‥‥‥‥‥‥‥‥‥‥‥‥ **215**
- put up with ～「～を我慢する」‥‥‥‥‥‥ **247,411**
- rather than ～「～よりむしろ」‥‥‥‥‥‥‥‥ **209**
- recommend -ing 形「～することを勧める」‥‥‥ **413**
- remember -ing 形「～したことを覚えている」‥ **295**
- remind A of B「A に B を思い出させる」‥‥‥‥ **069**
- rent は「有料の貸し借り」‥‥‥‥‥‥‥‥‥‥ **061**
- ～ run in the family「～は血筋だ」‥‥‥‥‥‥‥ **203**
- run out of ～「～がなくなる」‥‥‥‥‥‥‥‥ **203**

■ S ～ U ■

- say「～と書いてある」‥‥‥‥‥‥‥‥‥‥‥‥ **029**
- see ＋圓+説明語句‥‥‥‥‥‥‥‥‥‥‥‥‥‥ **413**
- see ＋圓＋ -ing 形「圓が～しているのが見える」
  ‥‥‥‥‥‥‥‥‥‥‥‥‥‥‥‥‥‥‥‥ **039,041**
- see ＋圓＋動詞原形「圓が～するのが見える」‥ **039**
- see ＋圓＋過去分詞形「圓が～されるのが見える」
  ‥‥‥‥‥‥‥‥‥‥‥‥‥‥‥‥‥‥‥‥‥‥ **039**
- seem / appear to 不定詞「～するように見える」 **297**
- -self の使い方 ‥‥‥‥‥‥‥‥‥‥‥‥‥‥‥‥ **105**
- shake hands「握手をする」‥‥‥‥‥‥‥‥‥‥ **079**
- Shall we ～ ?「～しませんか ?」‥‥‥‥‥‥‥‥ **185**
- should「～すべきだ」‥‥‥‥‥‥‥‥‥‥‥‥‥ **185**
- should not ＋完了形「～すべきではなかったのに」
  ‥‥‥‥‥‥‥‥‥‥‥‥‥‥‥‥‥‥‥‥‥‥ **189**
- should ＋完了形「～すべきだったのに」‥ **173,187,189**
- since ～「～から」‥‥‥‥‥‥‥‥‥‥‥‥ **403,417**
- So ＋倒置「～もそうだよ」‥‥‥‥‥‥‥‥‥‥ **343**
- so ～ as to 不定詞「…するほど～」‥‥‥‥‥‥ **301**
- so far「今までのところ」‥‥‥‥‥‥‥‥‥‥‥ **139**
- something「何か」‥‥‥‥‥‥‥‥‥‥‥‥‥‥ **103**
- spare time「空き時間」‥‥‥‥‥‥‥‥‥‥‥‥ **115**
- spend ＋圓＋ -ing 形「～するのに圓を費やす」‥ **275**
- stand for ～「～を表す」‥‥‥‥‥‥‥‥‥‥‥ **211**
- steal「盗む」と rob「奪う」‥‥‥‥‥‥‥‥‥‥ **051**
- succeed in -ing 形「～することができる」‥‥‥‥ **179**
- take ～ for granted「～を当然だと思う」‥‥‥‥ **211**
- take part in ～「～に参加する」‥‥‥‥‥‥‥‥ **021**
- talk A out of B「A を説得して B するのをやめさせる」
  ‥‥‥‥‥‥‥‥‥‥‥‥‥‥‥‥‥‥‥‥‥‥ **029**
- talk about ～「～について話す」‥‥‥‥‥‥‥‥ **027**

- tell A from B「A と B を区別する」………… **067**
- tell ＋囚＋ to 不定詞「囚に〜するよう指示する」**055**
- That is why 〜「だから〜」………………… **259**
- the 比較級〜, the 比較級…「〜であればあるほど…」
  …………………………………………… **155**
- There is no -ing 形「〜することは不可能だ」…… **281**
- There is no point (in) -ing 形「〜しても無駄だ」
  …………………………………………… **281**
- those present「出席者」………………… **101**
- till/until「〜までずっと」………………… **235**
- to ＋完了形と受動文 ……………………… **309**
- to 〜 extent「〜な程度まで」……………… **207**
- to death の 2 つの可能性 ………………… **207**
- To one's 感情を表す名詞「〜なことに」…… **207**
- traffic との相性 ………………………… **129**
- try to 不定詞「〜しようと試みる」………… **295**
- turn down 〜「〜を断る」………………… **245**
- turn 〜 down「〜を断る」………………… **411**
- under は「下」…………………………… **237**
- unless「〜しない限りは」………………… **399**
- unless と if…not の違い ………………… **399**
- unlike「〜と違って」……………………… **241**
- until/till 〜「〜するまでずっと」…………… **397**
- up to date「最新の」……………………… **205**
- use up 〜「〜を使い果たす」……………… **249**
- use「（動かせない物）を借りて使う」……… **059**

■ V 〜 Z ■

- warn ＋囚＋ to 不定詞「囚に〜するよう警告する」
  …………………………………………… **057**
- wh 語＋ ever：however 〜 ……………… **329**
- wh 語＋ ever：whichever 〜 …………… **415**
- wh 語＋ ever：whoever 〜 ……………… **329**
- wh 語を使わない穴埋め修飾 …………… **255,259**
- What 〜 for?「なぜ / どんな目的で？」…… **333**
- What is 〜 like?「〜はどのような感じですか？」**241**
- What do you say to -ing 形?「〜するのはどうですか？」
  …………………………………………… **279**
- what is called 〜 /what we call「いわゆる〜」**325**
- what と how の使い分け ………………… **333**
- When it comes to 〜「〜ということになると」… **279**
- where による修飾 ……………………… **257**
- which による修飾 ……………………… **255**
- while 〜「〜するあいだに」……………… **397**
- Why don't you 〜 ?「なぜ〜しないの？→〜しなよ」
  …………………………………………… **337**
- will ＋完了形 ……………………………… **361,409**
- will ＋完了形と受動文 …………………… **311**
- will ＋進行形（will ＋ be -ing 形）……… **361**
- will be -ing 形「〜しているだろう」……… **175**
- wish ＋仮定法「〜だったらいいのに」…… **375,377**
- wish ＋仮定法「〜ならいいのに」………… **377**
- with care「注意深く」…………………… **229**
- with と against…………………………… **227**
- with はつながり ………………………… **229**
- within「〜以内に」……………………… **225**
- Without 〜「〜がなかったら」…………… **387**
- without 〜「〜なしで」…………………… **225**
- without fail「必ず」……………………… **225**
- without と仮定法 ………………………… **225**
- work out 〜「〜をわかる」……………… **251**
- would rather「むしろ〜したい」………… **183**
- Would you mind -ing 形?「〜していただけますか？」
  …………………………………………… **289,291**
- young at heart「気持ちが若い」………… **219**

■ あ 〜 こ ■

- 「〜あいだ」を表す during と while …… **411**
- あいづち疑問文…………………………… **339**
- 穴埋め修飾………………………………… **301**
- 意味上の主語……………………………… **273**
- 意味上の主語：insist on a person's -ing 形 …… **269**
- 意味上の主語は「所有格」……………… **267,269**
- 意味上の主語はやっぱり「所有格」……… **269**
- 意味上の主語を考える…………………… **273**
- 後ろから専門：(un) aware of 〜 ………… **115**
- お金：change「小銭・おつり」…………… **087**
- お金：charge「（サービスに対する）手数料」… **087**
- お金：cost「コスト」……………………… **087**
- お金：fare「運賃」……………………… **087,089**
- お金：interest「利子」…………………… **089**
- お金：tax「税金」………………………… **089**
- お金周辺：receipt「領収書」…………… **089**
- 温度の高低………………………………… **131**
- 学問名：physics「物理学」……………… **085**
- かげ：shade/shadow …………………… **085**
- 過去の習慣を表す would ………………… **183**
- 過去完了形………………………………… **371**
- 過去完了進行形…………………………… **371**
- 過去形「過去のできごと・状態」………… **357**
- 過去進行形………………………………… **363**

- 重ねて修飾……………………………… **113**
- 可算・不可算の判断：cake ………… **077**
- 可算・不可算の判断：egg …………… **075**
- 可算・不可算の判断：furniture ……… **077**
- 可算・不可算の判断：juice ………… **075**
- 可算・不可算の判断：oil …………… **075**
- 可算・不可算の判断：work ………… **077**
- 「活動中」には on …………………… **215**
- 仮定法＋過去完了 ……………… **381,383,385**
- 仮定法と were to …………………… **389**
- 仮定法は臨機応変「過去に〜だったら，今頃は…だろう」……………………………… **381,387**
- 体のパーツ：thumb「親指」 ………… **085**
- 感嘆文…………………………………… **345**
- カンマ付 wh 修飾：, 〜 of which …… **263**
- カンマ付 wh 修飾：, which ………… **263**
- 期間を表す前置詞……………………… **239**
- 起点を表す since「〜から」………… **239**
- 客：audience「聴衆」………………… **083**
- 客：customer「顧客」…………… **083,085**
- 客：spectator「観客」………………… **083**
- 逆行をあらわす but …………………… **395**
- 強調構文 ……………………………… **109**
- 金額の高低……………………………… **131**
- 現在完了形 …………………………… **365**
- 現在完了形「継続」…………………… **369**
- 現在完了形と過去……………………… **369**
- 現在完了進行形………………………… **367**
- 現在形と進行形の違い………………… **359**
- 限定語句は前から：half as-as ……… **145**
- 限定語句は前から：nearly as-as …… **145**
- 限定語句は前から：the very best …… **159**
- 限定語句は前から：twice as-as ……… **145**

■ さ〜と ■

- 最上級＋ever ………………………… **159**
- さまざまな強意表現…………………… **139**
- さまざまな「出発する」……………… **015**
- さまざまな「到着する」……………… **015**
- 残念な shame ………………………… **079**
- 時制の一致……………………………… **373**
- 自動詞 lie と他動詞 lay ……………… **011**
- 自動詞 rise と他動詞 raise …………… **011**
- 自動詞 speak「話す」………………… **027**
- 修飾語位置での wh 節：レポート文… **327**
- 修飾語位置での what 節：レポート文 …… **321,325**

- 修飾語位置での what 節：説明型 …… **321**
- 主語位置での what 節 ………………… **321**
- 主文より「前」：Having＋過去分詞 … **273**
- 受動文と die/kill/dead ………………… **313**
- 受動文は目的語が主語の位置に……… **307**
- 授与型 cost …………………………… **033**
- 授与型 do ……………………………… **031**
- 授与型 give …………………………… **031**
- 授与型 owe …………………………… **033**
- 授与型 save …………………………… **033**
- 授与型 tell …………………………… **029**
- 「焦点」を目立たせる配慮…………… **143**
- 所有代名詞「〜のもの」……………… **105**
- 助動詞＋完了形…………………… **407,415**
- 譲歩を表す though/although ………… **395**
- 譲歩を表す前置詞：despite ………… **243**
- 譲歩を表す前置詞：in spite of ……… **243**
- 進行形が描く未来……………………… **361**
- 進行形と受動文………………………… **309**
- 接続詞の付加…………………………… **317**
- 説明型 go「〜になる」………………… **035**
- 説明型 remain「〜のままである」…… **035**
- 説明型で用いる過去分詞形…………… **315**
- 「線上」には on ……………………… **215**
- 前置詞の前置き：in which …………… **261**
- 前置詞の前置き：to which …………… **261**
- 前置詞の前置き：under which ……… **261**
- 前置詞の目的語になる what 節 ……… **323**
- 対比を表す while ……………………… **397**
- 他動詞の目的語になる what 節 ……… **323**
- 単独で使える限定詞…………… **107,407**
- 追加を表す another …………………… **095**
- 程度の by ……………………………… **233**
- 「どう？」＝howとは限らない ……… **333**
- 等位接続 ……………………………… **393**
- 動詞句の説明…………………………… **275**
- 時のない文：提案を表す that 節 … **349,409**
- 時のない文：要求を表す that 節 …… **349**
- 時や条件を表す節：by the time …… **355**
- 時や条件を表す節：if 節 …………… **351**
- 時や条件を表す節：in case ………… **355**
- 時や条件を表す節：the next time …… **355**
- 時や条件を表す節：when 節 ………… **353**

■ な〜ほ ■

- 「似ている」関連の単語の使い方…… **117**

- 能動・受動の関係を見抜く……………… 311
- 「能力」と「可能」を表す単語の使い分け… 119,121
- 「パンクしたタイヤ」………………… 131
- 万能表現 less than ……………… 151
- 比較の対象をそろえる it …………… 149
- 比較の対象をそろえる those ……… 149
- 比較級＋ any（other）〜「（ほかの）いかなる〜よりも」………………………… 155
- 比較級を使い切る………………… 149
- 比較対象は自由………………… 143
- 日付の書き方………………… 135
- 日付の読み方………………… 135
- 否定語句＋倒置………………… 345
- 否定の前倒し………………… 165
- 否定文＋ still less 〜「まして〜ではない」……… 157
- 「（人）が育つ」は grow up ………… 013
- 人しか主語にできない happy ……… 123
- 「1つ」関連の単語の使い方………… 115
- 人を主語にできない convenient ……… 123
- 「（人）を育てる」は bring A up ……… 013
- 付加疑問文………………… 339
- 不可算名詞 advice ……………… 081
- 不可算名詞 information ……… 081
- 不可算名詞 news ……………… 081
- 付帯状況の with ……………… 231
- 部分否定：not + quite ……… 163
- 文修飾の過去分詞形……………… 317
- 文の代わりに not ……………… 165
- 文の代わりに not：if not ……… 167
- 文の代わりに not：if not 〜 ……… 167
- 文の説明：-ing 形 ……………… 271
- 変化を表す動詞と進行形……………… 359
- 「方向・方角」には in ……………… 193
- 方法・手段の by「〜によって」……… 233

■ま〜わ■

- 前から限定・後ろから説明………… 315
- 未完成の under………………… 237
- 未来と受動文………………… 309
- 名詞（句）の説明で用いる過去分詞形………… 315
- 名詞を修飾するのが形容詞………… 113
- 目的語位置での動詞 -ing 形 ……… 267
- 目的語説明文＋受動文………… 313
- 目的を表す so（that）……………… 403
- 理由を表す because………………… 403
- 理由を表す because と due to ……… 403
- レポート文内に穴のあいた what 節 ……… 323
- レポート文内を尋ねる……………… 337

423

あとがきにかえて

　大西泰斗教授，ポール・マクベイ教授と出会ってから10年以上の歳月が経ちました。多くの著作や講演会で感じたあの「衝撃」。「ことば」というものにこれほどまで豊かな心が映し出されていることを，私は全く知りませんでした。
　そのような段階から始まった両教授への強いあこがれは，いつしか「一緒に何かを作り出したい……！」という強い想いへと変わっていきました。そうして日々研鑽を重ね，大西教授にアピールをし続け，2008年9月に1通のメールを受け取りました。

「手伝ってくれるかな？」

　このメールから『一億人の英文法』への執筆協力が始まりました。両教授に必死に喰らいついていった毎日。時間はあっという間に過ぎ去っていき，2011年9月，あのメールから3年を経て，ついに1冊の本となりました。『一億人の英文法』です。

「これで，日本の英語教育は変わる！」

　そう確信しました。ただ，それと同時にふと気づいてしまったことがあったのです。それが，

「問題集が必要だ！」

　ということでした。それから「話すための英文法」へとつながる問題集とはどのようなものなのか，自問自答を繰り返し，たどり着いた1つのカタチが，センター試験を題材とした本書です。
　大西教授にはこの企画についてご快諾いただき，マクベイ教授と共に監修として携わっていただきました。心から感謝しています。この御恩は，「話すための英文法」の普及に努めていくことで，少しずつでもお返しできればと考えています。
　今，本書を作り終え，『一億人の英文法』と本書とをフルに活用することで，少しでも多くの人が「自由に」英語を話せるようになってくれればと願ってやみません。

「皆さん，一緒に頑張っていきましょうね！」

　最後に，御礼の言葉を。
　Robert Gatto 氏，柿沼嵩宏氏，吉原祐介氏，笠原由圭氏のみなさま，現場に立つ教員の立場から，たくさんのアイデアをいただきました。本当にありがとうございました。
　何より本書の執筆にあたっては，予備校の垣根を越えて，竹岡広信先生に大変お世話になりました。貴重な資料を拝借し，多くの有益なご助言をいただきました。深く感謝申し上げます。
　また，音源の制作については，業界史上初の試みとなる「応援ソング」という形で椎名慶治氏，オダクラユウ氏，田中雄司氏にお世話になりました。オダクラ氏には，各章のジングル音制作にもご協力いただきました。本当にありがとうございました。
　これまでお世話になった方々に感謝の意を。
　福崎伍郎氏，安河内哲也氏，中野茂治氏，野口宏氏，中澤一氏，本庄直樹氏，中里勝利氏，木村達哉氏，チームキムタツのみなさま，心より感謝申し上げます。
　そして，椎名慶治氏，永谷喬夫氏，オダクラユウ氏，磯貝サイモン氏，佐治宣英氏，ZERO 氏，友森昭一氏，村原康介氏，山口寛雄氏，恋-REN-氏，High Wind Production 関係者のみなさま。作詞という形で英語を「使う」という貴重な機会を設けていただくことに，いつも感謝しております。そして，これからもよろしくお願い致します。

2013年 初秋
井上 洋平

読者のみなさまへ──3年後,秋

初の著書『一億人の英文法問題集 大学入試対策編』の刊行から早いもので3年が経ちました。多くの読者のみなさまのおかげで,この度,第4版を迎えることができました。本当にありがとうございます。

この機に,読者のみなさまに向けてメッセージを書いてほしい,という編集者からの依頼を受けました。本書と,これまでとこれからの英語教育について思うことなどを綴ってみたいと思います。

現在,グローバル化の進展に呼応するように,大学入試を含めた「英語教育改革」が大きな音を立てながら進んでいます。要は「聞く」「話す」「読む」「書く」の4技能の育成,つまり英語を実際に「使える」ようにしましょうという取り組みです。執筆協力させていただいた『一億人の英文法』,ならびに本書は,その「使える」英語力の養成を目指して執筆されています。

実は,本書の元原稿には1問1問にものすごーく長い解説をつけた,"マニアックバージョン"が存在しています。初めての執筆からの力みかもしれません。同業の知り合いから,この元原稿も読んでみたいという声をもらうことがあります。けれども,実際に本書を教室という現場で使ってみて,やはり解説をシンプルにしておいてよかったと感じています。

なぜなら,英語を話す場面では,いかに英語を軽くしておくかが重要だからです。単に説明を短くすればよい,という意味ではありません。英語を話すうえで意識する必要のない知識(通称「うんちく」)は,英語を「コトバ」ではなく「研究対象」にし,会話から瞬発力とスピードを奪います。実用の場面では,いかに英語を軽やかに,やわらかくその手におさめているのかが重要なのです。

この点に関して,本書は4択式の問題集で唯一成功をおさめているものと自負しています。監修者である大西泰斗教授,ポール・マクベイ教授のお二方と,会議室にこもり本当に長い時間をかけて解説を洗練させていきました。どうぞ安心して本書をご活用ください。

もう1つ,お伝えしたいことがあります。問題英文を読み上げた音声(ダウンロード形式)は活用されているでしょうか。ナレーターの方々には,英文の内容に応じて感情を込めて読み上げるようお願いしました。従来型の4択問題集と異なり,音声を聞いて,繰り返し音読することを重視しています。是非,感情を込めて音読学習を徹底的に行ってください(公式応援ソングもよろしく!!)。

改めて,本書を手に取ってくれたすべての方に感謝しています。『一億人の英文法』と『一億人の英文法CDブック』,さらに本書を使い倒し,「使える英語」を身につけていただければ望外の喜びです。これからも,よろしくお願いします!

2016年 秋
井上 洋平

【著者紹介】**井上 洋平**（いのうえ ようへい）

東進ハイスクール・東進衛星予備校・東進中学NETの英語講師。東京経済大学では，英語学習アドバイザーとして英語学習カウンセリングを担当（オリジナル講座は全講座予約締切りと人気講座に）。現在，東京成徳大学深谷高等学校教諭として，高校の教室現場の第一線で指導している。

また英語の実践の場を求めて，映画字幕の翻訳や，英語による作詞（SURFACE，椎名慶治，ZERO vs 417，Chu's day など）を行うなど多方面で幅広く活躍中。

従来型の"予備校英語"の中にあって，認知意味論を元にしたイメージ学習や，歴史的なアプローチを大切にしつつ，常にネイティブがコトバをどうとらえ，どう使っているのかを追求した授業スタイルによって，「使える英語」を伝えることに全力を傾けている。

『一億人の英文法』では企画製作より多方面に協力。「使える」英語教育を目指して，ひたむきに日々研鑽を重ねる英語講師の"次世代エース"である。

すべての日本人に贈る——「話すため」の英文法

一億人の英文法問題集
大学入試対策編

発行日：2013年 9月 9日　初版発行
　　　　2018年 1月31日　第6版発行

監修：大西泰斗／ポール・マクベイ
著者：井上洋平

発行者：永瀬昭幸
　　　　（編集担当：倉野英樹）
発行所：株式会社ナガセ
　　　　〒180-0003　東京都武蔵野市吉祥寺南町1-29-2出版事業部（東進ブックス）
　　　　TEL：0422-70-7456 ／ FAX：0422-70-7457
　　　　URL：http://www.toshin.com/books/
　　　　★東進ブックス公式 Twitter、Facebook★
　　　　https://twitter.com/toshinbooks
　　　　https://www.facebook.com/pages/東進ブックス/547357288634275
　　　　（本書を含む東進ブックスの最新・注目情報は上記「東進WEB書店」またはSNS各種をご覧ください）

カバーデザイン：東進ブックス編集部
本文デザイン：スギヤマデザイン http://www.sugiyamadesign.net
キャラクターイラスト：井上美保
編集協力：有限会社ケイデザイン／佐々木絵理／田村聡美
DTP：株式会社三光デジプロ
印刷・製本：シナノ印刷株式会社
音源制作：椎名慶治 http://www.yoshiharushiina.com/
　　　　　オダクラユウ http://odakurayu.sakura.ne.jp/
音声収録・編集：財団法人 英語教育協議会（ELEC）

※落丁本・乱丁本は着払いにて小社出版事業部宛にお送りください。新本におとりかえいたします。
※本書を無断で複写・複製・転載することを禁じます。
Special thanks to Katsumasa Inoue, Naoko Inoue, Miho Inoue, Hana Inoue
© Hiroto Onishi & Paul Chris McVay, Yohei Inoue 2013
Printed in Japan
ISBN 978-4-89085-574-2 C7382

音声ダウンロードサイト
http://www.toshin.com/books/
※音声ダウンロードの際には下記のパスワードが必要です。詳細は上記のサイトをご覧ください。
Pass：**HoPmYiHk**

編集部より

この本を読み終えた君に オススメの3冊！

一億人の英文法
「話せる英語」を「最速」で達成するための英文法大全。英語の「仕組み」やネイティブスピーカーの「気持ち」がわかる！

一億人の英文法 CDブック
『一億人の英文法』の英語例文と音声CDが1冊に！書き込みしやすいノート風のデザインで手と耳を動かし、音読トレーニング！

英単語センター1800
センター試験カバー率は99.4%！ 学習効果を高める工夫が満載。国立2次・私大入試対策もこの1冊で完璧。受験生必読！

体験授業

この本を書いた講師の授業を受けてみませんか？

東進では有名実力講師陣の授業を無料で体験できる『体験授業』を行っています。「わかる」授業、「完璧に」理解できるシステム、そして最後まで「頑張れる」雰囲気を実際に体験してください。

※1講座(90分×1回)を受講できます。
※お電話でご予約ください。
　連絡先は付録9ページをご覧ください。
※お友達同士でも受講できます。

井上先生の主な担当講座　2018年度
「過去問演習講座～早稲田大学 社会科学部」など

東進の合格の秘訣が次ページに

合格の秘訣1 全国屈指の実力講師陣

ベストセラー著者の なんと7割が東進の講師陣!!

東進ハイスクール・東進衛星予備校では、そうそうたる講師陣が君を熱く指導する！

本気で実力をつけたいと思うなら、やはり根本から理解させてくれる一流講師の授業を受けることが大切です。東進の講師は、日本全国から選りすぐられた大学受験のプロフェッショナル。何万人もの受験生を志望校合格へ導いてきたエキスパート達です。

英語

安河内 哲也 先生 [英語]
日本を代表する英語の伝道師。ベストセラーも多数。

今井 宏 先生 [英語] 
予備校界のカリスマ。抱腹絶倒の名講義を見逃すな。

渡辺 勝彦 先生 [英語] 
「スーパー速読法」で難解な長文問題の速読即解を可能にする「予備校界の達人」！

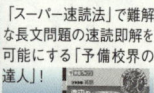

宮崎 尊 先生 [英語] 
雑誌『TIME』やベストセラーの翻訳も手掛け、英語界でその名を馳せる実力講師。

西 きょうじ 先生 [英語] 
累計20万人以上の受験生が絶賛した超ビッグネーム。

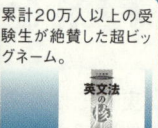

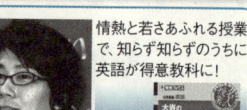

大岩 秀樹 先生 [英語]
情熱と若さあふれる授業で、知らず知らずのうちに英語が得意教科に！

数学

志田 晶 先生 [数学] 
数学を本質から理解できる本格派講義の完成度は群を抜く。

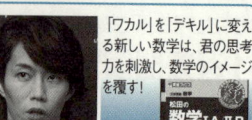

松田 聡平 先生 [数学] 
「ワカル」を「デキル」に変える新しい数学は、君の思考力を刺激し、数学のイメージを覆す！

河合 正人 先生 [数学] 
予備校界を代表する講師による魔法のような感動講義を東進で！

付録 1

WEBで体験

東進ドットコムで授業を体験できます！
実力講師陣の詳しい紹介や、各教科の学習アドバイスも読めます。
www.toshin.com/teacher/

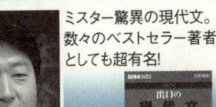

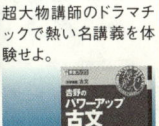

国語

板野 博行 先生 [現代文・古文]
「わかる」国語は君のやる気を生み出す特効薬。

出口 汪 先生 [現代文]  
ミスター驚異の現代文。数々のベストセラー著者としても超有名！

吉野 敬介 先生 [古文] 
超大物講師のドラマチックで熱い名講義を体験せよ。

富井 健二 先生 [古文] 
ビジュアル解説で古文を簡単明快に解き明かす実力講師。

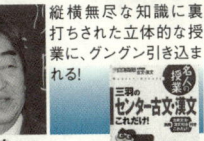

三羽 邦美 先生 [古文・漢文] 
縦横無尽な知識に裏打ちされた立体的な授業に、グングン引き込まれる！

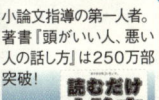

樋口 裕一 先生 [小論文] 
小論文指導の第一人者。著書『頭がいい人、悪い人の話し方』は250万部突破！

理科

宮内 舞子 先生 [物理]
丁寧で色彩豊かな板書と詳しい講義で生徒を惹きつける。

橋元 淳一郎 先生 [物理]
「物理・橋元流解法の大原則」は、君の脳に衝撃を与える！

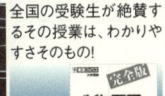

田部 眞哉 先生 [生物]
全国の受験生が絶賛するその授業は、わかりやすさそのもの！

地歴公民

金谷 俊一郎 先生 [日本史]
入試頻出事項的に絞った「表解板書」は圧倒的な信頼を得る。

荒巻 豊志 先生 [世界史] 
"受験世界史に荒巻あり"といわれる超実力人気講師。

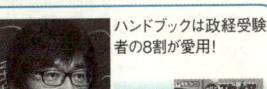

清水 雅博 先生 [公民]
ハンドブックは政経受験者の8割が愛用！

付録 **2**

合格の秘訣 2 革新的な学習システム

東進には、第一志望合格に必要なすべての要素を満たし、抜群の合格実績を生み出す学習システムがあります。

映像による授業を駆使した最先端の勉強法
高速学習

一人ひとりのレベル・目標にぴったりの授業

東進はすべての授業を映像化しています。その数およそ1万種類。これらの授業を個別に受講できるので、一人ひとりのレベル・目標に合った学習が可能です。1.5倍速受講ができるほか自宅のパソコンからも受講できるので、今までにない効率的な学習が実現します。
（一部1.4倍速の授業もあります。）

1年分の授業を最短2週間から1カ月で受講

従来の予備校は、毎週1回の授業。一方、東進の高速学習なら毎日受講することができます。だから、1年分の授業も最短2週間から1カ月程度で修了可能。先取り学習や苦手科目の克服、勉強と部活との両立も実現できます。

現役合格者の声
東京大学 文科Ⅰ類　高木 友貴さん

東進では、自分の理解のスピードに合わせて授業を受けられます。復習しやすく効率的な勉強ができました。苦手科目も基礎から集中的に受講することで、短時間で基礎固めができます。

先取りカリキュラム（数学の例）

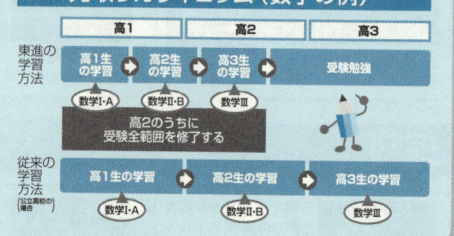

	高1	高2	高3
東進の学習方法	高1生の学習（数学Ⅰ・A） →	高2生の学習（数学Ⅱ・B） →	高3生の学習（数学Ⅲ） → 受験勉強
		高2のうちに受験全範囲を修了する	
従来の学習方法（公立高校の場合）	高1生の学習（数学Ⅰ・A） →	高2生の学習（数学Ⅱ・B） →	高3生の学習（数学Ⅲ）

目標まで一歩ずつ確実に
スモールステップ・パーフェクトマスター

自分にぴったりのレベルから学べる　習ったことを確実に身につける

高校入門から超東大までの12段階から自分に合ったレベルを選ぶことが可能です。「簡単すぎる」「難しすぎる」といった無駄がなく、志望校へ最短距離で進みます。授業後すぐにテストを行い内容が身についたかを確認し、合格したら次の授業に進むので、わからない部分を残すことはありません。短期集中で徹底理解をくり返し、学力を高めます。

現役合格者の声
慶應義塾大学 理工学部　山口 晴也くん

毎回の授業後にある「確認テスト」によって、授業をただ受けて先へ進むのではなく、習ったところをきちんと復習できます。内容が本当に身についたかを確認するのに役立ちました。

パーフェクトマスターのしくみ

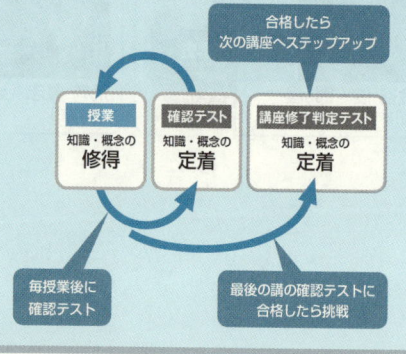

- 授業（知識・概念の修得）
- 確認テスト（知識・概念の定着）— 毎授業後に確認テスト
- 講座修了判定テスト（知識・概念の定着）— 最後の講の確認テストに合格したら挑戦
- 合格したら次の講座へステップアップ

個別説明会

全国の東進ハイスクール・東進衛星予備校の各校舎にて実施しています。
※お問い合わせ先は、付録9ページをご覧ください。

徹底的に学力の土台を固める
高速基礎マスター講座

高速基礎マスター講座は「知識」と「トレーニング」の両面から、科学的かつ効率的に短期間で基礎学力を徹底的に身につけるための講座です。文法事項や重要事項を単元別・分野別にひとつずつ完成させていくことができます。インターネットを介してオンラインで利用できるため、校舎だけでなく、自宅のパソコンやスマートフォンアプリで学習することも可能です。

東進公式スマートフォンアプリ
■東進式マスター登場！
（英単語／英熟語／英文法／基本例文）

スマートフォンアプリですき間時間も徹底活用！

1）スモールステップ・パーフェクトマスター！
頻出度（重要度）の高い英単語から始め、1つのSTEP（計100語）を完全修得すると次のSTAGEに進めるようになります。

2）自分の英単語力が一目でわかる！
トップ画面に「修得語数・修得率」をメーター表示。
自分が今何語修得しているのか、どこを優先的に学習すべきなのか一目でわかります。

3）「覚えていない単語」だけを集中攻略できる！
未修得の単語、または「My単語（自分でチェック登録した単語）」だけをテストする出題設定が可能です。
すでに覚えている単語を何度も学習するような無駄を省き、効率良く単語力を高めることができます。

「新・英単語センター1800」

現役合格者の声
早稲田大学 国際教養学部
小原 匡人くん

「高速基礎マスター講座」を活用して、早期に基礎を定着させました。特に英語は語彙力や文法力で得点が大きく左右されます。基礎的な単語を網羅できると、知らない単語の推測も楽になりました。

君を熱誠指導でリードする
担任指導

志望校合格のために君の力を最大限に引き出す

定期的な面談を通じた「熱誠指導」で、生徒一人ひとりのモチベーションを高め、維持するとともに志望校合格までリードする存在、それが東進の「担任」です。

現役合格者の声
明治大学 理工学部
宮城 真純さん

担任の先生は志望校に合った勉強法を教えてくださいました。成績が伸びない時は励まし、計画通り受講できると褒めてくれたので、うまく気持ちを切り替えることができました。

合格の秘訣 3 東進ドットコム

ここでしか見られない受験と教育の情報が満載！
大学受験のポータルサイト

www.toshin.com

スマートフォン版も充実！

東進WEB書店

東進ブックスのインターネット書店

**ベストセラー参考書から
夢ふくらむ人生の参考書まで**

学習参考書から語学・一般書までベストセラー＆ロングセラーの書籍情報がもりだくさん！あなたの「学び」をバックアップするインターネット書店です。検索機能もグンと充実。さらに、一部書籍では立ち読みも可能。探し求める1冊に、きっと出会えます。

スマートフォンからも ご覧いただけます	東進ドットコムは スマートフォンから簡単アクセス！

大学案内
最新の入試に対応!!

偏差値でも検索できる。検索機能充実！

東進ドットコムの「大学案内」では最新の入試に対応した情報を様々な角度から検索できます。学生の声、入試問題分析、大学校歌など、他では見られない情報が満載！ 登録は無料です。

また、東進ブックスの『新大学受験案内』では、厳選した185大学を詳しく解説。大学案内とあわせて活用してください。

Web / Book

難易度ランキング　　50音検索

大学入試過去問データベース
185大学・最大20年分超の過去問を無料で閲覧

君が目指す大学の過去問をすばやく検索、じっくり研究！

東進ドットコムの「大学入試問題 過去問データベース」は、志望校の過去問をすばやく検索し、じっくり研究することが可能。185大学の過去問をダウンロードすることができます。センター試験の過去問も最大20年分掲載しています。登録・利用は無料です。志望校対策の「最強の教材」である過去問をフル活用することができます。

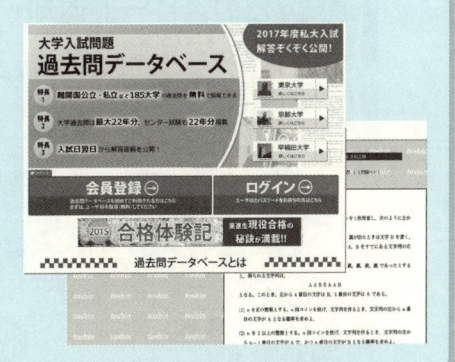

先輩からのメッセージsite
東進OBOGが高校生に送る珠玉の金言

東進OB・OGが生の大学情報をリアルタイムに提供！

東進から難関大学に合格した先輩が、ブログ形式で大学の情報を提供します。学生の目線で伝えられる大学情報が次々とアップデートされていきます。受験を終えたからこそわかるアドバイスも！受験勉強のモチベーションUPに役立つこと間違いなしです。

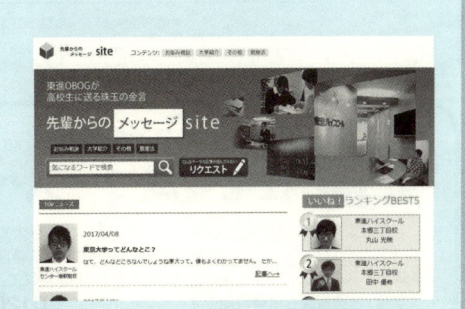

付録 6

合格の秘訣 4 東進模試

申込受付中
※お問い合わせ先は付録9ページをご覧ください。

学力を伸ばす模試

「自分の学力を知ること」が受験勉強の第一歩

- **「絶対評価」×「相対評価」のハイブリッド分析**
  志望校合格までの距離に加え、「受験者集団における順位」および「志望校合否判定」を知ることができます。

- **入試の『本番レベル』**
  「合格までにあと何点必要か」がわかる。早期に本番レベルを知ることができます。

- **最短7日のスピード返却**
  成績表を、最短で実施7日後に返却。次の目標に向けた復習はバッチリです。

- **合格指導解説授業**
  模試受験後に合格指導解説授業を実施。重要ポイントが手に取るようにわかります。

模試受験中に学力を伸ばす！ / 合格までの距離を知り、勉強法を立てる！ / 学習効果を検証、勉強法を改善する！

- **全国統一高校生テスト** 高3生 高2生 高1生 年1回
- **全国統一中学生テスト** 中3生 中2生 中1生 年1回

東進模試 ラインアップ 2017年度

模試名	対象	回数
センター試験本番レベル模試	受験生 高2生 高1生 ※高1は難関大志望者	年5回
高校レベル模試	高2生 高1生 ※第1・3回…マーク、第2・4回…記述	年4回
東大本番レベル模試	受験生	年4回
京大本番レベル模試	受験生	年3回
北大本番レベル模試	受験生	年2回
東北大本番レベル模試	受験生	年2回
名大本番レベル模試	受験生	年2回
阪大本番レベル模試	受験生	年2回
九大本番レベル模試	受験生	年2回
難関大本番レベル記述模試	受験生	年5回
有名大本番レベル記述模試	受験生	年5回
大学合格基礎力判定テスト	受験生 高2生 高1生	年4回
センター試験同日体験受験	高2生 高1生	年1回
東大入試同日体験受験	高2生 高1生 ※高1は意欲ある東大志望者	年1回

※センター試験本番レベル模試とのドッキング判定

※最終回がセンター試験後の受験となる模試は、センター試験自己採点とのドッキング判定となります。

東進で勉強したいが、近くに校舎がない君は…

東進ハイスクール 在宅受講コースへ

「遠くて東進の校舎に通えない……」。そんな君も大丈夫！ 在宅受講コースなら自宅のパソコンを使って勉強できます。ご希望の方には、在宅受講コースのパンフレットをお送りいたします。お電話にてご連絡ください。学習・進路相談も随時可能です。

0120-531-104

付録 7

2017年も難関大・有名大 ゾクゾク現役合格
日本一※の東大現役合格実績

現役のみ！講習生含まず！

※2016年東大現役合格実績をホームページ・パンフレット・チラシ等で公表している予備校の中で最大。東進本部調べ。

東大現役合格者の2.8人に1人が東進生

東進生現役占有率 753/2,076 = 36.2%

東大現役合格者 753名 (昨対+11名)

- 文Ⅰ……111名
- 文Ⅱ……118名
- 文Ⅲ……100名
- 推薦……17名
- 理Ⅰ……255名
- 理Ⅱ……100名
- 理Ⅲ……52名

今年の東大合格者は現浪合わせて3,083名。そのうち、現役合格者は2,076名。東進の東大現役合格者は753名ですので、東大現役合格者における東進生の占有率は36.2%となります。現役合格者の2.8人に1人が東進生です。合格者の皆さん、おめでとうございます。

現役合格 旧七帝大+3　3,243名（昨対+225名）
- 東京大……753名
- 京都大……370名
- 北海道大……295名
- 東北大……266名
- 名古屋大……277名
- 大阪大……507名
- 九州大……383名
- 東京工業大……159名
- 一橋大……183名
- 東京医科歯科大……50名

現役合格 早慶上　6,263名（昨対+12名）
- 早稲田大……3,165名
- 慶應義塾大……1,882名
- 上智大……1,216名

現役合格 明青立法中　13,264名
- 明治大……4,137名
- 青山学院大……1,494名
- 立教大……2,045名
- 法政大……3,283名
- 中央大……2,305名

現役合格 関関同立　10,701名
- 関西学院大……2,037名
- 関西大……2,508名
- 同志社大……2,462名
- 立命館大……3,694名

現役合格 日東駒専　7,878名
- 日本大……3,550名
- 東洋大……2,351名
- 駒澤大……984名
- 専修大……993名

現役合格 産近甲龍　4,633名
- 京都産業大……603名
- 近畿大……2,615名
- 甲南大……578名
- 龍谷大……837名

現役合格 私立医・医　465名（防衛医科大学校を含む）
- 慶應義塾大……47名
- 順天堂大……49名
- 昭和大……24名
- 東邦大……24名
- 東京慈恵会医科大……23名
- 防衛医科大学校……47名
- その他私立医・医……251名

現役合格 国公立医・医　734名（昨対+138名）
- 東京大……53名
- 京都大……28名
- 北海道大……8名
- 東北大……21名
- 名古屋大……22名
- 大阪大……14名
- 九州大……23名
- 佐賀大……24名
- 三重大……16名
- 東京医科歯科大……21名
- 広島大……21名
- 徳島大……20名
- 岐阜大……19名
- 愛媛大……19名
- 長崎大……18名
- 旭川医科大……17名
- 弘前大……17名
- 山形大……17名
- 山梨大……17名
- 筑波大……16名
- 横浜市立大……16名
- 熊本大……16名
- 秋田大……14名
- 千葉大……14名
- 大阪市立大……14名
- 山口大……14名
- 札幌医科大……13名
- 金沢大……13名
- 岡山大……13名
- 新潟大……12名
- 大分大……12名
- 神戸大……11名
- その他国公立医・医……155名

現役合格 国公立大　14,354名（昨対+592名）
- 東京大……753名
- 大阪大……507名
- 神戸大……450名
- 九州大……383名
- 京都大……370名
- 千葉大……355名
- 横浜国立大……313名
- 広島大……311名
- 北海道大……295名
- 名古屋大……277名
- 筑波大……273名
- 岡山大……273名
- 東北大……266名
- 大阪市立大……261名
- 山口大……256名
- 首都大学東京……254名
- 三重大……247名
- 兵庫県立大……226名
- 愛媛大……226名
- 新潟大……210名
- 熊本大……208名
- 静岡大……186名
- 信州大……184名
- 一橋大……183名
- 大阪府立大……181名
- 金沢大……176名
- 長崎大……173名
- 徳島大……170名
- 東京工業大……159名
- 富山大……153名
- 茨城大……151名
- 鹿児島大……151名
- 埼玉大……148名
- 岐阜大……142名
- 琉球大……141名
- 横浜市立大……137名
- 名古屋工業大……136名
- 九州工業大……133名
- 山形大……130名
- 名古屋市立大……127名
- 東京外国語大……123名
- 東京学芸大……116名
- 愛知教育大……116名
- 大阪教育大……116名
- 佐賀大……113名
- 北九州市立大……113名
- 福島大……99名
- 鳥取大……97名
- 香川大……97名
- 高経済大……94名
- 弘前大……91名
- 東京農工大……92名
- 滋賀大……91名
- 大分大……91名
- 北海道教育大……90名
- 福井大……89名
- 宮崎大……87名
- 群馬大……85名
- 神戸市外国語大……81名
- 高知大……79名
- 島根大……77名
- 愛知県立大……76名
- 和歌山大……74名
- 宇都宮大……73名
- 電気通信大……71名
- 県立広島大……70名
- 滋賀県立大……68名
- 山梨大……67名
- 京都工芸繊維大……66名
- 下関市立大……65名
- 岩手大……58名
- 秋田大……55名
- 静岡県立大……54名
- お茶の水女子大……53名
- 奈良女子大……53名
- 奈良女子大……51名
- 国際教養大……50名
- 東京医科歯科大……50名
- 東京都立大……50名
- 熊本県立大……50名
- 福島大……48名
- 小樽商科大……47名
- 福岡教育大……45名
- 長崎県立大……39名
- 奈良教育大……36名
- 京都府立大……35名
- 札幌医科大……28名
- 岡山県立大……26名
- 福岡女子大……26名
- 旭川医科大……25名
- 宮城大……25名
- 滋賀医科大……21名
- 奈良県立医科大……21名
- 福井県立大……20名
- 帯広畜産大……19名
- 福島県立医科大……19名
- 上越教育大……19名
- 宮城教育大……19名
- 会津大……17名
- 浜松医科大……17名
- 東京藝術大……14名
- 京都府立医科大……14名
- 岩手県立大……10名
- 和歌山県立医科大……9名
- その他国公立大……1,008名

※東進本部調べ

ウェブサイトでもっと詳しく ➡ 東進 🔍検索

2017年3月31日締切　付録 8

各大学の合格実績は、東進ネットワーク（東進ハイスクール、東進衛星予備校、東進東大特進コース、早稲田塾）の現役生のみ、高3時在籍者のみの合同実績です。

東進へのお問い合わせ・資料請求は
東進ドットコム　www.toshin.com
もしくは下記のフリーコールへ！

東進ハイスクール
ハッキリ言って合格実績が自慢です！ 大学受験なら、

0120-104-555 (トーシン ゴーゴーゴー)

●東京都

[中央地区]
- 市ヶ谷校　0120-104-205
- 新宿エルタワー校　0120-104-121
- ＊新宿校大学受験本科　0120-104-020
- 高田馬場校　0120-104-770
- 人形町校　0120-104-075

[城北地区]
- 赤羽校　0120-104-293
- 本郷三丁目校　0120-104-068
- 茗荷谷校　0120-738-104

[城東地区]
- 綾瀬校　0120-104-762
- 金町校　0120-452-104
- ★北千住校　0120-693-104
- 錦糸町校　0120-104-249
- 豊洲校　0120-104-282
- 西新井校　0120-266-104
- 西葛西校　0120-289-104
- 船堀校　0120-104-201
- 門前仲町校　0120-104-016

[城西地区]
- 池袋校　0120-104-062
- 大泉学園校　0120-104-862
- 荻窪校　0120-687-104
- 高円寺校　0120-104-627
- 石神井校　0120-104-159
- 巣鴨校　0120-104-780

- 成増校　0120-028-104
- 練馬校　0120-104-643

[城南地区]
- 大井町校　0120-575-104
- 蒲田校　0120-265-104
- 五反田校　0120-672-104
- 三軒茶屋校　0120-104-739
- 渋谷駅西口校　0120-389-104
- 下北沢校　0120-104-672
- 自由が丘校　0120-964-104
- 成城学園前駅北口校　0120-104-616
- 千歳烏山校　0120-104-331
- 千歳船橋校　0120-104-825
- 都立大学駅前校　0120-275-104

[東京都下]
- 吉祥寺校　0120-104-775
- 国立校　0120-104-599
- 国分寺校　0120-622-104
- 立川駅北口校　0120-104-662
- 田無校　0120-104-272
- 調布校　0120-104-305
- 八王子校　0120-896-104
- 東久留米校　0120-565-104
- 府中校　0120-104-676
- ★町田校　0120-104-507
- 武蔵小金井校　0120-480-104
- 武蔵境校　0120-104-769

●神奈川県
- 青葉台校　0120-104-947

- 厚木校　0120-104-716
- 川崎校　0120-226-104
- 湘南台東口校　0120-104-706
- 新百合ヶ丘校　0120-104-182
- センター南駅前校　0120-104-722
- たまプラーザ校　0120-104-445
- 鶴見校　0120-876-104
- 平塚校　0120-104-742
- 藤沢校　0120-104-549
- 向ヶ丘遊園校　0120-104-757
- 武蔵小杉校　0120-165-104
- ●横浜校　0120-104-473

●埼玉県
- 浦和校　0120-104-561
- 大宮校　0120-104-858
- 春日部校　0120-104-508
- 川口校　0120-917-104
- 川越校　0120-104-538
- 小手指校　0120-104-759
- 志木校　0120-104-202
- せんげん台校　0120-104-388
- 草加校　0120-104-690
- 所沢校　0120-104-594
- ★南浦和校　0120-104-573
- 与野校　0120-104-755

●千葉県
- 我孫子校　0120-104-253
- 市川駅前校　0120-104-381
- 稲毛海岸校　0120-104-575

- 海浜幕張校　0120-104-926
- ★柏校　0120-104-353
- 北習志野校　0120-344-104
- 新浦安校　0120-556-104
- 新松戸校　0120-104-354
- ★千葉校　0120-104-564
- ★津田沼校　0120-104-724
- 土気校　0120-104-584
- 成田駅前校　0120-104-346
- 船橋校　0120-104-514
- 松戸校　0120-104-257
- 南柏校　0120-104-439
- 八千代台校　0120-104-863

●茨城県
- つくば校　0120-403-104
- 土浦校　0120-059-104
- 取手校　0120-104-328

●静岡県
- ★静岡校　0120-104-585

●長野県
- ★長野校　0120-104-586

●奈良県
- JR奈良駅前校　0120-104-746
- 奈良校　0120-104-597

★は高卒本科(高卒生)設置校
☆は高卒生専用校舎
※変更の可能性があります。
最新情報はウェブサイトで確認できます。

東進衛星予備校
全国975校、10万人の高校生が通う、

0120-104-531 (トーシン ゴーサイン)

東進ドットコムでお近くの校舎を検索！

「東進衛星予備校」の「校舎案内」をクリック → エリア・都道府県を選択 → 校舎一覧が確認できます

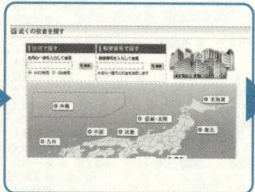

資料請求もできます

東進ハイスクール 在宅受講コース
近くに東進の校舎がない高校生のための

0120-531-104 (ゴーサイン トーシン)

付録 9

※2017年7月末現在